増補改訂 近世真宗教団と都市寺院

上場顕雄 著

法藏館

増補改訂　近世真宗教団と都市寺院◎目次

序　3

第Ⅰ部　近世真宗教団の構造と性格

第Ⅱ部　真宗教団と地域社会・都市

増補改訂 近世真宗教団と都市寺院

序

小論は幕藩制下の真宗教団の構造や史的性格を明らかにし、それら教団を支える寺院・門徒が各地域社会でどのように機能・活動していたのかを考察するのが目的である。そしてまた、その地域に真宗の教線が形成された時期やその端緒・基盤を明らかにすることをも目的としている。

幕藩制が形成される以前に徳川家康が本願寺第十二代教如に東本願寺の寺地を寄進し、いわゆる本願寺東西分派が生起した。改訂増補にあたり、その小論を冒頭に加えた。

幕藩制下の仏教史研究、いわゆる近世仏教は本末制・寺請制・宗門改制など幕府の宗教政策に関する研究と、思想・布教・信仰形態・諸行事あるいは諸宗との交渉などの考察がある。近世仏教教団の性格を論じようとする場合、これら各問題からアプローチし、その全体像を明らかにしなければならない。その充分な論証はむずかしい点もある。個々の特別な事例が存する場合や地域的特色などが考えられるからである。

小論では本末制を中心とする視点、真宗寺院が幕藩制下で成立していく過程とその史料吟味、さらには真宗の学僧の教義研究や布教等について第Ⅰ部で考察を試みた。

本末制とは教団を構成する寺院間に設定された上下関係をいい、幕府が政策的に本寺、末寺の確定を整備・固定化したものである。寛永九年（一六三二）、幕府は各宗本山に、「末寺帳」の作成を命じ、さらに寛文五年（一六六五）の寺院法度で「本末之規式不可乱之」と規定し制度化していったのである。この時の末寺帳は脱漏があったため幕府は元禄五年（一六九二）、各宗の再調査を行った。幕府によって本末関係を明確にする整備政策が行われたのであるが、本寺本山もこれを利用し配下の末寺統制・組織編成を行ったのである。したがって本末制は、教団秩序の維持あるいは教団形成原理となっていたともいえよう。もちろんその実態や性格は各宗あるいは地域社会によって趣が異なる場合もあろう。

これらを視座に置いた研究としてすでに柏原祐泉著『日本近世近代仏教史の研究』、千葉乗隆著『真宗教団の組織と制度』、森岡清美著『真宗教団と「家」制度』、圭室文雄著『江戸幕府の宗教統制』、児玉識著『近世真宗の展開過程』、大桑斉著『寺壇の思想』などがあり、近年では澤博勝著『近世の宗教組織と地域社会』、青木忠夫著『本願寺教団の展開』、児玉識著『近世真宗と地域社会』がある。各著者の問題意識や研究素材のフィールド・地域は異なるが、背景にあるのは本末制、寺請制に関する点では共通していると考えてよいだろう。個別的な詳細な史料発掘もあるが、本末制や寺請制を幕藩制国家にいかに位置づけるかという着眼があると考えられる。また、思想史や民俗学の研究も幾多の成果があり、いずれも、辻善之助氏の、いわゆる「近世仏教堕落論」の克服という意図が背景にあると考えられる。これら研究史の整理はすでに何点かなされており、小論では改めて行わないことをことわっておく。

近世真宗教団もいうまでもなく本末制に基礎を置いて機能していた。主として十六世紀より宗教施設として多数設立されていた道場は、幕藩制下で寺号を収得し、木仏本尊や親鸞絵像などを本山より免許され、寺院として体裁を整えていった。それは寺請制とも密接な関係をもち、宗判権を有する幕府・藩に公認された寺院になることを目標とする背景があった。末寺がこれら免許物件を本山へ申請することを申物という。申物の申請には必ず本末制が関係していた。申物には本山直末の場合、末寺が本山へ直接「御礼銀」と称する冥加金を添えて申請するが、本山と末寺の間に中本寺が介在する場合、末寺は中本寺を取次として申請し、中本寺への御礼銀も必要であった。弱小寺院、孫末寺、道場などが寺院として成立していく場合は経済的負担が大であったことが推察できる。逆に寺号収得などの寺院成立時期はその末寺の門徒団の経済力・経済基盤を考える指標ともなろう。

一方、本山は絵像等を下付授与する場合、必ず裏書を記し、そこに時の宗主名、年月日の外に、宛先下付所に「何々寺下」と記し中本寺の存在を明確にして教団構成員として認めた。直末寺の場合はこの限りではない。裏書にも本末関係を明記することによって教団秩序維持を末寺に認識させることとしたのであろう。これら末寺の申物を取り次いだ家臣が記録したものを『申物帳』という。したがって、『申物帳』は近世真宗教団構造を検討する基本的史料であり、「真宗寺院の成立」を試考する意味においても指標となるものである。その『申物帳』に最も早く着目されたのが大桑斉氏である。氏の論文に刺激されたり、各真宗寺院を調査する中で、筆者も改めて『申物帳』に着眼し分析・検討を試みた。

とくに『申物帳』の史料吟味をすることに重点を置いた。つまり、その史料的性格を明確にすることによって、家臣団の動向、教団構成や地域性をも明らかにできるからである。

また、教団末端で仏事法要や布教で門徒と直接関係をもつ道場主・看坊の実態に着眼しなければ近世教団の性格も明らかにできないと考えた。真宗教団の場合、惣道場から寺院化するのが一般的で、惣道場は世襲・私有化されず、看坊（看主）が一定の時期、道場主を勤めて管理運営していた。各地の道場の性格や個々の活動実態は報告されているが、本末制論の中での位置づけ、すなわち中本寺・所属寺院・上寺などの中でどのように把握され、交替していたのかは等閑視されていたのではないかと考え、それに関する史料を提示して看坊に関する本末制を考察した。それはまた、中本寺が配下の末寺・道場をどのように形成していったかを考えねばならない問題を内含しており、蓮如開創の教行寺を例にとって考察した。

先述の如く寺請制も近世仏教の構造と密接な関係をもっている。それは寺院が幕府の出先機関的性格をもって機能していたからである。寺請証文が発行され、それが人口移動、領民掌握と深く関わっているのが、「宗門改帳」である。幕藩制下でキリシタン禁制、摘発を目的に実施された宗門改制度であるが、改帳成立の時期について従来の研究成果を勘案しても最も早い時期・寛永五年（一六二八）の宗門改帳を発見したので、それを紹介し幕府の宗教政策や地域性との問題から考察した。

ところで、近世真宗教団での教学研究・布教・信仰形態、あるいは諸思想との関連など、制度的側面以外の分野についても検討しなければ教団の性格が明らかにならないと考えた。そこで、蓮如イズムとされる近世真宗の中で「親鸞への復帰」と考えられる『教行信証』の研究とその史的背景について考察した。また、教学研究に精力的な学僧が、その学問的基礎をもっていかに布教したかについても着眼しなければと考え、具体的に香樹院徳竜の教化内容を検証し、彼を師と慕った受容者の一人として近江商人・松居遊見を取り上げた。遊見の職業観、真宗に依る価値観・人生観を香樹院との関係で検証した。学僧は教義の解釈など師より伝統的に継承し、いわば教団の正統教学の伝持者でもあった。彼らの教化内容は独自性も若干あるが、基本的には教団護持・安定に通じるものであったと考えてよい。

学僧は教学研究、僧侶養成、布教、異安心の調理などの他に、諸宗教との対応・対処にも活動を余儀なくされた。

とくに十九世紀後半期に入ってきたキリスト教問題が真宗教団にとって課題であった。仏教界がキリスト教伝播に鋭く反応する中で、とくに真宗は積極的に排耶論を展開し、それら排耶論を記した学僧の主張を取り上げて内容を検証した。いわゆる「護法・護国」論である。それは幕末より展開されるが、明治前半期にも同視点で対応しており、政治体制の変化の中でも伝統的な排耶論で対処し、護国論や教団の存在価値を提示する方向となっていった。

以上が第Ⅰ部に収載した第二章から第六章までの問題意識や着眼点である。

第Ⅱ部の第一章から第七章は摂河泉地域を中心とする地域社会を対象とした。真宗教団を支える寺院・門徒が、各地域社会でどのように機能・活動していたのかを考察するのが目的である。そしてその地域に、真宗教線がどのようにして伸張し門徒団が形成されていったのかをも考察した。

仏教史・真宗史研究の地域対象は従来、村落・農村地帯を中心とするフィールドで蓄積されてきた。もっとも、村落と称しても、関東、北陸、畿内などによってもそれぞれの特色があったろうし、幕領、藩領によっても同様であろう。地域社会における信仰や寺院形態となると尚更、民俗宗教との関連もあり多様であろうと考える。近年のいわゆる郷土史家・地方史研究者のすぐれた業績や、市町村史編纂の研究成果は多々あり、寺院の存立や宗教的営為は地域の社会構造・慣習などと密接な関係をもっていることが明らかにされている。

地域の概念規定はむずかしいが、小論では都市域に注目し、そこにおける真宗寺院形態を中心に考察した。というのは真宗寺院は特定の人物などの氏寺ではなく、門徒衆によってその成立基盤があり、諸活動等も地域民衆・門徒と共に存立しているといえる。その意味で都市寺院、都市住民・門徒が一体となっていると考え、独自の地域性が当然あったと考えられるからである。都市民は主として商業か手工業を職業としており、農民と異なった日常や価値観を形成していたのではないかとも考えた。

筆者はその近世都市を大坂に注目した。現在大阪には「寺町」と称する地名が数カ所あるが、そこには真宗寺院が皆無であり、それは筆者が大阪に生まれ育った中で単純な疑問となっていた。また、昭和二十年（一九四五）までの戦前・戦中は大阪市内の御堂筋や堺筋、心斎橋付近に寺基があったという現在の住職が多々存在し、それを聞くたびにその疑問や問題意識が増大した。つまり、船場、島之内といわれる商人の町「大坂」地域に真宗寺院が集中していたのである。同地域には各藩の蔵屋敷があり、人口の流出入が激しい商業地である。真宗寺院の伽藍や寺観はどのようであり、存立形態がどうであったかなど不明確であった。これに関する研究史もなく、『大阪府全志』（大正十一年刊）に各寺由緒が記されている程度であった。このような問題意識から大坂真宗寺院の形態、寺町の実態、あるいは大坂と比較検討するため堺、京都、大津などの都市寺院についても考察を試みた。

都市大坂は摂津国に含まれる。近世大坂は元和元年（一六一五）、大坂夏の陣灰燼後、町整備されて成立しているが、それ以前に摂津国に真宗教線がいつ頃から入り、どのように門徒の基盤が形成されてきたのかについても明らかにする必要があると考えた。それは同国に隣接する河内国、和泉国でも同様である。いわゆる摂河泉地域にどのように真宗教団が定着していったのかに着眼しなければ、突然、大坂町方に真宗寺院が存立しても周辺門徒団の基盤・支援がなければならないと考えたのである。その意味で本願寺第八代蓮如が摂河泉に布教し門徒育成に精力的に活動したこと、有力門弟を中心に地域教団を形成していったことを具体的に考察した。また、十六世紀の大坂本願寺時代の久宝寺寺内町の動向にも着目し、一家衆寺院や河内門徒の動向についても試考した。

なお、第Ⅱ部の論文構成の順序は、問題意識と必ずしも合致せず、時代順を優先して配列した。また、第Ⅱ部の問題設定で各章重複していることをことわっておく。

第Ⅰ部　近世真宗教団の構造と性格

第一章　本願寺東西分派史論

第一節　はじめに――問題の所在――

本願寺東西分派の直接的契機は、本願寺第十一世顕如の妻・如春尼が豊臣秀吉に提示した「譲状」にある。文禄二年（一五九三）閏九月、如春尼は肥前・名護屋より帰り有馬湯治に来ていた秀吉を訪ね、末子准如に対する顕如の「大谷御影堂留守職」譲状があると訴えたのである。つまり、顕如の跡職は教如でなく、准如に譲るという内容である。この時すでに教如は本願寺第十二世を継職していたのであるが、この譲状によって結果的には隠退を余儀なくされ、後に東本願寺を別立することになる。いわば本願寺東西分派が生起する直接的契機となったのが譲状をめぐる問題からである。もちろん、それ以前の大坂本願寺合戦（石山合戦）終結をめぐって、顕如夫妻と教如の親子対立があった背景があることはいうまでもない。

教如が第十二世を継職したのは文禄元年（一五九二）十二月である。同年十一月二十四日、顕如は没し、葬儀後の還骨勤行の導師は当然のごとく長男・教如が勤めた。翌十二月十二日付で秀吉は「本願寺新門跡」宛に「其方総領儀候間、有相続」(1)という内容の朱印状を送っている。すなわち、新門跡＝教如に秀吉は継職を命じたのである。

その朱印状に「母儀へも孝行ニ候て尤候」とあり秀吉の気遣いをも記している。教如継職後九カ月して母・如春尼は先述の譲状を秀吉に提示したのである。譲状は次のような文言・内容である。[2]

「譲渡状
大谷本願寺御影堂御留守職之
事可為阿茶者也先年雖
書之猶為後代書置之候
此旨於違背輩在之者堅可加
成敗者也仍譲状如件
天正十五丁亥暦極月六日　光佐（花押）
阿茶御かたへ」

この譲状を如春尼に提示された秀吉は文禄二年（一五九三）閏九月十六日、大坂城に関係者を呼び査問することにした。

秀吉は十一カ条を提示し、教如自身了承したが、出席した坊官（寺侍）らは譲状に疑義をもち賛同しなかった。そのため秀吉は激怒したといわれ、直ちに教如隠退を命じた。翌十七日、教如は「辞職納得書」を出した。譲状は天正十五年（一五八七）十二月六日付で、顕如四十五歳、教如三十歳、准如十一歳で天満本願寺時代である。顕如が五十歳で没する五年前に准如へ譲る件をしたためていたことになり、それを顕如側近が誰一人知らなかったこと、如春尼が教如継職直後ではなく九カ月後にそれを提示したことなど、坊官が譲状に疑問を呈するのは当然であろう。

ところで、この譲状は偽文書とされる。辻善之助氏は譲状の原本を批判・史料吟味を行っている。[3] 氏は顕如の筆跡ではなく筆致に生気がないこと、「阿茶御かたへ」の宛名は譲状としては異例で本文中にも「阿茶」があることなどをあげ、書誌的にも内容文言からも顕如の自筆譲状でないことを明確にされている。辻氏の論及を受けて、『真宗史概説』（昭和三十八年〈一九六三〉刊）も「今残された譲状を厳密に批判する時、その偽作であることはいうまでもない」と断言している。近代歴史学の研究方法・水準では譲状の偽作は確かなものとなっている。その後の研究史ではこの真偽問題に固執されず、なぜ教如が隠退、廃嫡されたかが問題にされ、それ以前の教如の行動、大坂拘様《かかえざま》からいわゆる流浪期の「教如教団」の形成などに関する点に着眼され成果が蓄積されてきた。

秀吉政権は譲状の偽作を見抜けなかったのだろうか。そのようなことはありえず、偽作を承知の上での査問裁定であったと考えられる。政権を掌握しそれを支える側近を含め、当時、絶対的な効力をもつ譲状の真偽を判定する能力をもたずして、政権維持はできないと考えるのが妥当であろう。

そう仮定するならば、秀吉政権内部に如春尼に同調する支援者・黒幕がいたと筆者は推考している。つまり、「教如廃嫡」を考える人物が政権内部に存在していたのである。査問の際、教如自身、秀吉の十一カ条の裁定を疑義・反論を訴えず了承したことは、この黒幕的存在や政権の動向を察知していたからであろう。

筆者は秀吉政権内部の権力抗争が譲状をめぐる問題にも関係していると考え、その教如廃嫡をもくろんだ黒幕的存在を石田三成ではないかと考えている。小稿ではその仮説を傍証的側面もあるが可能な限り実証・試考してみたい。その前に東西分派に関する研究史をみておきたい。

第二節　研究史の動向

本願寺東西分派をめぐる研究・諸論は江戸時代より行われてきた。それは両本願寺双方からそれぞれの正統・嫡流を主張することに力点が置かれ、当然充分な史料批判がなされず、感情的・俗説的な論及であった。

本格的な歴史研究としては、周知のように先述の辻善之助氏の『日本仏教史・近世篇之二』（一九五二年）である。辻氏は江戸時代に著された東西分派に関する『七条鏡』『翻迷集』『表裏問答』『金鍮記』などの検討、「顕如消息」「教如消息」を駆使し、さまざまな問題を提起・指摘した。とくに大坂本願寺合戦終結時の顕如と教如の対立、すなわち教如の「大坂拘様《かかえざま》」に至る顕如が行った義絶は信長に対する「父子密計説」として注目された。現在この説は否定されている。

また、辻氏は同著で、「譲状原本の批判」(4)の項目を立て、如春尼が秀吉に呈した顕如の「譲状」は偽文書であると明確にされた。譲状の形式・内容、それに文言の不備・重複による不自然さなどから明らかにされ、氏以後、この譲状の真偽について改めて論及した業績はなく、氏の偽文書説が定説となっている。偽文書であるが故、これについて論考がないともいえよう。氏はつづいて「教如廃黜」の理由を如春尼の末子愛や教如内室との確執など数点指摘されている。しかし、秀吉政権が譲状の偽作を見逃していたのか、承知の上であったのかなどについては検討されていない。なぜ如春尼が偽作してまで教如を廃除し、准如継職の譲状を書いたのかを氏が考えられるのは当然であろう。一方でその如春尼に同調する秀吉に近い人物をも考える必要があろう。それは秀吉政権が本願寺教団に対応する施策に関係すると考えるからであり、逆に本願寺が秀吉政権内部のどの人脈を生かそうと考えていたかをも試考できよう。偽作を承知していた政権の人物がいたはずであろう。

辻善之助氏論文以後、東西分派の研究で主なものをあげると、藤島達朗氏の研究がある。(5)氏は教如が隠退を命じられた文禄二年（一五九三）より慶長七年（一六〇二）の家康による寺地寄進までの間に、門主（法主）としての活動をしていたと論じられた。すなわち、同時期に教如が親鸞絵像などを末寺門徒に下付授与し、裏書に「大谷本願寺釋教如」「本願寺釋教如」と署名している史料を五点提示された。さらに慶長四年（一五九九）、教如は「正信偈和讃」を開版したことをも氏は指摘され、教如の「法主としての自覚と責任」においてなされたとし、決して隠居の意識はないと結論された。末寺への絵像下付授与は門主の権限であり、門主が署名して裏書を記すことは、本願寺の末寺・門徒の免許公認を行ったものと理解してよい。

また、末寺・門徒にとって本願寺門主の裏書のある絵像類を所持し荘厳することは、門主との関わりを示す保証であり地位確認の証拠・依拠するものであった。いいかえれば、授与された裏書の「願主」は教団構成員の一員として認められた本末関係をもつものとして意味するものであった。(6)金龍静氏によると教如が文禄二年から慶長二年の間に「顕如絵像」を十九点集中的に下付しているとされ、その裏書の「本願寺釋教如」の自署に「大谷」を冠した「大谷本願寺釋教如」としていることを明らかにされた。(7)これについて氏は「宗主の地位を追われた直後の時期であるが、自分こそ前宗主画像を下付すべき主体で、大谷一流の後継者であるとの主張が読みとれるのである」と論及しておられる。教如が意識的に前住職・顕如絵像のみに「大谷」を冠し、顕如の跡継ぎを自認していたと考えられ、金龍氏の論点は首肯できよう。ただ、氏の論文発表後の史料発掘などで必ずしもその論点が適応できない例もある。たとえば、『上越市史』(8)（別編4・寺社資料二、二〇〇三年刊）によると本覚寺（同市本町）所蔵の顕如絵像裏書は「文禄二年四月廿九日」付で「本願寺釋教如（花押）」と記され「大谷」を冠していないし、浄国寺（同市寺町）所蔵の文禄五年四月廿一日裏書（裏書のみか）の顕如絵像も「大谷」を冠していない教如の署名である。したがって顕如絵像以外の授与下付物に「大谷」を冠した事例をも含め、今後検討する必要があろう。

藤島氏論文の視点を踏襲し、教如の立場・行動をより明確にしたのが上場謙澄氏論文である[(9)]。氏は藤島氏が教如隠居中に末寺へ下付した絵像五点に加え、新たに七点を紹介し、さらに同時期に教如証判の「御文」の下付、教如染筆の「本願寺連座御銘」下付などをあげた。また氏は大阪市・難波別院所蔵の梵鐘銘「大谷本願寺、文禄五丙申暦林鐘下旬第四日」[(10)]から教如が文禄五年（一五九六）頃にすでに摂津国に「大谷本願寺」を建立し、本願寺別立の意志を同時期よりもっていたと論じている。以上などの点から教如は隠居の意識はなく宗主としての積極的な行動があったとし、隠居直後より本願寺別立の企図があり、大坂の教如支援の門徒があったと論及している。

柏原祐泉氏[(11)]は藤島・上場両論文が教如の立場を中心に論じた点を継承・確認し新しい史料を発掘して補完した。そして氏は教如の立場のみならず教団下部の末寺の動向、隠居中の教如の立場を支持した点に注目した。教如を支えた門徒基盤ともいえよう。たとえば「教如寿像」が慶長年間（一五九六～一六一四）に近江・越中・加賀・能登・美濃・三河・尾張などに二十八点授与下付された裏書を柏原氏は提示し、教如とそれら各地域教団とが密接な関係にあったことを論及し、教如支援の門徒団の存在を重要視した[(12)]。また、絵像下付を行うにあたって教如と各地末寺とを取り次ぐ家臣団や絵所などが教如身辺に存在したことも推考している。その他、教如教団形成の各地の実態、太閤検地による地方教団の変質、教如と徳川家康の親密な関係など、さまざまな視角から実証的に言及された論考である。柏原氏論文は一九七〇年代の東西分派史論のトータル的研究といえよう。ただ、譲状と秀吉政権との問題についてはとくに論及していない。

太閤検地と徳川検地との相違に着眼して東西分派を論じられたのは大桑斉氏である[(13)]。その視点は柏原氏論文が指摘した東西分派が教団変革の反映・一家衆寺院の弱体化という点を基本としている。大桑氏は両検地が各地域教団に影響した点について、太閤検地は一地一作人を基本とし中間の得分権を否定しそれが在地有力寺院の経済的基盤をゆるがし反豊臣となったこと、徳川検地は中世的な作人と有力農民土豪との隷属関係を否定しなかったため在地有力寺院は歓迎したと指摘した。したがって、顕如・准如を支持する一家衆寺院は本願寺の一元的支配を企図した太閤検地を有利とし、一方、教如は秀吉に隠居を命じられた立場であり、太閤検地に不満をもち反秀吉の在地有力寺院が教如に組し教如教団形成へ展開したと氏は論及された。各末寺・門徒の経済的基盤の問題から教如教団形成の要素があるとの視座である。

藤島氏以降の諸論文は教如が文禄二年（一五九三）十月、秀吉に隠退を命じられて以後、慶長七年（一六〇二）二月、家康に寺地寄進を受け本願寺を別立した時期、約九年間を対象とした教如の動向とそれにともなう各地域の教如教団の形成について論じ成果を上げてきた。小泉義博氏も越前における教如の動向、絵像下付を中心に東西分派を論じておられる。(14) 隠退期の教如のいわゆる法主的活動・絵像下付やそれを求める門徒団の実態を明らかにすることは、東本願寺別立への伏線・要因となり当然の研究視角といえよう。

青木馨氏は教如の研究対象時期を、天正八年（一五八〇）八月の大坂本願寺退城から同十年六月の本能寺の変までに焦点を当てて論及された。(15) いわゆる教如の「流浪期」といわれる時期である。この時期は教如が顕如に義絶され、大坂退城後紀州の顕如を訪ねたが拒否され行方が不明確とされていた。青木氏は三河教団が永禄六、七年（一五六三～六四）の三河一向一揆によって解体され、その復興に東西分派・教如教団形成があるとされる。その着眼はとくに流浪期の教如下付授与物の発掘に基づいている。氏は教如が天正九年裏書の「証如絵像」を三河に集中的に下付したことを明らかにし、尾張国にも同様存在することをも提示し、それを可能にする地域に教如が信長の追っ手から逃れて流浪していたとした。つまり、三河山間部・尾張と美濃境界・美濃山間地域を示唆している。また『名古屋別院史』[16]は青木氏の示唆を受け、教如が流浪期に尾張国で下付した絵像十三点を調査報告しており、教如の居所をより明確に裏づけた。もちろん、流浪期の教如が下付した絵像は三河・尾張地域のみならず他地域にも散在する。[17]青木氏は従来の研究が、文禄二年以降の教如隠退期に法主的代行をしていたと論及されていたのを、それ以前の天正九年頃にすでにその活動が行われていたことを実証し、流浪期にすでに教如教団の萌芽がみられることを指摘した点が最も注目されよう。

これらの諸研究を基礎に批判を加えながら教如伝をまとめられたのが大桑斉氏である。[18]氏の論及で注目されるのは、金龍静氏[19]が提言された教如書状の件について検討されていることである。金龍氏は年次の記されていない「二月二十三日」付の教如書状約二十通が従来天正八年（一五八〇）とされてきたが、文言から同九年か同十年とされ、大桑氏もそれを首肯され、教如の「大坂拘様」は顕如の意に反するものではないとされた。また氏は教如と顕如との意志やその伝達が家臣によって阻害され、父子対立が顕著になったと指摘されている。教如書状の内容と時期を充分検討し、家臣間の思惑とを勘案しなければならないとの大桑氏の提言は注目されよう。

以上、不充分ではあるが主な研究史を紹介してきた。その特色は当然であるが教如の動向、とくに彼が流浪期と隠退期に門主権を行使したことを実証し、そしてそれを要求し受容する各地域の末寺・門徒団を明らかにすることに着眼するものであった。さらには顕如・教如それぞれの側近・家臣の動向・権力争いに言及する研究、文書の個別的研究に関するものといえよう。[20]

しかし、辻善之助氏によって明確にされた譲状の偽作と秀吉政権との関係についてはほとんど等閑視されている。それは如春尼によって譲状を提示される以前にすでに教如支持の門徒団が形成されつつあり、譲状自体に着目する必要がなかったからでもあろう。とはいえ、東西分派の直接的契機は譲状に端を発していることは確かである。その譲状を前提として秀吉が教如らを査問したのであり、その場で教如隠退という結果となった。前提とした譲状について秀吉政権内でその真偽や疑問について何ら問題とならなかったのだろうか。天下を掌握する政権が重要で効力をもつ譲状について鵜呑みしていたこととなり、通常考えられないことである。筆者は前項で記した如く政権内部の指導権争いやそれに関わる教如の動向が関係していると考えている。そこで次節で本願寺、とくに教如と秀吉政権について考えてみたい。

第三節　本願寺教如と秀吉政権

天正十年（一五八二）六月二日、本能寺の変が起こった。この時、教如は流浪しその潜伏先について前節で諸論文を紹介・検討した。それらの論証から美濃の郡上八幡から白鳥、あるいは越前の九頭龍川上流の地域と考えられる。大桑斉氏は教如が本能寺の変を知らされたのは、越後高田本誓寺へ向かっていた時かもしれないと推察されている。本能寺の変後、それが教如に伝わる期間、美濃・越前・越中あたりへ知らせが届く日数は明確にはできない。同年六月二十七日には教如が顕如に誓詞（詫状）を出し、父子和解が成っており、およその見当はつく。宿敵信長の急死を知った教如は何を考え、志向したのであろうか。本願寺の寺基が移転を余儀なくされ、政治情勢が流動化する中で教団の存続・護持を優先する志向が教如にあったと考えられ、父子の結束による対応が最善と考えたにちがいない。それ故、教如は鷺森の顕如のもとへ走ったのであろう。

一方、信長に毛利氏攻略を命じられていた秀吉は本能寺の変を知って京都へ向かい、天正十年六月十三日、山崎で明智光秀を破った。以後、秀吉が信長の後継者としての地位を固めていった。秀吉と本願寺との関係は『鷺森日記』によると同年八月から十月にかけて「堺御坊跡並寺領諸坊主屋敷田畠以下事」[21]として、秀吉が本願寺へ堺坊舎の寺領を返還する件で交渉している。その結果、下間仲之らが堺政所の松井友閑を訪ね寺領一八〇石ほどを返付されている。秀吉の対本願寺政策の一端が窺える。

天正十一年（一五八三）七月四日、顕如は親鸞像を奉じて、鷺森より泉州貝塚へ渡海した。寺基の移転である。顕如は丸山内匠助を秀吉へ遣わし「御礼」しているように、秀吉が寺基移転を命じたのである。貝塚時代の同年から同十三年（一五八五）八月までの本願寺と秀吉とは密接な関係をもっていた。『貝塚御座所日記』には「筑州（秀吉）、有馬湯治、為御音信、道服二、大樽五、御使円匠」[22]「上様へ、筑州御内儀より、為御返礼、幸蔵王と云比丘尼被参也」[23]「筑前殿へ歳暮御祝儀」[24]「筑前陣所へ為御使河野越中被遣之、馬、樽三荷、道明寺糒廿袋」[25]「大坂御帰城由申也、就其当門ヨリ御太刀、青銅五千疋、新門様ヨリ一腰、二千疋」[26]「秀吉有馬湯治、蜜柑二折、鳥目千疋」[27]などと頻繁に本願寺が秀吉に贈答したことやその返礼、あるいは交渉した形跡が記されている。天正十一年は秀吉が大坂築城に着手した年であり、以後、秀吉政権確立に向け、権力・地位を固めていった時期である。具体的には同年六月二日、大徳寺で信長一周忌を営んでからであるといわれる。[28]本願寺の貝塚移転もこの一周忌より一カ月後である。本願寺にとって大坂本願寺合戦中に弱体化した教団を再興護持する上で、権力者・秀吉に接近していったと考えられる。それは顕如の重臣・宇野主水『貝塚御座所日記』が天正十一年より同十三年頃までの秀吉の動向を克明に記しており、敏感な反応を示していることからも窺える。

たとえば、「筑州ハ六月十日比歟播州へ下向。下旬ニ至テ帰路。すぐニ大坂ニ逗留云々」[29]「筑州、七月十一日俄頓病。堺円心ノ薬にて本復廿日坂本へ御越、ソレヨリ若州へ可罷越云々」[30]「八月十九、筑州有馬湯治」[31]「十日既今朝筑州御出馬由申来也。江州坂本着陣。十四日勢州峯城表にて合戦。筑州方得大利云々、其後尾州犬山へ」[32]等々、秀吉の動向に注目した同内容や本願寺から秀吉への贈答の記事が随所にみえる。同十三年には天守閣や広間の築城が完成した頃、顕如の使者が大坂城を訪ねた。それについて、

「今度刑部卿、円匠為御使罷越候処、はや大坂へ御帰城、則大坂へ参候処、一段御懇之儀也、天主、又女中ノ御入候御うへ御納戸まで、御自身御案内者にて、両人ニミせられ、徳雲、宗易両人、幸蔵主、東殿両人、かやうの衆斗にてと云々、御風呂、センチンナド迄も見申候、金子ノ箱、三百枚入ノ箱十、五百枚入ノ箱八アリ、（中略）種々様々ノ物共、申もをろか也と云々。これハ廿七日ノ事也、又、廿八日朝、御茶湯（中略）刑部卿と宗易ト両人バカリ也、御茶ヲ御自身御タテ候、丸匠ハ不罷出、今日及晩両人罷帰」[33]

と記している。下間刑部卿頼廉と円山内匠とが大坂城へ同年四月二十七日訪れ、秀吉の案内のもと、金子の入った箱や風呂、それに雪隠（センチン）まで見せてもらったことを記している。秀吉側からは徳雲、宗易（千利休）らがその案内に同道したこともわかる。秀吉のこの好意的で積極的な態度は、いわば身内のあつかいである。その意図するところは何であろうか。また、千利休がそれに立ち会っていることも注目されよう。つまり秀吉と本願寺との間に利休が介在していることを示すと考えられるのである。

『同日記』は上述の記事の続きに「今度、門跡寺内ニ、渡辺ノ在所ヲ可被仰付由、秀吉被仰也」[34]と記し、大坂本願寺の旧地へ移転する件を秀吉が本願寺側に伝えていたのである。先述の四月二十八日朝の記事に千利休が自ら茶湯をたて刑部卿と二人のみで対談したことがあるが、これは寺基移転の具体的な経緯や日程についての内容であったと考えてよいだろう。それは『同日記』に五日後の五月三日、「刑部卿、円匠、益少大坂へ罷越る、御帷三被進之、翌日四日、秀吉御自身御出有テ、縄打ヲサセラルル也」[35]とあることからも推考できよう。ここに本願寺が貝塚

より天満へ移転することとなる。この移転は本願寺側から秀吉へ働きかけたと考えるのが当然であろうが、結果的には秀吉が命じたのである。

秀吉が命じた移転先がなぜ大坂城眼前の「天満」であったのだろうか。なぜ天満であったのかは秀吉自身、本願寺側双方とも何も語っていない。そこで天満選定の考えられる点を提起してみたい。

① 政治的には織田政権と対決した一向一揆のエネルギーは、天正十三年段階で消失していたと秀吉がみていた。十年間の大坂本願寺合戦で本願寺教団の組織・軍事力が弱体化しており、同様の一揆を起こす可能性がないと秀吉が判断していたと考えられる。

② 逆に、秀吉は本願寺勢力をなお警戒するため、自らの監視下に置く意味で大坂城北側の天満に本願寺をもってきた。

③ 本願寺門徒に商人・技術をもつ手工業者あるいは流通業関係者など多数いたため、町開発には彼らの能力や経済的企画力を秀吉が評価したため、天満に寺内町を建設させ大坂城下町の発展に寄与する効果を考え、いわば経済政策・都市政策の一環として本願寺を天満に呼んだ。

④ 秀吉の政治的・経済的な意図ではなく、単に本願寺に好意的であった。秀吉は大坂本願寺合戦終結後の本願寺教団復興に協力的であり、大坂本願寺旧縁の地域に本山を再建することによって門徒団の願望や利便性などを考えた。

推測の域を出ないが、以上のような点が秀吉の天満への寺基移転命令の理由・背景として考えられる。筆者は秀吉に①の考え方が基本にあり、秀吉政権の権力下に本願寺勢力を統治していく政策としての天満移転であったと考えている。したがって、①～③に提起した点は秀吉の思惑の中に包摂されよう。ただ、④はすでに伊藤真昭氏が指摘されたように、[36]天正十三年（一五八五）、秀吉が関白任官後、寺社領の確立・安堵したことから、それを秀吉の「寺社後援策」といわれる点と共通していよう。伊藤氏は本願寺教団を対象とされておらず個々の事例は異なる点もあろうが、先述の④は基本的に共通する要素をもっている。氏がいわれるように、その「後援策」は政権の発案による政策のようにみえるが、実は「寺社内部の働きかけの結果」とされ、本願寺の天満移転に関しては首肯できると考える。しかし、次の京都への移転は伊藤氏の視点では説明できないのではないだろうか。

秀吉政権と本願寺との当初の接触あるいは対応交渉の中心的課題はこの寺基移転に関することで、それに焦点を合わした双方の政治的動向に注視するものであった。本願寺教団にとって紀州鷺森から大坂方面への本山移転は、教団再興の基軸となったのである。その意味で秀吉の細かい動向に着目しつつ、その権力の援護を期待し働きかけたと考えられる。

天満本願寺は天正十三年から同十九年までの七年間存立した。天満本願寺の成立や寺内町の構成・性格についてはすでに鍛代敏雄氏や伊藤毅氏らが詳細に論及されており、[37]小稿で論じる余裕はない。とくに大坂本願寺寺内町が収得していた特権が天満寺内町では変化し、要害化が許されなかったり、秀吉の意向・権力介入にその特色がある。その権力介入について着目し、伊藤毅氏の論考を参照しつつ[38]試考したい。

天正十七年（一五八九）二月、京都聚楽第の白壁に秀吉を誹謗する何者かの落書が発見され、その警備責任者らが追放されたり処刑されたりした。追放された尾藤次郎右衛門らが天満寺内町で潜伏していることが発覚した。同年三月一日、秀吉は奉行の増田長盛と石田三成を使者として寺内へ派遣し、尾藤ら牢人衆を捕えさせ、翌日には牢人衆および匿った町は破却の上焼亡させている。[39]そして顕如・教如・下間氏・町人衆らは、増田長盛・石田三成宛に起請文を出している。[40]これらの経緯や秀吉の政策等については伊藤毅氏が詳しく論及されている。[41]従来のような寺内町の特権であった権力不介入は天満の場合、収得していないことが窺えよう。

この事件で筆者が注目しているのは、『言経卿記』に「従殿下増田右衛門尉・石田治部少輔等御使也[42]」とあるように、牢人隠匿事件の処理を秀吉は増田（益田）・石田の両人に命じていることである。というのは秀吉政権内部で天正十七年頃より変化が生じていることと関係すると考えられるからである。朝尾直弘氏によると[43]、天正十三年・十四年（一五八五・八六）頃は「内々の儀は宗易（利休）、公儀の事は宰相（秀長）」といわれるように、千利休が内政管理、秀長（秀吉の異父弟）が大名間の諸問題にあたっており、いわば秀長—利休路線で施政担当が行われていたと論及されている。利休は人事にも陰で関与していたといわれる。しかし、その主導権が下り坂になっていった契機は、天正十七年五月、秀吉と淀君の間に鶴丸が誕生した前後であると朝尾氏は推考されている。秀長・利休路線を快く思わない勢力が鶴丸を中心に、あるいは淀君を中心に集結していったといわれる。天満寺内のこの事件は天正十七年三月に生起しており、その処理指揮を五奉行の中でも増田、石田を遣わしたのは、彼ら反利休グループの擡頭と合致している。朝尾氏によると検地をめぐって、政権内でいわゆる文吏派と呼ばれる石田三成・小西行長・増田長盛・長束正家ら中央集権を志向する奉行と、武将派といわれる加藤清正・浅野長政・福島正則ら領国支配に関心を寄せる奉行とが対立していたという[44]。石田三成を中心とする反利休グループが集権的な奉行として地位を固め、いわば派閥再編成の時期に天満寺内の事件が起こったともいえよう。周知のように千利休は天正十九年（一五九一）二月二十八日、自害を余儀なくされている。その一カ月前には秀長が没している。同年一月、二月には利休—秀長路線が完全に失脚しており、それ以前より反利休グループが権力争奪への伏線として画策の動きをしていたのは当然であろう。

ところで、教如は千利休と緊密な関係にあった。天満本願寺内の事件を指揮処理の担当に増田・石田が命じられ前面に出てきたのも、それ以前の教如と利休の関係が少なくとも影響していると考えられる。教如と利休の昵懇・接触状況を検討してみたい。

①「新門様御上洛御見物云々（中略）於大坂秀吉へ御礼ニ御出候、御茶湯アリ、但座敷へ秀吉御出ナシ、宗易一人斗也」（『貝塚御座所日記』、天正十三年六月）

②「関白殿、新門様へ御茶湯ニ御出ニテ御カヘリニ、門主御見廻トテ立ヨラレテ」（『同日記』、天正十四年十二月二十七日）

③「新門様、興門様御両所を、関白殿へ御茶湯ニヨビマイラセラル、関白殿様ツブツクリ等ニ、御自身御情ヲ入ラレタルト云々」（『同日記』、天正十四年十二月大晦日）

④「上様、天満新門、薬院、四畳半四方釜、（中略）同跡見、金森法印、富左近、柘左京」（『利休百会記』、天正十八年十一月二日昼）

⑤「霜月七日朝、新門主様　壹人、四方釜、びぜん壺出る、其外六日の朝のごとし、鮭のやき物、鴨の汁（後略）」（『利休百会記』、天正十八年十一月七日）

⑥「四日夜、新門主様、興門主様、美作守様、四畳半、拝領釜、しがらき水指、木守ノ茶碗、茶入小なつめ（後略）」（『利休百会記』、天正十九年一月四日）

①の記事は同年五月、貝塚本願寺より天満へ寺基移転が秀吉に命じられたことに関してである。谷端昭夫氏はこれに関して茶会が四回もたれたと指摘されている。(45) 上述にあげていないが、「秀吉公へ御門跡御礼ニ御出候、新門主様、興門様御同道、面ノ三献過テ、御三所茶湯座敷へよび申サル、」(46) などの記事も天満移転にともなうものである。①で注目されるのは教如が大坂城に秀吉を御礼に訪ね、その際、利休と二人のみで茶会を行っていることであ

る。本願寺側の秀吉への公的挨拶には門跡（顕如）・新門（教如）・興門（顕尊）・下間頼廉らが訪ねているが、①は教如一人であり、他の人物を交じえず利休と語り合っているのは、天満への寺基・寺地移転に二人が事前の下準備に深く関わっていたことを示すものである。教如が利休を介して秀吉へ依頼したと考えてよいのではないか。またそれは教如、利休の二人の信頼関係・親密さを示すものといえよう。茶会は茶や料理を美味しく飲食し交流するとともに密談の場ともなったことは当然である。

②と③は天満移転の翌年十二月の記事であるが、秀吉が十二月二十七日に本願寺を訪れ、四日後の大晦日に教如・顕尊の兄弟が秀吉に招かれて大坂城を訪れ、秀吉自らの茶の接待を受けている。それには顕如や末弟准如は招かれていない。おそらく教如は利休と親密となり茶会を通じて人的交流をすすめる中で秀吉とも通じていったのであろう。なお准如はこの時十歳であり、教如二十九歳、顕尊二十三歳であることから、准如が招かれない年齢であること、顕如が同年十一月末より病気であったことは考慮しなければならないが。[47]

④・⑤・⑥の記事は利休が茶会を催した際、招かれた客人に本願寺関係者がいた記録である。④では上様（秀吉）、金森法印（長近）らと、本願寺関係者で教如が一人招かれていることが注目されよう。またその茶席に金森長近がいることも興味深い。それは後述するが関ケ原合戦直後、教如が金森に家康との仲介を依頼した内容の「教如書状」が現存するからである。また、秀吉の家臣・柘左京（柘植左京亮）も同席し、年時不明であるが「織田有楽・柘大」宛の教如書状も現存する。[48]利休の茶会は教如にとって人脈拡大・交流の場となり、政治的意味をもつものであった。利休門下の武将・文化人を利休によって紹介されたのである。

⑤も教如のみが利休に招かれ、二人で茶湯をたしなんでいる。二人の会話内容は何であったか不明であるが、天満本願寺移転前後より二人は気脈が通じ交流を深めていたことを窺わせる。⑥は教如・顕尊が招かれているが、翌

一月五日に秀吉は本願寺の京都移転を命じ寺地選定の朱印状を出している。したがって、⑤の天正十八年（一五九〇）十一月の利休と教如の茶会、⑥の同十九年一月四日夜の茶会、それぞれは本願寺京都移転に関するものと推考できよう。本願寺の京都移転は秀吉の京都市街地整備政策の一環として行われており、突然同年一月にそれを実行したとは考えられず、教如と利休、利休と秀吉の関係で下準備・情報が交わされていたと考えられる。その意味でこの段階で秀吉政権と本願寺とが交渉する場合、教如が深く関与していたと考えてよいだろう。(49)

教如が利休を通じて秀吉政権との関係を良好に維持してきたことに反感をもつ勢力が存し、その矛先は本願寺教団ではなく教如にあったと考えてよいだろう。天正十九年一月の秀長の病死、同年二月の利休の自害によって、彼らの政権内の路線は消滅し、教如の同政権との太いパイプもなくなったのである。

第四節　教如の継職と隠退

秀吉政権の権力闘争に関わる結果となったのが教如であった。一方で秀吉は天正十九年（一五九一）十月、朝鮮・明へ出兵の本営として肥前名護屋に築城普請を始めた。翌文禄元年四月中頃、小西行長ら釜山鎮を襲撃し、つづいて加藤清正らが朝鮮に上陸した。(50)その前の三月に秀吉は名護屋へ出発している。また石田三成も二月より名護屋へ下り六月には半島へ渡海している。

ところで、教如はこの朝鮮出兵のため名護屋にいた秀吉へ陣中見舞に赴いている。天正十九年八月、本願寺は京都へ移転しており、教如は京都より名護屋へ向かったのである。教如側近の粟津右近・松尾左近が「筑州ハカタ妙行寺　同門徒衆中」宛の四月十三日付文書に「仍殿下様御出馬付而、為御見廻新御所様被成御下向候、しかれば路次傳へ御一宿之儀、各被遂相談、ご用意可被申事肝要候」[51]とあり、新御所（教如）が殿下（秀吉）出馬につき、「御見廻」として下向するので途中の宿を用意する旨、粟津らが妙行寺に依頼した内容である。翌五月九日付の同内容文書が発給され、さらに「御一宿御まかなひ並馬人足以下可成程、各馳走憑被思食之旨」[52]を加えている。つまり、「一宿」の他に馬・人足の調達を依頼し、教如の道中保護を命じているのである。両文書は教如が四月に九州へ下向したことに関するのか、四月と五月に二度下向したのかは不明確である。おそらく宛先が「筑州ハカタ　妙行寺・同門徒衆中」と「ハカタ　妙行寺・坊主衆中・惣門徒中」と微妙に異なっており、教如は四月と五月に二度、陣中見舞に行った可能性が大である[53]。

教如のこれらの陣中見舞の行動は秀吉政権とのパイプ役であった利休が没し、改めて秀吉に接近する絶好の機会と考えその存在をアピールしたと考えられよう。また秀吉が名護屋へ出発して一カ月後の教如のすばやい行動と判断はその政治的意味を示唆している。おそらく顕如の許可を得ているだろうが教如の独自性を発揮した行動と考えられる。それは顕如が秀吉への陣中見舞の進物を使者に持たせるのだが、教如より二カ月遅れの動きであるからである。文禄元年と考えられる「六月十六日」付で「刑部卿法印頼龍」より「博多　万行寺・妙行寺御中」宛文書に「態以飛脚申候、太閤様へ御門跡様ヨリ御進物只今被差下候、やかて自跡、可被遣御使者候間、其間之儀、其方へ被成御預け候條、用心以下無油断（後略）」[54]と記すように、顕如（門跡）の進物を使者が到着するまで万行寺・妙行寺が油断なく保管する旨の下間頼龍の書状である。それが六月十六日付である。顕如の体調などもあり、本人が九州へ行けなかったのかもしれないが、秀吉への進物という形をとったのである。なお同年七月、秀吉は母が没したため一時帰坂し、十月、再び名護屋へ向かっている。

文禄元年[55]（一五九二）十一月二十四日、顕如は没した。時に五十歳であった。同月二十日朝の勤行の後突然倒れ、

『言経卿記』が「門跡中風」と記すように脳卒中であった。同年十二月十日、本願寺で葬儀が執行され、七条河原に設けられた葬場で荼毘に付された。顕如の遺骨となって初めての還骨勤行の導師は教如が行った。

顕如の死に対し冒頭にも一部記したように、秀吉は次のような朱印状を「本願寺新門跡」宛に出した。

「門跡不慮之儀、無是非次第、絶言語候、就中、其方総領儀候間、有相続、法度以下、堅申付、（中略）然者、門跡本坊へ被相移、其方之屋形へ理光院うつし、北の御かた相副、一所ニ有之而可然候歟（後略）、極月十二日秀吉（朱印）(56)」

右掲の如く、秀吉は教如に「総領儀」を相続する旨、十二月十二日付の朱印状をもって正式に認めたのである。これによって教如は本願寺第十二世を継職したのである。秀吉はこの時、名護屋におり同地より朱印状を送ったのである。宛先の「本願寺新門跡」の文言は公的意味をもっていると考えてよい。また小稿で着眼している石田三成はこの時、六月より朝鮮漢城にいた。教如は継職後、子飼いの下間頼龍ら失脚していた家臣を召し出し側近に登用した。

秀吉は文禄二年（一五九三）八月二十五日には名護屋を引き揚げて大坂に帰った。八月二日に秀頼が誕生したためで、つづいて前田利家や三成らも帰坂した。九月、秀吉が有馬へ湯治に赴いているところへ、如春尼は冒頭に提示した顕如の准如に対する継職譲状を持参、提示したのである。それは天正十五年（一五八七）十二月六日付で、顕如四十五歳、教如三十歳、准如十一歳の時記されたことになる。准如の得度は同十九年で十五歳の時であり、得度四年前に顕如は准如への譲状を記したことになる。同時期は顕如が病状などの事情があったわけでもなく、天満本願寺時代で先述したように教如が利休を介して秀吉政権と緊密に活躍している時である。その状況で顕如があえて得度もすましていない十一歳の准如に跡職の譲状を書くだろうか。しかも長兄教如が三十歳になっており、同時期、特別な事情があったわけでもなく通常考えられないことである。

秀吉はその譲状を如春尼に提示されたことにより、翌月の閏九月十六日に本願寺家臣らを呼び査問することを命じた。秀吉がその命を出すまでに政権内部や側近らで譲状の真偽について検討されなかったのだろうか。譲状の年月日から先述の問題点など疑問視されて当然であろう。それとも大坂拘様など教如のかっての行動から顕如は教如に譲りたくない気持ちがあったと秀吉が判断・推測し、譲状に何の疑問ももたなかったのだろうか。

秀吉は大坂城に教如・下間頼廉・同頼純・同仲之・同頼芸・寺内内匠・粟津右近・松尾左近ら本願寺関係者を呼び、査問役として施楽院全宗・長束大蔵正家・木下半介吉徳・山中橘内長俊が命じられた。(57) そして秀吉は十一カ条を提示した。そのうち主なものをあげると左記のような内容である。

一、当門跡ふきやうきの事、先門跡時より連々と申候事
一、代ゆつり状有之事、先代よりゆつり状も有之由之事
一、先門跡せつかんの者被召出候事
一、当門主妻女之事
一、そこ心より不届心中引直、先門跡のことく殊勝に嗜可申事
一、右のことくたしなみ候は丶、十年家をもち、十年めに理門江可被相渡事（後略）
一、心のたしなみも成ましきと被存候は丶、三千石無役に可被下候間、御茶のゆともたち被成候て、右のめしいたし候いたつらもの共召す連、御ほうかう候へとの儀候

右のような主内容で十一カ月条を秀吉は示した。その要点は教如の「ふきやうき」（不行儀）をまず指摘している。教如の女性問題である。教如には側室を含め四人の内室がいた。一番目はいわば政略結婚で越前朝倉義景の娘、

二番目は久我通堅の娘で、それぞれに子供はない。一方で側室教寿院（お福）がおり、二男六女がいた。さらに四番目として妙玄院という側室がいた。教寿院との間にいた尊如、観如は早世し、結果的には妙玄院との間にいた宣如が教如の跡を継ぐ。『言経卿記』で「本願淫乱」といわれるほど、教如の女性問題は世間の風聞となっていたと考えられる。それを秀吉らは承知しており、また如春尼も快く思っていなかっただろう。(58) 次の要点は「代ゆつり状」があること、先の門跡が折檻した家臣を召出したことなどをあげ、教如は十年間門主をつとめた後、「理門」＝理光院＝准如へ譲れという点である。そして教如隠退後は三〇〇〇石を支給するというのである。

この秀吉の提示に対し、教如は直ちに了承した。おそらく教如は譲状の偽作、査問の設定、秀吉の提示などが事前に企てられた計画的なものと察知していたからこそ了承したのであろう。「教如失脚」を企図した策謀と承知の上で査問に臨んでいたともいえよう。その策謀の中心人物・黒幕の存在が政権内にいたことも教如は内心予想していたとも考えられる。上述の秀吉の提示の中で注目されるのは「御茶のゆともたち被成」とあることである。それまでの提示内容は門跡継職・離職に関するものを列挙しているのにあえて茶湯を断つことをいっていることは不自然である。教如が茶会・茶人による人脈を生かす活動を封じ込める意図が読み取れる。それは教如の茶会での政治的動向を警戒する人物の影がみえ、茶会の中心人物・利休に反対する人物といえよう。当然浮上するのが石田三成である。利休失脚後も利休に近侍していた茶人グループの横の結束を三成は警戒していただろう。この提示で茶湯を断つ件についていては従来見過ごされていたといっても過言ではない。

教如はこの提示に了承したが、本願寺の坊官らは譲状に疑問をもち、容易に賛同せず秀吉に抗弁した。事態は紛糾し秀吉は激怒して即刻教如の辞職を命じたのである。おそらくこの席にいた下間頼廉らの家臣は天正十五年に記された譲状については全く知らなかったのであろう。推測の域を出ないが、譲状の偽作についてたとえば下間仲之は知っていたかもしれない。[59]一方、査問役の中で長束大蔵正家がいたことも注意する必要がある。それは朝尾直弘氏が指摘されたように[60]秀吉政権で検地をめぐる問題、東国政策などで中央集権的奉行のグループ・文吏派がこの時期指導権を得てきており、その中心人物が石田三成・増田長盛・長束正家・小西行長らである。彼らは利休健在の時より、反利休路線をとっていた。つまりそれはまた反教如に通じるグループでもあり査問役に長束正家がいたことに筆者は注目しているのである。三成と正家は教如への対応は意見が合致し内通していたと考えてよいのではないだろうか。このようないわば黒幕的な策動は文書・記録に残らず暗黙の了解に類するもので、文献による実証は困難である。当然、譲状が如春尼によって提示された際、政権内部でどのように取り扱うべきか検討されたであろうが、その過程についても同様である。結果的には先の秀吉の十一カ条となったのである。なお、著者・記録年時不明の『本願寺東西相分候由来』[61]（大谷大学粟津文庫）に如春尼が「理門院を世にたてんため長束大蔵、山中山城、木下大膳などをたのミ教如上人の御事を秀吉公へ讒訴せらる」とあり、査問役にあたった長束・山中・木下らへ如春尼が申し出たと具体的に記していて興味深いが、伝承的で付加的内容が含まれていると推察する。

辞職を命じられた教如は翌日「辞職納得書」を出し、その後、関白秀次は十月十三日、施薬院・浅野弾正らを本願寺に遣わし、准如継職の証状を交付した。准如は秀次と秀吉に御礼言上に伺い、秀吉の継職証状を正式に得た。それは文禄二年十月十六日付で、主な内容は次の如くである。

「本願寺影堂留守職之事、親鸞聖人以来、代々証文、殊先師光佐譲状、明鏡之次第、則殿下経叡慮、雖為三男、任寺法之旨、光昭仁被仰付儀尤候（後略）[62]」

右掲のように、殊に先師光佐（顕如）の譲状、「明鏡之次第」とあえて強調明記し、三男であっても光昭（准如）に本願寺留守職を命じるという証状である。ここに准如が正式に継職した。時に十七歳であった。教如の在位は十一カ月ほどであった。そもそも本願寺歴代は先代の譲状によって継職するが、教如への譲状は伝存していない。それが一旦継職した教如を譲職させる土壌を生む背景になったこともあろう。

第五節　教如と家康

隠退を余儀なくされた教如は、研究史の節で述べたように門主として絵像などを末寺門徒へ下付授与した。またそれを教如に求める各地の門徒がいたこと、すなわち「教如教団」が形成されつつあったことが論証されてきたことを紹介した。一方で教如自身、一寺建立を行った足跡がある。それは教如開創の難波別院（大阪市）に現存する梵鐘の銘に「大谷本願寺、文禄丙申五暦林鐘下旬第四日」とあり、教如は隠退三年目の文禄五年（一五九六）に大谷本願寺を建立しようとしたのである。同年七月に畿内で大地震があり、同寺の規模や建立中であったのかについては不明である。同寺の位置は摂津渡辺で具体的には明確でないが、大坂本願寺旧縁の地に教如は建立したのである。梵鐘を鋳造されたのが文禄五年であり、前年より工事に着工しある程度の堂も完成していたと考えられる。大坂城の眼前に隠退を命じられた教如が新たに「大谷本願寺」を建立することに、秀吉はどのように対応したのだろうか。秀吉は黙認していたと考えざるをえない。教如は「隠居」の意識はなく門主の意識をもって先述の絵像下付を行ったと同様に一寺開創を内外に示す意図をもっていたといえる。

慶長三年（一五九八）一月に如春尼が没し、八月に秀吉も没した。時に教如四十一歳で隠退を命じられて五年経つ。教如は次の政治体制・状況を鋭く読み、徳川家康に急接近する対応をとった。同四年、教如は伏見に家康を訪ねている。その背景に秀吉政権下の五大老で家康が最も実力者で、それに対抗できる五大老の一人・前田利家が同年閏三月に没し、利家派の石田三成も暗殺が企てられるほど政権下の均衡はくずれ、家康が天下の政務を執る体制をつくりつつある情勢でもあった。

教如の大谷本願寺建立を支援したであろう門徒がいたように、教如の政治的な軍資金を提供する門徒もいた。それに関する近年明らかになった文書を紹介しよう。[63]

「為御堂香花燈明銭鳥目一貫文

被指上奇特被思食候為其如斯候（印）

慶長第四己亥　西川織部

二月十二日　粟津勝兵衛

粟津右近尉

下間治部卿

泉夼七山村道場

門徒衆中　」

右掲文書は教如の側近粟津勝兵衛・右近尉らが「香花・灯明」料の名目で銭一貫文目を請けとった礼状である。日付の慶長四年（一五九九）二月は教如隠居中であり、宛先は「七山村道場門徒衆中」で同村の浄見寺（大阪府泉南郡）が所蔵する。同村は百戸ほどの戸数で当寺と浄土宗寺院との二カ寺ある小村落である。同時期に資金面で支えていた門徒衆の実態が窺える。政情不安定な中で教如が人脈を生かす活動・工作資金を必要としたのは当然で、側近もその工面に努力したであろう。

慶長五年（一六〇〇）六月、教如は大津御坊を造営し、その遷仏法要を行っている。教如は隠居の身ながら御坊建立に着手したのであるが、それには大津を代表する豪商の扇屋道順・奈良屋道覚・納屋法善らが尽力した[64]。御坊の寺地は彼らが華階寺末寺の屋敷を買い取り教如に寄進したという。扇屋は家康から山科家への合力米二石を取り次ぎ、山科言経も扇屋へ扇子五本を贈っている。扇屋は米を取り扱う豪商で教如支持者であり、しかも家康に近い人物と考えてよい。教如が家康に接近するのに扇屋のような支持者を仲介者としてその人脈を生かしたことは充分考えられる。

大津御坊の遷仏法要を勤めた教如は翌日京都へ帰り、同年七月二日、京都を出発し下野国小山へ向かい家康と会見している。おそらく教如と家康の二人の会談は最初であったと考えられその取次に大津商人が関係していたと推考できる。会見内容は定かでないが、教如は石田三成を中心とする豊臣方の大坂・近江近辺の情勢・動向を伝え、自らの立場を語ったと考えてよいだろう。教如は反三成を改めて鮮明に家康に伝えたと考えられる。先述の譲状をめぐる問題で教如は三成が陰で廃嫡を企図した中心人物と察知していたからである。教如にとって身の危険を承知で大胆な行動に出た背景もそこにあるということができる。翌八月十七日に大津御坊で徳川秀忠を迎えていることは、教如が小山へ赴き家康と会見した内容の結果であろう。

教如が小山へ赴いた往復の途次、三成方に妨害・通行阻止にあったことからも上述のことが裏づけられる。家康と会見した教如は、三河・尾張を経て美濃笠松付近の木曽川河畔渡船場で三成方に固められ通行困難になったという[65]。岐阜城主織田秀信の斡旋で通過できたこと、三成方に教如が包囲・襲撃され近在の門徒が救ったことなどの伝承・記録が残っている。教如はこれら門徒を直参門徒にとりたて「土手組」と称された。教如は帰京後、「濃州安八郡土手組」宛に「先般其方共依蔭迯、九死一生難候事厚情難忘[66]」という救ってもらった礼状を送っている。同様に「濃州小野里専勝寺了栄御坊」宛に「石田三成逆心有之心易からざる処、貴坊之助力心易く帰京候事難忘覚候[67]」

と教如は礼状をしたためている。教如が家康と接近することに三成は最も敏感に反応し殺害をも考えたといえる。これらは先述の譲状の件、教如隠退の件などで秀吉政権の黒幕的存在として三成が考えられると示唆してきたが、それを裏づける傍証となるのではないだろうか。教如と三成の対立は利休失脚頃よりの伏線があり、それが次に記す東本願寺別立に結果するのである。

慶長五年（一六〇〇）九月十五日、関ケ原の合戦で東軍の家康側が西軍の三成方に勝利した。教如はその五日後の二十日に大津で家康を迎え会見している。[68] 二カ月前に教如が家康を訪ねた意味も見当がつくであろう。また、同年九月二十二日付で教如は「金森法印　陣所」宛に書状を送っている。関ケ原合戦七日後で、金森法印とは金森長近のことである。その内容は「御上洛珍重存候、先日大津へ罷越候之条相尋申候へ共、御陣所知不申候而不懸御目（中略）一昨日内府様一段御懇ニ御座候、御次候ハヽ、御前御取成頼存候路次中ニ而御取合共候之由承入候（後略）」[69]とあり、教如は金森の大津陣所を知らず会えなかったこと、会う理由は家康への取次の御礼をいうためで、一昨日の二十日に家康に会い懇談できたことなどである。教如と家康との取次に金森長近が仲介していたことが窺える。また文書差出に「寿（教如花押）」（カッコ内「教如」は筆者）となっており、教如＝光寿と署名していないことは二人が内々の接触をしていたことを示すものであろう。金森長近は兵部卿法印とも称し天正十四年（一五八六）以降、飛騨高山に入封していた武将である。長近は第三節で紹介したように天正十八年十一月二日に利休が催した茶会に参席しており、そこに教如も同席していたことが『利休百会記』にある。つまり、長近は利休門下の茶人であり、[70] 教如と茶湯を通じて昵懇であったと考えてよい。長近も反三成グループに属し、もちろん関ケ原の合戦では家康側であった。先述した秀吉の十一カ条に茶湯を断つことと記された意味も教如が茶湯を通して知己を得た人脈を根強くもっていたことを警戒した文言であったことは明白である。

慶長六年（一六〇一）七月、家康は教如を訪ね、翌月には教如が伏見に家康を訪ねている。会見内容は不明であるが、おそらく「教如教団」独立の件であっただろう。翌慶長七年二月、家康は教如に寺地「方四町」を寄進した。これについて『宇野新蔵覚書』は次のように記している。

「大御所様御代（慶長七年二月）に当寺内拝領被成（中略）江戸へ御見舞に御下被成候而、上りの時、石田治部少将色々のぼすまじきと仕候通、承及候。さて〳〵御難儀可為と存事ニ候（中略）本多佐渡守大御所様へ被申上候は、本願寺の家は余之家には替り申候、其上太閤之御代に二本に被成候、右之通に被成候而可然と被申上候（中略）尤と御所様御うけ被成候而、其替りに此四町四方被進候[71]」

右掲のように教如が慶長五年七月、家康に情報を伝えに関東へ向かった際に、石田方に妨害されたこと、家康の側近・本多正信が家康に本願寺はすでに二本に分かれているがそのとおりでよいかと尋ね、家康も了解して寺地を寄進したというのである。本願寺教団が厳然と二分していた事実を家康は追認したのである。そして教如は親鸞自作と伝える上野国厩橋の妙安寺所蔵の親鸞木像を所望し、正信の仲介で慶長八年（一六〇三）一月、同木像が京都に着いた。教如は同月家康と会見し、三月には妙安寺へ礼状を出している[72]。同年八月には新屋敷・仮堂が、翌年九月に御影堂が完成している。ここに東本願寺が別立され、本願寺東西分派となった。

第六節　むすび

以上、東西分派の直接的契機となった譲状そのものに着目し、如春尼がそれを秀吉に提示した前後の教如の動向を中心に政権との関係をみてきた。譲状が政権内部・中枢で偽作と承知しながら、教如排斥を策動したのは反利休路線をとっていた石田三成らの派閥であることを傍証史料・歴史的背景によって論及してきた。いわば陰の存在——黒幕——として三成らは教如廃嫡を企図したのであるが故、それを文書としては残さないであろう。したがって、直接的史料・文献でこれを実証することは困難であるが、小稿で明らかにした教如をとりまくさまざまな政治的・教団内的状況によって教如は継職、隠退しながら、研究史でみたように自らを支持する門徒団が結集する東本願寺を別立したのである。

註

(1)『本願寺文書』(柏書房、一九七六年、六一頁)。
(2)『図録　蓮如と本願寺——その歴史と美術』(京都国立博物館、一九九八年)。
(3)辻善之助『日本仏教史・近世篇之二』(岩波書店、一九五二年、二四一頁)。
(4)右に同じ。
(5)藤島達朗「東西分派の一視点——教如の立場を中心に——」(『大谷史学』第六号、一九五七年)。
(6)拙稿「本末制度——浄土真宗の場合——」(『歴史公論』一一一号、一九八五年)。
(7)金龍静「戦国期本願寺教団の裏書考」(『年報中世史研究』一三、一九八八年)。
(8)『上越市史・別編4』(第一章寺院所蔵資料、上越市、二〇〇三年)。
(9)上場謙澄「教如上人と難波別院」(『真宗研究』九輯、一九六四年)。
(10)大阪市中央区・真宗大谷派難波別院蔵。同別院は大谷本願寺の寺跡を継ぐ。
(11)柏原祐泉「本願寺教団の東西分立——教如教団の形成について——」(『大谷大学研究年報』第一八集、一九六六年。のち、同『日本近世近代仏教史の研究』所収、一九六九年)。
(12)青木馨「教如の木仏下付について」(『同朋学園佛教文化研究所紀要』第一二号、一九九〇年)も慶長期の教如の木仏下付を論じ、教団形成の有効性を示唆している。
(13) 大桑斉「東西分派論序説」(『真宗研究』第一二輯、一九六七年)。
(14) 小泉義博『越前一向衆の研究』第六章・第七章（法藏館、一九九九年)。
(15) 青木馨「三河本願寺教団の復興と教如の動向――石山合戦終結をめぐって――」(『中世仏教と真宗』吉川弘文館、一九八五年)。
(16) 名古屋別院史編纂委員会『名古屋別院史』通史編、第一章第三節（真宗大谷派名古屋別院、一九九〇年)。
(17) たとえば、福田静男『轍――長照寺小史――』(滋賀県伊香郡・真宗大谷派長照寺、一九九二年）に親鸞絵伝裏書が天正九年十月、教如が再下付しているのを記載している。
(18) 大桑斉「教如」(真継伸彦編『浄土真宗』小学館、一九八五年)。
(19) 金龍静「蓮如教団の発展と一向一揆の展開」(『富山県史』通史編Ⅱ・第四章、一九八四年)。
(20) 大澤研一「本願寺東西分派と慈願寺」(上場顕雄・大澤研一・小谷利明『慈願寺史』第五章、八尾市・真宗大谷派慈願寺、二〇〇一年）は「石笹喜左衛門尉・山田源左衛門尉連署状」をとりあげ、慶長八年、慈願寺法意が家康に御礼に行ったことを明らかにし、教如の本願寺別立に重要な役割を果たしたと論及している。
(21) 『真宗史料集成』第三巻、一一九九～一二〇〇頁（同朋舎、一九七九年)。
(22) 『貝塚御座所日記』天正十一年八月十九日条。なお、同日記は『真宗史料集成』第三巻に所収されているが、大澤研一氏が「寺内町研究」(貝塚寺内町歴史研究会）創刊号から六号で東本願寺蔵原本と照合して改めて翻刻している。小稿はそれに依っている。
(23) 『同日記』天正十一年九月九日条。
(24) 右に同じ、天正十一年十二月二十八日条。
(25) 右に同じ、天正十二年四月二十日条。
(26) 右に同じ、天正十二年十一月二十七日条。

(27) 右に同じ、天正十三年一月二十二日条。
(28) 松岡利郎『大坂城の歴史と構造』(名著出版、一九八八年)。
(29) 『貝塚御座所日記』天正十一年七月四日条。
(30) 『同日記』天正十一年七月十六日条。
(31) 右に同じ、天正十一年八月十九日条。
(32) 右に同じ、天正十二年一月十日条。
(33) 右に同じ、天正十三年四月二十六日条。
(34) 右に同じ。
(35) 右に同じ、天正十三年五月三日条。
(36) 伊藤真昭『京都の寺社と豊臣政権』(法藏館、二〇〇三年)。
(37) 鍛代敏雄「摂津中島本願寺寺内町考」(『地方史研究』二〇六、一九八七年)。伊藤毅『近世大坂城成立史論』(生活史研究所、一九八七年)。
(38) 伊藤毅「天満の成立」(前掲註37、伊藤毅。仁木宏・大澤研一編『寺内町の研究』第二巻に収録、法藏館、一九九八年)。
(39) 『言経卿記』(大日本古記録)天正十七年三月一日条。ここで事件の処理などについて詳しく記述している。
(40) 右に同じ、天正十七年三月十四日条。
(41) 前掲註(37)。
(42) 『言経卿記』天正十七年三月一日条。
(43) 朝尾直弘「豊臣政権論」(『朝尾直弘著作集第三巻・将軍権力の創出』岩波書店、二〇〇四年)。
(44) 朝尾直弘「豊臣秀吉」(『朝尾直弘著作集四巻・豊臣・徳川の政治権力』岩波書店、二〇〇四年)。
(45) 谷端昭夫「東本願寺と茶の湯」(『近世仏教の諸問題』雄山閣出版、一九七九年)。

(46)『貝塚御座所日記』天正十三年九月八日条。
(47)松澤克行「江戸時代の公家の茶の湯」（谷端昭夫『茶道の歴史』淡交社、一九九九年、一二六頁）。
(48)前掲註（1）。
(49)芳賀幸四郎『人物叢書・千利休』（吉川弘文館、一九九八年新装版）巻末の利休の略年譜で、本願寺関係者で記載されているのは「本願寺光寿」（教如）名のみで五カ所ある。
(50)北島万次『豊臣秀吉の朝鮮侵略』（吉川弘文館、一九九五年）。
(51)妙行寺文書（福岡県）。柏原祐泉氏健在の節、原本コピーをいただき検討するようご指導があった。その後、岡村喜史氏（龍谷大学）のご教示で、森山みどり「博多における真宗寺院の初伝――妙行寺文書をめぐって――」（『福岡県地域史研究』№9、一九九〇年）を知った。森山論文を参照。
(52)右に同じ。
(53)岡村喜史氏よりご提供いただいた山南光照寺文書（広島県）に教如下向の先触文書があることを知った。差出人は「松尾左兵衛・粟津右兵衛」で宛先は「備後、光照寺、同坊主衆中・同御門徒中」である。
(54)前掲註（51）森山みどり論文所載文書。
(55)正確には天正二十年、十二月八日改元。
(56)前掲註（1）文書。
(57)「駒井日記」。
(58)吉井克信「具塚寺内・願泉寺の由緒をめぐって」（大桑斉編『仏教の土着』法藏館、二〇〇三年）の中で、教如の側室として著名な教寿院如従（お福）を検討している。また谷下一夢「本願寺教如上人内室考」（同『真宗史の諸研究』平楽寺書店、一九四一年）参照。
(59)前掲註（18）論文で顕如・教如父子義絶の際、仲之は教如の意向を伝えていないという。
(60)前掲註（43）、（44）。

(61)『本願寺東西相分候由来』(大谷大学図書館蔵)。同文書は如春尼を教如の継母と考えており、内容的に信用性に疑問が生じる点がある。
(62)前掲註(1)文書所収。
(63)真宗大谷派浄見寺所蔵(大阪府泉南郡)。同寺は道場から寺院化するが、当初より住職家は漢方医であったと伝え、漢方に関する近世文書も蔵する。
(64)『新修大津市史』第三巻、二四三〜二四七頁(大津市役所、一九八〇年)。
(65)宮部一三『教如流転』(叢文社、一九八六年)。
(66)『教如上人御消息集』(真宗大谷派宗史編修所、一九三三年、一一三頁)。
(67)右に同じ、一三四頁。
(68)前掲註(64)。
(69)八尾歴史民俗資料館蔵。同館小谷利明氏にお世話になった。
(70)前掲註(49)。
(71)『宇野新蔵覚書』(『続真宗大系』第十六巻)。
(72)前掲註(66)。

〈付記〉

小稿作成後、小泉義博『本願寺教如の研究　上』(法藏館、二〇〇四年十二月)が刊行された。教如文書を駆使された労作著書であるが、小稿では参考にできなかった。小稿と直接関係するのは同書第四章である。

ただ筆者が問題とした譲状をめぐる政治的背景・黒幕の存在については同氏は示唆されていない。また、一般向け編集であるが、筆者も執筆した『教如上人と東本願寺創立』(東本願寺出版部、二〇〇四年八月)も参照されたい。

第二章　近世真宗教団史論

第一節　はじめに——問題の所在——

幕藩制下の真宗教団の性格に論及する場合、何を基軸に論じ、何を問題にすべきであるかはむずかしい点を内包している。教団の基盤に着眼するのか、教団の機能論なのか、あるいは幕府の宗教政策に関する諸制度なのか、仏教思想・布教・民衆の信仰形態からの教団論なのか、等々である。また、門徒にとって教団を意識していたのか、意識していたとすればそれはどのようなイメージとして具体化していたのか。逆に教団権力にとってどのように本山を頂点とするヒエラルキーを成立させ、秩序維持・教団護持に主眼を置いたのかを論及することによって近世真宗教団の性格を論じることもできよう。教団の多様な性格や諸思想の影響、諸宗教団との関係があり、多角的な視座や問題から考究することが可能であるが、反面、単に一視座からではトータル的に言及しえない点も多々あろう。

小稿では、近世各宗教団に共通した幕府の宗教政策に関係する諸制度とその実態から教団構造の一端を検討したい。近世仏教の諸制度では、いうまでもなく本末制・宗門改制・寺請制・触頭制などが想起されよう。これらの諸制度についてはそれぞれ個別的・地域的にすでに業績が蓄積され、しかもその研究史についても少なからず整理されているので、ここではそれをさらに再考する余裕はない。[1]

幕府は仏教政策を遂行するため諸制度を施行・整備していくが、その基本となるのが本末制である。幕藩制下の教団機構や寺院形態を考える場合の制度的側面の中心が本末制である。東・西本願寺教団では中本山・末寺・孫末寺・道場へと、本山から末端へつらなる複雑で多数の取次寺院が介在する重層的本末制に特色をもっている。[2]その上下の成立系譜は各寺院の成立過程に要因があると考えられる。たとえば、中世以来の法流によるもの、上寺の支坊・下道場が上寺の法務を補助することから下寺になった例、道場が寺院化の過程で有力寺院に本山への取次を依頼したことから生じたことなどが考えられる。末端の末寺・道場は多く道場主・毛坊主が管理していた。上寺に所属する道場がそれらであり、その寺院や門徒から委託されて管理・留守居であった道場主を看坊・看主と称した。実際的に門徒と接触し法要等を営んでいたのが看坊である。もちろん、門徒に寺請証文を発行していたのは上寺の宗判権を有する寺院であった。澤博勝氏は宗判寺院と「家の菩提を弔っている寺院」[3]とを分けて考える必要を地域性との問題で提言されている。看主は後者の役割を担っていたといえよう。小稿では本末制の末端に位置したであろう看主の動向をまず考えたい。具体的には摂津国富田教行寺所蔵の「僧分人別帳」を素材にそれを考え、教行寺が大和国の末寺・門徒を吸収していく契機や同国への移転などの寺史を明らかにしつつ、その本末形成過程を考察したい。

次に幕府のキリシタン禁教政策にともない、近世寺院が領民のキリシタンでないことを請負う寺請制に関して、それを記録した「宗門改帳」について紹介したい。紹介したいというのは、小稿成稿の近い時期に全国的にみても最も古いと考えられる寛永五年（一六二八）八月の奥書がある「宗門改帳」を調査確認したからである。真宗寺院が門徒の宗旨を請負うとともに、それはまた所属する門徒の掌握にもなったのが寺請制でもあろう。近世真宗教団の末端機構の実態やそれを構成する門徒の動向、あるいはその背景にある幕府の宗教政策など個別的事象を明らかにしていくことは、それそのものが真宗教団史論の指標になると考える。

第二節　本末制——看坊を中心に——

幕藩制下の教団機構や寺院形態・性格を論じる場合、本末制は制度的側面の中心であり基本構造ともいえる。それはまた、近世真宗教団の形成原理でもあった。つまり、本末制は教団をタテに貫く寺院ヒエラルキーであり、その頂点が本山で、さらにその上に寺社奉行が位置し、幕藩権力の仏教統制および教団内部の秩序維持に有効に機能したからである。

いうまでもなく、本末制とは教団を構成する寺院間に設定された上下関係をいい、幕府が政策的に本寺、末寺の確定を整備・固定化したものをいう。自宗派の帰属寺院・末寺を本山が把握し、それぞれの寺格に位置づけを行っていった寺院間の身分制度ともなったのである。その端緒は一般的には寛永九年（一六三二）、幕府が各宗本山に末寺帳の作成を命じ、さらには寛文五年（一六六五）の諸宗寺院法度で「本末之規式不可乱之、縦雖為本寺、対末寺不可有理不尽之沙汰事(4)」と規定し制度化していったといわれる。しかし、それ以前にすでに本末制を志向する幕府の意図があった。たとえば、慶長十七年（一六一二）の曹洞宗法度に「諸末寺不可違背本寺之下知之事」とあり、翌年の関東天台宗法度にも同様の条目がある。また元和元年（一六一五）の浄土宗諸法度にも「末々之諸寺家者、従其本寺可致仕置、若有理不尽沙汰者、可為本寺私曲事」とある。寛文五年の諸寺院法度はこれら各宗寺院法度を集大成したものであることはいうまでもない。上述の各宗寺院法度の中にみられるように、末寺は本寺に従う旨が記されているが、その末寺といった場合、そこに住する僧侶、あるいは末寺に関係する配下の孫末寺・道場を主宰する僧侶をも含まれていよう。

末寺の概念・範疇をどう解すべきかが問題となろうが、法度にみえる末寺はそれに関わる僧侶を包摂していると考えてよいであろう。つまり、本寺に背く末寺の実態は具体的には住僧であるからである。であるならば、本末制は僧侶の身分制ということになろう。教団内における僧侶の身分を規定していったのが本末制の一環としての末寺の性格そのものであったからである。末端の末寺・道場の「看坊」「看主」といわれる僧侶はその上寺と未分離の形で身分的に規定されていたと考えられ、しかも彼らは留守居役の性格であり世襲していない場合が多い。その意味でも末端で檀家の仏事に頻繁に接触した看主僧に視点をあてた本末制論も看過できないと考える。

看坊についてはすでに千葉乗隆氏・大桑斉氏・児玉識氏・森岡清美氏らの優れた諸業績が発表されている[5]。千葉氏によると「惣道場・寄合道場・下道場等を所属の寺または門徒から委託されて管理する道場主を看坊または看主といい[6]」といわれるように、一般的には自らの檀家を有しない、地域的出先の道場あるいは末端末寺を看坊道場と称していた。道場主の看主は原則的に世襲せず道場を私有化していなかった。諸先学の業績によると看坊・看主の呼称は地域によってそれぞれ異なっていた。たとえば、道場役・毛坊主・寺中・辻本・法名本などである。森岡清美氏が指摘された[7]ように、必ずしも看主と辻本とは同義・同性格ではなく辻本から看坊地へと変化していった事例もある。しかし、「紫雲殿由縁記」に「寛永ト成リ京並ニ田舎ニ至ル迄辻本看主寺号ヲ望中[8]」とあるように、「辻本」と「看主」が並列的に記され、双方がともに寺号収得を所望していることがわかる。つまり、辻本も看主も寺号を未だ所持していない道場主の立場である。とくに辻本の場合は半僧半俗の毛坊主を意味しているといわれる[9]。いずれにしても教団構成の末端の道場形態を主とする立場・身分であったのが看主、辻本なのである。

近世本末制論が論じられる中で、教団末端の看主・看坊の位置づけが等閑視されているように考える。看主といわれる各地の実態は明らかにされているが、彼らは所属の寺院や門徒からどのように委託されていたのであろうか。また看坊道場を配下にもっている末寺は看主の交替などをどのように把握していたのであるかなどが問題となろう。それは檀家との日常的接触、たとえば講の寄合や枕経あるいは月忌参りなどを具体的には看主が行っていたと考えられるからである。

そこで、これらに関係する事例の一つとして摂津国（現、高槻市）の教行寺（真宗大谷派）に所蔵される「摂津国僧分人別帳」[10]を紹介し、若干の検討を試みたい。同史料の奥書に「寛政二庚戌年七月」とあり一七九〇年に書き上げたものである。主な個所をあげてみよう。

「　小堀縫殿支配所
　浄土真宗本願寺掛所
　　摂州島上郡冨（ママ）田庄
　　　　　　教行寺留守居
　　　　　　　円明寺
一、和州広瀬郡箸尾　龍峯　酉三十二歳
　教行寺役僧
　　〆　壱人
　永井日向守殿領分
摂州島上郡冨田庄

教行寺掛所
摂州島上郡泉原村
長徳寺
一、佐渡国雑太郡相川　元暢　酉五十二歳
桑良町専照寺兄
一、当寺出生　新発意元上　酉二十歳
〆二人
永井日向守殿領分
摂州島上郡冨田庄
教行寺掛所
摂州島下郡佐保村
教恩寺
一、能登国鹿島郡岡村　慧眼　酉三十四歳
聖安寺二男
〆　壱人
（中略）
永井日向守殿領分
摂州島上郡冨田庄

教行寺末寺
摂州島下郡粟生村
栄久寺

一、摂州大坂西成郡南久太郎町　看主祖俊
祐光寺三男　酉二十四歳
永井日向守殿領分
摂州島上郡冨田庄
教行寺末寺
摂州島下郡佐保村
教円寺

一、能登国鹿島郡鵜浦村　看主秀法
法広寺二男　酉五十二歳

上述した史料の文言に「教行寺掛所」「教行寺末寺」「教行寺下」とある如く、摂津国富田庄教行寺配下の末寺帳の性格をもっている。掛所や庵・立合末寺（道場）・道場あわせて二十カ所の支配下末を教行寺がもっており、その住僧は合計二十六人いたこともわかる。しかもその住僧それぞれの出生地をも記している。僧分人別帳である故当然でもあろう。注目すべきは教行寺末寺で寺号を有しながら、「看主」と肩書があることである。看坊寺院のことであるが、寺号を有しても未だ自庵化されていない状況の寺院であろう。つまり看坊寺院は門徒に委託されて管理している看主が非世襲の留守居役となって宗教活動を行っていたのである。

また、前掲史料の中で「看主」と記されている僧侶は八名、「看主」と記されていないが同性格と考えられる僧侶二名、合計十名が記載されているが、それぞれの出身地は遠隔地である。たとえば、摂州島下郡佐保村教円寺看主秀法は「能登国鹿島郡鵜浦村法広寺二男」、同郡宿久庄村教信寺看主了秀は「武州江戸品川心海寺弟」、同郡福井村遍照寺看主賢氏は「防州玖珂郡大根川村出生」、同郡中川原村惣道場看主寥仙は「肥前国高木郡土黒村光専寺弟子」などと出身地・寺院が記されている。摂津国島下郡の寺院・道場に能登国や江戸・周防国・肥前国などからどのような縁故・経路で看主として入寺してきたのだろうか。看主は一定期間の留守役である故、一代限りで交替するのが原則であろう。交替をどのようにして行ったのだろうか。どのような情報経路を通じて看主が退任することを承知して次の看主が入寺したかである。とくに看主は本寺の同意を得て村落門徒から委託され、日常的な仏事を実質的に行っている。たとえば、葬儀に関してならば枕経や鈴役など本寺が行う導師以外の諸役は看主が行っていたと考えられる。また、各月の命日などの檀家参りも看主が主として行っていたであろう。檀家・門徒にとって寺請証文は本寺で発行してもらったであろうが、日常的な諸法要、あるいは信仰や人生の悩みなどで最も身近に接触していたのは看主ではなかっただろうか。

先述の「僧分人別帳」ではどのようにして看主が入寺し、どれほどの期間を勤めたのかについては明確にできない。看主の交替変遷の実態は従来より明らかにされていない。中本寺にとってはその把握は末寺支配という意味でも不可欠であったはずである。つまり、中本寺にとって門徒と頻繁に接触する末端の僧侶・看主を常に把握しようとしたであろうと考える。その意図する着眼は末寺の申物に関することであり、それにともなう冥加金・御礼金の中間的収入と不可分であるからである。中本寺にとって看主は無難に寺役を勤めさえすればよいのであるが、経済的基盤に関わる場合は敏感であり、その意味での看主の動向を把握する必要があったと考えられる。

そこでこれら看坊・看主に関する史料を紹介・検討することを試みたい。八尾市慈願寺に末寺・看坊へ入寺した法中の控が二冊蔵されている。(11) それは「于時文化十三丙子年、末寺法中入寺控　橋島御堂役者　第一番」と「文政二卯歳　末寺法中入寺控　橋島御堂役人（朱印）」と外題する冊子本である。前者は入寺に関する個所が若干あるが、書簡の控、慈願寺歴代など覚書に類するものも記録されている。後者は外題どおりの内容であり、慈願寺の末寺・看坊・看主名が記され、看主の生国も明記してある。先の教行寺蔵「僧分人別帳」とほぼ同内容をもっている。注目すべきは看主の入寺時期が記され、若干の退寺時期も後筆でメモされている。したがって、慈願寺末の一つの看坊寺院の看主の出入状況を同史料によって追ってみれば、全看主の交替あるいは寺役任務の期間がわかるであろう。また同じ看坊における看主の「生国」についても提示して考えてみたい。

先述の後者史料「文政二卯歳　末寺法中入寺控」の記載形式を提示してみよう。

「一、生国　三州碧海郡築地村誓願寺舎弟
　文政元年寅十二月十三日　宝持村勝光寺了観」

右のように三河国誓願寺出身の了観が文政元年（一八一八）十二月十三日に勝光寺（現、東大阪市・真宗大谷派）に入寺したのである。そして後筆で上部に「退寺」と記している。この勝光寺の看主の変遷を同史料によって追ってみると次の如くである。先の了観に次いで文政三年（一八二〇）十一月八日に「生国　亀瀬峠了仁寺新発意了慶」が入り、翌年の「巳七月二十四日」に退寺している。次に同年七月二十四日に「豊前国下長郡原田村西浄寺舎弟諦住」が、文政七年（一八二四）七月に「河州渋川郡横沼村乗蓮寺舎弟諦龍」が、天保二年（一八三一）十一月二十六日に「河州渋川郡長堂村浄光寺舎弟諦秀」が、天保十年（一八三九）正月二十二日に、「河州若江郡友井村法敬寺新発意等観」が、天保十三年（一八四二）六月十二日に「河州若江郡近江堂村佛願寺弟大泉」が、それぞれ同じ河内国の勝光寺の看主・留守居として入ったのである。それぞれが寺役を勤めた期間は二、三年から八年ほどであることが窺える。また看主の出身地が三河国や豊前国など遠隔地からもあり、時代が下るとともに同じ河内国の近隣寺院からの入寺であったことも知られる。九州出身の看主は河内国の看坊に退寺する僧侶がいることをどのようにしてその情報を得て入寺したのだろうか。勝光寺に入る以前に同寺近隣に看主・寺僧として勤めていた可能性も大であろうが、その初発の時点はいかがであったかは不明確である。もちろん、看主の出身寺院はすべて慈願寺末であったのではない。慈願寺末のそれぞれが相互に交替したわけでもないのである。看主の出身が遠隔地で、しかも寺役を勤める期間が数年でめまぐるしく替わっているのであるが、それはこの勝光寺が特例であったのだろうか。
そこで慈願寺蔵同史料に記載されている極楽寺（現、守口市南寺方・真宗大谷派）の文政八年（一八二五）以降の看主交替の変遷を一覧表にすると次頁の如くである。

〈図表1〉の看坊寺院極楽寺の例では文政八年より安政四年（一八五七）までの三十二年間に七人の看主が交替し、彼らの出身地は加賀国・三河国・讃岐国・能登国鹿島郡・能登国鳳至郡・近江国・摂津国と多方面にわたっている。先述の勝光寺に限らず看主の出身はその都度多方面の地域から入寺していたことが窺えよう。入寺期間も数年程度であった。それ故に中本寺慈願寺は配下の看坊寺院支配を明確にする必要も生じたのである。それは看主の入退寺についてはその届を慈願寺へ提出させていることからも明らかである。たとえば次のような書附がある。「乍憚口上、一、私儀卯年九月住職被仰付、難有奉存、寺役法用大切ニ相勤罷在候、然ル処従旧臘打続病気ニ付、寺役難相勤候ニ付、親元八尾御坊列座長順寺方へ引取養生仕度段御願申上候、右之段御聞済被下候ハヽ、難有奉存候」[12]という内容で、天保三年（一八三二）四月九日、福応寺恵見が慈願寺役者専徳寺へ提出している。それを福応寺同行が持参したらしく、「当番専徳寺」が「右書附を以、同行壱人届参り委細承り、云々」と同じ四月九日に書き留めている。看主の交替に同行も深く関わっていたことが窺えよう。またその処理を慈願寺役者が行っていることも興味深い。慈願寺住職は末端末寺の看主交替には直接関与していなかった場合もあったのである。

ところで先述の寛政二年（一七九〇）の「僧分人別帳」は、単に教行寺が単独で調査し配下寺院を把握する目的であったのではない。それは幕府に提出した控である。僧分人別について幕府は次のような触を出し、それに応じて作成されたのが先の僧分人別帳である。寛政元年（一七八九）酉十二月に出された[13]触に、次のように記されている。

〈図表1〉看主交替の変遷
河内国茨田郡寺方村極楽寺（現、守口市）の事例

看主の赴任時期	出身地・寺院・法名
文政8・8・24	加州河北郡谷内村養楽寺舎弟道性
文政13・2・8	三州碧海郡高浜村法寿寺舎弟円心
天保2・2・19	讃州豊田郡坂本一心寺舎弟泰厳
天保12・3・12	能州鹿島郡藤井邑徳蓮寺舎弟法輪
天保14・7・24	能州鳳至郡宅田村照念寺舎弟随晧
弘化2・9・29	江州坂田郡藤川宿光了寺法香
安政4・11・7	摂州住吉郡湯谷島村覚林寺法岸
明治7・4・14	南寺方村極楽寺新発意亀谷寛道

「　寺社奉行え
当酉年之寺院出家、山伏之人別、本寺又は触頭より取集、
来戌五月限り為差出可被申候、
但、名前年附幷生国認候事
一、本寺触頭無之一ヶ寺分は、御料ハ御代官、私領は領
主、地頭取集、為差出候様可被致候
酉十二月　」

右の触の如く本寺、触頭が僧侶・山伏の人別を書き上げるように幕府が命じたもので、その時期や生国を記す内容からみても、教行寺蔵「僧分人別帳」はまさしくこの触に応じたものである。この場合、教行寺は本寺としての立場か触頭として書き上げて幕府に提出したのかが問題となろう。結論的

にいうならば中本寺として書き上げたのである。というのは、摂津国教行寺は右掲史料にあったように「浄土真宗本願寺掛所」と教行寺の立場を冒頭に記し、何々国何々郡の触頭と記していないし、記載寺院はすべて教行寺末であるからである。したがって、同史料は教行寺の「末寺帳」の性格をもっている。教行寺は摂津国のみならず大和国にも存立しその掛所も四カ寺あった。それぞれ教行寺と寺号するが、合計六カ寺の教行寺は基本的に同系統である。教行寺の寺基移転等の寺史や末寺分布については後述したい。大和国箸尾庄の教行寺配下の「僧分人別帳」も同様に所蔵されている。この人別帳も寛政二年（一七九〇）八月の奥書があり、先述の摂津国教行寺所蔵と同性格で末寺帳でもある。大和国教行寺は同年段階で七十七カ寺（道場）が同国広瀬郡・式下郡・平群郡・葛下郡・添上郡・添下郡などに存し、僧侶（看主）六十七人が同人別帳に記載されている。僧侶数が少ないのは無住道場があるからである。大和国教行寺蔵「僧分人別帳」によると、「浄土真宗本願寺末、大和国広瀬郡箸尾庄、生国山城国、教行寺遍継、酉三十八歳」とまずあり、「地中役僧、生国近江国　円明寺龍峯、酉三十二歳」「同断、生国当所　大蔵寺泰澄　酉三十九歳」と次第し、法善坊・浄円坊・凌雲寺・善正坊・唯信坊・浄恵坊・恵俊坊・信誨庵・即証庵・願成寺の地中寺院合計十二カ寺が記されている。無住の地中は僧侶名が記されず八カ寺である。

なぜ幕府はこの時期、寛政元年（一七八九）段階で僧侶・山伏の人別を調査したのだろうか。しかも、僧侶の名前（法名）と生国の明記を命じている。それは僧侶以外の領民は毎年宗旨人別を行い、その改帳を作成し幕府・藩に提出しているが、その宗判を行う僧侶自体の宗旨改に類する人別が毎年行われていないからではないかと考える。僧侶にもその寺院が宗判権を所持しない者あるいはそれを受けない者もかなりあったのが事実であり、その人口動向が把握されていないからであろう。

第三節　教行寺史と本末形成

同系統の教行寺が多数存在するのは寺基の移転と関係している。その移転とともに教行寺が配下に末寺を吸収していくのであるが、近世においては大和国箸尾教行寺と摂津国富田教行寺が中本寺として君臨していた。しかし、富田教行寺は箸尾の支坊の形態をとっていた。まず、教行寺史の考察を試みながら、その末寺形成過程を考えたい。

教行寺は近世において摂津国一カ寺と大和国五カ寺が存していたことは先述したとおりである。[14] 摂津教行寺と大和箸尾教行寺はそれぞれ末寺・道場を十七カ寺と七十七カ寺有する中本寺であった。とくに箸尾教行寺の末寺は広地域にわたっており、大和国における東本願寺末の中心寺院であったことは明らかであり、同派内の別格である「五箇寺」格であった。教行寺はもとは摂津国富田に建立され、寺基移転を幾度か経て、承応元年（一六五二）大和国箸尾に移り、以後「教行寺町」や「大和の大坂」と称されるほど、商工人が集住した町方を形成した。

そこで教行寺史について若干紹介し、中本寺としての本末形成過程を考えてみたい。

教行寺の開基は本願寺八代蓮如である。文明七年（一四七五）八月、吉崎に滞留布教していた蓮如は退去し、海路を経て若狭小浜に着き、丹波路から淀川左岸の河内国出口坊舎に移居したのであるが、その際、富田坊舎を建立したといわれる。[15] 教行寺の前身がその富田坊舎である。しかし、その具体的な成立時期については諸説があったが、近年、日野照正氏が詳しく検討されている。[16] 小稿では同氏論文を参照しつつ、新史料を加味しながら若干の考察を試みたい。

日野氏は「大谷嫡流実記」「教行寺略記写」「本照寺由緒略記」などの諸史料を駆使されて、教行寺の開創に関する問題点を指摘され明確にされた。それによると、蓮如は吉崎進出以前の文正元年（一四六六）にすでに富田に敷地を取得していたといい、文明七年吉崎より来住してきた富田は、その敷地ではなく光照寺（後に本照寺）であるという。光照寺を中心とする門徒団が蓮如来住以前より形成されており、蓮如が丹波路を経て出口坊舎に移居し、前後して入った富田坊舎は光照寺のことであるといわれる。鷺森別院に蔵される文明八年十月二十九日蓮如花押のある「親鸞・蓮如連座像」の裏書文言に「摂州島上郡冨（ママ）田常住也」とあることから、蓮如が出口坊舎に入り、その翌年に富田坊舎を建立したと考えるのが一般的であった。日野氏はそれを再検討され、「本照寺由緒略記」「教行寺略記写」に文明七・八年の富田坊舎開創の記載がないとされ、その開創は山科本願寺成立後の文明末年で、息男蓮芸に付与し教行寺と公称したのは明応七年（一四九八）とされている。したがって、それ以前の富田坊舎は光照寺であったと氏は詳細に立証されている。

近時、富田坊舎に下付された明応七年裏書の「方便法身尊像」が滋賀県東浅井郡の称名寺で発見された(17)。裏書は判読不可能な部分があるが次のとおりである。

「　□

□應七歳□□□三日

□□□□□像　摂州嶋上郡

冨田

願主釋蓮藝」

右掲の如く下付者は判読不明であるが、明応七年であることはまちがいなく、蓮如か実如である。蓮如とすれば没年の前年になる。どのような経緯で称名寺に蔵されてきたかは不明であるが、同寺では「蓮如上人の臨終仏」として伝えられてきたという。願主は蓮芸であり、蓮如が晩年を富田坊舎で送ったことなどを勘案するとおそらく蓮如が下付したのであろう。明応七年は蓮芸十四歳であり、同坊舎を蓮如より譲られたと考えられる。先述の日野氏の意見を支持できる証左となろう。なお、先の裏書の物件は判読できないが表は明確に阿弥陀如来絵像であり、本紙の法量は縦一一二・九センチ、横五〇センチである。

蓮如が蓮芸に授与したのは他に九字名号がある。青木馨氏が紹介したもので[18]、現在盗難にあい所在不明であるが、その裏書に「明応六歳蕤賓下旬、八十三歳(花押)願主釈蓮芸」とある。この九字名号を掛ける坊舎がすでに明応六年に存在していたことを示唆するもので、しかもその坊舎を主宰していたのが蓮芸であったことを窺わせる。おそらく、明応六年にまず九字名号が、そして翌年に方便法身尊像を安置し、それを蓮芸が給仕する立場にあったことを明示する史料と考えてよいであろう。「富田」へ下付されたものを含め上述史料とともに年代順に列挙整理すると次の如くである。

①文明八年十月二十九日　親鸞・蓮如連座像、「富田常住也」
②長享二年六月十八日　法然絵像、「富田」
③明応六年五月下旬　九字名号、「願主釈蓮芸」
④明応七年三月二日　親鸞絵伝、「富田」
⑤明応七年□月三日　方便法身尊像、「願主釈蓮芸」

右掲の如く明応期に入り下付物の裏書に蓮芸の名が登場する。蓮如が晩年富田に住したことは周知で、『空善聞書』によると「富田殿ヨリ上洛」等の文言が頻出する。その年時上限は明応四年であり下限は明応六年である。その富田坊舎は日野氏がいわれるように山科本願寺建立後に設立されたものと考えられる。つまり、蓮如は延徳元年

（一四八九）隠居し、富田坊舎を建立して起居していたのである。そこから山科や堺へ往返したのである。教行寺由緒記である「永禄記」に「明応七年の秋にいたって、真弟の蓮芸律師兼秀を富田に住せしめたまい、教行寺と名付け」とある如く、明応七年（一四九八）の秋に蓮如は蓮芸へ富田坊舎を付属して教行寺と公称したのである。したがって、先に紹介した明応七年の方便法身尊像裏書の判読不能の「月」は七・八・九月のいずれかであろう。この時に道場本尊である方便法身尊像が蓮芸に下付され、富田坊舎も蓮芸が継承したのである。蓮如が明応七年、蓮芸に富田坊舎を付属した背景に、おそらく前年に大坂坊舎が完成したこととの関係があると考えてよいだろう。蓮如が坊舎・寺院を開創した背景に子息女の安住先・生活基盤を念頭に置いていたことがあろう。とくに晩年に生まれた幼少の子息女のことを案じていたのではないだろうか。[19]

その後、富田教行寺は永正期（一五〇四〜一一）、大和国への進出に関係する。その発端は百済庄内東迎田の願成寺祐淳と隣郷の地頭箸尾氏との抗争に介入したことにある。その事情について「教行寺由来」は次のように記している。[20]

「和州之末寺と云ハ往古より広瀬郡百済庄内東迎田村ニ願成寺とて本願寺門派之大寺有之、此寺境内ニ数多民家有候而、仕置下知等願成寺より申付、寺附之年貢米等令収納候、其外和州在之所々ニ門徒数多有之、永正之頃此寺之住持祐淳と隣郷地頭箸尾殿ト云々ニ出入事出来、既及闘争祐淳之生捕、徒党之門下迄生害極候処ニ、富田教行寺住持召出祐淳儀経々侘言申達候へハ首銭を出シ死罪赦免ニ相調、教行寺より過銭をつくのひ（ママ）彼祐淳并徒党之者迄命介候而五畿内を追払申候、扨願成寺之堂幷寺地境内寺領ハ勿論本尊絵替寺物等、不及申門徒一人も不残教行寺へ受取候而末寺ニ仕候畢（後略）」

右掲の如く、大和国百済の願成寺が同国各地に所持していた末寺・道場を摂津国教行寺はすべて継承し配下に収めたのである。その契機は願成寺祐淳[21]と箸尾氏とが永正期頃対立抗争し願成寺側は敗れ、その結果祐淳は「生捕り」にされ、同寺に与した門徒衆も「生害」などにされたため、教行寺が箸尾氏に納銭して門徒らの命乞いをしたというのである。その後の願成寺諸堂宇・寺宝等や同寺門徒を教行寺が受け取り、自らの配下末寺・門徒にしたのである。なぜ教行寺がその抗争に仲裁介入したのかは不明である。考えられることは、願成寺祐淳が蓮如の有力門弟であり、蓮如より親鸞絵伝四幅を文明七年（一四七五）九月、下付授与されている立場であることから、蓮如の八男教行寺蓮芸（大永三年三月没、四十歳）とは何らかの関係があったと当然考えてよいだろう。また、教行寺自身が教団内の一家衆寺院としてその抗争の介入に立ち入り交渉するだけの力量を備えていたと考えられる。富田教行寺が大和国諸末寺・門徒と関係し配下に吸収していく発端は以上の経緯である。すなわち、願成寺配下であった大和国諸門徒団を富田教行寺がそれを吸収する形で、同国末寺といわゆる本末関係を形成したのである。

本願寺の寺基が山科から大坂へ移転して間もない天文元年（一五三二）十二月に教行寺は焼失した。それは同年生起した一向一揆と細川晴元の対立で、晴元の兵により教行寺が焼かれ門徒が殺害された兵乱によるためである。天文五年（一五三六）十月二十日に晴元から富田坊再興の許可がおりているが[22]、直ちにそれを実現したかどうかは不明であり、同二十年に再興された記録がある[23]。その間の寺院の形態は明らかでない。しかし、教行寺は本願寺十世証如に近習し、『天文日記』に頻出する。たとえば「富田被来候、為祝儀五拾疋到来、一献かんに□□、奏者上野也、返し十八日ニ遣し候[24]」というように「富田」としての記事で散見している。また、蓮如の第十三男で教行寺実誓といとこの関係になる実従とは昵懇であった。実従の日記『私心記』に「寺中法安寺等見物、富同道」「昼天王寺見物ニ行、式アリ、聴聞、富同道」などとあり[25]、実従は教行寺実誓とともに法安寺や天王寺に出かけたことを記している。一家衆寺院として宗主を補佐する立場でもあり、その緊密な関係は当然でもある。

永禄二年（一五五九）、本願寺は門跡の勅許を得た。門跡のもとに院家と坊官とが置かれるが、その院家に当初播磨本徳寺教什が任じられ、七年後には教行寺実誓が順興寺実従・慈敬寺実誓・勝興寺顕栄・常楽寺証賢らとともに列せられている。教行寺が宗主の側近の一角を占め教団権力の一翼を担っていたことが窺える。

元亀元年（一五七〇）より本願寺と信長とが抗戦するいわゆる石山合戦が十年間余続くが、その終結に際し顕如と教如の父子が対立することはよく知られている。教行寺第四世証誓はその主戦派であり、教如の「大坂拘様」に同調している。天正八年（一五八〇）大坂本願寺が焼亡した頃、富田教行寺も信長軍に焼き払われた。同年秋、教行寺は大和国広瀬郡佐味田村に移転した[26]。同村に先述の願成寺から引き受けた末寺があったからである。また寺領一八〇石を有していたが、文禄三年（一五九四）の検地で秀吉に召し上げられてしまった。慶長七年（一六〇二）、同国十市郡田原本村に平野遠江守長泰より寄進地を受け佐味田村より移転した。その背景には平野長泰と教如側近の下間頼龍とが昵懇であったからという。同地で三町四方の寺内町として取り立てられ、「大和の大坂」と称されるほど町方として発展したといわれる。しかし正保四年（一六四七）、田原本を退き再び佐味田村へ移転した。それは教行寺教誓と平野長泰の子長勝とが寺内町の支配権と領主権との争論をめぐって対立したからであるという。再度の佐味田村への移転はやむを得ずそれを余儀なくされたのであり、教行寺宣誓は佐味田村の領主郡山藩主本多内記政勝に寺地を申請し、承応二年（一六五三）、領内の広瀬郡箸尾村に寺地を寄進されて移転し、現在に至るのである。その後、東本願寺第十八世従如が幼少の頃より当寺へ入寺していた。また江戸中期頃は「教行寺町」と称されるほど商工人が集住し、農村と異なった様相を呈していたという[27]。

富田教行寺は石山合戦後、大和国へ移転し上述のように七十年余の間転々とするが、配下の末寺は富田時代と同様に維持支配していたのである。摂津国にも末寺が存しているのも中世以来の本末関係を維持するため、寺基移転後も富田に留守居を置いて配下に収めていたのである。それは先述した「僧分人別帳」の摂津・大和両国分の存在からも明らかであろう。教行寺は蓮如開創以来、一家衆・院家として教団内で君臨し、近世に入っても「五箇寺」格として宗主に近習したのであり、本願寺としても、秩序維持から中本寺教行寺をバックアップしたと考えられる。教団権力にとって本末制を維持し末寺支配を順調に遂行することが教団護持につながったのである。それが最優先されたのが近世真宗教団であった。

第四節　寛永五年の宗門改

寛永五年（一六二八）八月の奥書のある宗門改帳を紹介・検討したい。この冊子本は外題を記された表紙がないが、冒頭に「摂州東生（ママ）郡下辻村辰之年宗門之事」[28]と記され、つづいて「一、壱家」と記してそれぞれ戸主以下が明記してある。所蔵者は大阪市鶴見区の真宗大谷派願正寺である。同寺は下辻村に存する唯一の寺院で「一村一カ寺」の形態で存続してきており、明応三年（一四九四）の裏書がある阿弥陀如来絵像を蔵している。

この冊子の奥書は次のように記してある。

「　右之寄
　　家数合百弐拾弐軒
　　　寺壱ヶ寺
　　惣人数合六百八拾人
　　　内　男三百四拾弐人

女三百三拾八人

右之帳面之銘々代々拙僧旦那ニ紛無御座候、若切死丹（ママ）宗門之儀申者御座候ハヽ、拙僧罷出急度申赦可仕候、為
其銘々旦那名書之上ニ判形仕差上ヶ申候以上

寛永五年八月　　願正寺　㊞」

右掲の如く、表題や奥書から明らかに宗門改を寛永五年八月に行ったことが判明する記録である。奥書の文言は後に流布する寺請証文のそれとほぼ同内容である。幕藩制下でキリシタンの摘発を目的に実施された宗門改制度であるが、この改帳の奥書から全国的にみても最も早い時期の宗門改帳であることは確かである。その点については従来の研究・紹介を含めて後述したい。

今少しこの改帳の記載形態を紹介しておこう。

「　摂州東生（ママ）郡下辻村辰之年宗門之事

一、壱家　東本願寺宗（ママ）願正寺㊞　与市兵衛㊞ 年卅五
同寺㊞　女　房 年卅三
同寺㊞　女子くめ 年拾壱
同寺㊞　女子きよ 年□
同寺　女子はる 年四
同寺　下人権兵衛 年廿二

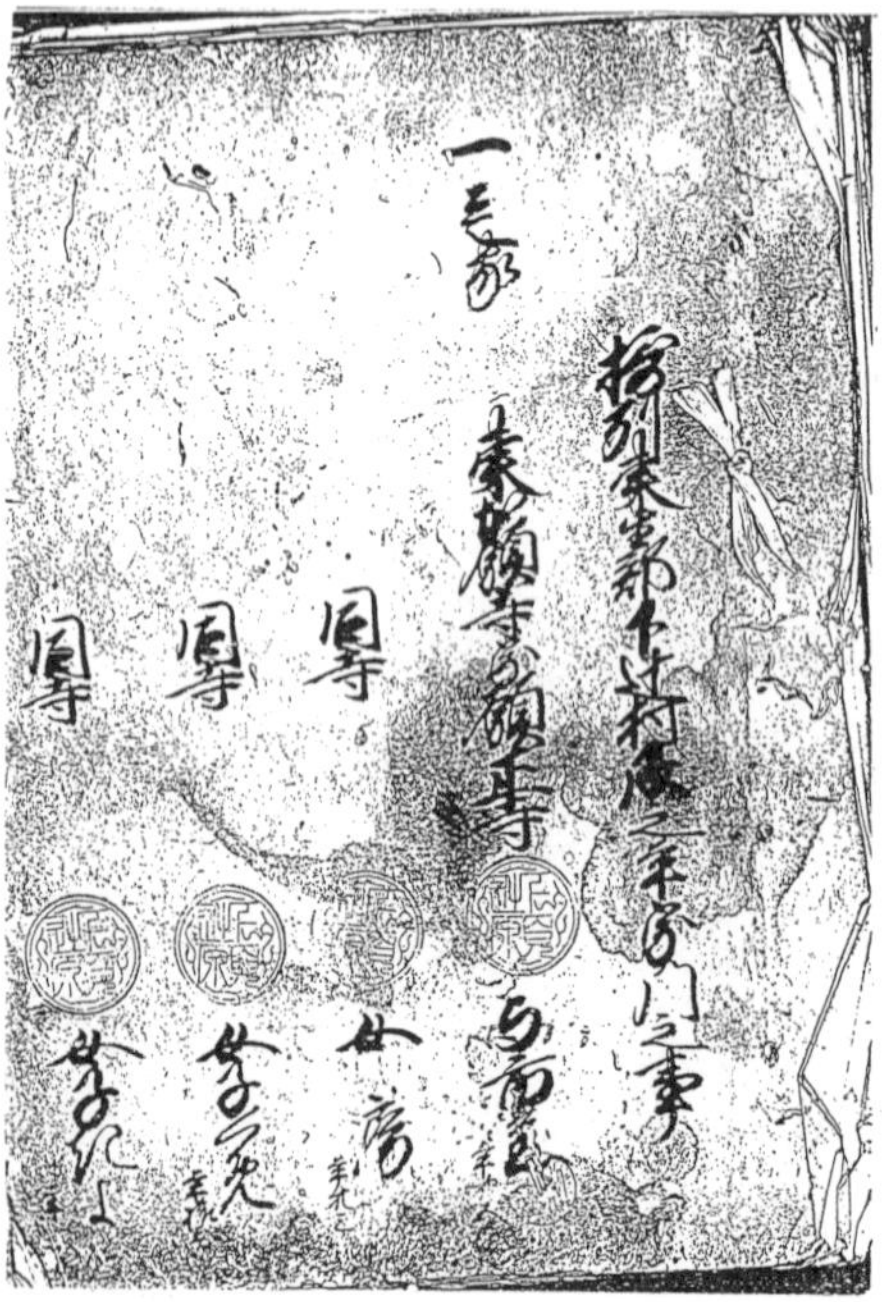

〈図表2〉 願正寺蔵「宗門改帳」外題（冒頭）

同寺　下人清助 年卅
同寺　下女□□ 年廿三
同寺　下女きさ 年拾六
同寺　下女妙心 年六十九
同寺　下女ふ□ 年五拾

〆拾壱人 内三人男 八人女

一、壱家　東本願寺宗（ママ）願正寺　久右衛門㊞ 年四拾
同寺　女　房 年卌一
同寺　弟治兵衛 年廿三
同寺　弟半兵衛 年拾八
同寺　下人清兵衛 年卅
同寺　下人□蔵 年拾四
同寺　下女よし 年拾八
同寺　下人里ん 年拾六
同寺　下人なら 年拾九

〆九人㊞

右掲の如く、この改帳(29)の冒頭にある「東本願寺宗」

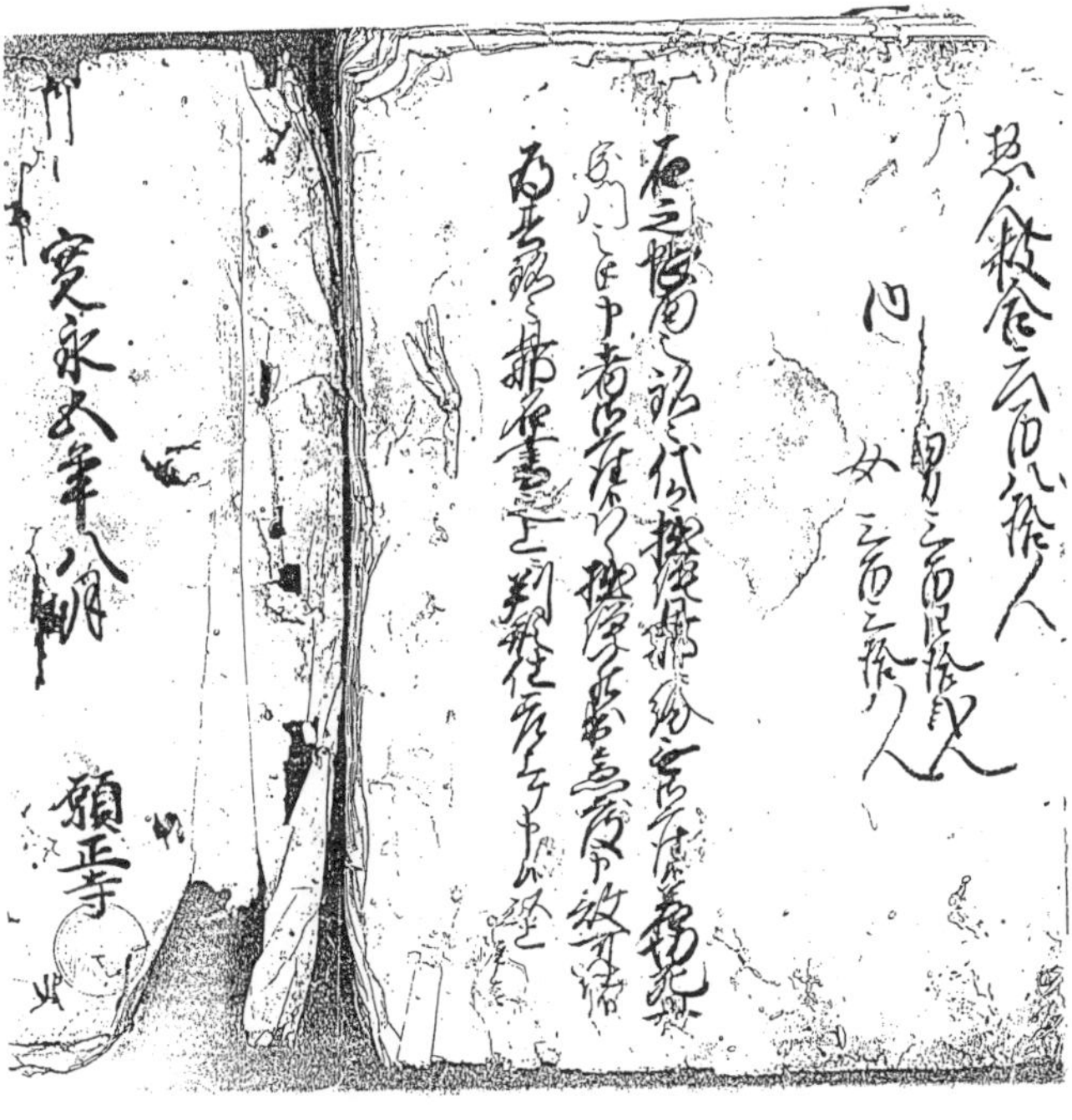

〈図表2〉　願正寺蔵「宗門改帳」奥書

願正寺」の下に印形が押印してあるが、以下の各家には同寺が記されているが印形はない。同寺の下に印形があるのはこの最初の「与市兵衛」以下四名と、それに奥書の「願正寺」の下箇所である。それ以外に願正寺印はない。この印文を正確に読み取れないが、「顕願」か「正願」であろうと思われ、おそらく当時の願正寺歴代か同寺印であろう。

また、各家の戸主の下にそれぞれ印判が押印してある。そしてその戸主の印判は「〆何人」と各家の下人・下女をも含めた人数を記す中に押印してある。この押印形態は同改帳にある各家すべて同様である。戸主が下人等をも含めた一家の人数を確認したことを意味している。そして奥書は前述したように家数・寺数・人口が記され、彼らがキリシタンでないことを願正寺が請負った内容となっている。願正寺が存する下辻村には同寺一カ寺のみであるから、他の諸寺は記されていない。この改帳は寺社奉行へ提出した可能性も考えられないことはないが、むしろ寺院側が所持していたもので、奉行はこの寺院の帳面によってキリシタンでないことを確認したと考えてよいだろう。家族や各人のキリシタンでない証明は檀那寺が発行する寺請状か、寺院が所持した宗門改帳によって吟味されたのである。周知の如く檀那・門徒の宗判を寺院が請負った記録帳が宗門改帳であり、それは寺請制・寺檀制と不可分なものとして機能していたものである。したがって、近世真宗教団史を論じる場合、看過できない史料の一つといえる。またそれは寺院が幕藩権力の領民掌握・身分支配の一翼を担っていた点や、人口増減の動向などを考究する記録でもある。

宗門改帳の成立時期について従来の研究成果を勘案しても、この願正寺所蔵の寛永五年（一六二八）八月の奥書のあるものが、最も早い時期に作成されたものと考えてよい。宗門改に寺請制が導入された時期は、小浜藩主・老中酒井忠勝が国元の藩内でキリシタン探索で宗門改を命じた寛永十二年（一六三五）とされ、それが大きな指標となっている。[30] また、同年将軍家光が「武家諸法度」を改定する中に「耶蘇宗門之儀」を堅く禁止したことと関係しているともいわれる。寛永十二年が宗門改の重要な基点であり、寛永十四年（一六三七）の島原の乱後さらに宗門改が厳重化してくることはすでに明らかにされている。したがって寛永期に宗門改帳が作成されてくるのは当然であるが、同時期に作成された改帳は寺請ではなく、庄屋・町年寄などの俗請のものであったと従来より報告されている。[31] 大坂菊屋町の『寛永十六年宗旨御改之帳』にも前書に「他所より参家買者幷借家かりニ参候もの町中立会宗旨改寺請を立させ置可申候事」とあり、借家人などは檀那寺の寺請状が必要となっているが、寺の請印はない。町年寄や月行事が責任者となって請負っているのである。[32]

宗門改帳の最も古い例として、寛永十一年（一六三四）肥前国平戸町の『芦町人数改之帳』、寛永十五年（一六三八）美濃国多芸郡の『伴天連いるまん吉利支丹御法度御改帳』、寛永十九年（一六四二）近江国滋賀郡の『宗旨改帳』などが紹介されている。[33] キリシタン禁圧が最も早く行われた地域と関係していよう。しかし、これらより小稿で紹介している宗門改帳の方が少なくとも六年早いものなのである。寛永五年の早い時期になぜ「摂州東生郡（ママ）下辻村」で宗門改が行われたかを明らかにする幕府側などの法令に関する史料は見当たらない。つまり、寛永五年八月に記した改帳に対応する直接的な法度・触がない。大坂町方の場合、内田九州男氏が明らかにされているように、[34]「伴天連」詮索および宗旨改を大坂町奉行が命じたのは、寛永十一年である。そして翌年、老中より大坂城代や町奉行宛にキリシタン詮索の指令が出されたという。しかしながら、幕府が直轄領にキリスト教禁止を命じたのは慶長十六年（一六一一）かその翌年といわれ、また京都では同十八年、所司代板倉勝重が信徒に改宗を命じた際、転びキリシタンの証明に寺請を檀那寺に提出させたという。つまり、幕府は寛永期以前より少なくとも直轄領にはキリシタン禁止に熱心であったと考えてよいだろう。

そこで問題になるのが、寛永五年（一六二八）八月に宗門改を行った「摂州東生郡《(ママ)》下辻村」の性格である。宗門改の実施された時期の初発については地域差や地域の宗教事情と関係しているからである。日本歴史地名大系28『大阪府の地名』（平凡社刊）によると、下辻村は元和初年の「摂津一国高御改帳」では高八四〇石余で幕府領であったと記し、寛永―正保期の「摂津国高帳」も同高で幕府領であったと記している。つまり、下辻村は徳川幕府成立当初より少なくとも初期の一六〇〇年代では幕府の直轄領であったのである。幕府権力の意向に早い段階で反応する地域でもあったのである。また同地名大系には「寛永五年の宗旨人別帳によれば人数六八〇」と『城東区史』（一九七四年刊）を引用しながら明記している。したがって、人口動向の問題としているが、この寛永五年の宗旨人別帳とはまさしく願正寺蔵の改帳をさしている。その『区史』編纂段階で寛永五年の改帳が存することが判明していたといえよう。しかし、それが全国的にみても最も古例の改帳との視座は欠落していたと考えられる。

願正寺が存する下辻村は幕府領であり、しかも同村には同寺のみが一五〇〇年頃より存続し、幕府のキリシタン禁制策にいち早く反応し、寺請を行ったといえる。時の願正寺住職立誓が禁教政策に敏感であり、慶長末年の京都でのキリシタン摘発にともなう寺請の情報を得てそれを忠実に実行したといえよう。[35]

宗門改帳はその成立時期と地域的関係、あるいは複檀家の記録もあり、今後、寺請制とともに多視的に検討・吟味する必要がある。内田九州男氏は初期の寺請制導入は檀那寺に住民が判をついた帳面がありそれによって宗旨を改めたことを明らかにされるとともに、その寺院に残された改帳の確認作業を今後の課題として強調されている。[36] その改帳が願正寺蔵の改帳であろう。小稿では紙幅の関係もあり、全国的にみて最も古例の宗門改帳の紹介と若干の検討にとどめ、今後、寺請制導入と地域性の問題を考えることを提起しておきたい。

第五節　むすび

近世真宗教団史論のテーマでそれをトータル的に各問題点を列挙して論及することは、その研究業績を整理するのみで紙幅が尽きると考え、個別的問題を提起した。近世仏教の大きな基軸となるのが本末制であり、その形態や構造はすでに幕藩権力や教団権力との関係で論じられてきた。しかし、本末制の末端である看坊については等閑視されてきた。真宗教団は財政基盤をはじめ諸活動は門徒団が構成・維持して成立している。その門徒団の意志や逆に教団権力の末端への伝達は、日常的に接触する看坊・看主が行っていたと考えている。近世真宗教団はこれら看主の諸行事に関わる中で維持存続され、底流にそれがあったからこそ成立していたといっても過言ではないだろうと考える。その視座から本末制の中の看主の動向・実態に関することを検討してきた。また、各地域の真宗独自の講における僧侶の立場の先頭に立っていたとも推測できよう。つまり、中本寺の住職はそのような具体的な末端の諸行事には出ず、看坊などに委託していたのが実態であったろうと考える。ただ、宗判権に関すること、葬儀権・導師に関すること、さらには冥加金のともなう中物などには住職が神経をとがらせていたと思われる。そこに近世真宗教団の形式化が生起する要因の一端も窺えよう。

それらの背景に幕府の宗教政策があり、教団保持のメリットと合致するものがあったと考えられる。それが本末制・寺請制であろう。とくに寺請に関して宗門改帳がすでに寛永五年（一六二八）に摂津国の幕府領の一村落で記帳されていたことを小稿で紹介した。寺院側が記録した寺請によって領民の宗旨を改めた時期が寛永五年であり、寺請制の導入が都市大坂のそれより六年早く実施されていた。寺院が幕藩体制の初期よりその政策に呼応し、領民支配に深く関与するとともに、自らの檀那たりうる門徒をそれによって掌握していったといえる。今後、小稿で紹介した宗門改帳をさらに書誌的・歴史的背景を考察することを課題として擱筆する。

註

（1）近世真宗教団に関する研究史については、柏原祐泉『日本近世近代仏教史の研究』（平楽寺書店、一九六九年）、児玉識『近世真宗の展開過程』（吉川弘文館、一九七六年）、大桑斉『寺檀の思想』（教育社、一九七八年）などで紹介・検討がなされている。また森岡清美『真宗教団と「家」制度』（創文社、一九五六年）、千葉乗隆『真宗教団の組織と制度』（同朋舎出版、一九七八年）、圭室文雄『日本仏教史・近世』（吉川弘文館、一九八七年）なども個別研究とともに研究成果・視座について論じられている。拙稿「近世宗教史研究の動向」（『日本仏教』五八号、一九八三年）。

（2）本末制については『近世仏教』四巻四号（一九八〇年）の本末制度特集が詳しい。また岡村喜史「近世寺院本末制の再検討」（平松令三先生古稀記念論集『日本の宗教と文化』同朋舎出版、一九八九年）も新鮮な視座である。

（3）澤博勝「近世後期～幕末期の地域社会と宗教」（日本仏教研究会編『日本の仏教』四号、一九九五年）。

（4）『近世法制史料叢書』第二（創文社、一九八一年）。以下の法度の引用は同叢書による。

（5）千葉乗隆・大桑斉・児玉識・森岡清美それぞれ前掲註（1）著書。

（6）千葉乗隆前掲註（1）著書。

（7）森岡清美「ある辻本の記録」（宮崎博士還暦記念会『真宗史の研究』永田文昌堂、一九六六年）。

（8）『真宗全書』七〇巻（一九一三年）所収。

（9）児玉識前掲註（1）著書、一四三頁。

（10）高槻市・教行寺所蔵。元来は大和国教行寺に所蔵されていたと考えてよい。

(11) 八尾市・慈願寺所蔵。慈願寺（真宗大谷派）略史については、拙稿「蓮如の河内国進出」（福間光超先生還暦記念会『真宗史論叢』永田文昌堂、一九九三年、本書第Ⅱ部真宗教団と地域社会・都市）。
(12) 慈願寺所蔵文書。
(13) 『御触書天保集成』下（岩波書店、一九七七年〈第三刷〉）四二一七号。
(14) 教行寺については「教行寺略記写」（日野照正『摂津国真宗開展史』同朋舎出版、一九八六年）参照。
(15) 『本願寺史』一巻（浄土真宗本願寺派、一九六一年）。
(16) 日野照正「富田寺内町の発達」（福間光超先生還暦記念会『真宗史論叢』同朋舎出版、一九九三年）。
(17) 単立寺院称名寺所蔵。この方便法身尊像については同朋大学小島恵昭氏にご教示いただき、写真を提供していただいた。記して感謝の意を表したい。同「新出の蓮如下付方便法身尊像をめぐって」（『本願寺史料研究所報』十八号、一九九六年）。一九九六年十月、大阪市立博物館「大阪の町と本願寺」展で公開。
(18) 青木馨「失われた蓮如筆名号について」（『蓮如上人研究会会誌』二号、一九九〇年）。
(19) 拙稿「堺の歴史と真宗」（堺市教育委員会編『真宗寺文書調査報告書』一九九六年）。堺に蓮如が信証院を建立し山科本願寺へ移築するが、明応三年（一四九四）に再興する。
(20) 奈良県北葛城郡・真宗大谷派教行寺所蔵。
(21) 祐淳は蓮如の有力門弟であり文明七年（一四七五）親鸞絵伝四幅を下付授与されている。その裏書に「和州広瀬郡百済之庄迎田東道場常住物也、願主釈祐淳」とある。
(22) 『大阪府の地名』（平凡社、一九八六年）。
(23) 『天文日記』天文二十年三月二十日条。
(24) 右に同じ、天文五年一月七日条。
(25) 『私心記』天文二年七月二十七日条。同二年八月二十二日条。
(26) 教行寺の大和国移転に関しては、奈良県教行寺所蔵文書「教行寺由来」による。

(27)『広陵町史』（一九六五年）。
(28) 大阪市・真宗大谷派願正寺所蔵。
(29) 冒頭に「宗門之事」と記してあり、「改帳」と記していないが、事実上は大和綴された改帳と考えてよい。
(30) 藤井学「江戸幕府の宗教統制」（『岩波講座日本歴史』近世3、岩波書店、一九六七年）、圭室文雄『江戸幕府の宗教統制』（評論社、一九七一年）。
(31) 長沼賢海「宗門人別改めの発達」（『史学雑誌』四一編一〇号、一九二九年）。
(32)『大坂菊屋町宗旨人別帳』一巻（吉川弘文館、一九七一年）。
(33) 圭室文雄前掲註（30）著書の八〇頁で神崎彰利論文の引用で述べられている。
(34) 内田九州男「近世初期大坂における宗門改制度の特徴について」（中部よし子編『大坂と周辺諸都市の研究』清文堂、一九九四年）。
(35) 願正寺立誓は寛永五年（一六二八）没で享年六十八歳である。
(36) 内田九州男前掲註（34）論文。

第三章　『申物帳』と近世東本願寺家臣団

第一節　はじめに――『申物帳』の性格――

『申物帳』とは近世東本願寺の末寺が、寺号・木仏・宗祖および歴代宗主絵像・太子・七高祖絵像・飛檐寺格などを本願寺に下付許可を申し出、その免許下付を本願寺が行った記録帳である。すなわち、東本願寺末の寺院・道場が真宗寺院・道場としてその体裁を整える過程を本願寺が記録したものが『申物帳』といえよう。したがって『申物帳』は近世真宗史料の基本的なものの一つである。

『申物帳』には東本願寺家臣であった粟津家所蔵本[1]と東本願寺所蔵本とがある。以下、本稿では前者を粟津本、後者を東本願寺本と呼ぶ。粟津本は、慶長二十年（一六一五）より延宝九年（一六八一）まで二十一冊あり、寛永二・三年、寛文十一・十二年分は欠本となっている。東本願寺本は、天和二年（一六八二）より明治四（一八七一）年まで七十一冊あり、随所に欠本がある。両本に欠本はあるが、両本合すればほぼ江戸時代を網羅していることになる。書式形態は両本粘葉綴で同様であるが、外題、小口書は諸本によって若干の差異があり、「木仏御影様出日記」「御影様出日記」「申物之帳」「諸申物日記」などと記されている。内容は両本とも、年月日、下付物件、申請寺院・道場およびその地名・願主が記載され、さらに申請寺院の上寺や中本山(御坊)の添状の有無、申物に付随する本願寺への「御礼銀」などに関する註記もなされている。もっとも「御礼銀」は規定があり、註記してあるのは東本願寺派以外からの転派、改派の場合の礼銀免除など特別なことが多い。また粟津本には各申物ごとに粟津家の当主印の押印があり、粟津家の監督下に記録されたことが窺え、東本願寺本の記録は二名から四名の月番によってなされ、両本の記録監督に関しては性格が異なる。

大桑斉氏は粟津本『申物帳』の成立事情や史的性格について最も早く紹介され、それに基づいて東西分派後における家臣団（奏者）の動向に論及された。とくに粟津家の地位、『申物帳』の掌握権ならびに申物取次による財政的実権をめぐる家臣団の抗争など、氏は注目すべき論文を発表された(2)。続いて氏は粟津本二十一冊を詳細に分析し、近世真宗教団構造の諸類型を明らかにされ、従来の研究成果の教団構造の諸類型と比較検討され、さらには地域社会の歴史的条件との関連をも究明された(3)。

しかし、大桑氏はこれらの諸論文の中で、粟津本『申物帳』は全国の東本願寺末寺・道場の申物を記録したものか、それとも部分的なものかという、粟津本そのものの史料批判については全く吟味検討されていない。すなわち、氏の立論の前提に粟津本『申物帳』は全国末寺の申物すべてを記録されたものである、ということが自明のように考えられ分析されているが、その前提条件・史料価値の問題を看過されていた。

筆者は大桑氏の立論の前提である粟津本は東本願寺すべての申物の記録であるという点に疑問をもっているし、粟津本そのものの史料吟味は重要な意味を内包していると考えている。すなわち、寺号・宗祖絵像・寺格などの各申物を下付するか否かは東本願寺の末寺支配・統制の一つの手段となり、またその下付は東本願寺宗主が行うが、事実上は有力家臣が介在しており、東本願寺初期教団の権力構造やその性格を分析する上において、粟津本そのものの検討は重要である。さらには申物に付随する「御礼銀」から教団運営の財源を考察することも可能であり、その意味でも粟津本の記録範囲の検討は忽諸できない。本稿で粟津本の性格を明らかにする起点はこれらの点にある。

結論的にいうならば、筆者は粟津本『申物帳』は当時の東本願寺末寺・道場の全申物を記録したものではなく、粟津家が取り次いだ申物のみを記録したもので、粟津家が申物掌握権を堅持していたのではないと考えている。本稿においてはその点に焦点を限定し、まずその実証を行うことを目的とし、そこから考えられる家臣団の動向についても若干の問題提起を試みたい。

第二節　免物と『申物帳』

各末寺が親鸞、太子、七高祖、歴代宗主などの絵像下付を本願寺に申し出、本願寺が免許下付した場合、必ず時の宗主がその絵像に左記のような裏書を行った。

〈例1〉[4]　（縦六四・二センチ、横二〇・四センチ）

本願寺釈宣如（花押）
寛永七暦庚午四月一五日書之
三朝高祖真影
河内国渋川郡大地村
円徳寺常住物也
願主　釈了可

〈例1〉の裏書のように、「三朝高祖真影」（いわゆる七高祖絵像）を河内国渋川郡の円徳寺に東本願寺宗主宣如が、寛永七年四月十五日付をもって下付したもので、願主は当時の円徳寺住職釈了可である。裏書の書式は、若干の字句の位置、特殊例はあるが、原則的には〈例1〉に提示した形式であり、これが最も通常である。そのことは各末寺に現存していることからも周知であろう。なお、裏書の寸法は〈例1〉の大きさより前後一〇センチ程度の相違はある。

この裏書に記載されている「寛永七年四月十五日」に下付された記録は、もし粟津本が全申物の記録帳ならば粟津本『申物帳』の記録と合致するはずであり、照合を行いたい。しかし、そこで注意しなければならないことは、『申物帳』は原則的には末寺の願書（申物）の受付年月日で記録され、各寺に下付された絵像裏書は本願寺が免許した、いわゆる発行年月日が記載されており、[5]『申物帳』の記録と裏書年月日とは日数のズレが生じていることである。それらの点は『申物帳』の受付年月日の横などに脇註として「何月何日御免」と註記していることからも明らかである。すなわち、裏書年月日をそのまま『申物帳』と照合しても合致しない場合があり、日数のズレを配慮しなければならない。粟津本における受付日と脇註にある免許日との日数のズレは二、三日から遅くて三、四カ月が一般的であり、通例であったと考えられる。特殊例として、約二年後に「御免」した記録があるが、それはごく少数で、おそらく何か特別な事情があったのであろう。東本願寺本には「御免」が大幅に遅れる場合、その理由を註記している場合が多い。先述したように一般末寺が申物を本願寺へ行う場合、御坊や上寺などの添状、ならびに御礼銀が必要であったので、それに関する諸問題によって「御免」が遅れるのが、主たる理由であった。また裏書年月日と『申物帳』の記録とが合致する場合も若干例があり、申物願書受付当日に「御免」したこともあり、[6]必ずしも受付日と発行日が違っているとは限らない。

〈図表1〉　粟津本『申物帳』にみる寛永年間の河内国の申物

年月日	申物	下付先（願主）
寛永1・2・28	木仏	河内国志紀郡大田村惣道場へ寺号正敬寺ト御免
〃　1・3・2	教如様	河内国志紀郡東老原惣道場
〃　1・10・2	蓮如様	河内国渋川郡四条村正雲ニ寺号乗願寺ト御免
〃　1・11・17	太子七高祖	河内国志紀郡大田村正敬寺惣道場物也
〃　1・11・18	御開山様	右同前
〃　1・11・18	教如様	右同前
〃　4・9・11	御書	河内国茨田郡・摂州闕郡・同東生郡、十四日講中
〈寛永5年なし〉		
〈寛永6年なし〉		
寛永7・4・4	木仏	河内国茨田郡桑池村、玄誓ニ正厳寺ト御免
〃　7・4・11	御身	河内国讃良郡中垣外村、惣道場
〈寛永8年なし〉		
〈寛永9年なし〉		
寛永10・2・20	教如様	光徳寺下河内国石川郡山田大道村、惣道場
〈寛永11年なし〉		
寛永12・6・16	太子七高祖	極楽寺下河内国石川郡山田村、林光寺惣道場
〈寛永13～16年までなし〉		
寛永17・1・25	木仏	定専坊下河内国茨田郡七ケ所碧野、覚瑞寺順正
〃　17・8・28	教如様	河内国讃良郡中垣外村、惣道場寺号覚順寺
〈寛永18・19・20・21年分なし〉		

以上のことに注意し、〈例1〉に示した裏書の「寛永七年四月一五日」の当年から、先述した日数のズレの最高である二年前である寛永五年までの合計三年間の粟津本『申物帳』を調査、照合を行った。その結果、三朝高祖を河内国渋川郡・円徳寺に下付した記録を発見することができなかった。念のため、寛永元年から寛永二十一年までの粟津本『申物帳』に記載されている河内国すべての申物を提示しておこう。すなわち、表にすると〈図表1〉のようになる。なお、先述したように粟津本の寛永二、三年分は欠本であり、その分は析出していない。

〈図表1〉によると、寛永年間の河内国の申物総数は十三件で、「木仏」や「蓮如様」の申物と同時に寺号が下付されている場合もみられる。しかし、河内国渋川郡は「蓮如様」を申物し、それとともに乗願寺と御免された一件のみで、同郡・円徳寺はみることができない。

〈例1〉の裏書に記してある東本願寺宣如の花押は、いわゆる天狗判と呼ばれる明確に宣如のものであり、偽作ではない。また絵像そのものも裏書の年代と一致するものである。またこの三朝高祖の下付された円徳寺には慶長九年の裏書のある親鸞絵像、寛永元年の裏書のある教如絵像が現存し、〈例1〉の三朝高祖が寛永七年に円徳寺に下付されても不自然な要素は何ら存しない。したがって〈例1〉の史料は明確に東本願寺から下付され、偽作ではないのであるが、粟津本『申物帳』には記録されていない事実が明らかとなった。

しかし、〈例1〉の場合、偶然、粟津本に記載洩れがあったことが想定できるし、欠本の寛永二、三年に申物を行ったとも考えられる。さらにはそれが河内国であり、各地方によって何か特別な理由や配慮があったのではないか、というような疑問が生じないわけではない。そこで東本願寺教団の基盤でもある三河、尾張、加賀の各末寺に現存する絵像裏書を例示し、先述した日数のズレに注意し〈例1〉の場合と同様に粟津本『申物帳』と照合してみることにする。

〈例2〉[7]

上宮太子真影

本願寺釈宣如（花押）
寛永二十年癸未正月廿九日
無量寿寺下参州碧海郡
志貴庄鷲塚池端捴（マヽ）道場

〈例3〉[8]

親鸞聖人御影

大谷本願寺釈宣如（花押）
慶安第弐己丑暮仲夏廿八日書之
尾州葉栗郡村久野庄
飛保村上宮寺常住物也
願主　釈受珍

〈例4〉[9]

親鸞聖人御影

大谷本願寺釈宣如（花押）
寛永第九壬申暮林鐘十五日書之
加州江沼郡熊坂庄内
敷地村本善寺常住物也
願主　釈宗俊

〈例2〉〈例3〉〈例4〉に提示した裏書と粟津本との照合の結果、粟津本には記録されていなかった。したがって先述の記録洩れや各地方によって何か事情があったのではないかというような疑念は、ほぼ解消されたのではあるまいか。また、先の〈例1〉の円徳寺と〈図表1〉にある寛永元年十月二日、「蓮如様」を下付された乗願寺（現在は定願寺）とは同じ河内国渋川郡であり、円徳寺は大地村、乗願寺は四条村で、両村は隣接している。つまり、絵像の下付年時は「寛永元年」（乗願寺）と「寛永七年」（円徳寺）には六年の相違はあるが、隣接した両寺院であるにもかかわらず、一方は粟津本に記録され、一方は記録されていないことになる。これらのことから先に想定した裏書の記載が粟津本に偶然記録洩れしていたとか、粟津本の記録者が意識的に記録操作を行ったというような点については問題がないと断言できよう。[10]

各末寺に現存する東本願寺より免許下付された宗祖・太子・七高祖・歴代宗主などの絵像裏書は当時の中央の記録帳である粟津本に記録されているものと考えられ、そのように認識されてきたが、以上のことから各末寺に現存する絵像裏書が粟津本に記録されていないものが多々ある事実を指摘することができる。それは粟津本の記録範囲に問題があることを意味していよう。

東本願寺が絵像を末寺へ下付した場合、取次者の家臣が自らの名前および下付年時などの箱書を行い、さらに添状（印書）を下付したと考えられ、筆者は当論証を補完するためそれらを探索したが、粟津本が存在した期間のそれを発見することができず、現存した箱書・添状の多くは元禄期以降であった。今後この点からも考察すれば、絵像裏書、粟津本の記録、中物取次家臣の三者関係がより明確となろう。

第三節　寺号免許と『申物帳』

次に、上述の絵像裏書が粟津本に記録されていなかった点と共通する「寺号免許」について考えたい。

東本願寺家臣で明暦三年（一六五七）より延宝九年（一六八一）まで下間頼祐と共に奏者役を勤めた粟津元隅が撰した『大坂惣末寺衆由緒書』[11]がある。当由緒書の奥書には「于時寛文六丙午念十二月十五日書之奉粟津大学尉元隅撰」とあり、寛文六年十二月十五日、粟津元隅が時の東本願寺宗主宣如に撰したことが窺える。これはいわゆる大坂三郷に存在した東本願寺末寺の書上帳で、寺基の位置および移転、寺号免許年月などを記した簡単な由緒書である。これとほぼ同内容で詳細な由緒書が、大阪府柏原市・真宗大谷派光徳寺に所蔵され、表題は左記の如くである。

「寛文六丙午年十一月十二日

浄土真宗東本願寺末寺摂州東成・西成
両郡大坂天満町中在之寺草創之年暦
住持代人・由緒之記録公儀江指出□（扣カ）」[12]

右の表題の如く、摂津国東成・西成両郡の東本願寺末寺の由緒を幕府へ提出したものである。当史料が所蔵されていた光徳寺は本坊は河内国にあるが、掛所が大坂南久太郎町にあり、大坂本願寺時代より近世を通じ、摂津（大坂）・河内の最有力寺院であった。当記録の筆者は光徳寺十三代乗俊である。つまり、冒頭に光徳寺の由緒が詳細に書かれ、その項の最後は「当住十三代乗俊」と記している。したがって難波御堂が中心となって配下末寺の由緒書を幕府へ提出した際、光徳寺乗俊がその控を書き残したものといえる。それは『難波別院由緒記』（大正二年刊）にも「大坂寺院興立」として各末寺の由緒が書かれ、その拠った史料について「七十六カ寺の由緒は寛文六年難波御堂留主職明行が、寺院の由緒を公府へ差出す為め各寺より正副二通を差出さしめ其一通を難波御堂に留め置きたる書類に依りて其概要を挙ぐ」[13]とあることからも明らかであろう。すなわち、前述の粟津元隅の撰した由緒書、および光徳寺乗俊の由緒書の底本は、難波御堂留主居職明行が幕府へ提出した記録であるといえる。それ故、それぞれの内容は詳細、簡略の差はあるが、ほぼ同内容である。

ここで問題にしたいのは、粟津元隅撰『大坂惣末寺衆由緒書』他二点の史料に共通して記している寺号免許の年時である。末寺が寺号を収得する場合、当然、本願寺の許可が必要であり、重要な申物であることはいうまでもない。『申物帳』に記録されねばならない重要な職掌物件が寺号であるといえる。そこで先述の各末寺現存の絵像裏書の照合と同方法で、粟津本『申物帳』を検証してみた。

すなわち、『大坂惣末寺衆由緒書』によって各末寺の寺号収得（免許）年時を記し、それが粟津本『申物帳』に

〈図表2〉

寺号	寺号免許年	申物帳有無
円照寺	天正7年	／
正行寺	文禄1年	／
空楽寺	慶安2年	無
聞光寺	寛文4年	無
仏願寺	寛永14年	無
浄圓寺	元和2年	無
浄雲寺	寛永4年	有
本重寺	寛永11年	無
了安寺	寛文1年	有
春徳寺	寛永12年	無
浄源寺	寛永7年	無
明円寺	寛永8年	無
善福寺	寛永8年	無
法泉寺	寛永8年	無
永勝寺	慶長11年	／
浄善寺	慶長4年	／
金剛寺	寛永15年	△
称念寺	慶長15年	／
徳成寺	寛永12年	無
浄安寺	文禄4年	／
玉泉寺	寛永4年	無
明福寺	寛永13年	無
徳照寺	寛永16年	無
長安寺	寛永10年	△
因順寺	寛永17年	無
借屋浄賀	寺号なし	／
正福寺	寛永3年	／
最勝寺	慶長3年	／
本覚寺	寛永8年	無
長久寺	寛永5年	無
徳竜寺	寛永5年	無
森祐光寺	明応5年	／
浄圓寺	寛永8年	無
聞信寺	寛文4年	無
妙善寺	寛永13年	無
専行寺	寛文4年	無
正覚寺	慶長12年	／
寂照寺	寛文3年	無
応因寺	寛永16年	無
光禅寺	寛永9年	無
妙観寺	万治2年	無
光円寺	寛永2年	／
福円寺	寛永20年	無
定久寺	寛永12年	無
誓得寺	元和4年	無
南栖寺	寛永16年	無
蓮久寺	明応5年	／
円周寺	慶安3年	無
蓮通寺	寛永13年	無
恩沢寺	寛永6年	無
来遊寺	慶安2年	無
仁託寺	寛永9年	無
定専坊	明応年間	／
光徳寺	平安期真言古跡寺	／
妙琳坊	（坊号）慶長3年	／
称讃寺	寛永2年	／
即応寺	寛永20年	無
定圓坊	（坊号）正保3年	無
長泉寺	天正9年	／
通観寺	慶安3年	無
仏照寺	天満本願寺留守居	／
祐泉寺	寛永12年	無
蓮沢寺	承応2年	無
南江寺	寛永16年	有
本敬寺	寛永6年	無

記録されているか否かの有無について表にすると〈図表2〉のようになる。なお、慶長十九年以前に寺号を所持していた寺院（古寺）は当然、寺号については粟津本に記録されていないので、記録有無については無視しなければならず、その欄には「／」を付した。他宗派より転派、改派したと考えられる寺院については、[14]すでに他の本山より寺号を免許されている場合もある故、△印を付し検証対象から除外した。また、粟津本の寛永二・三年は欠本なのでその年間に寺号を受けた寺院（三カ寺）の欄にも「／」を付した。さらに粟津本に「寺号」の項がなく左記のような寺号以外の申物の時、寺号免許が同時に行われた例があるので、その点にも注意し、〈図表2〉を作成した。

（寛永7・1・25）
「一、古キ教如様御裏ニ浄圓寺ト寺号御免」
（寛永7・4・4）
「一、木仏、河内国茨田郡桑池村、玄誓ニ正厳寺ト御免」

〈図表2〉のように大坂・天満の東本願寺およびその寺号免許年時を列挙し、粟津本と照合したのであるが、検証対象四十四カ寺中、粟津本に記録されていたのはわずか三カ寺であった。〈図表2〉の寺号免許年時の下限は寛文四年であり、当然、粟津本に記載されていなければならないはずであるが、結果は逆にほとんど記録されていなかったのである。

大坂末寺の寺号免許が東本願寺からではなく、御坊などの中本山から受けていたとも考えられないこともない。しかし、前掲の光徳寺所蔵史料には明確に「従二本寺一」と記されており、東本願寺より免許された寺号であることを明記している。したがって大坂末寺の寺号が特別な方法で免許されたことは考えられないし、御坊等が寺号を公的に免許することは当然ありえない。大坂末寺の寺号免許の性格を疑うよりもむしろ粟津本『申物帳』の史的性格

〈図表3〉　栗津本『申物帳』にみる寛永年間の摂津国の申物

年月日	申物	下付先（願主）
寛永1・3・24	教如様	摂州東成郡生玉庄大坂、了祐ニ寺号永善寺ト御免候一
〃1・8・10	教如様	摂州西成郡天満、遺徳寺了恵
〃1・10・4	御開山様	摂州東成郡生玉庄大坂、西応寺
〃1・10・17	蓮如様	摂州住吉郡平野村、惣道場
〃1・10・24	御開山様	慈願寺下摂州西成郡古桑村、圓西ニ長源寺ト御免
〃1・12・25	太子七高祖	摂州住吉郡堺北庄海船、浄得寺寿専
〃4・3・28	木仏	摂州西成郡大坂瓦町、明秀ニ浄雲寺ト御免
寛永4・8・15	太子七高祖	摂州河辺郡多田庄東多田村、光遍寺賢通
〃4・9・11	御書	河内国茨田郡・摂州闕郡・同東生郡十四日講中
〃5・4・5	御書	摂州東生郡大坂、五日講中
〃5・4・17	袴	摂州天満、西慶寺
〃5・4・24	袴	摂州天満中野村、浄誓
〃5・6・8	袴	摂州大坂かこや町、祐念
〃5・7・12	御書	摂州東生郡大坂、十八日講中
〃5・7・12	御文	摂州東生郡大坂、五日講中
〃5・7・12	御文	摂州東生郡大坂、十八日講
〃5・11・14	前卓	摂州大坂、浄雲寺
寛永6・1・19	木仏	摂州生玉庄大坂京橋、周栄
〃6・2・21	蓮如様	常徳寺下摂州河辺郡天満空賢ニ寺号常圓寺ト御免

〔注〕寛永2・3年分は欠本

〈寛永7年なし〉		
〈〃8年なし〉		
〈〃9年なし〉		
寛永10・4・1	御書	大坂廿八日講・五日講
〃10・5・13	教如様	摂州東成郡生玉庄大坂尼嵜(ママ)町、長安寺證玄
〃11・11・25	木仏	定専坊下摂州西成郡中嶋大和田願念ニ寺号浄圓寺
〃12・7・30	紙寺号	摂州西成郡南中嶋野田村、賢恵ニ法雲寺ト御免
寛永12・9・13	飛縁(ママ)	摂州東成郡大坂、永勝寺永春
〃12・10・21	御開山様	摂州西成郡大坂、称讃寺宗順
同日	太子七高祖	右同人
寛永13・2・23	蓮如様	定専坊下摂州河辺郡留松村、圓受寺祐薫
〈寛永14年なし〉		
〈寛永15年なし〉		
寛永16・7・25	飛縁(ママ)	摂州西成郡大坂、浄圓寺順了
〃16・12・25	太子七高祖	摂津国有馬郡山口村、明徳寺祐玄
同日	御開山様	右同人
寛永17・9・13	飛縁(ママ)継目	摂津国大坂、永勝寺永寿
〃17・11・17	前卓	摂州平野庄市町惣道場瑞興寺
〈寛永18年なし〉		
〈〃19年なし〉		
〈〃20年なし〉		
寛永21・10・5	紙寺号	摂州東成郡放出村、正因寺了道

を疑わざるをえないのである。

因みに寺号免許の最も多い寛永年間の『申物帳』より、大坂・天満を含む摂津国の申物全部を摘出し、筆者の調査を提示しておこう。表にすると〈図表3〉のようになる。

〈図表2〉と〈図表3〉の双方に浄圓寺があるが、それぞれ寺基の位置が異なっている。すなわち、〈図表2〉の元和二年寺号下付の浄圓寺は「西成郡高麗橋筋四軒町」、寛永八年寺号下付の浄円寺は「西成郡上難波町」であり[15]、〈図表3〉の浄圓寺は「西成郡中嶋大和田」である。したがって〈図表2〉の二つの浄円寺（浄圓寺）は〈図表3〉の浄圓寺ではないことを註記しておく。

ところで、申物の取次およびその監督に奏者が関与していたと考えねばならない。奏者の史的性格については大桑氏が詳論されているが[16]、端的にいうならば本願寺宗主に近習した最高家臣をいい、初期東本願寺においては下間家・粟津家・松尾家・宇野家などが勤めていた。しかし、申物に関しては粟津家が奏者を離れても『申物帳』を掌握することにおいて教団内で財政的実権を確保していた、と大桑氏は結論され、さらに氏は、奏者の交替などに関係なく粟津家が常時、申物を掌握していたことをも強調された[17]。

もし、大桑氏がいわれるように粟津本が存在した期間、粟津家が申物掌握権を確保していたとするならば、粟津本に記録されていない末寺寺号免許下付を粟津元隅が書きとどめていたこと自体、どのように理解したらよいのだろうか。それは粟津家の掌握以外のところで申物を取り次いでいたことを粟津家の当主が暗に認めたことになろう。すなわち、東本願寺末のすべての申物が粟津家を通し、その監督下にあったとは限らず、他の家臣が取り次いで下付していたと考えねばなるまい。したがって粟津本の存する慶長二十年（元和元年）から延宝九年までの家臣団の動向が問題となろう。これについてはまとめて後述したい。

以上、粟津家の中でも奏者役を勤めた粟津元隅が撰した『大坂惣末寺衆由緒書』にある末寺の寺号免許の大部分が、同じ粟津家が記録した『申物帳』に記載されていなかったこと、その意味するところは粟津家の当主が粟津家以外の家臣のもとで「申物御免」を行っていたことを認めていたことが明確となった点を指摘しておきたい。

さらに、上述してきた粟津本の問題点や性格を裏づける証として、粟津本と東本願寺本の各年時の申物総数の変化について参考のため提示しておきたい。というのは、粟津本は延宝九年（天和に改元）までの記録であるが、東本願寺本が記録される天和二年から各年の申物総数が、粟津本と比較し急に増加するからである。各年の申物総数の変化は全国の末寺の個々の経済的事情や社会不安、あるいは本願寺における宗祖の年忌などの年時によって異なるのは当然であるが、粟津・東本願寺両本にみる申物総数の差異はそのような諸事情のみでは考えられない点もあるので一応提示してみた。すなわち、〈図表4〉は粟津本の申物総数、およびそのうちの「御書」（消息）申物数を記したものであり、〈図表5〉は東本願寺本の享保十年までの申物数である。粟津本の申物総数の中から、とくに「御書」数を摘出したのは、東本願寺本の場合、「御書」の申物記録はされておらず、「御書」は『集会所日記』に記されているからであり、両本を比較する場合、粟津本の「御書」は差し引いて考えねばならないからである。なお極端に少ない寛文十年は四月まで、延宝九年は三月七日までの記録によるからである。

〈図表4〉の寛文・延宝年間の各年の申物総数と〈図表5〉の天和・貞享年間のそれとを比較した場合、後者の急激な増加は明らかに粟津本が全体の半分から四分の一程度の記録でしかないことを裏づけているといっても過言ではあるまい。というのは粟津本の延宝元年から同八年までの各年申物数の平均は二八八件であるが、東本願寺本に変わった直後の天和年間の各年申物数平均は一、二四三件であり、東本願寺本は月番制によって全申物を記録したのであるから、粟津本の記録数は全体の四分の一程度の部分的なものとしか考えることができないからである。

〈図表4〉栗津本『申物帳』にみる申物総数および「御書」数

年　時	申物総数	御書	年　時	申物総数	御書
元和2	131	22	慶安2	70	17
〃 3	143	26	〃 3	76	21
〃 4	170	21	〃 4	51	8
〃 5	122	22	承応1	210	32
〃 6	202	43	〃 2	245	28
〃 7	106	13	〃 3	157	20
〃 8	138	30	明暦1	291	52
〃 9	274	47	〃 2	216	24
寛永1	216	11	〃 3	220	31
〃 2	欠	本	万治1	495	38
〃 3	欠	本	〃 2	204	13
〃 4	110	24	〃 3	180	16
〃 5	70	21	寛文1	309	27
〃 6	56	15	〃 2	218	10
〃 7	90	24	〃 3	173	17
〃 8	38	5	〃 4	441	21
〃 9	42	12	〃 5	285	10
〃 10	76	21	〃 6	335	8
〃 11	59	14	〃 7	250	6
〃 12	74	13	〃 8	187	7
〃 13	105	10	〃 9	330	6
〃 14	69	8	〃 10	42	7
〃 15	66	10	〃 11	欠	本
〃 16	56	5	〃 12	欠	本
〃 17	62	0	延宝1	367	67
〃 18	39	7	〃 2	296	37
〃 19	30	9	〃 3	209	88
〃 20	24	15	〃 4	217	65
正保1	43	14	〃 5	488	83
〃 2	47	13	〃 6	294	49
〃 3	43	8	〃 7	254	49
〃 4	45	7	〃 8	183	38
慶安1	100	20	〃 9	18	5

〈図表5〉東本願寺本『申物帳』にみる申物総数（年時の欠落の個所は欠本）

年　時	申物総数
天和2	1,113
〃 3	1,790
〃 4	828
貞享2	809
〃 3	747
〃 4	846
〃 5	578
元禄5	310
〃 7	341
〃 8	338
〃 10	286
〃 11	292
〃 15	408
〃 16	264
正徳2	711
〃 3	762
享保1	972
〃 3	332
〃 6	542
〃 7	124
〃 8	117
〃 9	193
〃 10	138

また、〈図表4〉において、寛永期（四年以降）・正保期（一六四四～四七）・慶安期（一六四八～五一）の各年の申物総数は多くて約百件、少なくて約三十件であるが、承応期（一六五二～五四）以降延宝期（一六七三～八一）まで各年二百件以上が大半である。したがって承応期に記録総数が増加したのが粟津本の特色といえる。粟津本を史料操作する上でこの史料的性格を考慮しなければなるまい。(18)承応期の増加は教団全体の現象なのか、粟津本の記録が何かの理由によって増加したのか今後検討する必要があろう。というのは、粟津家の主導権の強い時期や奏者の交替期などとの関連が想定できるからである。(19)この点については今後の課題としたい。

第四節　申物の取次

上述してきたように、東本願寺宗主が下付した裏書のある絵像が、粟津本『申物帳』に記録されていないものがあること、粟津元隅が撰した『大坂惣末寺衆由緒書』の「寺号免許」が同じく粟津本に記録されていなかったことによって、粟津本が全国末寺の申物を記録したものではなく、その部分的なものであることが実証できたであろう。しかし、粟津家以外の諸家臣が同時期に『申物帳』を記録したのか否か、あるいは記録していたとしてもそれが現存するのか散逸したかは明白でない。諸家臣が申物免許下付・取次を行った記録帳が存在せず、直接的史料を欠くのであるが、粟津家以外の諸家臣が申物取次を行ったと考えられる傍証史料があり、それによってさらにこの問題を考えてみたい。

先述した河内国渋川郡大地村・円徳寺（現、大阪市生野区）の第八代了轉（改め法宥）が享保十五年（一七三〇）に著した『円徳寺由緒書』に申物取次に関する記事がある。それらを抜粋略記すると左記の如くである。

「第六代了可、元和五己未年十月二十六日剃髪、宣如上人以御自筆法名了可被下置、御印拝領之仕候、其後教如上人之御影申下し候、御裏に寛永元甲子年十月十七日河州渋川郡大地村圓徳寺常住物也、願主釈了可と本願寺釈宣如上人御判有之候、（中略）寛永十二乙亥年十月廿四日飛檐出仕之儀御免被下執次多賀主膳正、寛文十二壬子年五月二十五日七十六才にして寂、寛永元年より当戌年まで百七年に成る。

第七代顕了、了可長男、母は大江氏宗息女也、童名仁也、正保元甲申年十月十八日剃髪、慶安元戊子年十一月廿三日辰刻宣如上人継目御礼申上、取次八尾大弐御印書頂戴之、（下略）

第八代了轉改て法宥、顕了長男也、母は天満本泉寺六世摂受院宣慧公之嫡女也、童名寂松、寛文八戊申年六月十八日得度、名了轉、摂受院より給之也、延宝元癸丑年十月十日常如上人御剃刀頂戴之、同日未の刻継目御礼相済、執次粟津右近元隅御印書頂戴仕候、（中略）

新発意、智宥、法宥長子、母は丹羽氏秀之息女也、童名寂松、正徳四甲午年四月十一日剃髪改智宥と享保七壬寅年正月廿六日真如上人御剃刀頂戴致し、同日巳刻継目御礼申上執次月番七里弾正、下間治部卿法橋御印書頂戴致者也（下略）[20]」

（傍点筆者）

右掲史料のように、円徳寺第六代了可に寛永十二年（一六三五）免許された「飛檐出仕」の申物取次は多賀主膳正が行い、第七代顕了の慶安元年（一六四八）十一月「継目御礼申上」の申物取次は八尾大弐が行い、さらに第八代了轉の延宝元年（一六七三）十月「継目」は粟津元隅が行っている。また、第八代了轉の新発意智宥の「継目」は東本願寺本になってからの享保七年（一七二二）正月であり、取次は月番の七里弾正・下間治部卿両名が行っている。多賀主膳正（天和二年没）は乙名役を勤め、八尾大弐（慶安四年没）は乙名役・奏者役を勤めた人物で[21]、当時の家臣団の中で重要な地位を占めていたと考えられる。この多賀・八尾両家臣が取り次いだ「継目」、すなわち飛檐継目の申物は、粟津本には記録されていない。しかし、粟津元隅が取り次いだ「継目」は粟津本の延宝元年十月十日の条に「一、飛檐継目、河内国渋川郡大地村・圓徳寺了轉」と明確に記録されている。

つまり、粟津家が取り次いだ申物のみが粟津本に記録され、他家のそれは記録されていないことが判明するのである。この事実は粟津本の性格を如実に示している。

ただ当史料は享保十五年に記したもので、多賀・八尾両家臣が取り次いだ時期より約百年経っており、信頼性に若干の問題があるが、粟津元隅が取り次いだ「継目」の記事および年時が粟津本と合致していたし、多賀・八尾両名の経歴・没年時から考えてもそれらの記事に問題ないと考えてよいだろう。

また粟津本を詳細に見ていくと、粟津家以外の家臣が取り次いでいたことを覚書として註記していた個所がある。すなわち列挙すると左記の如くである。

「(元和九年)
四月一日
一、木仏　　江州志賀郡本木戸村
　　　惣仏　　光福寺
是ハ嘉兵衛取次にて右ニ北ノ道場へ
帰参ニ付絵僧(像カ)御本尊御うら寺号
光福寺ト被下候　其後南ノ道場
又帰参之時　云々（後略）」

「(寛永十年)
十月十日
一、御裏之寺号　圓龍寺ト
　　　　　　　　御免
但、寛永元年十一月十七日城州
紀伊郡伏見庄守賢ト在之候
右、治部卿取次也　唯今寺号者
治部卿より頼被申候、取次大小ともニ治部卿江遣候」
「(慶安二年)
七年七日
一、木仏　江州志賀郡大津
　　　　　玄福寺　祐玄
右之寺号寛永拾三年子
六月十六日紙寺号御免
八尾大貳殿へ取次則拝見申候」
「(慶安二年)

八月二日午刻
一、飛檐継目　武州豊嶋郡
江戸　敬念寺　了学
取次　主膳
右近」
（以上、傍点筆者）

右のような取次名や取次に関する註記が書いてあるのは稀であり、粟津本は粟津家が所持し記録していたのであるから、とくに取次に関する註記はしていないのが当然であり通例でもあった。あえて「取次、主膳、右近」とか（稲波）嘉兵衛・下間治部卿・八尾大貳の取次者を記していることから、粟津家が他家臣の取次を明確にしたからに他ならない。それは礼銀や家臣間の問題が生じないようにあえて註記したと考えられる。これらの取次名を記した事実は稲波、下間、八尾、多賀の諸家臣が申物取次を行っていたことを裏づけている。これは粟津本に散見した一例であるが、右の諸家臣以外の重臣等も同様に申物取次を行っていたことが容易に推察できる。

以上、末寺側の史料および粟津本そのものによって申物取次者が複数いたことが明白となった。粟津家のみが申物取次者ではなく、またそれらの監督者でもなかったといえる。「取次」を行う人物が、末寺の窓口となったのか、窓口・受付の役所が別に存在し「御免」までの経路に位置するのかが問題となろう。

そこで末寺の申物願は本願寺のどの役所へ提出し、どのような経路を経て最終的に免許されるのかを次に考えねばなるまい。

第五節　家臣団と御礼銀

末寺が申物を行う場合、それぞれの申物によって規定の礼銀が必要であった。その明細を記したものに「古今御礼日記」[22]がある。そこには申物免許に関係した人物、すなわち「御所様、御児様、カミ様、取次、小取次」と列挙してあり、また同性格の「申物御礼銀覚」[23]には「御所様、新門様、御督様、御取次、御侍衆、御堂衆、小取次」の名が記載してある。つまり、申物一件あるごとに如上の関係者がそれぞれ礼銀を受納していた。この場合、粟津家や先の多賀、八尾家等はおそらく「取次」あるいは「小取次」に位置していたと考えられる。しかし、申物に関する各役職の相互関係や権限が不明確であり、どの人物が末寺の申物を受付け、次にどこへ廻して処理し、どのような経路を経て免許されたのかは、それを裏づける明確な史料がない。

その点、西本願寺の場合かなり具体的に知ることができる。すなわち『故実公儀書上』[24]の中で「御末寺江諸御免物謂并願之次第」として木仏寺号・御影・絵伝など各別に明記している。それによって木仏寺号の許可までを略述すると、まず申物を行う願人は絵表へ行き、絵表と同道して興正寺坊官→坊官より本山月番年寄→小奏者が御納戸へ→掛り年寄中→年寄が興正寺の掛り役人を呼び御免になったことを申し渡す。そして興正寺役人から絵表に告げ、絵表から願人へ、願人から本山仏師に木仏彫刻を依頼する。さらに願人は二重箱に木仏を納め、御礼銀を添えて、絵表と共に興正寺役人へ行き、御納戸へ御礼銀を納め、箱書、染筆、「木仏御足」への押印等を済ませねばならない。[25]これらの手続きや機構が整備されたのが、いつ頃か明白でない。『故実公儀書上』は西本願寺に伝わる故実と、宝暦から文化年間に至る幕府からの尋問への返答を収録したもので、本山家臣によって文化年間にできたものといわれている。[26] それ故、江戸中期に上途の申物御免までの機構が整備されたと考えてよいだろう。したがって本稿で主題としている江戸初期の東本願寺の場合と直接比較できない。

東本願寺本『申物帳』が記録された天和二年以降の申物願は集会所へ提出した。つまりそれは天和二年の『申物帳』の裏表紙に「集会所」とあり、集会所が受付事務を行ったと考えられるからである。その集会所について『真宗故実伝来鈔』[27] は「一、問。集会所、如何比ヨリ始ル哉。答。無礙光御代、元禄ノ始元禄三年ノ比カ集会所トイフ役所ヲ定メ、諸願公事訴訟等此役所へ申込、役僧両人並小奏者両人被備御台所老中月番へ此役人ヨリ申達ス」といい、元禄三年（一六九〇）頃に集会所を設置したと考え、そこへ諸願・公事訴訟等を申し込んでいたと伝えている。集会所設置時期についてはこの記事と先の裏表紙の記録とは異なっている。東本願寺本の裏表紙の天和二年（一六八二）が正しい設置時期と考えられるが、[28] その裏表紙に「集会所」とある記録は後日に書き込まれた可能性もあり、どちらにしても元禄初期には末寺の諸願受付機関として集会所が機能していたと考えてよいだろう。

本稿で問題にしている集会所設置以前について『真宗故実伝来鈔』は「一、集会所無之前ハ、願コトイツレへ申シ入ケルヤ。答テ其前ハ月番家老衆ノ私宅へ何レ成トモ存寄ニ願シ也。其比ハ諸願ニ就テハ、家老中其外其事ニカ、ハル役人、皆御免御礼銀配当ノ事アリ。是故御礼銀ニ端タアリ。集会所御取立ノ後ハ、一統ニ御台所へ納ル。依之惣御家老中、御合力銀ヲ下サル、已前ハ御扶持分計也。此以後御切米ヲ定メ給フ」[29] と記しているように、集会所設置以前の末寺の諸願は家老衆の私宅へ申し込み、それに関わる諸役人にそれぞれ「御礼銀」が必要であった。すなわち、申物の受付けは家老衆の私宅へ行うのであり、その窓口は特定の一家臣ではなく複数であったことが窺える。申物の窓口が一つでその後免許までの経路が多岐にわたり、それぞれのルートがあったのではなく、受付窓口が複数であった。したがって各末寺は粟津家以外の諸家老へも申物を度々行ったのは当然であり、それ故に粟津本『申物帳』に記録されていない免許下付物件が多数存在するのであろう。そうならば、『申物帳』は申物を受付けた家老の手許で記録されていたことになる。

『真宗故実伝来鈔』は明和二年の成稿で、先の記述の時期より約百年経っておりその点に留意しなければならないが、先述した『円徳寺由緒書』の申物取次記事や『申物帳』の取次註記等から明らかになった複数の取次者が存在したことなどを考えあわせるならば、『真宗故実伝来鈔』の先の記述は妥当であり信頼してよいだろう。

末寺が申物を行う場合、まず家老衆の私宅へ行ったのであるが(30)、その家老衆とは具体的に何人定置し、どのような人物を指すのであろうか。『真宗故実伝来鈔』は「家老衆・家老中」の外は具体的には何も語っていない。そこで教如に召出され奏者にまでなった宇野新蔵が寛永四年（一六二七）に記録した『宇野新蔵覚書』によっておおよその見当をつけたい。

『宇野新蔵覚書』は著者が実際に遭遇した史実の覚書であるが年月の記入がない。しかし『続真宗大系』（第十六巻）に所収された時、ほぼ年代順に改められており、それによって教如退隠後、すなわち文禄二年（一五九三）以後、慶長十九年（一六一四）頃までの教如時代の申物取次記事をまず列挙してみよう。

「二〇、教如様御隠居被成、木仏御開山様代々の御影様、万申物御免被成候衆、按察・治部卿・右近・左近・嘉兵衛・河内、此衆迄にて候。表の御礼衆之披露、按察治部卿替々に被仰付候事」

「三〇、御印書をし被出候衆は、水谷因幡・西河出雲・御麻屋和泉、是三人に被仰付候、御台所にておし被出候。後に御印をめし被上、奥にて御福様御出し被成候へ、と御意被成候。時節御目を御煩被成、御おし候事ならず候て、新蔵役に被仰付奥にて押出し申候。其時御印書取次被上候人数には、按察・治部卿・修理・河内・右近・左近・嘉兵衛・勝兵衛、此衆上げ来り候」（頭漢数字は『続真宗大系』の整理番号）

右のように申物取次を行った人物を具体的に、下間按察（頼龍）・下間治部卿（頼亮）・横田修理（重恒）・横田河内（重次）・粟津右近（元辰）・松尾左近（元貫）・稲波嘉兵衛（久政）・粟津勝兵衛（村昌）等と記している。しかし、この諸家臣は『申物帳』が現存する慶長二十年（一六一五）には一部を除いて大半が死去しており、右掲史料の年代は教如退隠から慶長十年前後までといえる。すなわち教如時代は数人の申物取次衆が存在したことが明白であり、慶長十九年宣如継職後も、教如時代と同形態の数人の取次衆が定置して末寺の申物受付の窓口となっていたと考えるべきである。それは八尾・多賀などの家臣は教如時代には重要な地位を占めていなかったが、宣如以後新興家臣として登場し、従来の重家臣は勢力を削減されていったと考えられ、取次衆の役職形態は宣如以後も継承されたと考えられるからである。つまり、家臣団の行政の分担は従来同様継承されていったが、家臣団の権力構成は再編成されていったといえる。この背景について大桑斉氏は、粟津家の台頭や粟津大進の奏者就任との関係など注目すべき見解を発表されている(31)。

しかしながら、粟津家の台頭があったことは見逃せない事実であったが、それが直ちに申物の全権を掌握したとは限らないことが、上述してきた実証・史実によって明確となったのではないだろうか。それは家臣団の底流に粟津家に反発する旧勢力が根強く実力を保持していたことを物語っており、粟津家はそれらの家臣を充分に圧しきれず、申物に関しても家臣団中の頂点ではなかったといえるだろう(32)。そのように家臣間の権力抗争や行政組織の不充分な背景があったからこそ、谷端昭夫氏が強調されたように、天和年間（一六八一〜八七）に宗主の専制支配を企図した宗務機構の整備が必要であったのである。

ところで先の『宇野新蔵覚書』は宣如時代と考えられる取次について「御本尊様之御裏書・御文の御判・御名号、取次御免之衆より外は、わきより被上候事（中略）御判出候時、小奏者受取、右之所々へ渡し候。御斎非時之御相伴に国々へ触状まわし候時、取次御免之衆連判にてまわし申事に候」といい、取次御免衆の存在・活動を記しているように、全国の末寺と東本願寺とを結ぶ接点がこれらの取次御免之衆であった。とくに東西分派以後、東本願寺教団確立過程において如上の家臣が自ら積極的に末寺・門徒獲得活動を行ったと考えられる。逆に東本願寺が末寺との窓口を複数にしておくことは教線拡大をめざす教団全体にとってもメリットとなり、西本願寺教団と対抗する上においてもその必然性があったのであろう。取次衆の行政権限や家臣団における具体的な地位を明確にしなければならないが現時点では不明瞭である。とくに宗主に近習した最重要家臣と考えられる奏者と取次衆との関係が問題となろう。つまり、奏者は取次衆を統轄していたのか、申物に関しては取次衆と並列の地位であったのか、あるいは取次衆の中から、奏者が選ばれたのか、など奏者の行政権限と取次衆のそれとはどの点で相違し、重複していたのかである。先の『円徳寺由緒書』にあった第八代了轉の「飛檐継目」は延宝元年十月十日に粟津元隅が取り次いでいるが、当時、元隅は『東本願寺家臣名簿』によると奏者を勤めており、奏者が申物取次を行っていたことになる。したがって奏者および取次衆の行政権限の範囲が明確化していなかったのではないかと考えられる。この一例から推察することは問題があり、今後、大桑氏の研究成果や本稿の問題提起など多視的に奏者と取次衆との関係を究明しなければなるまい。さらに、教団を事実上指導していた宗主の側近グループが存在したはずであり(33)、それは奏者を中心とした家臣であろうが、申物取次者はすべてこの側近グループとなるのか、側近ではなくても従来からの慣習によって申物取次は継承していたのか等、教団権力形成に関係した家臣の内容を吟味する必要があろう。また、幕府の宗教政策、中でも寛永八年の新寺建立停止令や末寺帳の作成と関連した結果が粟津本『申物帳』の記録に反映しているのか否か等、幾多の問題が残存するが今後の課題として他稿を期したい。

第六節　むすび

以上、粟津本『申物帳』の史料価値――全国末寺の申物記録帳ではない――についてさまざまの史実から検討を試みた。末寺の申物取次は複数の家臣がそれぞれ行い、粟津本はそれらの一つの取次記録でしかなく、全国の東本願寺末の申物を記録したものでないことが実証できたと考えている。したがって粟津本は粟津家が取り次いだ申物のみの記録帳という条件下で史料操作しなければなるまい。粟津家以外の取次者として下間・稲波・八尾・多賀の家臣を本稿で示唆したが、それ以外に何人いたのかは明白でない。しかし、少なくとも粟津本の記録範囲は全体からいえば何分の一でしかないものといえる。本稿で明らかにした基礎的作業が今後、東本願寺初期教団の権力構造や家臣団の動向(34)を解明する上において一つの問題提起となることを願い、擱筆する。

註

（1）大谷大学図書館・粟津家記録。

（2）大桑斉「東本願寺の奏者について――東西分派及び『申物帳』研究の一つの覚書――」（『大谷学報』第四十巻第二号）。谷端昭夫「近世における東本願寺の宗務機構について」（『真宗研究』二十一輯）も『申物帳』について述べているが、ほぼ大桑論文を踏襲している。

（3）大桑斉「近世真宗教団構造の諸類型――「申物帳」の分析から――」（笠原一男博士還暦記念会編『日本宗教史論集』下巻所収）。

（4）大阪市生野区・真宗大谷派円徳寺所蔵。

(5) 内田秀雄・高橋正隆共編『近江守山の仏教遺宝』によると、ごくわずかであるが裏書の記載年月日が『申物帳』の記録より若干早い事例が紹介されている。
(6) 申物願提出の当日に免許されるのは、寺号、飛檐寺格およびその継目の場合に多い。
(7) 愛知県碧南市・真宗大谷派蓮成寺所蔵。
(8) 愛知県江南市・真宗大谷派上宮寺所蔵。
(9) 大桑斉編『加賀市史・資料編第三巻』所収。
(10) 内田秀雄・高橋正隆共編『近江守山の仏教遺宝』には、滋賀県守山市の真宗寺院に現存する近世の裏書が網羅してある。編者高橋氏は大谷派寺院の裏書と粟津本『申物帳』との照合を試みられ、剥落の裏書をも補足された。それによると粟津本が記録されている慶長十九年から延宝九年の間に下付された裏書は三十七点存在し、うち十一点が粟津本に記録されていた(裏書が現存せず『申物帳』にのみ記録されているのは除外した)。近江の限定した地方を例にとっても粟津本には約三割の記録しかなされていない。
　真宗寺院の裏書を網羅した市町村史に先の『加賀市史』(前掲註9)や能登『富来町史・資料編』所収、北西弘氏・第七章富来町の寺院史料などがある。
(11) 大谷大学図書館・粟津家記録。
(12) 大阪府柏原市・真宗大谷派光徳寺所蔵。
(13) 難波別院編『難波別院由緒記』六四頁。
(14) 『大坂惣末寺衆由緒書』に各末寺の改派の記事があり、それに拠った。
(15) 『大坂惣末寺衆由緒書』の寺基の位置に拠った。
(16) 大桑斉前掲註(2)、『大谷学報』掲載論文。
(17) 大桑斉前掲註(3)、『日本宗教史論集』下巻所収論文、六頁。
谷端昭夫氏は「近世における東本願寺の宗務機構について」(『真宗研究』二十一輯)で、天和年間の東本願寺宗務機構の成立、とくに宗主の専制支配について注目すべき論点を強調され、その中で本稿で問題にしている天和以前の申物掌握権についても論及された。すなわち氏は「申物取次は奏者の職掌であったため、奏者は法主に近習し、名実ともに家臣団のうちでは最上級の位置を占めることになる。このように、奏者の経済的側面をささえるのが申物帳であったことを考える時、寛永年間に至って下間家が粟津家にとってかわろうとしても、粟津家が自家の申物帳を手離そうとせず、しかたなく下間家は申物帳を筆写して所持したため、申物帳が同時期に同内容で二冊出現するという異常な事態もはじめて理解しうるのである」（八〇頁）といわれた。

しかしその粟津本を筆写した『申物帳』の表紙に「従寛永七年至正保三年申物帳二番粟津家写」とあるが、下間家が筆写した確たる根拠がなく、粟津本と同時期に筆写したとは限らない。天和以降に誰かが筆写した可能性もあり、氏が強調されるような異常な事態かどうかは疑問である。今後、筆写本の書誌学的な検討をした上でなければ論じられないのではあるまいか。本稿で論証を行った粟津本の性格や粟津家の申物掌握権の問題性からして、谷端氏のこの論点に限っては再検討を余儀なくされるのではないだろうか。

(18)　看坊地が自庵化・寺院化された時期について千葉乗隆氏（「真宗道場の形態――看坊から自庵へ――」『真宗研究』十八輯）と大桑斉氏の意見が分かれている。つまり、千葉氏は『紫雲殿由縁記』をもとに寛永期といわれ、それに対し大桑氏は粟津本『申物帳』の分析により、「寛永期どころか承応から延宝年間においても惣道場の成立が活発である」とされ、寛永期自庵化説の再検討を主張された（同氏前掲註3、『日本宗教史論集』所収論文、一六頁）。粟津本の分析結果からは確かに大桑氏がいわれるとおりであるが、粟津本の承応期以降の記録数増加は、教団全体的な現象結果なのか、粟津本の記録が偶然寛永期に少なく結果的に承応期以降増加したのか等の吟味が必要であり、とくに粟津本に類する『申物帳』が他家臣に存在した可能性がある限り、寛永期、承応期などというように直接比較するのは問題があるのではないだろうか。もっとも、粟津本が全国末寺・道場の申物の記録数や各地域の平均したものであるという実証がなされておれば問題はない。

(19)　奏者の変遷について大桑斉氏の研究成果によって提示しておこう。

元和元年――粟津道故――元和十年――宇野主水・松尾左近――寛永四年――粟津元故――寛永十三年――下間頼良――正保四年――下間考頼――承応二年――粟津元恒――明暦三年――下間頼祐・粟津元隅――延宝九年まで。

これによって先の承応期の増加は粟津元恒の承応二年奏者就任と関係しているのではないかと推察できる。また寛永四年の粟津元故の奏者就任があるが、元故の家臣団中における立場に問題があり（大桑氏前掲、大谷学報論文・五九～六〇頁）、直に言及できない。

なお、〈図表5〉では享保十年までの調査しか余裕がなかったが、享保期に申物総数が減少するのは、寺院の体裁がほぼ全般的に整備したことを示しており、明和期前後に新しい申物項目が設置され、必然的に申物総数が増加することを付記しておく。

(20)『円徳寺由緒書』（大阪市生野区・真宗大谷派円徳寺所蔵）。
この史料によって一寺院の申物取次者はある決まった家臣ではなく、ある時は多賀、ある時は粟津というように異なっていたことも窺える。

(21)『東本願寺家臣名簿』。

(22)大谷大学図書館・粟津家記録。「古今御礼日記」には年代が明記されていないが、大桑斉氏によると慶長末年のものである。同氏前掲註（3）、『日本宗教史論集』所収論文、三三三頁。

(23)大谷大学図書館・粟津家記録。寛永年間のものと推定される。

(24)『真宗史料集成』第九巻所収。

(25)前掲註（23）、七二〇～七二二頁。

(26)前掲註（24）、千葉乗隆氏解題。

(27)前掲註（24）所収。

(28)集会所設置の時期やその意味するところについては谷端昭夫前掲註（2）論文が詳しい。

(29) 前掲註（24）、六六三頁。なお、引用史料に「月番家老衆」と「家老中」の二つの使い方をしているが、月番制は集会所設置以後であり、月番は誤りであろう。
(30) 家老衆と考えられる家臣の私宅の位置であるが、恵空筆「教如様之御時御寺内之図」によると、御堂の前、正面東側には松尾左近・横田河内・粟津右近・粟津勝兵衛・泉龍寺・横田伊豆、北側には下間治部卿・西川左馬・多賀主膳、南東側には宇野主水・宝光坊・貝田七郎兵衛・絵所内匠・屋禰ャ久助・大工駿左衛門、南側には下間按察使・下間少貮・永念寺がそれぞれ記されている。これらの人物の中には御堂衆や本願寺への出入業者が含まれているが、本願寺に隣接した北・東・南に有力家臣の私宅が位置していたことが窺え、彼らの私宅が本願寺行政の一機関として機能していたといえる。
(31) 大桑斉前掲註（2）、『大谷学報』掲載論文。
(32) 谷端昭夫前掲註（2）論文。
(33) 幕閣においても将軍の交代とともに新たな側近グループが形成されている。藤野保『幕藩体制史の研究』参照。
(34) 小串侍『近世の東本願寺』はすでに家臣団の動向について随所に論じている。

第四章　江戸後期における『教行信証』研究

第一節　はじめに

『教行信証』の研究は江戸後期に活発に行われる。その研究された史的性格を考え、そして各学僧の「化身土巻」――とくに後序――の解釈をめぐって近世真宗の社会観へアプローチする一つの指標を見出したい。近世真宗において数多くの学僧が、歴史との関わりで常に問題となるいわゆる世俗倫理を説く中で、「王法為本、仁義為先」と真宗との関係が一つの課題となり、いかに対応していったかを考察する場合、『教行信証』との関係を看過できないからである。とくに蓮如が『御文』において、「外には王法をおもてとし、内心には他力の信心をふかくたくわへて、世間の仁義を本とすべし」というように王法仁義の問題は、蓮如によってその位置づけが具体化され、近世を通じて継承かつ強化され、儒学などの影響を受けつつ教義化していったのである。つまり、この問題は真宗の政治規範、生活規範に関する重要な意味が内含していると同時に、教化上においても『御文』が主として引用され、信仰の依り拠ともなっている。それ故、近世真宗思想史において蓮如が中心であり、その思想的基礎は主に『御文』に依っているといっても過言ではあるまい。

以上のように蓮如中心主義ともいえる近世真宗の大きな特色の中で、親鸞の主著『教行信証』の研究が有力な学僧によって江戸後期に活発化してくるのである。したがってこの小稿においては、近世における『教行信証』研究の性格を考察し、各学僧の「化身土巻」の解釈を通じて近世真宗の社会的対応への一視点を見出したいと考える。

第二節　近世の『教行信証』研究

江戸後期になり『教行信証』の研究が活発化するのであるが、まずそこに至るまでの研究の跡を簡単に窺ってみたい。

『教行信証』の研究は早くは存覚の『六要鈔』、あるいは覚如または存覚の著といわれる『教行信証大意』がある。その後、戦国時代を前後して、社会的不安定などもあり、ほとんど研究の跡を見ることができない。といっても、等閑視されていたわけではない。その間は研究というより延書を行ったり、伝授されたりしているのである。延書は『教行信証』を和文に書き下したもので、親鸞が経論釈を独特な読み方を行うので、読解をわかりやすくするために、あるいは宗門教学上、正しい読み方に統一し、伝授するために行われたといわれる(1)。伝授については『天文日記』天文六年二月二十九日の条に、

「飛州照蓮寺此間教行信証読たきよし申候ツ。仍唯今又望申間、此方申には此疏聊爾に不免事に候へ共、馳走共にて候間、免するよし申出候。使上野也。(中略)照蓮寺本疏読誦事免候。忝由申て、百疋礼し候(2)」

また、同年三月二日の条に、

「照蓮寺よミ候本疏、自今日左衛門督ニ習候。御堂うしろの座敷にて也(3)」

とあるように、照蓮寺の例であるが、『教行信証』拝読を容易に免許されておらず、御堂の後座敷で行われたことも知ることができる。また、『本願寺作法之次第』によると、

「教行信証は蓮如上人の仰には廿歳より内にはよますべからず候。若時は何としても聊爾に存ずる間、廿より以後よますべし、との仰候間、愚老も廿五にてよみ申候(4)」

とあり、二十一歳以後になって初めて読むべきことを明確に蓮如が述べたといっている。

以上のように、宗門内において『教行信証』を扱う場合、延書や伝授法式が定められたりするように、慎重かつ注意深い考慮がなされ、また宗祖聖人の著書として仰がれるとともに権威づけられ、ごく限られた人に伝えられていくという制限が加えられたのである。それ故、『教行信証』を研究し、広く門戸を開放し、一般化していくという傾向は未だ行われてはいない。それは、室町時代は和歌などの諸道の伝授、あるいは秘伝というようなことが重要視された時代背景があり、その影響が多分にあるといえよう。

江戸時代に入り、幕府は幕藩体制の確立とともに文治政策をとり、強い規制を加えつつ学問を奨励したのは周知の如くである。仏教界全体も宗学が奨励され、一般諸学問と同様に発展した。それは幕府が各宗統制のために連発した寺院法度からもわかるように、幕権が宗学の内面まで干渉を加えたのである。しかし、統制下に置かれつつも一方では宗学が研究され、整備されたことも事実である。それは各宗の宗学研究機関設置などによって具体化してくるのである。真宗においても学林、学寮の設立が行われ、宗学研鑽が活発化し、学事組織が整備されていった。

このような背景をもって、初めて『教行信証』の研究も行われ出すのである。江戸初期の研究書として、高田派普門の『教行信証師資発覆鈔』、本願寺派円性の『教行信証冠履鈔』、大谷派慶山の『教行信証螢耀録』などが有名である。しかし、それらはいわゆる初期的なものであって、研究が本格化してくるのは十八世紀中頃から十九世紀

にかけてである。すなわち本願寺派智暹の『教行信証樹心録』、同派僧鎔の『本典一渧録』、同派柔遠の『教行信証頂載録』、同派大瀛の『教行信証義例略讃』、同派興隆の『教行信証徴決』、同派僧叡の『教行信証随門記』などがあり、大谷派においても、慧琳の『教行信証六要鈔補』、同派鳳嶺の『教行信証報恩記』、同『広文類聞書』、同派深励の『教行信証講義』、同派宣明の『教行信証聞誌』、同派法海の『教行信証指授鈔』、同派法住の『教行信証金剛録』など、数多く著され、その研究の跡を窺うことができる。それぞれの内容について今ここで詳論できないが、全体的にいうならば『六要鈔』を重要視し、それにほとんど依っているもの、あるいは自由に解釈しているものなど種々であるが、相互に参考にした点は随所にあらわれている。

それではなぜ『教行信証』研究が江戸中期以降活発になってきたのかを考えたい。まず、先述したように幕府の学問奨励により宗学が発展し、中期頃になるとその隆盛期をむかえるのであるが、いわゆる中央の学僧は僧侶教育機関の指導的立場であり、一派の教学方面の責任者でもある。したがって、他の余乗とともに『教行信証』の研究も余儀なくされたのであろう。とくに、寛永本、正保本といわれる刊本が出され、漸次普及するにしたがって、なおさらその研究を深めねばならないといえる。次に、儒学、国学などの学問一般の隆盛を考えねばならない。とくに儒学の中でも古学派の台頭に注目しなければならない。すなわち、伊藤仁斎は学問の基本的方法として、

「学者、不レ可下於二聖人言語上一増中一字上、不レ可レ減二一字一。[5]」

と述べ、古文辞学派といわれる荻生徂徠も、

「読レ書之道。以下識二古文辞一。識中古言上為レ先[6]」

というように、朱子学や陽明学を媒介とせず、直接に孔孟の古意に帰ろうとし、儒学の道を孔孟の原典の中に直接求め、これを生活規範として社会組織の中に具現しようとした学説が朱子学批判の中で生まれてきたのである。ま

た、これらの学派はその学問的方法において国学とも通じることは、すでに丸山眞男氏が指摘されたとおりである。(7)

国学の大成者本居宣長も、

「古言をしらでは古意はしられず、古意をしらでは、古の道は知りがたかるべし」(8)

といい、その学問的精神の中心は、古典を通じて主観的歪曲のない古意の再現ということができる。(9)いいかえるならば、わが国の民族精神の根元である古道を古典の中に追求しようとした、いわば復古主義的文学運動といえよう。

このように江戸中期からの学問の方向が一種の復古的性格をもち、歴史的考証的研究の傾向があったのである。したがって、真宗の学僧も宗学研究の中で、以上のような学問一般の方法論において少なからず影響を受けたと考えてよいだろう。すなわち、原典研究の新機運を時代思潮として吸収し、そこに『教行信証』が研究される理由の一つがあると考えられるのである。また、復古的性格、すなわち親鸞自身に直接スポットを当てる傾向は、親鸞の直弟といわれる二十四輩に関係する寺々を巡礼し、その記録を編纂されることからも、教団内における親鸞への思慕の念が強く出てきた事証として考えることができる。つまり『親鸞聖人御直弟散在記』『二十四輩散在記』『捃聚抄』『御旧跡二十四輩記』『大谷遺跡録』などの巡礼記録が著されたのである。これらは先述した学問的方法論と通じる要素があり、一般信徒が、その精神を学問研究としてではなく、巡礼としてそれを具体的に行ったといえる。蓮如中心といわれる近世において、蓮如に関係ある寺院ではなく、親鸞に関係ある寺院に視点を当てることは当時の時代精神の傾向と考えあわせて注目すべきことである。また、有名な本願寺派の三業惑乱事件の対立の背景からも同様な点が考えられる。つまり、問題を起こした『願生帰命弁』の著者七代能化の功存、その継承者智洞などの学林派と在野派の大瀛、道隠らとの対立であるが、薗田香融氏は、「功存、智洞を新義派とよぶのに対し、かれらを古義派とするのは、その主張が親鸞への復帰をめざしたものであろう。両派の対立は中央対地方、学林教権対在野自由派の抗争であったといえるが、一面では蓮如主義対親鸞主義の争いであったともいえる(10)」と指摘され、その思想史的背景を示唆されているように、時代思潮の影響を当然考えるべきである。

以上、江戸後期になり有力な学僧により『教行信証』の研究が活発に行われた跡を窺い、その理由として、宗学研究の発展、そして当時の学問一般の方法論あるいは復古主義的性格が、真宗においては親鸞への復帰として影響したことを指摘した。すなわち、親鸞を他の媒介を経ず、親鸞自身をとおして理解していこうとする方法であり、その具体化として、『教行信証』の研究が、蓮如中心主義の中で活発化したといえるのである。

第三節　「化身土巻」の解釈

そこで次にそれらの研究内容を「化身土巻」について考えてみたい。最初に述べたように「化身土巻」に注目するのは、近世真宗の社会観あるいは王法観を考える上において一つの指標となり、またそれらの根底的背景と考えられるからである。十八世紀中頃以降の本願寺派、大谷派の有力な学僧を中心にみてみたい(11)。

「化身土巻」は文字通り方便の教えについて述べたものであるが、全体の方向として、三願転入を説き、つづいて聖道門の教えが時機相応でないことを説きつつ末世における反省を告白し、いわゆる末法観を提示している。そして邪教に迷わされないように戒めているのである。最後に、いわゆる後序が『教行信証』全体を結んでいるといえよう。とくに、従来種々の問題が含んでいて注目される後序、すなわち、

「竊以聖道諸教行証久廃、浄土真宗証道今盛、然諸寺釈門昏二教一、兮不三知二真仮門戸一、洛都儒林迷二行一兮、無三弁二邪正道路一、斯以興福寺学徒奏達、太上天皇、今上、聖暦承元丁卯歳仲春上旬之候　主上臣下背法違義　成

忿結怨、因茲真宗興隆大祖源空法師幷門徒数輩不考罪科（中略）云々……[12]（下略）」

とある聖浄二門の興廃から吉水教団の法難について述べている部分に対し、各僧の見解を列挙しつつ考察したい。中でも「主上臣下背法違義」という部分に注目したい。大谷派鳳嶺は、

「諸寺諸山一統に三公九卿まで尻持をして奏達すれば、詮方もなく御流罪にあひ給ふ。御流罪にあひ給ふに付き種々因縁あれども之を略す」[13]

と述べ、同派法海も同様に、

「御流罪ニ逢給フモ、種々因縁アリ。略ㇾ之」[14]

と全く鳳嶺と同じ解釈である。本願寺派玄智も、

「主上臣下者。経日主上不ㇾ明。任㆓用臣下㆒」[15]

というように簡単に片づけ、主上とは何か、「法に背き」の法とは何か、義とは何か、あるいはこれらの問題について真宗の立場はどうあるべきかなどについては明確に答えていない。この部分については「之を略す」というような簡単なものか、あるいは全く触れていないものが多い。一般に、近世真宗教学は学寮（学林）を中心として強い統一意識の下にあり、伝統的な教理を自由に討究するという態度は成立しなかったと考えられる。すなわち、独創的な新教理、あるいは新学説を提示することは容易にできなかった。というのは教学は安心の基本的問題でもあったからであり、異安心として調理されるからである。したがって一つの解釈をめぐっても統一されるのも当然であった。以上の点は近世仏教、すなわち封建仏教というパターンで片づけられる所以でもある。しかし、全く伝統を継承していくというのみではなく、各学僧それぞれの問題意識までは統一されてはいないし、すぐれた見解を提示している場合もある。この「主上臣下」以下の点についても同様であり、二、三の注目すべき解釈もある。大谷派宣

明は、

「背法違義成忿結怨とは『経道滅尽トキイタリ、如来出世ノ本意ナル、弘願真宗ニアヒヌレバ、凡夫念ジテサトルナリ』等なり(16)」

といって『和讃』を引用し、

「義は成仏することをおしへるが義なり。仏法の所詮は成仏のおしへなり。孔子のおしへは人間の道なり。ただ目鼻さへあれば人間の様におもふても、仁義の道を知らねば人間にあらず。依りて仁義を教ゆ(17)」

といって仏法の説く立場と儒学の立場を鮮明にし、義というのは成仏を教えることであると明確に述べ、そして「念仏成仏は是れ真宗なり」と基本的問題を前提にしつつ、

「仏法の所詮は成仏することをおしへるが所詮なるを知らずして、誹謗をなす故に背法等といふなり(18)」

という解釈である。すなわち、法に背くというのは仏法の所詮を知らないで誹謗する故にいうのであると宣明は説く。これは法を仏法という意味で解釈しているのである。先の義についてもいわば仏法の道理という内容で説き、単なる法律や道理というよりも、終始仏法の立場を貫いての見解といえよう。一方、本願寺派興隆は次のように注釈している。すなわち、

「主上《ハ》指《ス》二上《ノ》一帝《ヲ》、臣下《ハ》議二許誣奏《ヲ》一之諸卿也。背法等者、法《ハ》謂法則。義《ハ》謂義理。大経言《ハク》不順法度、又言《ハク》負恩違義。
韓非子云《ハク》背レ法去《レハ》レ勢《ヲ》則乱《ル》……意謂《ニ》君臣迷謬。不随聖賢規《ノ》法《ニ》二不レ順二天理所宜一。横発《ニ》二恚怨《ヲ》一、苦責《ニ》二無罪《ヲ》一」(19)

というように、個々の言葉を具体的に説き、法に背く法は天下の法則であり、義は単なる道徳的義とし、先の宣明と違った解釈といえよう。そしてこの句になった言葉は親鸞が『大経』や『韓非子』から引用した如く、その例をあげて説明を行っている。親鸞が『教行信証』の中で多くの経論を引用している事実から考えて、この部分も引用

したことは充分考えられ、そのような見解は興味深い。次に本願寺派僧叡、同派芳英はそれぞれ次のように述べている。

「南北ノ僧徒、当時ノ主上臣下、苟モ仏法ニ帰スル上ハ此浄土ヲ捨テヽ、外ニ従フベキ方ハ無シ。其レデ主上臣下モ興福、延暦ノ学徒モ、一度ヒハ過リテ咎メタ[20]」

「及還俗左遷之事実、其結怨過失広大、略以二数句一示之。甚妙可レ思[21]」

というように、主上臣下、興福寺などが明らかに過ちを犯したことを認め、消極的ではあるが当時の支配階層への批判を行っている。しかし、前者の僧叡は、この浄土門を捨てて従うべき道はないといい、単なる過失ではなく、当時の支配層の心が仏法に暗く、いわば心が閉ざされていたといっている。すなわち、

「洛都儒林、主上臣下ノ人心ニ取テ開閉アリ、昔シハ閉塞ノ心ナリ[22]」

という如く、若干弁護的に述べている。つまり、一方では主上臣下以下は過ちを犯しているとして消極的な批判を加えつつ、他方において弁護的説明を表裏一体として行っているのである。しかし、批判的にしろ、弁護的にしろ、その基準としているのは仏法であることは認めねばならない。先の大谷派鳳嶺も洛都儒林をさして、「彼等は仏法の尊きことも外道も分らぬなり」というような批判をしている点からも明らかであろう。最後に、時代は少し下るが大谷派法住は例外的な説き方をしている。すなわち、

「臣下とは関白を初め大学寮の学者までを指す（中略）明法道とは天下を治める法政、万人断罪の法[23]」

とし、

「その法律の書は律令格式と分れる故に、『令義解』と云ふ書あり、『光仁格』等の書あり、『延喜式』等の書あり。その中法律の書は今絶えて、略して出すのは『法曹指要鈔』あり。その明法道のことを指して「法」との

給ひ、『令義解』の義を指して「義」と云ふ[24]」

と述べているように、法に背く法はいわゆる天下を治める法政といい、先にあげた本願寺派興隆も同様であったが、法住の方はその考証を明法道によって行い、義については養老令の注釈書である『令義解』の義としているのである。このような典拠の示し方は他に例がない。そして最後に、

「今元祖吾祖の御流罪は何の法をおかし何れの法に違ひたぞ。ただ三帰戒の仏勅を守り、三経三仏の正意たる一向専修の宗意から廃立し給ふ、仏法の正見如実修行の真仏弟子なるものを、明法道の学者は法道に昏く、上国政を犯したる罪のなきものを死罪流罪に行ふと云ふ事、『法曹』にありや、『義解』にありや。明法道の学者の軌則から押すときは、明法道の学者も時の関白もみな古の法にそむき義に違ふと、破し摧かねばならぬ[25]」

といい、自らの不満を述べている。そしてその立論の根拠は法律論的解釈の立場をとり、むしろ、明法道の学者などが法律に昏いとして、罪なきものを罰するのはおかしいと述べ、もしそのように罰するのならば、明法道の学者、時の関白も同罪であるとして、法住の憤りを告白している。この内容のよき、あしきは別として、自らの意見を根拠を示し明確に述べている点は、実証的でもあり、また江戸時代の教団統制下において当時の支配層に対して積極的に批判的意見を述べていることは注目してよいだろう。法住の師、霊暀もこのような見解を述べておらず、独創的でもある。しかし、基本的には先述したように法は天下の法則という解釈に変わりない。つづいて、

「成レ忿等は言の本拠に二あり、一には『大経』の「忿成怨結」を取らせられたもの、二には上の二十願下の御引用の五濁増時多疑謗の文がよく此の御流罪の因縁に合する故、住蓮安楽も死する時に是を称へ、元祖も『登山状』にこれを載せり[26]」

といって、忿を成し怨を結ぶという部分が『大経』から引用したというのである。先にあげた興隆も『大経』など

からの引用を強調していたが、彼の場合、「背法違義」という部分であり、同じ引用でもその個所が違うのである。

以上、「主上臣下　背法違義　成忿結怨」という点について江戸後期の主な学僧の解釈をみてきた。この部分のみについてもさまざまな形で表現し、近世的特色の統一性の強い中で、種々の見解を示していることは注目しなければならない。法に背く「法」の解釈についても、簡単に事実を述べて流罪の因縁とし詳しく説明せず避けて通ろうとする見解、あるいは法を仏法と解釈し、その立場を強調しようとする見解、法を天下の法則とし、そしてその理由を『大経』などを引用したとする見解などに分けることができる。どの解釈も単に王法に迎合するのでもなく、また王法に対決し批判するのでもない。そこには真宗の正依である『大経』をあげたり、親鸞の『和讃』を引いたりし、仏法的、真宗的立場である法そのものを常に媒介にしようとしている姿勢があることを見逃せない。

ひるがえって考えてみるに、親鸞は後序の部分でいわゆる承元の法難を示す前に、聖道諸教と浄土真宗とを対比する中で、浄土真宗は「証道今盛」といっているが、今盛んとは教団形成の規模や信者数をいうのではなく、末法の世において浄土真宗の教法のみが証道として栄えるのだということを、聖浄を判決しながら自信をもって標榜したのである。それ故、単なる現実的問題における聖道の実体的事実を批判したというより、「諸寺釈門、洛都儒林」の教えに昏いことを親鸞自身が嘆いたというべきであろう。すなわち、親鸞における末法観は単に客観的な時代観ではなく[27]、自己の問題として観じ、自己の主体的なものとしてとらえ、いわば仏教的終末観を悲嘆的に把握しつつ、その悲嘆的把握がさらに止揚され、それが厭世観ではなく、そこに絶対的・普遍的な光明の世界に転化されていくといえよう。その転化の契機を生み、根底的にあるのが法そのものである。親鸞が批判し、悲嘆したりする基準となり根底となるものは仏法そのものであることはいうまでもない。それ故、先にあげた各学僧が真宗の立場を認識し、世俗的問題に対する解釈において、世俗に埋没せず、その中に仏法を生かそうとした姿勢が窺えるのである。

とくに近世真宗においては、排仏論への対応から儒仏道の三教結合した牽強付会的な書が多く著され、妥協的姿勢がとられる中で、このように真宗の立場で一貫していこうとする姿勢が窺える解釈でもあり、その意味で評価すべきである。それは次の点でもより明らかとなろう。すなわち、

「爾者穢悪濁世群生不知末代旨際、毀僧尼威儀、今時道俗思量己分」

という、「己れが分」についての解釈であるが、先の大谷派法海は、

「所詮戒行ニ堪ヌ身ナリト深ク思量セヨトナリ（中略）末代ノ道俗ハ戒行ニ堪サルコトヲ示シ、末代無戒ノ義ヲ募ル[28]」

といい、本願寺派興隆も、

「是誡レ毀レ他、勧レ顧レ己也[29]」

といい、他のほとんどの学僧も同様の内容で説いている。末代の旨際を知らず、僧侶、比丘尼の威儀が乱れたと毀しるのをやめて、各自の分を思い量るべきことを説いた部分であるが、それをすなおに自ら顧ることと内省的に考え、凡夫としての自覚を強調し、決して近世的身分秩序の分として説いてはいない。以上の点からも先に指摘したことが明らかである。

第四節　むすび――『教行信証』研究の背景――

『教行信証』の延書や伝授の跡を顧みつつ、江戸後期にその研究が活発に行われた史的性格を考え、またその研究内容を「化身土巻」を中心に考察してきた。江戸後期に研究が活発化する理由として、宗学そのものの発展、あ

るいは一般諸学問の隆盛による刺激、とくに当時台頭してきた儒学の古学派、国学などの方法論が少なからず宗学研究に影響を与えたことを指摘した。すなわち、古学派がいうように儒学の道を孔孟の原典の中に直接求める方法、あるいは国学の古道を古典を通じ古典の中に求めようとする方法は、それはそのまま、親鸞の精神を通して直接親鸞自身の中に求めようとする方法であったと考えられるのである。その結果、宗学者においては『教行信証』研究が行われ、一般信徒においては親鸞直弟とされる二十四輩の巡礼が行われることがそれらを如実に示しているといえよう。したがって、宗学史の発展も思想史の流れと関係していると同時に、宗門内においては、蓮如中心主義が大勢を占める中に、新たな問題意識が生まれつつあることを物語っているのではないだろうか。その要因が、教学的問題なのか、あるいは教団的問題の矛盾なのか、あるいは双方の行き詰まりなのか、今後それらを検討する必要があろう。「主上臣下　背法違義　成忿結怨」の解釈においてもさまざまな見解を述べているが、先述した研究姿勢と同様のことが見出せる。すなわち、盛行する排仏論への対応から真宗が幕藩体制に果たしている役割を明示するため、いわゆる世俗倫理として儒学などと融合し、付会的解釈が多い中で、あくまでも親鸞の主張するところを認識し、親鸞を通して解釈を試みようとしたのである。つまり、仏法そのものを媒介として世俗に対処し、世俗に埋没せず、その中に法を生かそうとした解釈であったのである。またそれは「己れが分を思量せよ」という点についても指摘したように、近世的分限にとらわれず、真宗における内省と、自己への凝視に視線を向けているのをみても明らかである。

一般に「主上臣下　背法違義」という語から念仏弾圧に対する親鸞の政治への強い憤りとして考えられ、いわゆる反権力思想といわれる根拠にされるのであるが、その語の根底的背景を充分吟味しなければならないことを、江戸時代の学僧は意識的でなかったにせよ示唆しているといえよう。したがって、親鸞の権力に対峙する仕方が、現代における権力に対峙する仕方とそのままつながり、同様に扱ってよいものかどうか、一考すべき問題である。

註

(1) 日下無倫『真宗史の研究』第二編、宮崎圓遵『真宗書誌学の研究』、藤島達朗「教行信証の書誌」(『顕浄土真実教行証文類影印本解説』所収)などを参照。
(2) 『石山本願寺日記』(上巻、二三五～二三六頁)。
(3) 右に同じ、一三六頁。
(4) 「本願寺作法之次第」(稲葉昌丸編『蓮如上人行実』所収、二一六頁)。
(5) 「童子問」巻之中(『日本倫理彙編』第五所収)。
(6) 「弁名」(『日本倫理彙編』第六所収)。
(7) 丸山眞男『日本政治思想史研究』一四〇頁以下。
(8) 「うひ山ぶみ」(『本居宣長全集』第四)。
(9) 村岡典嗣『続日本思想史研究』一四頁。
(10) 薗田香融「真宗学史上における親鸞と蓮如」(『近世仏教』第二巻第一号、三五頁)。
(11) 大谷派において、当時の学僧では深励、徳竜が有名である。深励は『教行信証講義』を著しているが、「化身土巻」についてはその見解を示していない。後に南条文雄が「励師之講義止于教行信之三巻而不及証巻以下誠為可惜矣」という如くである。また徳竜は、とくに『教行信証』については著していない。それらのことを付記しておく。
(12) 『顕浄土方便化身土文類六』(『岩波日本思想大系』――親鸞――四二三頁)。以下、原文はこれによる。
(13) 「広文類聞書」(『仏教大系』教行信証第九、六八四頁)。
(14) 「本典指授鈔」(『真宗全書』第三四、二七四頁)。
(15) 「教行信証光融録」(『真宗全書』第二五、五四五頁)。

(16)「教行信証聞誌」(『仏教大系』教行信証第九、六八二頁)。
(17)右に同じ、六八二頁。
(18)右に同じ、六八二頁。
(19)「教行信証徴決」(『仏教大系』教行信証第九、六八八頁)。
(20)「教行信証文類随門記」第四(『真宗全書』第二九、四七三頁)。
(21)「教行信証集成記」巻七十五(『真宗全書』第三二、五五七頁)。
(22)前掲註(20)、四七二頁。
(23)「教行信証金剛録」(『続真宗大系』第八、四三四頁)。
(24)右に同じ、四三四～四三五頁。
(25)右に同じ、四三五頁。
(26)右に同じ。
(27)柏原祐泉「親鸞における末法観の構造」(『大谷学報』三九―二、二七～二八頁)参照。
(28)前掲註(14)、一七二頁。
(29)前掲註(19)、三二一頁。

第五章　近世末東本願寺学僧の教化とその受容
――香樹院徳竜と近江商人松居遊見――

第一節　はじめに――問題の所在――

近世後半期には儒者・心学者・国学者が塾を開設し自らの価値観や教説を教化し、さらには著作活動をも活発に行い民衆の倫理観・宗教観に大きな影響を与えた。彼らは仏教的徳目を吸収する一方、仏教教団の現象批判を中心とする排仏論も展開した。それに対し仏教側は受動的な護法論を著し消極的対応を提示したが、自らの教義・信仰論や価値大系を主張する積極的対応は欠如し、仏教教団として果たすべき教化活動は近世初期以来の継承で形式的であった。

しかし、東本願寺教団の場合、文化・文政期頃より教団の教学的指導者・学僧が教化活動に積極的にのりだし、学寮の机上での宗学研究のみならず、檀信徒の中に入って真宗教義を説いて篤信者を育成する動向がみられた。その代表的学僧が香樹院徳竜である。徳竜は東本願寺教団が運営する学寮で研鑽し且つ指導者であることから、彼の教化を検討することは、教団の教学的指導者が主張・継承し、正統とされる教学・教団仏教の教化パターンが明らかとなろう。またそれは、宗学として体系化された教団仏教が先述の教団内外の諸思想やそれによって形成された民衆倫理・宗教意識へアプローチする一視点としても考えられる。

以上のような問題意識のもとに本稿で徳竜の教化内容を検討し、彼の教化を実直に実践した実態として、受容者の近江商人松居遊見を取り上げ彼の職業生活における宗教的営為をも考え、近世真宗史の一側面を考察したい。

第二節　香樹院徳竜について

香樹院徳竜（安永元年〜安政五年、（一七七二〜一八五八））は近世後期の東本願寺教団を代表する学僧である。彼は教団の学寮（高倉学寮）の学寮長であり宗派内の学事を司る講師職にまで任じられ[1]、文政・天保・弘化・嘉永年間における学寮の中心人物である。学寮は教団が運営する宗学研究・僧侶養成機関である故、徳竜の名は教団内部では彼の師である香月院深励とともによく知られているが、一般にはあまり承知されていない。

徳竜の伝記・活動については、学寮の動向とともにすでに発表した[2]ので詳細はそれにゆずるが、とくに彼は宗学関係の著述のみならず、『掟五常義略弁』『五倫弁義記』『香樹院勤倹座談』などを講説著作し、真宗と倫理・生活規範の問題に注目した人物で、そこに彼の特質がある。また徳竜は各地へ巡回し布教活動も積極的に行った。それは文政六年（一八二三）十一月、東本願寺が火災にあい、その再建のため学寮の教学者が募財活動に協力するため、必然的に各地へ布教を行った背景があった。つまり本山火災→再建の財的必要性が学僧の教化を積極化した結果となったのである。しかし一方では文化・文政年間頃より、漸次各地の講や御坊が独自に学僧を招いていた。徳竜も一信者宅で度々宿泊し村民に説教を行っていた。

従来、教化の中心は本願寺宗主の出した消息（御書）であり、それに基づいて各講・寺院で法談がなされていた。

消息を各地へ伝達し、教化するいわゆる使僧は堂僧が中心であった。[3] 堂僧はその他仏祖の給仕、御坊の輪番、異義者の糾明など多様な使命を負わされていた。それ故、堂僧は教学の研究が不可欠であったが、多方面へ関与しなければならない事情から、次第に教学研究に中心を置く者と、仏祖の給仕・使僧などに専念する者とに分化していった。その分離は初代講師恵空（正保元年～享保六年）頃からで、教学的素養のない使僧の布教は門信徒の期待に応答できず、単なる本山諸経費などの募財活動の手段とのみ化した。したがって学問的基礎をもち教学研究や末寺僧侶の指導を行ってきた学寮の講者が使僧に代わって登場するのは、当然の帰結であったといえよう。この講者布教に第五代講師香月院深励（寛延二年～文化十四年）が自ら努力した。

　深励の自坊である福井県金津町・永臨寺より大谷大学図書館に寄贈された彼の日記『講師寮日記』には各地で説教を行ったことが随所に出ている。たとえば彼が越前へ帰郷した文化七年（一八一〇）二月の条に「二月四日、四ツ時、橋屋村立寄法談、安心ヲトリテ弥陀ヲ一向ニタノメハ等二座、六ツ時、荒井村御講法談、二月八日、九ツ時、四方寺村源徳寺御遠忌逮夜法談、二月九日、米田村御講法談」とあり、連続的に、しかも小さな村の講にまで精力的に法談を行っている。また、越後の異安心頓成（西方寺英厳）が深励を評する中で、

「当御門主（達如上人）御幼君にして、御再建の大業を受続せられ、御代始めの御書、御再建御追加の御書等、御紐解の演説を永臨寺（深励）へ命ぜられ、先規は御堂衆一老の役なりしが（往古は坊官下間家所務也）、今度は講者へ仰付らるるは、一老は老衰にもあり、不弁なるゆへか、永臨寺は能弁なるゆへなるべし」[4]

と述べているように、深励の頃から従来の御書を伝達する使僧・堂僧に代わって学寮講者が公的に登場してきたことが窺える。[5] その意味するところは単に形式的な教化ではなく、直接檀信徒と接触し、学問的基礎のある教学的権威が平易な語調で法談を行い、教化内容において少なくとも従来より質的向上があったことである。と同時に基本

的方針は変わらないにせよ、個々の具体的な問題はそれぞれの学僧によって個性や影響力はちがっていたであろう。また逆に、学僧自身も一般門徒のレベルも窺知でき、そこで養われた素地は以後の教化活動に多かれ少なかれ効果があったにちがいない。

近世後半期のこのような背景の中で、東本願寺学僧史上、最も積極的に教化に力点を置いたのが香樹院徳竜である。そこで次に彼の教化内容を具体的に検討していきたい。

第三節　「王法仁義」の教化方法

近世真宗思想史において、看過できない問題に「王法為本、仁義為先」という言葉に代表される世俗との関係がある。これは教化内容を検証する場合、あるいは近世真宗教団の国家観を考察する上においても重要な指標となろう。

そもそも「王法」という言葉は真宗が正依の教典とする『大無量寿経』と、親鸞が『教行信証』に引用した『末法灯明記』に「王法」「法王」「仁王」という語でみられる[(6)]。しかし、いずれも単なる国家、法的統治などの意味で真宗の生活規範としては説いていない。それを具体化したのは本願寺第八代蓮如である。つまり『御文』に「外には王法をおもてとし、内心には他力の信心をふかくたくわへて、世間の仁義を本とすべし[(7)]」といい、『実悟旧記』に「王法をば額にあてよ、仏法をば内心に深く畜へよ、との仰に候[(8)]」とあるように、その他随所にみられ、仏法と王法との具体的位置づけが蓮如によってなされた。近世真宗教学の正統とされるのは蓮如を中心としたもので、教化上においても引用されるものは『御文』や『蓮如上人御一代記聞書』などが多く、近世真宗教学は蓮如イズムといわれる所以でもある。

さて、徳竜もこの「王法仁義」の問題について当然言及している。まず王法について、

「惣シテ仏法王法の体ヲ示サハ、仏法トハ釈尊一代ノ説法衆生生死ヲ解脱スルノ法門ナリ、王法トハ身ヲ修メ家ヲト丶ノヘ国ヲ治メ天下ヲ平クルの法ナリ（中略）本朝ニオイテノ王法ハ、神代以来天カ下知ロシメス神明ノ掟ヲモテ王法ノ体トス、此ノ神明ノ掟タル本朝ノ王法ヲ輔翼スル処カ、天竺ノ王ト震旦ノ王法トナリ、其ノ天竺ノ王法ハ仏説ノ中ニアル故ニ仏ノ教トモノ玉フ、サリナガラ天竺テモ、王法ノ方ハ転輪聖王ノ教へ玉フ十善ノ法ト、並ニ五常五徳ノ法ニシテ、仏イマタ世ノ出テ玉ハサル前ヨリアルトコロノ王法ナリ、（中略）此ノ三国ノ王法ヲモテ、是レヲ合シテ民ヲ撫育シ教化シテ天下ヲ安穏ナラシムルカ此ノ日本ノ王法ナリ、故ニ王法ト云ヘハ天子ヨリ定メ玉フ法ナルカユヘニ王法ト名クルナリ(9)」

といい、わが国の王法の所以を、中国、インドの王法をもって説明し、とくにインドの王法は「仏説ノ中ニアル故ニ仏ノ教トモノ玉フ」というように仏教教説が王法であると強引な説き方をしている。さらに日本の王法は「天下ヲ安穏ナラシ」め、天子より定められたものとし、身を治め家をととのえる法であるという。これは当時の一般的倫理規範の一つで、幕府の法度、触の中にも随所にみられ、元禄期から宝永期に書かれた『河内屋可正旧記』(10)、あるいは井原西鶴の『世間胸算用』などにもよく表れており、いわゆる斉家治身の思想を基盤にしたもので、近世後半期の一般的庶民思想でもある。徳竜は王法を斉家治身の思想をもって概念規定し、さらに仏教、とくに真宗との関係について強調した。すなわち彼は具体例をあげて「仏法王法ハ一双ノ法ナリ(11)」と仏法、王法の相資相依関係あるいは並立的関連性を主張した。先述の王法観を具体的に、

「若シ王法ヲ守ラザレバ、身ヲ亡シ家ヲ亡シ、或ハ国家ノトカメヲ受ケネハナラヌナリ、若シ身ヲ亡シ家ヲ亡シ

国家ノトカメヲ受ケルナラバ、何ノ形ヲモテカ、仏法ヲ信シ行スルコトヲ得ン[12]」

と説いて、世間の教・王法を遵守しなければならない理由は、わが身、家を亡くしては仏教を信仰することも実践することも不可能であるとした。先の王法は「天下ヲ平クルノ法」というような規定に、さらに公儀遵守の意味内容を内含させたものである。つまり仏教を信仰するためには王法を守らねばならないことが前提条件になっており、幕藩体制を意識した王法について一僧侶が直接批判することはできないのであるが、この論法は仏教を弾圧する王法でも守らねばならないということの側面ももっている。換言すれば幕藩体制は教団統制されるものである反面、いわゆる仏国土ともなったのであろう説き方である。

このように王法、仏法を対置させつつ、並行して王法遵守を強調しなければならないのは、教団が幕藩権力によって保障安定している状況、あるいは世俗権力に従属しそれ自体もまた世俗権力構造を形成している教団の性格による反映であろう。したがって王法を強調していく教化は結果的には体制擁護となったのであり、常に封建倫理に則したものとなった。この性格は徳竜のみならず教団学僧一般に共通するものである[13]。そのことは、たとえば西本願寺宗主本如の「王法・国法を大切に守り、仁義の道を相弁へ、報謝の称名相続して法義を喜ばれ候[14]」という消息が如実に示していよう。

徳竜は王法遵守を説くことに専念し真宗教義を無視した教化をしたのではなく、王法遵守を説きながらその中で真宗教義を生かした世俗倫理をも説いている。たとえば、

「当流の仏法は永く聖道の法門に異りて、世間の王法仁義までも摂めて仏法とし給ふ、守る所のすがたにつけては、王法を表とし仏法を内心に貯くよとの給へども、其守る意はと云はゞ、一切世間の事までも、みな仏法の上より取り扱うが真宗の法則である[15]」

と、蓮如の言葉を提示して真宗の基本的立場を述べ、そしてまた、

「仏ノ大悲ハ一衆生モ漏サス、イカナル悪人ヲモ摂取シ給フ処ニ於テ、世間ノ五常ノ教ヲ説置給フコトナリト知ルベシ」(16)

というように、真宗本来の立場を基盤として仏法・王法を説いている。つまり王法は「仏ノ大悲」によって摂取される対象であり、その立場からの容認であることを強調している。それ故、仏法・王法の関係は単なる平面的な相資相依の関係のみではないことをも窺える。すなわち、王法遵守という現世の倫理的実践は宗教的裏づけを得た上での実践と現世肯定である。そのことは、

「若し、信心を得れば、法の徳として邪見を起すこともなく、邪見を起さゞれば世の正道を知ることがで来る(中略)賢人、君子も行ひ難き道を、他力の信を得れば行ひ易きに至るは、之れ法の力であり仏陀の加被力である」(17)

ということによっても窺える。つまり「信心を得れば」の如く信を強調し、その上での行為を真宗の他力本願による仏恩報謝として説く論法で、王法の容認、強調は信心決定後の倫理として、いわば還相的倫理あるいは信後的倫理として扱っているといえる。真宗教義を生かそうとした教化姿勢として注目すべきである。

そもそも浄土教思想における倫理は現世否定的、無関心なものではなく、むしろ来世をたてるが故に現世の行為をより明らかに凝視し、積極的・肯定的となるものである。また「厭離穢土、欣求浄土」といわれるのも浄土教思想の伝統的基本でもある。しかし徳竜は世俗倫理を説く場合、無常観や現世における穢土性の問題に言及せず、常に信心決定後における現世肯定を強調したのである。その信心決定の媒介となろう現世を厭うという否定性について彼は語っていない。もちろん、無常観は単なる現世否定ではなく、厭離穢土は相即的に欣求浄土をめざすもので、厭世観に終わるものでもない。しかし、蓮如が「人間は不定のさかひなり」(18)といったきびしい現実諦観の視点につ

いて徳竜は強調していないのである。すなわち徳竜の教化には人間世界の無常という否定的側面が信心決定する積極的契機となる点や、その契機である宗教的自覚を促すものが欠落していたといえよう。先述した還相的倫理に対し、往相的倫理については等閑視していたともいえる。たとえそれについて彼が言及したとしても、それは「信心ヲ得タヒト思フ人ナラハ、マツ善知識ノ教ニ順ヒ[19]」という如く、信心獲得には善知識という本願寺宗主の教えに従うべきことを説き、まさに近世的な説得方法をもって教化した。

以上のように徳竜はなぜ信心獲得の契機となる点について教化しなかったのだろうか。それは徳竜が教団に基盤を置き、教団教学が学寮を中心に統一され、さらにはその教団が幕藩体制の一端に組み込まれている以上、封建倫理を崩壊させるような独創的な新教理や教化を推進することは困難なためであろう。仏教的に穢土を強調する場合においても、それは絶対的穢土であり相対的穢土でないことはいうまでもないが、ともすれば幕藩体制そのものが穢土となり、あたかも異なった体制を要求するような誤解を被教化者に与えることになるからではないだろうか。したがって徳竜はそのような封建倫理に反するものと誤解を招く説き方を避け、信心を得ようと思えばまず善知識（本願寺宗主）の教えに従えという封建倫理に則した教化をしなければならなかったのである。それは近世真宗の教化の限界ともいえよう。次に考えられることは大桑斉氏がすでに指摘されたように[20]、初代講師恵空の「欣求浄土為先」に示される浄土を強調する、いわば恵空以来の伝統的教学を継承していることである。すなわち、浄土というビジョンを揚げ、その浄土を自らが確証する信心決定を勧め、現世を厭うことをあえて強調しない方法である。「個人的悲嘆が現実を穢土視し、これを否定的にうけとめるのではなく、一挙に欣求浄土に向う思惟法[21]」といわれるような恵空時代のものを徳竜も継承していたと考えられる。

徳竜の王法・仏法に関する教化にはそれぞれが未分離の並存した形で説いていたことが窺え、また封建倫理に随順しなければならない事情によってそこに種々の問題が生じ、近世仏教教団の教化の一特色が見出される。この王法に関して五倫五常と仏教との関係をみればさらにこの問題は具体化する。しかし、徳竜の論法は先述してきたものと大概変化がなく、王法の立場に立脚しその上での仏法の立場を強調した教化であった。たとえば、五常の所以を『大無量寿経』の「五悪段」に求め、殺生、偸盗、邪淫、両舌悪口妄言綺語、飲酒の抑止体である五善に、五常である仁、義、礼、智、信をそれぞれ配して考えている。真宗正依の『大無量寿経』にその根拠を求めることは五常を真宗教義をもって意味づけることに他ならず、それは牽強付会的な傾向を免れない。このように世俗倫理と仏教、とくに真宗との基本的関係を明らかにし、精緻化するのは、柏原祐泉氏が「中期後半以後、熾烈を極める経世論家、国学者からの排仏論に対抗する意味があったといってよい。とくに経世論家の排仏論は、教団の存在について経済的利害関係から突いたもので、五常即五善論による庶民教化は、排仏論に対して教団が封建社会に果す役割を明示し、その存在意義を実証する意味を併せもっていたわけである[22]」といわれるように、教団が積極的に封建倫理を実生活の上に確立させる役割を論理化したものであり、幕藩体制を強化させる教化姿勢であった。

また一方では徳竜は、

「五善五常を守ったとて善人になれるにはあらず、一生造悪のものなり、死ぬるまで貪瞋煩悩は絶えぬなり[23]」

というように、五常を否定的に説き、真宗の本来的立場から世俗への対処、あるいはその基本的姿勢を明示している。つまり真宗本来の教義に立脚した上での世俗方面へアプローチする姿勢である。であるならば先述した王法主義に立脚した教化との矛盾が生じよう。つまり王法主義、仏法主義がそれぞれ強調され、そこに二面性があることが指摘できる。

しかしながら、これは単に並存したものではなく、表面的には王法的・世俗的なものを説きながら、内心には我々は「一生造悪で、死ぬるまで貪瞋煩悩は絶えぬ」[24]点を凝視し、「掟の義は強ちに知らずとも、無理に之を守らずとも、往生浄土の障にはなるべからず」[25]という強い信念と、真宗人としての自覚を教化者はもっていたと考えるべきであろう。すなわち、徳竜の教化は、結果的には教団安定を意図し、封建倫理に随順的な姿勢で大半が占められているが、その根底には真宗本来の独自性を常に心得ていたものであった。その真宗本来の教義に照射した教化内容は、幕藩体制という限定された時代背景に埋没した存在であったが、それは近世から近代への転換期の中で篤信者を育成した要素であり、堕落した教団といわれながらも、なお存続する支柱の一つであったといえるのではあるまいか。[26]

このような真宗本来の教義的側面を強調する教化内容を多方面にわたって指摘することは困難であるが、罪悪観を説く場合に最もよく表れている。たとえば、

「造悪不善ノ身ナカラ助ルヲ以テ、宗ノ本化トノ給フ」[27]

「我等は五逆十悪（中略）、煩悩具足の徒者、助かりたいの願ひも解らぬ我々」[28]

「教ノ明リヨリ照シテモラヘバ、我ガ身ハ悪キ徒ラモノ」[29]

というように、教化者徳竜は人間の宗教的悪と、その自覚を衆生に感得させる弥陀の本願との関係を明確にし、それに立脚するのが「宗ノ本意」であると述べ、「我ガ身ハ悪キ徒ラモノ」という強い自覚が前提となることを強調している。本来、真宗の悪は倫理的世界における悪ではなく、宗教的世界における自覚的、自己否定的悪である。またそれは自己否定を通して人間個々の実存にまでたち帰って説明しうるような悪であり、罪業である。そしてその悪を根底的にとらえ、徹底した自己との葛藤を通して他力往生の世界が感得され、救済される世界が開眼されるのであり、そのような悪の自覚に基盤を置くことを徳竜自身充分理解し、それを基本にしているといえよう。そし

て徳竜は「カナラズ六ケ敷コトヲイフナ、地獄ヘ落ルモノヲ、コノマンマ助ケテ下ラルコトヲ喜ブノヂヤ[30]」と述べて理屈・学問も無用として罪深い我々をそのままで救済されることを喜ぶべきであると説き、そこから生じる仏恩報謝の念を示唆し、さらには、自然法爾＝はからいのない世界をも教化しているといえるだろう。そのことは徳竜が次のような反省懺悔を述懐していることからも窺える。

「ソノ心中ハ我ガコシラヘモノナリ、教ヘル人モ、タ、理屈ノミヲ、オシヘ造ルコトニ骨折ルナリ、タ、信心トハ、聞其名号信心歓喜ノ八字ヲ、我が腸《ハラワタ》トスルバカリナルニ、サウ思フ人甚ダ少ナキハ残念ナリ[31]」

また、右掲史料に「心中ハ我ガコシラヘモノナリ」という徳竜の「心」に関する教化の一端がある。安丸良夫氏は封建制下の民衆の思惟は「『心』の哲学」と呼ばれる心の権威による主体性を石門心学や通俗道徳の問題から明確にされたが[32]、徳竜の「心」観と民衆のそれとは異なっていた。徳竜は真宗安心の立場を強調するあまり、民衆の「心」の問題については全体的に抽象的表現が多く、その意味では教団の対応は貧弱であった。逆にいえば、教団教学・学僧に教化された真宗信者の民衆は「心」の問題をどのようにとらえていたのかを今後考えねばならないだろう。

以上のように徳竜は真宗の原理を種々の社会的条件下で強調した教化を行い、とくに罪悪観に関する中に真宗の本来的なものが内含されていたといえよう。それはその問題が対社会的というより、自己自身の内面的方向へ思考することであり、教化者としては「我が身」という立場で語ることができ、それ自体は法度に触れるような誤解を生じなかったからである。また罪業意識を強調する教化は真宗の伝統でもある。しかしそれが具体的な生活規範の問題に触れる教化となると、政治的要因とも関係し封建倫理に順応する結果となった。さらにいえば、対社会的問題と内面的問題とを関係づける否定的媒介の教化については明確にされていないことになろう。しかしながら、自己の内面における罪の意識は本来宗教的次元ではあるが、その意識の形成過程において対社会的な現世における問題を出発点とする。それが自己自身に内在した問題意識から生じるのか、社会的条件や要請がそうさすのかによって、宗教的罪意識の受け止め方とその機能は自ずと変化したであろう。たとえば徳竜の教化の結果、檀信徒・民衆は真宗の罪意識を主体形成の契機としたのか、あるいは自己逃避の論理や支配イデオロギーの正統性の合致と機能させたのか、などである。今後検討しなければならない。その意味で徳竜の教化は多様な可能性を秘めていたといえる。

以上、徳竜の教化にみられる王法仁義と仏法との問題を無常観、罪悪観、あるいは真宗の基本的な問題とも比較検討し、若干の歴史的意味をも考察してきた。この問題に関連して、教化とその受容という意味から残る疑問点をあげておきたい。それは先述したように王法を基本とし、仏法とくに真宗の本来的なものをもそれぞれ強調する二面性を有するのであるが、この両面をともに平面的に延長し一歩進んで考えていくならば、当然矛盾点、対立点が出てくるはずである。この点を柏原祐泉氏は「明白に出世間、世間の別を区別するごとく、仏法の異次元性を主張するのである(33)」とされ、次元が違うことをいわれる。それは事実徳竜も「凡そ釈尊出世の本懐は生死出離を教ふるためで、人天世間の道を説く為めではない(34)」と、明白にそれを説いている。しかし、この異次元性といわゆる世俗的問題を同一的に説く場合、果たして教化者徳竜自身はどのように統一し使い分けたか、あるいは受容者一般はいかに区別して領解したかは疑問である。ともすれば道徳的次元と宗教的次元が混同されがちである。たとえば、徳竜が、

「人間ノ道ハ仏法ノ信不信ニ非ス守ラ子ハナラヌ道ヲハ、悪人正機ナルガユヘニ、別シテ掟ヲ定給フ(35)」

といった場合、「悪人」の悪は道徳的なのか、宗教的なのかは一般信徒には区別しがたい一面をもっていただろう。

世間、出世間を峻別しつつ世間法を生かす真宗の基本的形態は親鸞の社会観にも示されるが(36)、ただそれが教化という面で、近世の儒教的思潮が盛行する時に説いた場合、ともすれば教化者の意図する点と異なったもののみを本来的なものとして受容される可能性があった。それらは受容者側の妙好人などで明らかな点もあるが、広く一般庶民・門徒の宗教史料を、より多くさまざまの視角から検討しなければ明確にならない。それ故、教化上の道徳的次元、宗教的次元の問題についてはなお考証する余地があろう。

第四節　徳竜の「倹約」と真宗

教化者徳竜は、当然「王法仁義」の問題のみならず、実生活に則した分限の問題、あるいは家族倫理や自信教人信に関する教化も行った。とくに『家内別御教示』や『家庭百話』などを著し、いわば真宗人としての生活の心得を数多く著述した。しかし本節では当時の他の諸学僧がほとんどふれていない徳竜の倹約観について考えたい。それは後述する近江商人の倹約観と対比するためでもある。

この問題は彼の『香樹院勤倹座談』で、蓮如の言葉を引用しそれによって展開されている。本書の全体としては王法仏法が相資相依の関係を基本とし、倫理的側面に真宗の立場を付会して説いた傾向が強い。しかし個々については興味深い点も提起している。まず徳竜は倹約する所以について、

「之れ、財を慳《をし》むにあらずして、其財を道の用となすべきことを知りて、猥《みだ》りに費《つひや》さゞるを以て倹約とするのじゃ、さり乍ら、其地位、其家柄に相応せざることをいたしては、礼義の道を欠く故に、節約と申しても、自己の地位に対する礼節を越へざるやうに計らねばならぬ(37)」

と述べ、礼義の道に財を用いるため倹約しなければならないとし、その礼義の道とは地位と家柄に相応したものであると説いている。分限と家の問題を主眼にすることは身分秩序や家父長制秩序を維持する思想的立場で、徳竜に限らず為政者から民衆思想家までそれを基本として説いている場合が多く、教団を基盤にする徳竜にとっては当然でもあった。しかし、結果的には近世的「家」中心の思想や教化であったとしても、倹約に対する発想・精神は多様であり、為政者・儒者・神官・僧侶がそれぞれの立場で説いていたはずであり、それらの背景を考える必要があろう。被教化者・受容者がそれぞれ表面的には同一の倹約を実践した場合、彼らのその行為を実践させる発想根拠や意識は異なっていたはずである。さらには倹約実践者の倹約観によっては、彼と接触する者へも異なった影響を与えたと考えられる。つまり慣習的に従来の倹約倫理を継承する者もいれば、独自の倹約観を形成してそれを実践した者もいたと考えられよう。その意味でも真宗の教化者はどのように倹約を説いたかを検討すべきであろう。

そこで徳竜はどのような精神や発想から倹約を勧めたかをみたい。

「一切衆生は、平等に憐むべきものなれば、慈悲をなすべきである。この慈悲の思ひより、可成《なるべく》、奢りをつつしみ、倹約をなして、他を煩はさぬやうに、他に善心を生ぜしむるやう、之れを誨へ給ふ所である」(38)

と徳竜はまず慈悲の心から倹約をなすべきことを明確にし、それは自己中心的ではなく他人を煩わさないものであるとしてさらに具体的に、

「倹をなすにも、家の主人たる者は、わが妻子を初めとして、下男下女に至るまで、愍《あわれ》み恵むの思いを先となし、同心協力、以て其家を大切に守るやうにするが倹の道にて、若し倹約と称して恵むべきものも恵まず、而かも自身が節をなさずして財を積むならば、一旦は財を積むとも、悖りて入るの財故に、遠からずして、又悖りて出るの禍に逢ふのである」(39)

と説いた。これらの教化内容は種々の解釈ができる。一つは真宗の同朋精神に基づいた平等論や和の精神を基盤にした倹約の実践を説き、その精神をもつことが家の安泰に通じるとした解釈である。また、徳竜の意図するところは家の安泰と秩序を維持することにあり、いわば支配思想に通じる体制的な為政者を代弁するものと考えられる。今一つは、民衆が自己の存立基盤として家の安泰を願望するという民衆思想的なものとみることができよう。このようなさまざまな見解が可能であるが、どの見方も否定することはできない。なぜなら支配思想、民衆思想を吸収し多様な思想動向と歴史的背景を勘案した教化を行わねばならない立場に徳竜が位置するからであり、その位置する真宗教団が民衆思想をも意識した独自の教学・教化体系が論理化されていなかったからである。それ故にある時は民衆思想に影響を受けた教化内容を、あるいは真宗の本来的教義を、また一方では仁政論[40]をも説く結果となり、それらの体系的関連性に欠如した教化となった。したがって徳竜は勤労倫理を王法主義的に説く中へ仏教・真宗精神を強調することによって、真宗独自の勤労倫理・倹約観形成を意図とした教化を試みたといえる。その内容の是非は別として、商人社会を対象にした真宗教化という点に集約すれば、真宗信仰が大坂商人[41]や近江商人の商活動、あるいは人生観形成に影響したのであり、その意味で徳竜の教化活動の成果は注目してよいだろう。つまりそれは支配思想などを吸収しつつ、それに偏向することなく、常に真宗の教化者として真宗そのものを強調しようとした努力の結果ではなかったろうか。徳竜の説く倹約はそれが真宗に立脚したものでなければならず、その精神に欠けた利己的な倹約は誡めた。そのような「他に善心を生」じさせるような倹約実践者を育成することに彼の教化目的があったのである。それは真宗的価値観を教化することに他ならない。そのことは被教化者の近江商人の精神生活を通して明らかにしたい。

第五節　松居遊見と真宗的価値観

徳竜に影響を受けた僧俗は多々あると考えられるが、とくに徳竜を慕っていた人として知られているのは、泉州の妙好人・吉兵衛[42]と近江商人の松居遊見である。遊見については内藤莞爾氏や柏原祐泉氏が真宗信者として簡単に紹介されている[43]。本節では徳竜に教化された代表として松居遊見（明和七年～安政二年、一七七〇～一八五五）の精神生活の一端について考察を試みたい。

徳竜と遊見との関係は、遊見の子孫松居久左衛門氏所蔵の遊見に関するメモ帳[44]——仮に『聞書集』と呼称する——に、徳竜が遊見宅に宿泊したことや、遊見が京都で徳竜に師事したことが記されていることから窺え、さらに浜口恵璋編『新妙好人伝・初編』（明治三十一年刊）に遊見について「常に念仏の声たゆることなく、特に香樹院徳竜師の教導に随喜し、二諦の教義を領したる端身正行の人なり[45]」とあり、二人の関係は明白であり、しかも緊密な子弟関係でもあったと考えてよいだろう。徳竜は文政期後半、本願寺の命令で山科御坊から大津御坊、赤野井御坊、長浜御坊などの近江地方へ出向いていることを考えあわせてもその関係が想定される。したがって真宗信者としての松居遊見は、徳竜から教化された点が大きいといえる。

遊見の真宗人としての信仰面を考察したいのであるが、しかし彼の直接語った宗教的、思想的告白という類の史料は現存しない。それ故、傍証史料による場合が多いが、先述した『新妙好人伝』は遊見没後四十三年の明治三十一年（一八九八）三月の発行で、浜口恵璋の編集であるが、「松居遊見」の項については「広江泰順氏からの報告」と明記してあり、広江泰順という人物は近江国愛知郡池ノ庄の真照寺（真宗大谷派）の住職で遊見の住んでいた神崎郡五個荘に地理的に近い隣郡に住んでいた。したがって『新妙好人伝』に記されてある遊見の所見は伝記文献にみられる若干の誇張的要素はあるにしても、その大半は信頼してよいだろう。以上のことを確認し、まず遊見が商人として成功する概要を紹介しつつ、彼の行状や精神的支柱を中心に論をすすめたい。

松居遊見は明和七年（一七七〇）、近江国神崎郡五個荘位田村（現在は五個荘竜田）に生まれた。幼名は久三郎と称し、遊見は晩年の号である。また代々久左衛門と称し、初代久左衛門浄雲は遊見の祖父であり、延享三年、同村の松居久右衛門から別家独立したことに始まる。(46)つまり、遊見は別家松居家の三代目である。商家としての屋号は「星久」という。

京都の儒者貫名海屋が、万延元年に撰した「善人松居遊見叟碑」(47)に、「始従父賈于京摂及関佐諸国」とあるように、遊見は農業のかたわら父に従って京都・摂津・関東などの諸国に行商を行った。文化六年（一八〇九）、父の没後も彼はそれを継承し主として生糸・木綿・麻布・水油などを販売商品とし、たとえば羽州・奥州・上州より生糸・絹布類を買い入れ、それを尾張・京阪などで売り捌き、ならびに畿内・尾張で木綿や繰綿類を仕入れ、江戸・上州・信州などで売り捌いていたのである。そのために彼は江戸伊勢町、京都三条堺町、大坂福島に店舗を設け、さらには上州安中、同高崎などの諸大名に、いわゆる大名貸をもしていた。これらのことは明治四十・四十一年に発行された新聞「近江商人」(48)に紹介された史料・報告が裏づけている。すなわち、文政六年（一八二三）八月、隣村の庄屋忠兵衛が彦根藩主の命に応じて、代官所へ提出した遊見の調査書ともいうべき書付「御尋に付乍恐書付奉申上候」によると、

「元来、久三郎（遊見）稀れなる富家に御座候へとも、第一国恩、或は農業を大切に相守り、家に罷り在り候時は親子とも、下男同様に耕作も相勤め、衣服飲食聊奢侈仕らず、平生は勿論、或は其外旅行杯も、木綿着物、

夏中は太布帷子を着し、倹約を重とし、質性の人に御座候故、次第々に家富栄え、誠に萬人の亀鑑と相成るべき人と申す噂に御座候に付き、恐ながら書付を以て申上げ奉り候[49]」

とあり、定型的な報告書ではあるが、大概彼の素行全体と富豪となる過程が推察できよう。遊見が商人として大成する理由に勤倹に励んだり商才の抜群もあろうが、通常の商人によくある濡れ手に粟式の商法ではないことが考えられる。そこには深遠な人生観を基盤とする商人意識を有していたにちがいない。

右掲史料にもあるように、彼は豪商といわれる資産家となるが、それを松居家所蔵の『書出し帳』によって具体的数値でみてみよう。遊見が生まれた明和七年（一七七〇）の松居家の資産は銀九十三貫余、金にして千四百両余であった。彼が家業運営に参加した寛政六年（一七九四）の資産は、銀四百十貫余、金にして七千六百両余であったものが、八十五歳で死去した安政二年（一八五五）には銀四千四百八十九貫余、金にして八万三千百両余に達し[50]、十倍強の増殖となった。資産を単純に比較しても明らかに、遊見が松居家（星久）を飛躍的に発展させたことが窺え、さらに彼を称して「倹勤之務誠意之行其効至於斯[51]」といわれる所以も当然である。また明治三十九年（一九〇六）一月二十八日発行の文部省著作『高等小学校読本』に「第十七課、松居遊軒《ママ》」とあり、彼は当時の模範的人物として掲載されていることからも、単なる通常の商人と違った側面を内含していたことを窺わせる。そこで彼の人生観・価値観の基盤となっていた精神的・内面的背景について考えたい。

遊見は自らの肖像画に「奢者必不久」と自書し、これを同家代々に伝来させ奢侈を戒めた。また彼を敬慕した諸人が墨蹟を求めた場合、「一心」「端心」「正直」「勤行」「陰徳」「出精専一之事」などの遺墨を与えた[52]。これらは近世後期に一般化していた通俗道徳の徳目で商人社会の日常倫理でもありとくに目新しいものではない。しかし、これらの徳目には遊見が職業・社会生活の体験を通して体得したものが内含され、またそれを充分に生かして成功し

た と考えられる。つまり彼は通俗道徳を実直に実践することによって成功し、彼独自の価値観を形成したのであり、それらを彼の日常的行状や実践を通して考えたい。

遊見は文字通り倹約に努めたのであるが、「遊見翁ノ一代ニ多少奢ラレタモノハ、百両ノ仏壇ヲ買レタ外ニ、奢侈ノモノハナカッタ」[53]といわれるように、仏壇は相当高価なものを購入したのである。これは現在の松居家土蔵に現存しそのことを裏づけている。つまり、仏教・仏事に関することは奢侈であり、その限りにおいては勤倹ではなかった。また、「翁ハ法事ノ折ニハ、必ラズ綿服ヲ新製シテ、之ヲ着ラレタ」[54]ともいい、平素は質素な生活であったことを勘案するならば、尚更彼の仏教に対する姿勢を窺知できよう。このような仏教（真宗）に関する行状や慈恵行為は多々ある。たとえば、

「毎朝手継寺の参詣を怠られしことなく、寺の椽に子供の遊ぶをみては、銭を与えて念仏を称へることを勧められなければ、後には翁（遊見）の参詣せらるるをみては随従ひ来りて、銭を貰うを楽しみに念仏する様になりし」

「手次寺の住職書籍の購入を頼談せられたれば、即時に百両を寄附し生涯入用の書籍代は、必ず翁が出金せられしと」

「本山より再建などの御頼みあるときは、他に先じて上納し、猶村内を廻り献納せんことを頼まれし」[55]

などとある。これらは先の『新妙好人伝』に記載されていることで、その書の編纂意図や性格から考えて、若干の誇張は免れないとしても、それをある程度裏づけ、支証するものが松居家に現存している。たとえば、遊見が東本願寺へ寄附したことに対する東本願寺家老からの礼状、同性格の東本願寺への貸付証書などがあり、その他、文政六年、東本願寺焼失の際に遊見が中心となって報恩講を組織して奉仕したり、さらには安政二年（一八五五）の京

都御所焼失にあたっては金六百両を献上したりもした[56]。したがって先述の『新妙好人伝』の記載内容も理解できよう。これらの彼の慈善的行為は仏教的関心に限定されず、村民に対しても同様で、「旱にて作物実らず、又水の為に凶作のときなどは云ふまでもなく、平年にても村内の貧民には、金米物品を慈恵せられしこと多かりし[57]」とあって、特定の人物に限らず平等に慈善心を発揮している。つまり彼の仏教への関心は祖先崇拝にのみ根ざしたものではないことが知られよう。

遊見の勤倹は単なる倹約に終始し貯蓄したのではなく、堅い信念とそれを基礎づける要素を有していたと考えるべきであろう。その信念の形成過程には、彼が先述の徳竜を敬慕・師事していた関係からして、真宗の影響が多分にあったことは否定できない。すなわち、彼の慈善的行為は真宗の自利利他、あるいは同朋精神に依拠するもので、それが報恩行として実践されたのである[58]。もちろん、遊見の人生観や価値観の形成は、自らの才能や商才あるいは人生経験によることは認めねばならない。しかし、「勤倹為法」とはいえないまでも、徳竜の直接教化による真宗が、彼の人生観形成に少なからず機能していたといっても過言ではあるまい。というのは徳竜が次のように説いているからである。

「一切衆生は、平等に憐むべきものなれば、慈悲をなすべきである。この慈悲の思ひより、可成《なるべく》、奢りをつつしみ、倹約をなして、他を煩はさぬやうに、他に善心を生ぜしむるやう、之れを誨へ給ふ所である[59]」

この徳竜の講説は遊見の倹約実践と一致する内容をもっており、遊見の倹約精神は徳竜が教化した慈悲心・平等精神に裏づけられたものであることが明らかであろう。それ故、遊見が「勤倹」「出精専一之事」と記した言葉の内容にはそのような背景が内含したものということができる。

以上のことをさらに傍証するため遊見の念仏生活の一端を紹介しておこう。松居家所蔵『聞書集』によると、

「香樹院ノ弟子デ美濃ノ通徳寺モ、ヨク遊見翁ノ宅ニ来ラレタ、能ク通徳寺ガ云ワレタノニ、自分ガ念仏ヲ申スワ、遊見翁ニ見倣ツタノテ、遊見翁ノ御宅ニ寄寓シテ居ルト、遊見翁ガ朝カラ晩迄、南無阿弥陀仏、〱、〱、ト間断ナク、ヤッテオラレルノデ、アーコレワ自分ハ今日迄ニ、人ニ念仏ヲ進メテ計リ居リテ、自分ガ念仏ヲ余リ申サナカッタ、心ハヅカシキコトデアル(60)」

と記してある。これは一つのエピソードではあるが、遊見が真宗の篤信者として自ら念仏三昧を日常的に行い、それが真宗の自信教人信的な行為となって諸人に影響を与えていたことが窺える。右掲史料の「香樹院ノ弟子デ美濃ノ通徳寺」というのは、『能信院示談語録』を残している東本願寺末の僧侶能信院小川謙敬（文化八年～明治二十七年）のことで、彼は香樹院徳竜と香雲院澄玄に師事していた(61)。遊見がこのような行住坐臥、念仏していたことに関するエピソードは多々あり、彼が真宗人としての真摯な姿勢をもっていたことは充分窺え、それ故に彼は真宗を商業上のメリットとして利用したとか、奉公人などを統率するために宗教的側面を意図的に用いたとは考えられない。それは結果的に彼の真宗信仰が職業生活に大きな役割を果たしていたといえるのである。

しかし一方では享保期以降の「家」や村落の没落という社会的事情がある(62)。つまり商家の家訓が制定された享保期頃からの荒廃した農村、あるいはその後の急速な商品経済の展開の中に没落していった商家などがあり、それに直面した遊見がそれらを現実的課題としていたことも見逃せない。彼の思想形成の背景には現実的危機感が根底にあることも認めなければならないが、彼独自の価値観には、単に従来の商人社会に慣習化した生活規範の諸徳目を強調したのではなく、真宗信仰を基盤にしたものがあり、そこに彼の思想的特質がある。すなわち、遊見にみる職業意識における意欲、あるいは勤労倫理の方向づけは真宗に依ったものであり、具体的には徳竜の説いた真宗的価値観に支えられたものといえる。

第六節　むすび

近世末期、東本願寺教団を代表する学僧・香樹院徳竜の教化について論述し、彼が教化した実態として受容者の近江商人松居遊見の真宗人としての行動をも考えてきた。彼の教化は一人の学僧の一例ではあるが、それは東本願寺教団の教化姿勢の基本的なものと考えてよい。つまり徳竜は教団内の教学的最高地位に位置し指導者であったからであり、彼が教示することは必然的に末寺僧侶・門信徒の基本的なものとして踏襲されていくからである。もっとも、一人の学僧という、いわば頂点的宗教家を分析したり、典型的な受容者を取り上げることで充分とは考えていない。これを契機として受容層を中心にさらに比較検討しなければ、教化をトータル的にとらえることはできないと考えている。

徳竜の教化を通して明らかとなった点を、最後に簡単にまとめておきたい。

正統とされる教団・教学仏教は教義の解釈など訓詁的意味において体系化・宗学化されていたが、諸思想と常時関連し対峙する教化という点からみれば、その内容は真宗本来の教義を歪曲したり牽強付会的に教義化したものであった。封建倫理に則し、王法仁義と真宗とを折衷し教義化したのは、教団が幕藩体制の厳しい統制下に置かれた状況や逆にその権力を利用して展開し、さらには排仏論の激化に対応しなければならない諸事情があったからであり、その根底には教団の存立、存在意義を最優先させる基本方針があったからである。近世真宗教学が一つのイデオロギーを形成していたと考える場合、その規定は極論すれば教団側が自主的に形成していったと考えるよりも、むしろそうせざるを得ない諸思想や宗教意識が幕藩体制の中に形成されていたといえるのではないだろうか。それは儒教・神道・心学などで養われた庶民思想や宗教意識に、真宗の宗祖以来の本来的な教義を真っ向から対決させていく教化姿勢がみられないからである。だからといって純粋教義を基調としてそれらを断罪的に批判するつもりはない。

徳竜は教団に存立基盤を置く故にそこから生じる制限を受けたのであるが、諸学僧と異なり最も多くの世俗倫理を説き、机上の宗学者でなく教化に積極的姿勢を示し、その教化は封建倫理に則しそれに埋没したもののみではなかったことも見逃してはなるまい。すなわち幕藩体制と教団との関係から生じる諸条件の中で、徳竜は散発的ではあるが真宗本来の教義を生かす教化も行ったのである。それは罪悪観に関する点でみられた。すなわち「我が身」という立場で説きつつ自己の罪業意識を強調し、その罪業意識の結果を一方において五常を守らねばならないとしつつも、その罪業をもつ人間がそのまま救済されることをも強調し、そこから生じる仏恩報謝の念を教示し、真宗的価値観への転換を意図したものであった。それは一つの典型であるが近江商人松居遊見にみたとおりである。すなわち徳竜の教化は近江商人の精神的エネルギーとなり、職業意欲や日常生活の支柱を生成するものとなったのである。そのような価値転換を意図した教化やその内容は王法主義によって埋没したが、近世真宗の底流に根強く位置し、形骸化した教団体制の中で精彩を放っていたのではないだろうか。

それでは、罪業意識を強調する内面的問題が対社会的な教化となると体制順応や非真宗的なものとなり、先述の真宗的価値観への転換が質的にどれほど意味をもつかという疑問が生じよう。つまり社会的倫理と宗教的問題とを関係づける媒介について徳竜は明確に説いていないからである。しかし自己の内面における宗教的罪悪意識は、その形成過程において現世における問題から出発し、またその自覚が止揚されていくならば、単に体制順応の結果にならない可能性をもっていたといえる。その可能性が充分生かされる教化に至らなかったのは、幕藩体制と教団が密着していた外部的要因の他に、近世東本願寺教団の教化が蓮如に力点を置くことに終始したからであり、とくに蓮如の『御文』は時代背景に則して説かれたもので、それを時代を異にする近世においてもそのまま敷衍しトータル的にとらえなかったからであろう。今後、近世東本願寺教団がなぜ蓮如に教学的力点を置いたのかを検討する必要があろう。

註

(1) 講師職は正徳五年、恵空の就任に始まり、一派の学事一切を司る学頭として毎年夏安居で講義する。講師職を補佐するのが嗣講職で寛保三年、恵琳の就任に始まり、次に位置するのが擬講職である（「大谷派学事史」参照）。
(2) 拙稿「香樹院徳竜と東本願寺学寮」（『仏教史論』七号）。
(3) 武田統一『真宗教学史』。
(4) 『講者異轍篇』（『布教界』十巻十一号）。
(5) 小串侍『東本願寺講者書翰集』も学僧の教化に関する私的書翰を所収している。
(6) 稲葉秀賢『蓮如上人の教学』第三篇第二章第三節参照。
(7) 稲葉昌丸編『蓮如上人遺文』一八〇頁。
(8) 稲葉昌丸編『蓮如上人行実』八八頁。
(9) 「仏法王法輪翼義」、三四頁（香樹院『御教示要集』第四所収）。
(10) 野村豊・由井喜太郎編『河内屋可正旧記』。たとえば河内屋可正は「心を正直正路に持て、面々が家業に精を出せ、家斉身治りなば、此世にては借銭迄も来るまじ」（二七〇頁）、「若き時には無常の心を次にして、家を斉へ身を治めん事を専にし」（二七二頁）などといっている。
高尾一彦『近世の庶民文化』参照。

(11) 前掲註(9)、一頁。
(12) 右に同じ、三八頁。
(13) この点については柏原祐泉「近世における真宗の世俗倫理思想」(同『近世庶民仏教の研究』所収)が幕藩体制の発展段階に則して詳論されている。
(14) 文化八年十二月十日付、摂津国十二日講惣坊主中・惣門徒中宛、本如消息(「列祖消息抄」真宗聖教全書第五所収)。
(15) 『香樹院勤倹座談』一四～一五頁。
(16) 香樹院徳竜『掟五常義畧弁』一九頁。
(17) 前掲註(15)、七九頁。
(18) 前掲註(7)、二二七頁。
(19) 前掲註(16)、四〇～四一頁。
(20) 大桑斉「厭離穢土から欣求浄土へ――恵空にみる真宗教学の近世的展開――」(日本宗教史研究会編『布教者と民衆の対話』所収)。
(21) 右に同じ、一四六頁。
(22) 柏原祐泉『近世庶民仏教の研究』一六九～一七〇頁。
(23) 柏原祐義編『香樹院語録』一四九頁。
(24) 前掲註(7)、一四九頁。
(25) 香樹院述「修養百話」(大須賀秀道編『香樹院教訓集』所収)七三頁。
(26) 拙稿「江戸後期における『教行信証』について」(『真宗研究』第十八輯)は学僧の『教行信証』研究動向から、宗祖親鸞を通して世俗に対処しようとした点について明らかにした。
(27) 前掲註(16)、三一頁。

(28) 前掲註(23)、一一頁。
(29) 香樹院徳竜『家内別御教示』(『栴檀のかほり』所収)六頁。
(30) 香樹院徳竜『口碑遺董』(『栴檀のかほり』所収)一一四頁。
(31) 前掲註(25)、一一五頁。
(32) 安丸良夫『日本の近代化と民衆思想』第一章。
(33) 前掲註(22)、一七一頁。
(34) 前掲註(15)、五一頁。
(35) 前掲註(16)、三一頁。
(36) 柏原祐泉「親鸞における社会観の構造上・下」(『大谷学報』四十二巻一、二号)。
(37) 前掲註(15)、一二三頁。
(38) 右に同じ、五八頁。
(39) 右に同じ、二九～三〇頁。
(40) 『香樹院勤倹座談』の中で徳竜は「上《かみ》、天子と雖《いへども》、万民の為めに、節倹を守りて、奢りをなさぬよう、民をして、苦しめざるやう、下、庶民に至るまで、上の心を心として、身に奢りをなさずして、家族を始めなるべく他を恵み、憐むべきことである」と説いている。支配層への批判は早くは『民間省要』などの地方書や百姓一揆の思想にあらわれ、徳竜独自のものではないが、教団学僧が「上《かみ》」を誡めたことは注目されるだろう。
深谷克己「百姓一揆の思想」(『思想』一九七三年二月号)参照。
(41) 拙稿「近世大坂の真宗寺院――都市寺院の形態と町人身分――」(圭室文雄・大桑斉編『近世仏教の諸問題』、本書第Ⅱ部　真宗教団と地域社会・都市所収)で近世大坂商人と東本願寺教団との関係を考察した。
(42) 片山亀吉編『信者吉兵衛言行録』四頁、二一二～二一四頁参照。
(43) 内藤莞爾「宗教と経済倫理――浄土真宗と近江商人――」(日本社会学会年報『社会学』八輯)、柏原祐泉「近世

における真宗の世俗倫理思想」「江戸時代における布教の姿勢」（同『近世庶民仏教の研究』所収）。

(44) 松居久左衛門氏所蔵。その内容から考えて先代松居久左衛門氏（敬道）のメモ帳ではないかと考えられる。

(45) 浜口恵璋編『新妙好人伝』六二～六三頁。

(46) 江頭恒治『星久二百二十五年小史』によって松居家系譜を提示すると次のようになる。

〈松居家本家系譜〉

初代 久右衛門慶心（貞享元年没）―二代 浄心
- 三代 久右衛門
- 庄右衛門
- 久左衛門→別家独立
- 市右衛門

〈松居久左衛門家系譜〉

初代 久左衛門浄雲―二代 行願
　　　　　　　　　　妙具
- 久五郎（長男）（二十六歳にて没）
- 三代 遊見（次男）―四代 行遊―五代 松寿―六代 行遊―七代 敬道―八代 現当主・久左衛門氏

(47) 貫名海屋が撰した「善人松居遊見叟碑」は当初中山道沿いに建立されたが、維新の際に松居家の菩提寺である真宗大谷派清林寺（東近江市五個荘町）境内に移建され現在に至っている。

(48) 近江尚商会発行「近江商人」（明治四十年十二月十日・第五三号、明治四十一年四月二十日・第五四号）。

(49) 右に同じ、「近江商人」第五四号所収。『近江神崎郡志稿・下巻』四九四頁。

(50) 江頭恒治「松居家資産増減表」（同『星久二百二十五年小史』所収）。なお金銀の換算率は明和七年の場合は時の相場で、その他は銀五十四匁が金一両として計算してある。

(51)　貫名海屋前掲註（47）碑文。
(52)　『近江商人松居遊見翁』一二頁。
(53)　松居家所蔵『聞書集』。
(54)　右に同じ。
(55)　浜口恵璋編『新妙好人伝』六三頁、六七頁、六六頁。
(56)　前掲註（50）、三五頁。
(57)　前掲註（45）、六五頁。
(58)　内藤莞爾前掲註（43）論文で、近江商人は「職業生活を報謝の経営としての宗教的基礎付を必要としたのである」（二七八頁）といわれている。
(59)　前掲註（15）、五八頁。
(60)　前掲註（53）。
(61)　『能信院示談語録』、南条文雄撰の項を参照。
(62)　安丸良夫『日本の近代化と民衆思想』参照。

〈付記〉

松居遊見の史料採集に際しては、京都市中京区・株式会社星久の社長松居久左衛門氏（八代目）に多大のご協力・ご教示を賜わった。付記して深謝の意を表したい。

第六章　排耶論にみる幕末・明治前期の真宗教団

——護国論の展開と国粋主義——

第一節　はじめに——問題提起——

十九世紀後半期は真宗教団にとってキリスト教問題が重要な課題であった。いうまでもなく真宗教団、否、仏教界全体がキリスト教伝播に拒否反応を示し、種々の対策や排耶論を展開した。真宗教団が最も積極的に排耶運動にのりだし、その論拠として「護法・護国」を旗印にしたことは周知である。

その時期は維新期が最も活発で、それを対象とした研究はすでに多くの諸先学によってなされてきた[1]。しかし明治六年のキリシタン禁止高札撤去後についてはあまり注目されていない。とくに十年代はキリスト教の伝道が活発となり、村落にまで進出を試みた時期である。したがって真宗教団はそれに対抗し種々の方策を企てるとともに、教団上層部の机上の仏基論争ではなく、教団末端の各地で論戦を行った。それらを通して当時の真宗教団の性格を考えたい。

また、真宗の排耶論拠である護国思想は、明治二十年創刊の雑誌『日本人』の国粋主義者たちに少なからず影響した。すなわち、『日本人』の成立に関し、従来の研究が指摘したように、条約改正問題や欧化主義に反発する政治的意図があったろうが、維新期より真宗が力説した排耶論、とくに知識層のみならず底辺にまで浸透していった護国思想は、国粋主義者たちに無視できない存在であり、彼らのナショナリズム形成の側面的基盤として看過できないものであった。それを『日本人』の同人の井上円了を媒介として考え、国粋主義と排耶論拠の護国思想との関連について問題提起を試みたい。

　論述の順序として、まず従来の研究成果を基礎にしつつ維新期真宗のキリスト教対応から考察をしていく。

第二節　維新期の真宗とキリスト教

　安政六年（一八五九）、幕府が欧米諸国と通商開始後、宣教師が伝道を開始するとともに、真宗教団は直ちに対応していった。大谷派は文久二年（一八六二）、耶蘇教防禦懸に当時の教学的指導者竜温を任じ、慶応三年には耶蘇教取締掛を設けた。本願寺派も同年、百叡にキリスト教防禦策研究を命じた[2]。具体的にはまず伝道状況の実態調査から始められ、大谷派では文久二年には竜温・晃曜を横浜へ、明治元年頃に猶竜[3]・慈影・千厳などを長崎へ派遣し、本願寺派も文久二年頃から針水・良厳などを長崎へ派遣し、それぞれ諜者として、宣教師ウィリアムやフルベッキなどと接触させた。竜温の著『闢邪行』はその報告書的意味があるし、晃曜も、

「コレハ現ニ私ノ実弟寮司猶竜ナルモノ、本山ノ内命ヲ蒙リテ長崎ノ大浦妙行寺ニ滞在セリ。夫ヨリ送リ来レル述書ノ中ニ申シテアリ[4]」

とことわりつつ、次のように報告演説を行っている。

「当今長崎ノ大浦明（妙カ）行寺ハ現ニ異人館ノ真中トナリ、肥前ノヤウニ莫大ナル天主堂、長サ十三間、ハバ七間、ク

リノ長サ十四間余、ハバ五間余、堂ノ頂ニハ十字ヲ高々トタテテ、（中略）教師常ニ八九輩滞留シ、七日々々ノドンタクニハ、営々説法ヲ致シ、異人ハ勿論、近在ノ日本人、幾千人トモ知ラズ群集ス」(5)

と基礎的ではあるが、キリスト教の動向の詳細を相当知っていた(6)。

また、単に実態調査のみならず、大谷派は明治元年、学寮に護法場を設置した。護法場規則の中で護法学科、すなわち「国学兼諸流神道・和歌和文、儒学兼詩文、経済、天学兼算術・推歩、洋教・耶蘇・天主(7)」を明記し、従来学寮で行われた余・宗乗だけではなく、他思想諸学を研究目的とした。中でもその主目的はキリスト教研究にあったことはいうまでもない。すなわち、竜温は護法場開設について、

「近来入港ノ天主耶蘇教ナリコノ邪教日夜ニ蔓衍シテステニ此タヒ九州肥前大浦ニヲイテ数千人捕ハレタレトモソノ密ニ信スルモノソノ数ヲシラス（中略）国学儒学ノ両人ハソノ道ハ正ナレトモソノ人邪ナリヌ天文天主ノ邪ハソノ道ノ本ヨリ邪ナリ如此敵兵四門ニセマルトイフカ四方ノ大敵各門内ニ入リシ今日ナリ然ルニ仏者驚クモノ少シ驚クトイヘトモ力ナキモノ多シ仍テコノタヒ護法場ヲ本廟ニ開キ法王命ヲ下シテ人財登庸（ママ）ト仰出サレ即学科ヲ分テ四トスル(8)」

と、その開場趣旨を述べている。護法場は空覚などの犠牲者を出したが、後の大谷派指導者石川舜台や渥美契縁などの俊秀青年が集まり、坊官制廃止などを遂げ、結果的には教団改革の中心となったが、当初はキリスト教に対応するため設けられたものである。勿論、護法の意味について教学的に「護法は報仏恩の要務にして、根本の『大経』には「厳護法城開闡法門」と説き(9)」というようにその論拠づけを行っている。しかし、事実上は排仏やキリスト教への対抗を意識したものに他ならず、「護法」は仏法を護る意味よりも、教団を護る意味が強かった。本願寺派においても同様に明治元年にはその対策が本格的となり、一月に破邪顕正掛として二十余名を任命し、六月には良厳

とフルベッキが対決論争をし、さらに学林に外学科を設置した。それについて「右従来正学兼学の次第これあり候へども、別して当今排仏邪教の徒類蔓延仕り候に付いては、防禦の人材養育仕つらず候では相叶わず候」[10]とあるように破邪学＝キリスト教対策研究を重視し、大谷派と共通した認識にたっていたことが窺えよう。

以上はすでに宮崎彰氏が指摘されたように[11]、本山独自の対策をたて、諜者を派遣し、学校を再編成した、いわばキリスト教に対する制度的対策である。そのようにキリスト教対策の体制が完備される一方、そこで得た報告書や教理に関する研究をもとに排耶書が数多く著述された。したがって次に排耶論の論点をみていく。

日本の開国以前に宣教師たちは清国に在留し、多くの著訳書を出版していた。日本への進出をうかがっていた宣教師たちは開国以前に聖書や西洋諸科学の書を持ち込み、書籍伝道や啓蒙活動に努力した。竜温の『急策文』（文久三年）、『総斥排仏弁』（慶応元年）の中に、そのようなものとして『万国綱鑑録』『地球説略』『全体新論』などの諸書があげられている。すでに安政四年（一八五七）にはキリスト教布教を意図して書かれた医学書『全体新論』（英人ボブソン著）が、幕府当局の手で積極的に和刻されていたという[12]。それは本願寺派学林万検にも「耶蘇教之書類異国より来船候儘、官許に而翻刻に相成処々に致流行」[13]（文久元年五月六日）とあり、それを認めている。明治以前に公然と日本において出版された在清宣教師の著述は二十数種もあるといわれ[14]、しかも幕府が不問に付しているのであるから、仏教側にとってこれほど危機感をあおるものはあるまい。したがって先述した諜者をはじめ、教団知識層はキリスト教関係の書物を手に入れ、その内容や情報を知っていたのは当然であった。明治元年（一八六八）の大谷派安居副講において千厳は耶蘇教書を仏典名『二十唯識論述記』として講義し[15]、先の護法場でも仏教排撃書『釈教正謬』を晃曜・空覚・千厳などが講義したように、排仏書等を熱心に研究し、それらを基礎に数多くの排耶書が著述されたのである。勿論、それはいわゆる破邪学といわれ、護法のため、破邪のために行われ、純粋に他宗教を研究しようとする姿勢ではない。常に「破」することが先行し、それを前提とした研究である。

それらの論点についてであるが、論争の素材として取り上げられているのは主として真宗教義と相違する倫理観・宇宙観・神観などである。その中でまず宇宙観に関する仏教の須弥山説とキリスト教の地球球体説の対決がある。『釈教正謬』は仏教の輪廻説や須弥山説を否定し、極楽・地獄の実体有無等をその論点としたので、それに対する擁護論として仏教側から須弥山説を主張し、実証的に説明しようと試みた。佐田介石が「三千界も十方界も妄説ならば、界外の浄土ありと云も固より妄説なるべし、何ぞ過十万億仏土のみだの浄土、実説なるべき理ならんや(16)」と実体論的浄土観から述べ、その危機意識を表明し、最も熱心にその実証に努力した。これらの論争は仏教側にとって、幕末からの梵暦研究を促進し、結果的には仏教思想の合理化、近代化に寄与する契機となった。すなわち柏原祐泉氏が「真宗の近代教学の形成に逆説的な効果を示した(17)」といわれるとおりである。須弥山説擁護の限界を熟知させられることによって、改めて仏教そのものを追求し、新たな方向性を見出そうとしたにちがいない。その点にこの論争の意味がある。

次に排耶論の大きな背景や論拠になっている護法・護国思想の性格を考察したい。先述したように幕末から明治初期にかけていわゆる護法論著述が続出し、そのほとんどが護法・護国思想と関係していたといっても過言ではない。またそれらの論述書はキリスト教問題に触れないものはない。したがって先の須弥山説・地球説の宇宙観論争も、真宗側にとって護法意識に根ざしたものに他ならず、それは発想の原点である。その護法と護国の関係は、まずキリスト教は「実ニ三道ヲ滅尽シ、国家を掠奪セントスルモノ(18)」である故、それから国を護るとし、さらに、

「彼耶蘇教・回教ハ出家ノ法ニ非ズ、真解脱ノ法ニ非ズ。ユヘニ此教ヲ弘ンガ為メニ其国ヲ攻取リ、又其国ヲ奪ヘバ余ノ教ヲ皆滅シテ専ラ己ガ教ヲ弘ルモノ(19)」

というように、キリスト教は教線拡大のためわが国を侵略すると主張し、亡国は教団の滅亡という利害一致の論理をもって説明した。それゆえ、キリスト教の教理は「邪教ナレバ為国為法ニ務メテコレヲ剪除スベシ」[20]となるのである。でなければ「国ヲ害シ人ヲ惑ハス」[21]結果になるという論法である。その根底には江戸時代を通じての長い禁制から生じる伝承的感情的邪教観や偏見があり、また幕末の攘夷思想の盛行などの社会的影響があろう。

しかし、より護国を主張しなければならない政治的意図の一つに、神・儒の排仏論への対応がある。たとえば、「三道ノ学者、力ヲ共ニシテ志ヲ同ジクシテ、切支丹ヲフセクベキコトナリ」[22]と三道一致協力を訴え、「若、復古ノ説行ハレテ儒仏皆廃スベクンバ、洋夷、其虚ニ乗ジテ国家ヲ簒奪シ、神国忽地ニ蛮国トナサン」[23]というように、排耶を取り上げつつ、復古神道の排仏に対し牽制していることが明らかである。したがって「神儒仏三道ノ仇敵」[24]として排耶し、護国を主張することによって排仏回避をねらったものである。今一つは排仏回避とも関連するが、仏教の社会的存在意義・国益性を明示し、国家による教団護持を期待するねらいがある。すなわち、「国家ノ鴻恩ヲ念報シ国害ヲ断シ、国利ヲ生セシムル一助トモナラハ、恐ナカラ吾法主上人ノ尊慮ニモカナヒ」[25]と国家利益を念じ、国害を退けることが国家のため、教団のためになるといい、さらには、

「此護法場ハ別シテ浄土真宗御一派ノ法城ヲ守リ、惣ジテハ宗九宗ハ勿論、儒道・神道迄護持シテ皈スル処勤王ノ為也、報国ノ為也。我ハカ、ルトキニ刃ヲニギルコトモ出来ズ、法ヲ発スルコトモ出来ズ、然リ勤王報国ノ為ニ民ヲ教導シテ国民ヲ感戴シテ、御国禁ノ宗ヲ失ハシメ、神儒仏ノ三教ノ正タル処ヲ兼用スベキコトナリ」[26]

と、護法場の設立は勤王のため、報国のためであり[27]、教団の志向は勤王主義であるとその立場を鮮明に標榜し、それ故護国を唱え、相即的に教団護持という護法を主張し、国家による保護を企図した政治的効果をねらった。そこには従来からの国家権力と癒着、無批判な国家絶対視の姿勢が窺えるとともに、鎖国理念による邪教観を基盤とし

た排他的な国粋主義的志向が内在していることに注目しなければならない。また、排仏論者への対応から真宗教団が神儒仏の協力を力説し、排耶を行う過程で、伝統に拠る現状維持が絶対的であることと、国家への貢献を第一主義的に考える保守的な性格をより強固に生成していった。それは大谷派が明治元年政府（朝廷）にいち早く献金したことや、明治三年北海道開拓（教）に着手したことも、「我党報国ノ実効ハ蝦夷開拓ニ如ハナキ也」(28)というように伝道上の意義のみならず、国家への貢献を意味する政治的効果を意図したものと理解できる。

以上、それらは明治真宗教団の方向と性格を浮き彫りにした一連の動向といえる。その由来は、江戸時代を通じての排仏論への対応から神・儒と融合した思想や、王法・仏法を相即的に説きながら王法あっての仏法を説いて、教学形成や世俗倫理を提示してきたところにあり、それはいわゆる真俗二諦論のイデオロギーとして成立するものである。逆に、それに拠って排耶運動や王法主義的行動を正統化していったといえる。

以上は従来の研究を中心に幕末より明治六年頃までの真宗のキリスト教対策、主な排耶論拠の性格を考察してきた。次にそれらがその後どのように展開するかについて論をすすめたい。

第三節　キリスト教解禁と真宗

明治六年、政府はキリシタン禁制の高札を撤去し、八年には信教の自由口達を出した。その背景には政府の開化政策による西洋文化の流入や明六社などの啓蒙思想の発達があろう。真宗教団は江戸時代よりキリスト教を邪教とし、維新開明期においても同様に、仏教界の先頭をきって、その流入防禦にこれ努めた。したがって絶対視する政府が公的にキリスト教を認めたことは、教団人にとって大きなショックだったにちがいない。明治六年以後、真宗僧の排耶書が著しく減少し、著作意欲が喪失したことからも明らかである。明治十八年、井上円了が哲学的立場で『真理金針』を著すまでの主な排耶書として、『耶蘇防禦進策』(竜温・明治十三年)、『耶蘇禁断鈔』(同・十四年)、『仏法創世紀』(介石・十二年)、『耶蘇教の無道理』(了穏・十四年)、『破邪論』(黙恵・十六年)、『復活新論』(黙雷・十六年)、『耶蘇秘密説』(舜台・九年前後)などがあり、直接排耶に関係しないが、仏人エミール・ギメと黙雷・契縁らとの対論である『問対略記』、仏人ヴィリョンと阿満得聞の『異教対話』の対論書がある。

対論書の性格について柏原祐泉氏は、同格の宗教的立場や、真宗が近代的な宗教観に目覚めようとする曙光がみられると指摘された(29)。その点については先にあげた六年以降の排耶書の中にもみられ、単に従来の邪教観や護法護国意識に終始せず、邪教観からの脱皮を試みようとし、教理研究によった対決の方向を示した。洋行僧の黙雷は、「新約書ヲ平心ニ熟読シ(30)」た上で批判を行い、同じく舜台も、

「従来諸家の耶蘇を斥する少しとせすと雖も或は憎悪よりし或は忿怒よりし或は争競よりして発する者にして平心之を論ぜしを見ず(31)」

とし、従来の排耶の姿勢を批判し、自省の念を含みつつ、より客観的態度で臨もうとし、感情的批判を避けようと試みた。その上で、

「ゴットの行為に於て重なる者は人に魂神形骸を賦与するの説と天地を創造するの説と世末審判の説の三項なり(中略)天地を造化し万物を管理するの真神実に其賞罰の権を握る以て耶蘇言へることあり曰く身を殺して魂を殺すを能はざる者を之を懼る、勿れ、寧ろ能く身と魂とを地獄に壊る者を懼れよ(32)」

「一切人民ニ必有ル罪トイヘハ。彼宗旨デハ原罪トイヘハ。賢デモ。愚デモ。賤デモ。昨日生レタ赤子デモ。皆其罪ヲノガレントイフ。(中略)亜当《アダム》ヤ夏娃《イブ》ノ身体バカリデハナイ。其心魂マデ天主ガ与ヘナガラ。何故ソノ

命ニ背クヨウナ。不孝ナ心ヲ与ヘタゾ。其命ニ背クヨウナ心ヂャトイフコトヲ。初カラ知ラヌナラ。天主ハ全知ドコロデナイ。全ク不知トイハネバナラヌ道理ナリ(33)」

というように、原罪の問題やキリストの言葉を引用し、さらには「耶和華《エホバ》」「亜当《アダム》」「夏娃《イブ》」を取り上げて論述している。しかし、そこに展開された論難は象徴的な神話の意味するところを理解していない。書の性格からしても文字通り「排耶」「破邪」意識が優先している。したがってその基調は維新期に漢訳の聖書や各種の啓蒙伝道書類を読破して書かれたものと変わらない。先にみた維新期の排耶論者の第一人者竜温は明治十三年（一八八〇）の段階ですら、

「夫天主耶蘇の教タルヤ吾国ノ大怨敵、神道ノ大怨敵仏教ノ大怨敵ニシテ、大邪教ト云事ハ、皇国ノ人民二百年来、心腸ニ尅銘シタル所也、然ル今、公聴ニ於テハ渠カ弘教ヲ禁シタマフニ非ス許シタマフニ非ス、其禁シタマハサル所以ハ、竊ニ案スルニ深ク万民ヲ愍ミタマフ洪愛ヨリ起レル歟、又方今外国交際、和親貿易ノ道開クニ於テハ教法ト雖モ禁圧シタマフハ恐クハ公法ニ非ルヘシ、然ルニ其商沽ノ身ニ自ラ帯ヒ来ル耶教ナレハ禁スルニ其術ナシ故ニ教導職ヲ立テ、各其正法ヲ以テ人心ニ充実セシメタマフ(34)」

と、国策順応最優先の姿勢を示し、政府がキリスト教を解禁した点については弁護している。すなわち、政策上、余儀なくせられて解禁したとし、その代用としての教導職があるという。教義上の対決や対論を示す要素はみられない。したがって内容そのものは旧態依然とし、何らかの方向転換をしようとするものではない。

それは明治十年代になるとより顕著となった。すなわち、キリスト教の伝道が活発となるからである。とくに十年代は文明開化の風潮が圧倒的となり、西洋人は重宝がられ、宣教師も例外ではなく、語学・西洋の文物すべての啓蒙的活動が教会でも行われ、歓迎された。いうまでもなく、キリスト教伝道史上、教会の存在は無視できない。

教会の設立は明治五（一八七二）年三月、超教派の立場にたつ「横浜公会」が最も早いが、明治十年（一八七七）には「日本基督一致教会」が、翌年には「日本基督教伝道会社」が設立され、伝道の拠点設立や組織立てが行われたのが、十年代である。また、プロテスタントの聖書主義に基づき、聖書の翻訳が行われ、明治二十年（一八八七）には、八十八巻の新旧聖書の日本語訳が完成した。それらの伸長は、たとえば、明治九年（一八七六）の教会数十六・日本人教会員千四人が、五年後の明治十四年（一八八一）には教会数八十三・日本人教会員三千八十一人とその事実を物語っている(35)。教会活動の「順調時代」といわれる所以であろう。

それに対し、ある種のアレルギー反応を示した真宗教団が活発に対抗したことは想像に難くない。それを評して十年代の民権思想家植木枝盛は、

「一日或ル劇場ニ於テ仏教ノ演説ヲ為シ、基督教ヲ排撃スレバ、必ズ其翌日ハ基督教モ亦同所ニ於テ其演説ヲナシ、仏教ヲ反駁シ互ニ抗論軋轢シテ、以テ一時ハ民心ヲ恂々タラシメタリシ。（中略）斯ク両教ノ軋轢スルモ、其実帝政自由両党ノ軋轢ニアリト云ウモ決シテ誣言ニアラザルベシ(36)」

と、象徴的に語っている。このことは従来の教団上層部における机上の仏基論争や教理研究ではなく、教団末端の各地で論戦が行われ、その抗争が表面化してきたことを裏づけていよう。とくにキリスト教は、近代化を志向する政府の指針と相俟って、西洋文化を背景にした医療事業・語学教育を宣教に利用し、有力な武器とした。

それらを背景として具体的にキリスト教が村落に進出し信者を獲得することは、真宗末寺にとって実際上の生活基盤を脅かされることになり、ひいては教団全体の基盤に及ぶ問題でもある。そこにおける危機感は維新期のそれ以上であったといっても過言ではあるまい。それ故、各末寺は積極的・攻撃的に反キリスト教運動をめぐらし、さまざまの方策を企てた。まず第一にキリスト教「予防の為めに、或は一村または一町に於いて盟約を結(37)」ぶことか

ら始められた。すなわち村民が互いに誓約書をかわして防禦したのである。その内容は「我等村民は真宗の教法を信し二諦の宗義に依り[38]」とか、「我曹生を日本神国に受け心を弘誓の仏地に樹つ[39]」という真俗二諦論の立場にたって、連帯・団結し、「一、耶蘇教に帰入すべからず。二、同教講義場に立入り聴講すべからず。三、宣教師又は該教の信者と親しく交際すべからず。四、宣教師又は該教の信徒を誘導し或ハ自宅に止宿せしめ又は講談演説等をなさしむべからず[40]」などの約束を行った。もし違反すれば「村民の交義を断絶すべし[41]」との処置がとられた。さらには「盟約実践の説教が開かれたり[42]」し、盟約を有効なものにするため、門徒訓練を行い、それを徹底した[43]。さらには、長浜の例であるが、「郡長戸長等の尽力に十名余の耶蘇防禦員を設け[44]」、家屋貸与拒否などの行動に出た。支配機構をも利用しての対決であり教団の姿勢も窺えよう。もっとも、そのような行動を順調にし、しかも結果的には功を奏したのは、民心に邪教意識が潜在的に根強く沈潜していたためといえる。また、先述した須弥山説擁護を積極的に行った佐田介石は、欧化反対・舶来品排斥運動を推進し、滋賀県では護国社・共憂社などの舶来品不使用同盟の結社をつくって[45]、排外主義的社会運動にまで展開しようと試みた。このような村落単位の盟約等による規制は全国的にみられ[46]、とくに真宗教団が強固に浸透した地域に多く、村落を基盤にし、その宗教の中心的役割を果たしてきた真宗寺院にとっては、手近な有効手段であった。それ故、必然的にキリスト教伝道の動向情報も収集された。たとえば、

「此頃耶蘇宣教師松山、喜多といふ二名か弘教のため伊勢の山田に到りし」

「大坂川口、英知学舎にては先頃より耶蘇教会堂新築に着し、此程己に落成せしにより、去る七日より十七日まて開会の祝ひとして神戸並に大坂在留の教師を聘してバイブルの講義を開きしよし[47]」

というように、その情報は詳細にわたって承知し交換された。

このような盟約などの村落の規制による排耶運動の背景について、大浜徹也氏は十年代中頃の社会情況、とくに農村の変質について指摘された。すなわち松方財政策の産業資本の創出は、農村の不況、自生的産業の破壊などをもたらし、その荒廃した農村を再建するため、共同体を支える精神的秩序を確立する必要として排耶運動があったと論及された(48)。それは当時の農村支配層にとっては急務なことであった。一般に、共同体内部では個人の析出は許されず、個人は常に共同体の規制を受けているし、共同体はそれを維持しようとする。それには一定の大義名分や目標が存在している場合が多いし、逆に共同体の崩壊につながる要因を除去しようとする。その秩序維持の目標として、従来から「家」の宗教である仏教の教敵キリスト教を排撃し、民衆の「ヤソギライ」感情を吸収していくことは、村落支配層にとって容易なことであり、秩序維持の有効な手段の一つでもあった。そこには長年にわたるキリスト教偏見視や村落特有の排他性・閉鎖性が根強く内在していたといえる。これらのキリスト教受容と村落の問題は日本的精神風土や日本人の信仰観、就中、神国観、天皇制など多視的にとらえねばなるまい。

以上のように真宗教団は村民相互の規制や支配機構を利用しての対策を行う一方、書物頒布によるキリスト教排撃も行った。すなわち了穏著『耶蘇教之無道理』を仏教演説会の時に施与したのである。この書はタテ一六・五センチ、ヨコ一一・五センチ、紙数六枚（袋綴）で、三冊からなるが、全く小冊子で、内容的にも一般民衆にとって手軽に読め、啓蒙的排耶書である。森岡清美氏はこれについて「十五年初め頃までに配布七十万部に達したという。施本ではあるが、当時のベストセラーといって差し支えなかろう(49)」と指摘されている。これは反響があったらしく『開導新聞』も次のように伝えている。

「本願寺派にてこの程より施本さるゝ、耶蘇教を破したる小冊子を同派の説教者細間浄観氏が大坂へ下り去る二日より五日まで津村別院にて説教し彼の本一万六千余を施したるに、該地市中の散髪床千二百三十戸より一部つ、を乞ふに任せて与え(50)」

といい、施本の助成として寄附者まであったという。若干の誇張があるにせよ排耶運動の中で、施本という新しい方法が用いられた点は注目してよい。この文書伝道はキリスト教のそれに触発されたと考えられる。すなわち「静岡の耶蘇教会より相模藤沢駅の辻々にて路傍講義を始め書籍を売り回り、また沼津三島江尻の駅々へも度々押し出し聖書並に雑書千四五百冊も発売せし(51)」キリスト教伝道活動からもわかるように、同様の形態を真宗側も学んだ活動だったのである。

　以上は、十年代の真宗教団の排耶運動における制度的対策の実態である(52)。次はそれらの思想的背景となる排耶論拠について『開導新聞』を中心にみていく。

　キリスト教排撃を行う真宗教団の依拠する大義名分は、

「苟くも厳護法城の責ある諸君にして防禦の術を忽《ゆるが》せにし玉ハバ、何をもて仏祖に其面を向け奉るべきや(53)」

というところにある。キリスト教を排し、法城を護ることは、仏恩報謝になるという論理である。それは「吾党の同朋諸君が一致し彼の邪を破し我か正を顕さ(54)」んことでもあった。その邪とは「法敵の最第一たる耶蘇教(55)」であることはいうまでもない。邪とする理由は、

「耶蘇教には一種他の宗教に異りて最も恐るべき二個の性質を含めり、其二個の性質とは残忍暴虐の悪徳と掠レ国奪レ地の詭術となり、故に動もすれば事を干戈《かんくわ》に訴へ無辜の生民を殺して人の家を奪ひしこと往々少からず(56)」

という、キリスト教の悪徳、国を奪う二点の性質を指摘している。それを基本的論拠として、さらに具体的かつ波状的攻撃を行い、とくにキリスト教の侵略性について説いた。

「我国に在留するところの耶蘇教等は皆な外国政府の間諜にあらざれば必ず其政府の太鼓持なり而して日本人に

して其奴隷となり[57]」

というように、日本の植民地化の危機意識を宣伝した。さらには、「石川五右衛門や盗跖の如き大盗賊」とか「言語道断国を売るの奸賊[58]」と断言し、平易な比喩で人心にアピールし、護国精神の高揚を訴えた。それとともに、キリスト教が「我が国の大害之より大なるはなし、我が国の先務之より急なるはなし[59]」というキリスト教国害論を主張した。以上のように、日本が国を奪われ亡国するという点と国害論[60]が主たる排耶論拠であったのである。

したがって必然的に「愛国の精神あるものは一日も之を任放す可からす（中略）之を撲滅するの策略を運らさねばならぬ[61]」ようになる。そこには漠然としているが、国家の独立精神や愛国精神を教示する性格を有していたといえる。しかし、全体としては破邪顕正・護法護国意識に支えられ、維新期に唱えられた、キリスト教は「三道ヲ滅尽シ、国家ヲ掠奪セントスルモノ也[62]」と、何ら変化なく、維新期に盛行した論法を踏襲したといっても過言ではない。教団の教学的指導者たちが、キリスト教理研究を行った事実は認めなければならないが、結果的には教理を研究した成果を排耶論に導入することによって、より効果的に説得力をもった排耶論となった。基本的にはそれらを受け入れる基盤である門徒（民衆）に「ヤソギライ」感情が内在し、それを顕在化させたといえよう。その潜在的「ヤソギライ」感情は江戸時代よりの根深いものがあるが、とくに維新期より真宗僧によって積極的に破邪を強調され、表裏一体として護国論が説かれたことによって、より強固に生成された。すなわち破邪意識が底辺に浸透し、連綿と受け継がれるとともに、それのみならず国を護る意識も教団指導層が民心に一種の使命感として植え付けたのである。極端な例であるが、佐田介石のように国粋主義的方向へと走り、結社運動を展開したのもその一つであろう。

排耶運動の実践は本来の真宗教義に依って行われたものではなく、また排他的に他宗教を攻撃する教義的根拠もない。それは教団基盤を侵蝕される危機感が高揚し、根底にある教団護持至上主義から生じたものである。そこに護国論を説き、教団が国家と癒着する所以がある。一般に教団と国家が癒着すれば庶民と断絶するといわれるが[63]、その断絶を埋める機能を果たしたのが排耶運動であったといえる。それ故、キリスト教との対決は教団の団結の旗印にはなったが、それをメリットとしての新しい教学運動は当時起こり得なかった。もっとも教団内部の問題として大谷派は、阿弥陀・御影両堂の再建が最重要課題であり、借財の中、全力を傾けなければならず、学事機構の縮小整理を行ったことも関係があろう。また教団運営を教学中心に行おうとした石川舜台が明治十一年、傷害事件を起こし[64]、失脚したことも見逃せない。

しかし、教団が現状維持や伝統に固執する性格を打破する試みや、真宗教義を近代的に脱皮し得る方向を明示できなかった体質が、キリスト教との対決を有効化できない理由でもあった。それは明治二年六月、護法場の所化たちが講者に出した問題提起や質問に対し、教団上層部・講者たちが何ら回答できなかった事実からも窺える。その問題提起とは、「方今ノ形勢ニ付テハ、修学ノ智力ヲ以テ外難ヲ防破スルコソ、真実ノ護法ト云フベシ。而ルニ其学識タルモノ、因循シテ徒ニ光陰ヲ費シ、唯安然トシテ己身ヲ全セン事ヲ計ル事、有志一同遺恨ニ思処ナリ[65]」と基本的態度を表明し、以下二十五項目の質問をしているが、主なものをあげると、

「一、真宗ニ於テ五倫ノ道ヲ教ルト云ヘドモ、徒ニ未来ノ禍福を説テ民心ヲ誑スル域ナリ、（中略）何ヲ以テカ国益ナラシムルヤ。一、仏家ニ於テハ何ヲ以テ国ニ報ズルヤ。若シ剱鎗ヲ以テ国家ヲ守護スルト云ハバ、殺生罪ヲ招ク。仏祖心ニ背クニ非ズヤ。経文ニ其証拠アリヤ。

一、仏ヨリ耶蘇ニ難アラバ、耶蘇ヨリモ又仏ニ難アルベシ。爾ラバ是レ同日ノ論ニシテ、邪正ヲ論ズベカラズ。耶蘇ハ其国ニヨリテハ、能其国ヲ治メ、国威ヲ海外ニ振フ。今仏法ハ、唯国王ニ媚テ国家ヲ治ルニ足ラズ。（中

略）何ゾ耶蘇ヲ邪教ト云フヤ[66]」

というような内容で、旧弊一新に燃える青年僧の意欲が読み取れる。しかもそれは素直に当時の教団の実態を明示している。それらの自明な問いに、講者や教団指導層は答えず、教団保身のために専ら因循し、その芽を成長させることができなかった。その姿勢は明治前半期の教団の性格を象徴的に物語っている。したがって、キリスト教との対決も、ここに提起されるような諸問題に真に取り組んでいたならば、逆にメリットとして充分生かせたにちがいない。

第四節　井上円了と護国思想

十年代後半の排耶論を考察する上で、井上円了著『真理金針』（十八年）、『仏教活論序論』（二十年）は無視できない。円了の排耶論の特色は、従来のそれとちがい哲学的見地を基礎とした。「仏教を助ケテ耶蘇教ヲ排スルハ、釈迦其人ヲ愛スルニアラズ、耶蘇其人ヲ悪ムニアラズ。唯余ガ愛スル所ノモノハ真理ニシテ、余ガ悪ム所ノモノハ非真理ナリ[67]」という見解から批判する。すなわち自然科学的真理ないし知識に、仏教・キリスト教の教義が一致するか否かという論法で、いわゆる彼の「理学」が真偽基準になった。その内容の当否は別として、結果的には、「耶蘇教は到底理学の説に適合す可からず。理学の説に適合せざる者は野蛮の妄説と断ずるより外なし[68]」という排耶論となり、さらには、

「我邦今日ノ勢仏教日ニ衰滅シ耶蘇教日ニ興隆シテ他日耶蘇教ノ一主義世ニ行ハル、ニ至ラハ我邦ノ文化開明ノ進歩ニ妨害アルハ必然ノ理ナリ[69]」

と、仏教衰微に対する批判と、勢いに乗るキリスト教への警戒をも表明した。

円了の思想については家永三郎氏が詳細に分析されているので再論するつもりはない。ただ注目しておきたいのは、本稿の主題と関係する、先述の排耶論拠の護国思想との関連である。すなわち、

「真理ヲ愛スルは学者ノ務ムル所ニシテ、国家ヲ護スルは国民ノ任スル所ナリ。国民ニシテ国家ヲ護セサルモノハ、国家ノ罪人ナリ」(70)(71)

「凡ソ人タルモノ、一志以テ護法ニ立ツルナク、一事以テ尽クスナクンハ、何ノ面目アリテ能ク社会ニ対シ、能ク世間ニ接センヤ。是レ実ニ国家ノ罪人ニシテ亦教法ノ罪人ナリ」(72)

という国民の義務としての護国思想を常時主張した点である。国家の独立を維持するために仏教の緊要性を説き、いわゆる「護国愛理」をもって仏教復興を力説した。したがって護国とともに護法も説かれ、仏教の存在意義や国益性をも強調している点は、哲学的要素で紛飾化しているものの、従来の排耶論拠と共通した点を見出せる。さらには「苟モ其文明ヲ維持シ其独立ヲ振起セント欲セバ、主トシテ仏教ノ再興ヲ謀ラザルベカラザルナリ」(73)といい、仏教復興運動とともに一種の国民主義運動を唱え、愛国精神を強調した。(74)その背景には欧化主義思潮に対する反発や国家体制の整備・自主独立への方向を歩む明治前半期の政治的要素があったことはいうまでもないが、従来、排耶論で展開された護国思想が少なくとも側面的に影響し、共通した基盤をもっていたことも見逃せない。すなわち、彼のキリスト教批判は西洋諸思想の導入や哲学的発想など従来のそれとちがった点が多々あるが、所詮、護法即護国思想が基盤となっていたといえる。それは真宗の排耶運動が維新期から十年代と連続的に展開し、その内容の是非はともかく、民心に深く浸透していった事実を見逃せないからである。(75)

勿論、円了の思想には、前項で論述した排他性のみの護国思想ではなく、「他邦ノ新思想ヲ我カ人民ノ精神ニ注

入スルハ是レ日本ノ遺伝性ヲ失フモノニシテ其発育ニ害アルハ言ヲ待タス[76]」というように遺伝性を新思想導入の選択基準にし、改良順応的方向を示した相違はある。つまり、極端な欧化主義による弊害や西洋文化への無批判な姿勢を攻撃したものの、新しい日本の発展には柔軟な態度で臨もうとした。しかしそこにも「其発育ニ害アル[77]」というう如く、従来のキリスト教国害論と共通性を有していることに気づくであろう。

本稿と視角は異なるが、家永三郎氏が円了の西洋文化摂取反対論に攘夷論の変形的要素があったと指摘されたように[78]、円了の思想的基盤には封建的な未練を有していたともいえよう。その封建的なものは、真宗の排耶論に内在していたものといえるのではなかろうか。円了ととくに真宗とを関連づけるのは、彼が新潟県の真宗大谷派末寺の子弟であり、体質的に仏教の中でも真宗に注目していたと考えられるからである。それのみならず彼は明治十年（一八七七）大谷派の教師教校に入学し、翌年には同派本山の給費留学生として東京大学予備門に入学し、毎月七円の給費を受けていた[79]。そのように彼の人生にとって、真宗大谷派は切り離せない存在として脳裏にあったにちがいない。さらに彼は、『真理金針』『仏教活論序論』においてはとくに真宗を取り上げず、通仏教として論述しているが、二十五年には『真宗哲学序論』を著し、その緒言で「今此篇ハ真宗ノ長所ヲ説キタルモノナレハ真宗ヲ以テ最勝完美ノ教トナセリ」と真宗を讃美し、「真俗二諦ノ如キモ帰スル所平等差別二様並存ノ道理ニ本ツキ世間出世間ノ中道ヲ取リタルモノニ外ナラス故ニ真宗ハ我邦宗教歴史ニ於テ理論上並ニ実際上ニ於テ前後ニ比類ナキ[80]」宗教として、当時の真宗のイデオロギーである真俗二諦論も継承している。それらの点を考え合わせると、彼は真宗教団の活動を常に注視していたといっても過言ではない。すなわち、彼は「今仏教ハ、愚俗ノ間ニ行ハレ、愚僧ノ手ニ伝ハルヲ以テ、弊風頗ル多ク（中略）当時ノ僧侶ハ大抵無学・無識・無気・無力[81]」と強烈かつ意識的に僧侶批判をするが、一方では逆説的に従来の僧侶の活動・業績を自らの学説に取り入れたのである。その従来の活動業績の宗教は真宗であったのである。

以上のように維新期より主張された真宗の排耶論、とくに護国思想は円了に影響し、変形化されつつ受け継がれた。その円了は黙雷や三宅雪嶺・志賀重昂・菊地熊太郎らと明治二十年（一八八七）四月『日本人』を創刊したことは周知である。成立事情は円了らの哲学館グループと志賀らの東京英語学校関係者が別々に雑誌を出そうとしたのを、杉浦重剛の斡旋で合一成立したという(82)。それぞれ異なった思惑があったであろうが、それなりの一定の共通した認識があったことは想像に難くない。しかし国粋論の内容は各々異なった見解を示した。たとえば菊地は「余輩日本国民が帝室に対する感情は、国家の休戚に関すること甚だ大にして、此の感情に基きて法を立て政を行ひ(83)」と帝室に対する感情を国粋の中心に据え、また志賀は「美術的の観念を発揮(84)」することにそれを求めた。辰巳小次郎は仏教を国粋の中心に据えようとした(85)。このようにそれぞれ相違があったが、全体的には西洋追随社会思潮を批判し、国粋保存を主張する立場で貫かれている。彼らのナショナリズムは、国家権力下の官僚的な統合ではなく、民族的自覚に訴えた下からの統合を要求し、在野的性格をもつところにその特徴があるといわれる(86)。それ故、従来の儒教的・国学的立場の、復古主義・教化主義・徳治主義的性格といわれる(87)伝統主義的国粋主義と同一上の系譜としては考えられない。したがって真宗の排耶論にみられる護国思想、そこに形成された一種のナショナリズムも、その伝統的国粋主義と同傾向にあり、『日本人』グループらのナショナリズムと同一にとらえることはできない。

しかし、『日本人』の同人の共通の認識の中に、従来の研究が指摘したように直接的には条約改正問題や欧化主義に反発する政治的意図があったろうが、間接的・内面的には従来から主張された護国思想が影響したことも見逃せない。すなわち、同二十年頃の国粋主義形成過程において、維新期から真宗が極端なほど力説した排耶論、とくに知識層のみならず底辺まで浸透していった護国思想は無視できない存在であった。それが批判の対象であったとともに、吸収せねばならない存在でもあり、少なくとも『日本人』グループのナショナリズム形成の側面的基盤として看過できなかったのではないだろうか。『日本人』の同人に仏教徒が多く参加したこともそれらを裏づける要素でもある。また仏教に注目した先の辰巳は、政教関係について次のように論じていることからもより明白となろう。

「一国特有の政を全廃する時ハ、一国特有の教（政）をも亦全廃せざるを得ず、而して一国特有の政教を共に全廃するハ、一国特有の性質を全滅するものなり、一国特有の性質を全滅するものハ、是れ取りも直さず、其国を亡すものなり、故に人にして其国を保持せんと欲せハ、決して其政教の熟れをも全廃すべからず[88]」

この「教」は仏教をさしているが、教法か教団なのかは明確でない。しかし、真宗教団が排耶論の中で主張したキリスト教侵略説、すなわち亡国は教団の滅亡という利害一致から護国を説いた点と共通した論理をもっている。いわゆる護法と護国が表裏一体となった考え方である。それが『日本人』に掲載されているのであるから、真宗教団の力説した排耶論との関係も自明であろう。

第五節　むすび

以上充分な分析を成し得なかったが、維新期に活発に展開された排耶論は明治六年（一八七三）のキリシタン禁止高札撤去後も断絶することなく連綿と展開され、その論拠は本質的には同様であり、その中心は教団保身に根ざした護国思想であった。それはとくに明治十年代になると教団上層部のみならず、教団末端部まで浸透し、民衆に内在した邪教意識のエネルギーを顕在化させ、さらに排耶・護国意識はより根強く民心に浸透した。そのように展開し形成されていった護国思想の基盤は、二十年の雑誌『日本人』グループの国粋主義者たちに無視できない存在となり、変質されつつ錬磨されていったといえる。逆にそのような錬磨が真宗教団自身によってなされなかったところに、当時の教団の姿勢や性格をみることができる。

註

（1）仏教史、キリスト教史の研究視角があるが、本稿は前者の立場であり、その視角からは、徳重浅吉『維新政治宗教史研究』第十章・「維新前後の基督教問題と思想統一運動」（『史林』一六―一）。吉田久一『日本近代仏教史研究』第三章・「真宗とキリスト教との交渉」（赤松・笠原編『真宗史概説』第十二章第一節）、宮崎彰「近代日本における仏教とキリスト教との交渉」（『講座近代仏教』2）、桜井匡『明治宗教史研究』第二章、柏原祐泉「真宗の耶蘇教批判」（『真宗史概説』第十章第四節）・『真宗史料集成』第十一巻解説、福間光超「幕末本願寺教団の護法思想の性格」（『龍谷史壇』五八）、福島寛隆「明治前半期仏教徒のキリスト教批判について」（『仏教史学』一二―四）などの諸研究がある。
以上の他に、仏基交渉をキリシタン時代から明治二十年頃まで哲学的に考察した家永三郎「我が国に於ける仏基両教論争の哲学史的考察」（『中世仏教思想史研究』）、森岡清美「近代仏教」（『アジア仏教史』日本編Ⅷ）、真宗大谷派教学研究所編『教化研究』（特集真宗と国家）七三・七四合併号などがある。
またキリスト教史の立場であるが、新保満「近江における真宗教団と基督教団との対決」（『国際基督教大学学報』Ⅱ―B・『社会科学ジャーナル』三）、大浜徹也「基督教伝道の展開をめぐる防禦と抗争」（『地方史研究』七七）は伝道上の対立で真宗教団の動向を取り上げている。とくに新保論文は近江八幡地方を社会学的見地から詳細に調査分析し、真宗教団と教会形成の関係を論及した。本稿においても大浜論文とともに参考とするところ大であった。

（2）宮崎彰前掲論文（註1）一三五頁。『真宗史概説』四二一～四二三頁。

（3）織田顕信「安休寺猶竜伝攷」（『同朋大学論叢』二七号）に詳しい。猶竜は晃曜の弟である。

(4) 『護法総論』(『明治仏教全集』巻八、二六〇頁)。
(5) 右に同じ、二六二頁。
(6) 福間光超前掲論文(註1・五三頁)によると、すでに天保十五年、本願寺教団は耶蘇教会の動きを探るため隠密僧を派遣して、その様子を報告させているという。
(7) 『明治宗門雑記』。
(8) 「護法急要弁」(『護法場随筆』所収)。
(9) 竜温「大経仏所遊履之文講義玄談」(『続真宗大系』第十七巻、六九頁)。
(10) 『学林万検』第二十三巻。
(11) 宮崎彰前掲論文(註1)。
(12) 高橋昌郎「キリスト教」(『岩波講座日本歴史』近代2、一九六二年、三一三頁)、海老沢有道『維新変革期とキリスト教』二七六〜二八三頁参照。
(13) 徳重浅吉「新出の闢邪史料に就て」(『日本仏教学協会年報』第三、一一二〜一一三頁より引用)。
(14) 海老沢有道前掲註(12)、二八一頁。
(15) 『真宗大系』三十七巻、一〇一頁。
(16) 『須弥須知論』。
(17) 柏原祐泉「真宗の耶蘇教批判」(『真宗史概説』四二一頁)。
(18) 南渓「淮水遺訣下」(『明治仏教全集』第八巻、一一六頁)。
(19) 竜温「闢邪護法策」(『明治仏教全集』第八巻、一四四頁)。
(20) 前掲註(18)に同じ。
(21) 前掲註(18)に同じ。
(22) 晃曜「護法総論」(『明治仏教全集』第八巻、二六一頁)。

(23)「淮水遺訣」一一四頁。
(24) 前掲註(18)に同じ。
(25) 義導『利剣護国論』。
(26) 前掲註(22)に同じ。
(27) 報国について福沢諭吉は次のようにいっている。「自国の権義を伸ばし、自国の民を富まし、自国の智徳を脩め、自国の名誉を燿かさんとして勉強する者を、報国の民と称し、其心を名けて報国心と云ふ」(『文明論之概略』岩波文庫本、二三九頁)。
勤王主義については福間光超前掲論文(註1)参照。
(28) 松本白華『備忘録』(『教化研究』七三・七四合併号、三四一頁より引用)。
(29) 柏原祐泉『真宗史料集成』十一巻解説、四九頁。
(30)「復活新論」(『破邪叢書』第二集、五頁)。
(31)「耶蘇教秘密説」(『破邪叢書』第二集、一五六頁)。
(32) 舜台「耶和華小評」(『破邪叢書』第二集、一三三頁)。
(33) 了穏『耶蘇教之無道理』。
(34) 竜温『耶蘇防禦進策』(大谷大学図書館円光寺文庫所蔵)。
(35) 海老沢有道・大内三郎『日本キリスト教史』一九四頁統計表。キリスト教史に関してはこの著の後編、大内三郎『日本プロテスタント史』を参考とするところ大であった。
(36) 植木枝盛『土佐国民情一班』明治十九年四月ノ条(家永三郎『植木枝盛研究』より引用)。
(37) 開導新聞二一五号(明15・3・9)。開導新聞の性格についてであるが、当時大谷派機関紙として「配紙」があり、正式な機関紙ではなく、東京開導社が発行している。しかし「配紙」と同様な大谷派宗報を載せ、本山寺務所の報告や、当時の宗務行政の中心人物が推薦・投稿している。したがって本山当局と開導社は不離一体であり、開導新聞は機関紙と同性格といっても差し支えあるまい。
(38) 開導新聞二〇七号（明15・2・21）。
(39) 開導新聞二一五号（明15・3・9）。
(40) 開導新聞二〇七号（明15・2・21）。
(41) 開導新聞二一五号（明15・3・9）。
(42) 開導新聞二二七号（明15・4・7）。
(43) 大浜徹也前掲論文（註1）参照。
(44) 開導新聞二一七号（明15・3・13）。
(45) 浅野研真「佐田介石の舶来品排撃に就て」（『社会経済史学』八の一）、大浜徹也「キリスト教の土着化」（日本宗教史研究会編『諸宗教と交渉』所収）参照。浅野論文によると、結社は最初僧侶の中でつくられたが、漸次僧俗一体となり、共鳴者は一般俗人の方が優勢となったと指摘している。また、介石は排外性のみならず、積極的に国産品愛用の運動を行い、彼の「ランプ亡国論」はよく知られている。
(46) 吉田久一前掲書（註1）、一八〇～二〇一頁。
(47) 開導新聞二三三号（明15・4・11）、同二四八号（明15・5・19）。
(48) 大浜徹也前掲論文（註45）。
(49) 森岡清美『日本の近代社会とキリスト教』二〇〇頁。
(50) 開導新聞一〇六号（明14・7・17）。
(51) 開導新聞二〇七号（明15・2・21）。
(52) 排耶運動の組織やその編成過程については、新保満前掲論文（註1）が詳細に分析している。
(53) 開導新聞二二号（明13・10・20）。
(54) 開導新聞一一〇号（明14・7・25）。

(55) 開導新聞二四号（明13・10・30）。
(56) 開導新聞一二一号（明14・8・17）。
(57) 開導新聞一二二号（明14・8・19）。
(58) 右に同じ。
(59) 右に同じ。
(60) キリスト教国害論については、その内容は具体性を欠く。註（56）の史料に示唆する点がある。国害論の基準は漠然とではあるが、報国心においていると考えられる。註（27）参照。
(61) 開導新聞一二二号（明14・8・19）。
(62) 南渓「淮水遺訣」（『明治仏教全集』第八巻、一一六頁）。
(63) 『教化研究』七三・七四合併号、一五九頁。
(64) 『大阪日報』七四二号（明11・8・6）によると明治十一年一月十日、祇園遊所席杉浦芳太郎方に於て舜台は渥美契誠《マヽ》を殴打し、免職となった。彼は同三十年復職まで中央から失脚した。
(65) 「護法堂免反古」（『明治仏教全集』第八巻、五一六～五一七頁）。
(66) 右に同じ。
(67) 『仏教活論序論』緒言（『明治文化全集』第十一巻所収、三七九頁）。
(68) 『真理金針』（『明治文化全集』第十一巻所収、三一七頁）。
(69) 前掲註（67）、第十一巻。
(70) 家永三郎前掲論文（註1）、一四七頁以下。
(71) 前掲註（67）、第十一巻、三八〇頁。
(72) 右に同じ、三九二頁。
(73) 右に同じ、三八六頁。

(74) 家永三郎前掲論文（註1）、一五七頁参照。
池田英俊『明治新仏教運動』第五章参照。
(75) 福沢諭吉は当初仏教を功利性において評価しなかったが（『文明論之概略』）、二十年頃になると、真宗を社会的功利性や社会教化の手段において最も優れていると評価している（『真宗の説教』）。福沢の自家の宗教が真宗であったことや彼の功利性そのものを検討しなければならないが、彼の眼にうつる限り、真宗教団が意図して行った自らの社会的存在意義の強調は、一応、功を奏していたといえるだろう。
小泉仰「啓蒙思想家の宗教観」（比較思想史研究会編『明治思想家の宗教観』所収）参照。
(76) 前掲註（67）、第十一巻、三八六頁。
(77) 吉馴明子「ナショナリズムの勃興」（『近代日本宗教史資料』所収）。
(78) 家永三郎『外来文化摂取史論』三六一～三六四頁。
(79) 宮本正尊『明治仏教の思潮――井上円了の事績――』、平野威馬雄『伝円了』参照。
(80) 『真宗哲学序論』一六一頁。
(81) 前掲註（67）、第十一巻、三七九頁。
(82) 岩井忠熊『明治国家主義思想史研究』一一四頁。
(83) 菊地熊太郎「国粋主義の本拠如何」（『日本人』第十九号、八頁）。
(84) 志賀重昂「日本人が懐抱する処の旨義を告白す」（『日本人』第二号、一頁）。
(85) 辰巳小次郎「政教相関論」（『日本人』第二十一号）。
(86) 本山幸彦「明治二〇年代の政論に現われたナショナリズム」（坂田吉雄編『明治前半期ナショナリズム』所収、三九頁）。
(87) 前掲註（82）、一一九頁。
(88) 前掲註（85）、二一頁。

第Ⅱ部　真宗教団と地域社会・都市

第一章　摂河泉における真宗教団の展開

——蓮如の時期を中心に——

第一節　はじめに

今日、親鸞の教えを汲む、いわゆる真宗教団には、約二万カ寺を擁する東西本願寺教団を始めとして、多数の真宗教派があり、約千三百万門徒を抱える巨大な信仰集団を構成している。この教えの展開は全国的なものであるが、大正十一年（一九二二）調査の「宗派別寺院数調（道府県別）」によれば、大阪府には、本願寺派七百五十四カ寺、大谷派四百八十二カ寺、高田派一カ寺、興正派二十四カ寺、仏光寺派四十六カ寺、計千三百七カ寺があり、滋賀県の千六百四カ寺に次ぐ、全国第二位の寺院数を示している。また、檀徒戸数・信徒数は、それぞれ五万八二七二戸・十一万一四五〇人、三万三四五一戸・四万六五五五人、百戸・五十人、三一六三戸・二九六四人、三八六九戸・四六二四人、計九万八八五五戸・十六万五六四三人であり、広島県・愛知県・福岡県・新潟県、富山県・熊本県などと並んで、全国的にも有数の真宗繁昌の地域であるといえよう（1）。

本稿の課題は、こうした全国的にみても隆盛な地域である、旧摂津国（現在、大阪府北部および兵庫県東部に相当する）と河内・和泉国地域における真宗の展開過程を明らかにすることにある。その場合、とくに蓮如がどのような歴史的意味を果たしたかを把握することとする。その前提として、蓮如以前の展開過程がどのようなものであったかについても、関連して取り上げる。その場合は、寺伝などによることも多くなる。いうまでもなく、寺伝は史実的には問題を含むものであるが、興味あるものについては、寺伝としての性格を踏まえつつ、それが伝来されてきたことの意味を問題にしておきたい。

この課題に関わっての先行研究は、教団による史料調査や個別論文などで従来から比較的に多くのものがあるが、最近のもので、なおかつ総合的なものとしては、決して多いとは言えない状況であろう。単行本として、わずかに木村武夫の『蓮如上人の教学と歴史』(2)、日野照正の『摂津国真宗開展史』(3)などがあげられる。ただ、大阪府地域では、他県と比較しても各市町村史の編纂が盛んであって(4)、史料調査と解説が比較的多く試みられていることは、注目しておいてよいであろう。しかし、当然のことながら、これらは個別地域に限定された調査・解説であって、摂河泉地域全体を総合的に分析・把握されたものではないと言わざるを得ない。

第二節　初期真宗と摂河泉

第一項　親鸞と門弟について

摂津国の上町台地の北端・難波の地（現、大阪市天王寺区・中央区）は、平安時代後期から浄土教信仰者から落陽の佳観の地として知られてきた。それは、彼岸の落日から西方極楽浄土を仰ぎ観ることができるという浄土教の日想観を修するため、それに相応しい場所として、台地から大阪湾の西の彼方に沈む夕日の美しさを仰げるこの地が選ばれたのである。嘉禎二年（一二三六）、歌人の藤原家隆は小庵を営んで夕陽庵と名づけ、「契あれは難波の里にやとりきて、波のいり日を拝みける哉」と詠んだ。以後、この夕陽ケ丘一帯には浄土教信仰のたかまりを見、南近の四天王寺にも影響を与え、西門が極楽への入口との信仰さえ生んだ。親鸞がこうしたことを知っていたかは定かではないし、摂河泉地域において、親鸞がどのように関わったかについて示す直接的な史料も存在しない。また、門弟とその居住地を知ることのできる『親鸞聖人門侶交名牒』で最も信頼できる妙源寺本にも、摂河泉の門弟は記載されていない。

しかし、その門弟が伝道・布教したとの伝承は若干ある。たとえば、先の『大阪府全志』などには、いくつかの寺院に伝えられているとする。その中でも、江戸時代には、摂津国島下部の溝杭村目垣（現、茨木市）の仏照寺は、いわゆる「二十四輩」の一人で常陸国の鹿島門徒の順信房性光が開創したとする伝承が、教団内では成立していた。(5)また河内国でも、若江郡の慈願寺は信願を開基としている。彼は二十四輩の一人で、藤井八郎信親といい、敬信・教念とも号し、下野国の慈願寺・相模国の浄妙寺をも開いた親鸞の門弟である。さらに、現在は浄土宗寺院である河内国安宿郡玉手村（現、柏原市）の安福寺は、もとは行基の古跡であったが、親鸞が下した慶西房の弟子となった光雲房信西が復興したという興味ある伝承を持っている。(6)

ここに見る慶西は親鸞門弟として知られ、『親鸞聖人門侶交名牒』に常陸国の北郡由下に居たとして出る人物と考えられるが、下総国真岡の出身と伝える。この伝承は興味あるが、歴史学的解明は今後の課題とせざるを得ない。しかし、後に触れるであろう近隣の大県郡雁多尾畑村の光徳寺の存在と合わせ考えると、少なくとも十五世紀、この柏原の地と浄土教・本願寺との関わりからして、安福寺の前史を本願寺教団の教線の中で把握することの妥当性を示唆しているようである。ちなみに考察者の先啓は、美濃国の安福寺の出身者である。(7)

孫弟子の時期以降については、「交名牒」の光薗院本には、「カマクラ了円」の弟子「ツノクニハシラモト了西」、了西の弟子「了願・了智」の記述がある。(8) これは摂津島上郡柱本（現、高槻市）のことで、了円は武蔵国荒木の源海の流れを汲むものとして、武蔵国の了海の麻布門徒、甲斐国の甲斐門徒などの荒木門徒の一支流と同様に、相模国鎌倉の最宝寺を拠点に活動し、さらに備後国山南に光照寺や宝田院を開創して中国地域にも教線を伸張し、現在、仏光寺派と興正派の六世にあげられている明光のことと考えられる。また同本には、了西の兄弟弟子に京都渋谷の仏光寺の開山である了源の名があげられている。了西の弟子の了願と了智については、光照寺本では「ミソクヒ了願・ミシマ了智」と出てくる。ミソクヒは先述の溝杭に相当し、ミシマは近隣の島上郡三島（現、茨木市）と考えられる。(9)

このように、初期の真宗が当地域に伝播していく上で、鹿島門徒・荒木門徒、さらに仏光寺系（後の興正寺系）の影響がみられると推測される。

第二項　覚如と存覚について

関東門弟の運営による大谷廟堂を中心にした初期真宗教団に対して、留守職および本願寺を中心とした教団組織にしようと意図していた覚如は、(10) 摂河泉にも教線の足跡を残している。『存覚一期記』に、文保元年（一三一七）、覚如と長子の存覚が四天王寺や住吉に参詣した記述がある。(11) これが史料上の初見である。しかし、それは長子の存覚との関わりの中でみられるものである。それ故、当地における展開過程を考える上では、存覚の動きを重要視しなければならない。

周知のように、元亨二年（一三二二）六月、存覚は父覚如から義絶され、近江・奥州・山科・相模などに転居していたが、その間に存覚の影響を及ぼしていくことになる。『存覚一期記』によれば、摂河泉においては、早くに、嘉元二年（一三〇四）五月五日、摂津磯島（現、摂津市。のち河内）の引接坊との関係をみることができる。しかし、より深い関わりを有するようになるのは正慶三年（一三三四）から後で、この年には島上郡溝杭を訪ねている。また、建武三年（一三三六）の夏には覚如も溝杭に赴いている。さらに同書の貞和二年（一三四六）条や観応元年（一三五〇）条にも記述がある。[12]この頃の溝杭・戸伏には仏光寺教団の門徒集団があり、[13]文明十三年（一四八一）に仏光寺経豪が蓮如に帰した翌々年、溝杭の教光によって仏照寺が再建されると、教光は「蓮如宗主門弟としてその名が旧文に見える者」であって、[14]北摂地域の中心的存在となっていたのである。このように摂河泉地域への真宗の伝播は、主として存覚の尽力によるところが大きいといえよう。

また、南摂にも存覚の足跡をみることができ、貞和五年三月には、西成郡舳淵（現、大阪市都島区）の本尊に由縁を記している。[15]

存覚と河内との関わりについては、大枝の妙光がいる。『存覚一期記』や『存覚袖日記』には、観応元年十一月二十九日、翌年一月二十六日、妙光のもとに赴き、延文元年（一三五六）十月晦日、北河内の乗如の影像に銘を記していると述べている。河内国の真宗寺院としては最も古い由緒を有する光徳寺が大県郡雁多尾畑（現、柏原市）にある。その鐘銘には、寛喜元年（一二二九）の年紀がある。寺伝によると、延暦寺の僧尋禅の弟子法円が、円融天皇の勅願によって永延二年（九八八）に開創したという。一時荒廃したが俊円が再興し、覚如と交流し真宗寺院となったとする。しかし、ここもやはり存覚の影響を指摘しなければならない。同寺には、従覚筆と伝える『諸縁深知集』が蔵され、正平十三年（一三五八）四月の奥書がある。さらに、[16]談義本や存覚著述の『浄土見聞集』『存覚法語』『諸神本懐集』などの室町中・末期の写本聖教類も多数蔵しており、存覚の影響を受けて教線拡張の拠点となったと考えられる。

とくに『末燈鈔』の写本の奥書には「于時文安四年丁卯二月晦日奉書写訖　右筆蓮如」とあり、蓮如三十三歳の時の書写で、継職以前のものである。また『御俗姓御文』の奥書には「コノ俗姓ノフミ松谷光徳寺乗順年来ノ所望ニヨリテコレヲ書写シアトフモノナリ、永正十二年乙亥十一月三日　実如（花押）」とあり、実如と乗順は親密な関係であったと推察できる。親鸞絵像も大永二年（一五二二）の実如裏書である。『松谷伝承記』によると永正二年（一五〇五）、細川政元の家臣・田中秀知より摂津国東成郡生玉庄大坂に土地の寄進を受け、光徳寺支坊を建立したという。大坂坊舎の付近であり同坊舎建立の十年後に支坊を建立したことになる。翌永正三年の河内錯乱の事件を考える場合、光徳寺が実如と細川政元との間に介在していた可能性もあり、注目すべき人脈であろう。とくに実如排斥の画策が発覚する契機に光徳寺が関与していたとも考えられるからである。いずれにしても、光徳寺は覚如・存覚期より河内の真宗弘通の拠点であるとともに、実如期に入って以降、とくに教団内で実力を保持していったと考えてよいだろう。それは『天文日記』に頻出し、畿内一向一揆で重要な役割を果たしたことからも明らかである。

この時期、本願寺を中心とする教団形成という覚如の意図があったが、真宗の流れの中では仏光寺派が有力であった。それは「名帳」「絵系図」などの考案によるものであり、その背後に存覚の存在があったといわれる。こうした点は摂河泉においても認めなければならない。和泉では、『存覚袖日記』によって、貞和五年二月に当地の光明本の座配を写していることがわかる。

この論をさらに根拠づける重要な史料が、摂津西成郡柴島《くにじま》の万福寺に現蔵している。万福寺は、弘安年間（一二七八～八八）に空専が開創し、寛正四年（一四六三）に蓮如が柴島法実を門徒にし、仏光寺派から本願寺派に転じたのである。蓮如はこの法実が相伝していた連座像に裏書をしている。

「　　大谷本願寺　釈蓮如（花押）

寛正四年癸未九月九日

日本血脈相承真影　　　　　　願主　釈法実　」

この裏書は特殊なものであるが、相伝の連座像が仏光寺系のものであって、法実および代々が仏光寺の門徒であったことを示すものである。

第三項　覚如以降

出雲路派本山毫摂寺開基の乗専[20]の動きも重要である。丹波国に生まれ、もと清範法眼と称し、禅に入り法華の行人であったが覚如に帰依し、丹波の寺を寄進し、毫摂寺と号し、京都にも居所を構え（出雲路毫摂寺）、観応二年（一三五一）六月五日、大和吉野郡平尾村で没した。覚如は元徳三年（一三三一）十一月、乗専の願いにより報恩講に『口伝鈔』を口授している。そして乗専は、暦応四年（一三四一）閏四月十四日、顕性のために『唯信鈔文意』を写し、康永二年（一三四三）、性覚のために『口伝鈔』を写している。このように、乗専は真宗聖教を各地の門徒に書写し与えて[21]、教線を拡めていったのである。

その後は、わずかに『拾遺古徳伝』（八尾市慈願寺蔵）の奥書に、

「河内国渋河郡久宝寺道場　　釈法心

応永十四年丁亥十一月三日

執筆毛須生年
三十」

とみえるだけで、この応永十四年（一四〇七）は、巧如の時期である。

しかし近年、巧如の次の存如が河内門徒に下付した裏書が明らかにされた。それは次の如くである。(22)

「享徳三年甲戌七月十一日　大谷本願寺釈存如（花押）

河内国新開道光門徒同国蔵作

願主　兵衛　」

ここには下付免物の記載はないが、享徳三年（一四五四）、存如が兵衛に下付したことは確かである。願主の在所である「蔵作」は大阪市平野区にその地名が「鞍作」として残っており、また『天文日記』天文八年（一五三九）六月二十九日条に「為来二日之頭料、大地法欽跡幷蔵造道円跡、八尾道西跡より米壱石、料足三貫文、荷樽一か、大根百把到来」(23)とある「蔵造」であり、裏書の「新開」は東大阪市新庄の近辺に存した「新開新庄」をさすと考えてよい(24)。したがって、存如も河内門徒と交流していたことを物語る貴重な裏書である。

なお、存如と河内の関係を窺わせるものとして、近年発見された新潟市西厳寺に所蔵される方便法身尊像がある。その裏書に「文明十二年庚子十一月廿八日、河内国茨田郡中振郷出口村、本遇寺常住、願主賢秀」(25)とあり、順如が下付している。これにより、河内茨田郡の出口には光善寺以外に、存如の側近であったと考えられる本遇寺が存立していたことが知られる。もっとも、本遇寺が当初より出口に存立していたのか、あるいは蓮如移居後に移転設立したのかは判然としない。

第三節　蓮如の活動

第一項　越前吉崎と摂津富田・河内出口

よく知られているように、文明七年（一四七五）八月二十二日の夜、順如の船に乗じて吉崎を退去した蓮如は、海路をとって若狭国小浜（福井県）に上陸、丹波路を通って摂津国に入った。暫く有馬郡名塩広根（現、兵庫県西宮市）に居たが（後に教行寺を創設）、そこから島上郡萩谷を越えて富田に入り、さらに河内国の茨田郡出口に居た御厨石見入道光善（空念）の尽力を得て草坊を建て、光善寺の寺号を付した。[26]それについては、同寺に蔵する親鸞の御影の裏書に、「文明七年乙未九月五日書之、河内国茨田郡中振郷出口村中之番新造弊坊之常住物也、釈蓮如（花押）[27]」と記されている。少なくとも蓮如は、同年九月五日には出口に到着していたと考えてよいだろう。さらには同時期には、同絵像を掛ける坊舎がすでに新築されていたことをも同裏書より窺えるのである。また裏書の日付は吉崎退去後、約十五日である。あたかも蓮如の吉崎退去後の移居先が出口であるとあらかじめ準備されていた如くである。当然、行先を決めず吉崎を退去することはありえない。

従来、吉崎退去は突然で、下間蓮崇の野望が発覚したためといわれている。文明六年頃からの加賀・越前の一向一揆の複雑な動向に立ち入る余裕はないが、突然の退去といわれる理由は、蓮如が文明七年八月八日付で下間蓮崇に親鸞絵像と親鸞絵伝四幅をそれぞれ下付していることによっている。[28]つまり、吉崎退去十一日前に、蓮如は蓮崇の意図を把握できない状況で絵像等を下付したのであり、退去は突然と考えられるのである。退去の際、船を用意し蓮崇の野望・秘計を蓮如に注進したのは、順如・蓮誓・蓮綱などの兄弟である。

　順如らはなぜ吉崎からの移居先を出口坊舎に選定したのだろうか。突然の退去といわれる先の蓮崇への絵像下付時期がその根拠となっており、それは蓮如自身の立場・行動から当然の推考といえる。しかし、順如らの立場から考えると周到な準備がなされていたと考えられ、しかも本願寺再興の地を山科と念頭に置いた上での出口選定ではなかったかとも筆者は推測している。それは、蓮如が出口へ移居して二年半後の文明十年（一四七八）正月には山科本願寺建立に着手しており、それ以前よりすでに慎重な下準備・土地選定の条件などが検討されていただろうと考えられるからである。出口では光善が坊舎を建て、具体的な蓮如入坊の準備をしたことはよく知られている。ただ光善については、『蓮如上人仰条々』に「河内国出口村ノ坊ハ御厨石見入道願人ニテトリ立タル坊、ソノ外近所ノ坊々モ此石見光善コ、ロサシノ仁ニテトリ立ラル、人也、ソノ申サル、詞ニイハク、頭ニ乱杭ハフラル、共、仏法ノ御難ハツカマツリ候マシト申タリシヲ、蓮如上人事ノ外ニ御感アリシ詞也トテ各物語候シ也。常々又御褒美アリテ被仰出テ侍リシト也」[29]とあるのみで、それ以外の彼の動向については不明である。上述の如く、出口の付近の北河内の道場設立にも尽力していたことが判明する。また空念が出口坊舎光善寺を継承したわけでもない。

　一方、蓮如・順如らが出口を選定した背景に、その立地条件があるとする説もある[30]。つまり、淀川中流に位置する出口は「水辺ふかきあしはらの中」にあり、細川・畠山氏らの守護勢力の支配外にあったとするのである。出口の立地条件が不毛の地であり、支配権力が興味を示さず、たとえ門徒が群参してもそれらの脅威を受けない配慮があったため出口へ移居したという。当然首肯できる説であるが、結果的結論の感もあり、むしろ、船便が至便であること、吉崎移居以前より蓮如が河内門徒を育成し[31]すでに若干の基盤が存していたこと、などが出口選定に優先されたのではないだろうか。

蓮如が出口へ移居後の『御文』に「真宗の正義」「聖人一流」の文言が頻出してくる。堅田修氏はこれに注目され、「正義」に対応する文言として「エセ法門」「クセ法門」「秘事カマシキクセ名言」があるといわれる。(32)「聞きとり信心」「物とり信心」が河内地域に充満していく傾向の異義があり、それを教誡する意図も蓮如にあったと堅田氏は示唆されている。淀川流域を中心としてすでに存覚の足跡が認められるが、蓮如が吉崎以前より教化した形跡はほとんどなく、寛正四年（一四六三）九月、「願主法実」に既存の「日本血脈相承真影」に裏書したのが数少ない下付物である。(33)法実は仏光寺系に属し蓮如に帰依したといわれる。先述の『存覚袖日記』に溝杭（現、茨木市）に明念門徒の一派が記されていることを紹介したが、出口坊舎南方の摂津国淀川流域は仏光寺系の門徒団が形成されていたと考えられ、蓮如は彼らの異義を「真宗の正義」として糺す意図があり、それも出口選定の要因・背景となっていたであろう。文明九年三月付の『御文』で「仏法者ト号スル中ニ（中略）当流正義ヲクハシク分別セスシテ(34)」とある布教対象が存在していたのである。

出口に滞在する間、蓮如は畿内近国に布教して巡っている。富田にも道場を創設した。現在、鷺森別院（和歌山市）に所蔵する親鸞御影には、「文明八年丙申十月二十九日」の日付と「摂州島上郡富田常住也」の蓮如の奥書があり、創設時期が確認されよう。その後、この道場は蓮如の子の蓮芸によって本格的な寺院となり、天文法華の乱後、細川晴元の援助によって再興され、教行寺と号した。(35)また、文明八年二月には摂津住吉郡山口の道顕に道祐の影像を授け、奥書している。(36)

さらに、文明七年九月には大和吉野（円慶、下市立興寺）、八年二月には近江三宅（慶宗、蓮生寺）、六月には若狭小浜（了信、妙光寺）、十月には紀州の冷水浦（清水の了賢）、九年四月には大和国飯貝（本善寺）に巡教した。(37)

吉崎退去後の富田滞在は短期間ではあったが、出口からしばしばこの地を訪れ、先の富田御坊の草創を始め、幾多の足跡を残している。今は富田にある本照寺は、もと高槻にあって光照寺と称していたという。ここに蔵する『御文』に、「抑当所富田庄内ノ男女老少トモニ、安心ノオモムキヲコ、ロウヘキヤウハ」「イマ弥陀如来ヲ一心ニタノミマヒラセテ、（中略）ミナコト〳〵クタスケタマフヘシ、コレホトニ、ヤスクタスケマシマス弥陀ノ本願ヲシラスシテ、ムナシク死センコトハ、愚癡ノイタリ」とあるように、[38]蓮如の布教態度の一端を窺える。

また富田の周辺の地の一つに郡家（現、高槻市）があり、ここにも主計と称する念仏篤信者がいたことが知られる。この「津国グンケノ主計トマフスヒト」は、「ヒマナク念仏マフスアヒタ、ヒゲヲソルトキキラヌコトナシ、ワスレテ念仏マフスナリ、ヒトノクチハタラカネバ、念仏モスコシノアヒダマフサレヌカト、コ、ロモトナキヨシニサフラフ」[39]と言われるほどの篤信者であった。

このように富田を中心として、溝杭・三島・柱本・高槻・郡家を含む地域にも、蓮如の下に集まる念仏篤信者集団が形成されていったのである。『拾遺蓮如上人御一代聞書』にも、明応四年（一四九五）十一月十九日、富田から上洛したとあるから、山科本願寺以降でも富田に滞在して布教し、摂河泉地域での活動の根拠地として重要な位置を占めていたと考えられる。

以上のように、蓮如が活発に摂河泉を布教し足跡を残したのは吉崎退去の文明七年（一四七五）以後で、出口坊舎に移居して以後と考えるのが妥当であろう。それでは、なぜ、蓮如は継職後早い時期より摂河泉に注目し、また晩年同地を選択して起居したのだろうか。おそらく河川舟運が至便で商工業が発達し、堺の貿易港をもつ畿内先進地帯としてその経済的効果を見通していたのではないだろうか。それは社会的動向や情報を正確に豊富に入手できると蓮如が洞察していたともいえる。あるいは商工業に従事し罪業意識に直面する彼らこそを布教対象としなければと考えていたのではないだろうか。

第二項　山科造営と北河内門徒

文明十年より山科本願寺造営が開始されるが、「御影堂ヲ予カ存命之内ニ建立セシメント思企ル処ニ、其志アル事ヲ門下中シリテ、既ニ南方河内国門徒中ヨリ和州吉野之奥エソマ入リヲシテ、ヤカテ十二月仲旬比カトヨ、柱五十余本其外断取ノ材木ヲ上セケリ。（中略）棟上已後ナケシ敷居ナントハ、和州吉野之材木ヲアツラヱ」(40)と蓮如自ら記す如く、御影堂の柱は「南方河内国門徒中」が吉野へ杣入りして調達したという。五十余本の柱数は御影堂建立に必要なすべてであろう。南方河内国門徒を特定することは困難であるが、おそらく河内国の南地域の門徒と文字通り考えてよいだろう。後述する久宝寺地域の法円・法光などが中心となって実施されたのであろう。もちろん、柱以外の敷居材などは河内門徒のみならず大和門徒も関係したことは想像に難くない。それらの運搬も旧大和川から淀川のルートか紀ノ川→大阪湾→淀川であろう。蓮如の出口坊舎移居以来の積極的な布教活動が、同地域惣門徒の志を動かしたといえる。

山科本願寺御影堂門の番も北河内門徒が担った。すなわち「御影堂門之番、蓮如上人山科ニ御座候時ヨリ、河内国六ケ所ヨリ御勤来候」とあり、六カ所を説明して「河内国茨田郡也、森口ヨリ上ヲ十一ケ所ト云、森口《（ママ）》ヨリ下ヲ六ケ所ト云」(41)と記されている。「六ケ所」とは具体的には門真庄六カ村、守口庄二カ村、橋波庄二カ村、寺方庄三カ村、小高瀬庄七カ村、稗島庄をさす。したがって現在の門真市、守口市付近をいい、各庄名も現地名として存続してきている。山科本願寺時代、北河内門徒は蓮如と密接な関係を保持していたといえる。先述したように、守口地域は存覚門下に妙光がおり、早い時期より真宗の土壌があった。このような基盤と蓮如の教化とが合致して、守口門徒が成長したのであろう。ここには、後に実円が整備したと伝えられる守口坊舎（難宗寺・盛泉寺）が存していた。三河本宗寺と播磨本徳寺を兼任していた実円は、その往返の際には守口坊舎に寄宿していたと考えられる。また「大谷一流諸家分脈系図」[42]の「実悟」の項に「永禄中、創河州茨田郡土居坊、又創同郡世木之坊、後建古橋坊」とあり、大小一揆以来、本願寺より勘気を蒙り流浪していた蓮如の十男の実悟が天文十九年（一五五〇）赦免され、永禄年中（一五五八〜七〇）に北陸で廃寺となっていた本泉寺・願得寺などを河内で再興したのである。つまり古橋坊は願得寺（現、門真市）、世木之坊は本泉寺（現、四條畷市）、土居坊は清沢寺（現、守口市）である。実悟は自らが養育され住持した加賀の本泉寺、願得寺を北河内に再興し、土居坊とともに改めて教化拠点を設立したのである。その再興は実悟にとって悲願でもあり、それを北河内地域に選定した背景に存覚・蓮如の教化の下地があったことは確かである。また永禄年中には大坂本願寺が寺内町とともに君臨しており、守口・門真はその北方に位置し、本願寺との往返にも至便であったからでもあろう。

なお、願得寺は、「願得寺記」にも「河内国茨田郡普賢寺荘古橋」と見え、文明十年（一四七八）三月、普賢寺荘の一角に蓮如教化の足溜まりの道場として創建したと記し、明応元年（一四九二）、門真の古橋に移築、古橋坊と称したが、永禄年間、実悟が譲られ、加賀鶴来の願得寺の寺号を移し、初代となった。古橋坊は院家となり、文禄三年（一五九四）の検地に際しては除地となった。東派五カ寺の一つとして由緒を誇った。本泉寺は、実悟の子同寺五世の教恵の時、大坂天満に移転し跡地に支坊として設立されたのが護念寺（現、守口市）であり、明治三十一年（一八九八）、現在地に移る[43]。

こうした蓮如の布教の裾の広さを示す興味ある伝承事例を紹介しておこう。茨田郡では、友呂岐（現、寝屋川市）に茨田宗左衛門という在地の郷士が、出口に滞在中の蓮如に帰依し、順喜と号し、名号を授けられたという西正寺がある。順喜は大永七年（一五二七）に没しているが、その後、実如から絵像と寺号を受けた。同寺の「過去帳」

には、順喜の先祖として、文永二年（一二六五）の法順から、西信・徳乗・照念・光順・乗祐・正順・仏信を記述している。この茨田氏は、茨田連衫子あるいは茨田親王の子孫とも伝える在地有力層の者である。さらに友呂岐には、蓮如の出口在住中、帰依した聞摂の開創になる善行寺、願海房が開創した慇重寺があり、寺伝では、永正二年（一五〇五）、実如より絵像と寺号を受けたという(44)。

第三項　中・南河内門徒の形成

中河内（ここでは、若江・渋川・河内・高安郡などをさす）・南河内（大県・石川・錦部・八上・古市・志紀郡などをさす）地域に蓮如が真宗の教線・門徒団を育成したことを検討したい。同地域には『天文日記』に各村落の地名を冠した門徒団が頻出するが、その端緒はほぼ蓮如・実如期によって形成されたと考えられる。同日記の一五三〇～四〇年代には次のような門徒衆の記載が出ている。たとえば、中河内には「玉櫛衆」「若江衆」「宝持衆」「稲葉衆」「大地衆」「八尾衆」「老原衆」などが、南河内には「大井衆」「小山衆」「古市衆」「誉田衆」「西浦衆」などである。現地名では東大阪市・八尾市・藤井寺市・羽曳野市に該当する地域の門徒集団であり惣を形成していた村落である(45)。これらの門徒集団は元亀元年（一五七〇）からの石山合戦では当然、河内門徒・一向一揆として信長軍と戦ったのである。

それではこの門徒団はどの時期より形成されたのであろうか。それは蓮如が文明七年（一四七五）、吉崎を退去して河内国出口へ滞在した頃以降と考えるのが一般的であろう。その依拠されるのが文明八年九月二十七日付の『御文』(46)で、「コノコロ摂州河内大和和泉四ケ国ノアヒタニヲイテ、当流門徒中ニ」帰する旨、蓮如が記していることによる。出口坊舎の存する出口とは、正確には「河内国茨田郡中振郷山本之内出口ノ村中ノ番」と『御文』に記されている。茨田郡は北河内地域であり、当然その周辺の門徒は出口坊へ蓮如を訪ねたであろうが、中・南河内の門徒も同様であり、蓮如自らも足を運び教化育成したと考えてよい。それ故に先の『御文』に記したのである。

その証左の一点として現松原市願久寺に文明九年六月十八日裏書の方便法身尊像が所蔵されていることを今回の調査で知見した。(47)その裏書は判読不明の個所が多々あるが次の如くである。

「
□□如（花押）
□明九歳六月十八日

方便法身尊像
」

右掲の如くわずかの文字しか判読できないが、表の絵像・絹本などから蓮如期のものと考えてよい。下付年時は「文明」と推定してよいだろう。花押部分は下半分のみが判明するが全体は読み取れない。当然、年時からして「本願寺釈蓮如」と考えられる。しかし、近年の研究で、文明六年から同十四年までの方便法身尊像の下付者は蓮如ではなく、長男の順如であると研究報告され、その事例が明らかにされており、(48)願久寺蔵のそれも同年間であり、順如である可能性が大であると考えられる。今後の課題であり、順如と河内との関係も問題となろう。

ところで、中・南河内での蓮如の有力門弟として法円・法光親子がいた。法円は蓮如が吉崎へ移居した文明三年以前より門徒集団のリーダー格であり、蓮如に帰依していた。法円は慈願寺六世である。同寺の開創について元文二年（一七三七）の「慈願寺由緒之覚」(49)によると、下野国那須の豪族であった那須肥前守資村が親鸞に帰依し、法心と法名したという。法心が親鸞の帰洛に際し随伴し、弘安三年（一二八〇）、河内国渋川郡橘島久宝寺村に一寺を興したと伝える。以後同寺歴代は法祐・法入・法忍・法珍・法円・法光・法淳・法悟と次第する。初代法心の記録として認められるのは同寺蔵の『拾遺古徳伝』書写の奥書である。(50)先に引用提示したその奥書によれば、応永十四年（一四〇七）、法心三十歳の時、『拾遺古徳伝』を書写したのであり、それは本願寺六世巧如期である。また、その時期には寺号はなく、地名を冠した「久宝寺道場」と称していたことも窺える。おそらく同地域の門徒衆が久宝寺道場を施設として仏事を営んでいたのであろう。

先述の法円が蓮如と関係していった最も古い記録として、慈願寺蔵の十字名号裏書がある。

「　大谷本願寺釈蓮如（花押）
　長禄二年戊寅十月廿三日
奉修復无㝵光如来
　河内国渋河郡久宝寺
　慈願寺本尊也
　　願主釈法円」

右掲の長禄二年（一四五八）蓮如裏書の十字名号が、河内地域での最も早い時期の蓮如下付物である。長禄二年は蓮如継職の翌年であり、法円とはそれ以前、つまり継職以前より何らかの接触があった可能性が考えられる。裏書に「奉修復」とあるが、破損を補修して下付したと考えるより、従来より慈願寺が所蔵していたものに改めて蓮如が裏書したと考える方が妥当と思われる。また裏書に「慈願寺本尊」と寺号・本尊の文言がある。先述の「久宝寺道場」より五十一年後には確実に寺号を認めており、その期間にそれを収得していたのである。蓮如は十字名号を本尊としているように継職直後、この慈願寺蔵名号を本尊統一を推進する上でかなり意識していたと考えられる。それは、蓮如がそれ以前の異相の本尊を用いられていたのを、真宗の荘厳にふさわしいものとして統一していったからである。

また、法円は寛正二年（一四六一）八月、蓮如より「和朝聖徳太子並真宗御影等」と題する聖徳太子・親鸞・存如の連座像を下付されている。これらから、法円は少なくとも存如時代より本願寺の有力門徒として、河内地域の門徒を統括していく存在であったと考えてよいだろう。法円は蓮如に聖教書写本を所望しそれを下付されている。それは覚如の『口伝鈔』であり、文正二年（一四六七）二月の蓮如奥書がある。奥書は次のように記されている。

「右此口伝鈔三帖者当流之肝要秘蔵書也、雖然河内国渋河郡久宝寺法円、依所望予初一丁之分染筆訖、外見旁可有斟酌者也而已、

時也文正弐歳二月十六日　　釈蓮如（花押）」[51]

蓮如が聖教を書写し下付した門弟は限られていたと考えられ、その現存数も二十数点と報告されている。その意味でも右掲のように『口伝鈔』書写本を下付された法円は蓮如門弟の中でも、地域的にも有力視されていたと考えてよい。さらにそれを証左するものに「法円絵像」が蓮如より下されている。「法円絵像」は二点現存し、裏書は双方とも、同年同月日である。この二点存在する問題についてはすでに考察したので[52]、簡単に紹介しておくにとどめたい。

現存する二つの法円絵像の一点は法円が住持した慈願寺に蔵され、もう一点は慈願寺の通寺であった浄照坊に蔵される。同絵像の裏書の文言、字句は若干異なるが、「法圓真影」と「久宝寺法円真影」と題し、「文明十三年辛丑十二月七日」の下付年月日は両絵像とも同様である。願主も双方とも「釈法光」であり、「大谷本願寺釈蓮如（花押）」も同様に署判されている。このような場合、どちらかが裏書を後に筆写したと考え偽作とするのが常識的であろう。しかし、筆者は両絵像とも蓮如下付物と考えている。願主の法光は法円の後嗣で、文明十三年十二月七日の法円の命日をもって、二幅の絵像下付を蓮如に願い出たと考えられる。つまり、二幅の絵像を別々に掛ける必要

性があったのであり、また法円が蓮如門弟としてそれだけの活躍と基盤をもっていたといえるのである。

浄照坊は法円の時、慈願寺の通寺として建立されたのが濫觴と伝えられる。建立された位置や時期については明確でないが、後の大坂坊舎付近と伝えられる。慈願寺の通寺に法円絵像を必要としたならば、通寺の建立は少なくとも裏書の文明十三年以前であったと考えてよいだろう。浄照坊寺伝によると、法円および後嗣法光の代まで、慈願寺・浄照坊の両寺は兼住されていた。その後、法光の長子法淳が慈願寺を、次子栄春が浄照坊をそれぞれ継承住持し、両寺は別寺院になったという。両寺住職は本願寺十世証如に近習し、直参坊主衆として教団内で主要な地位を占めていたことが『天文日記』に頻出する記事からも明らかである。両寺がその立場を築いたのは法円・法光であり、蓮如期に地域的教団の指導的役割を果たしたからであろう。いわば中河内から摂津地域における地域的本願寺教線の先端として、開拓者として法円の存在が位置づけられるといえよう。それ故であろうか、法円という一人の門弟の絵像を二幅、蓮如は同年月日にしかも同じ願主に下付したといえる。一幅は慈願寺用であり、一幅は通寺の浄照坊用であったと考えられるが、浄照坊の地理的な位置が後の大坂坊舎付近と寺伝される如くならば、すでに明応五年（一四九六）の大坂坊舎建立以前に、坊舎に類する機能をもった一宇があったと推考できよう。

以上のように、河内国の中・南部地域は法円を中心とする門徒集団が形成されていたことが裏書・奥書などによって明らかであろう。その時期も蓮如が吉崎へ移居する文明三年（一四七一）以前より本願寺教線の拠点であったことが窺え、文明七年以後、より一層門徒化していったといえる。

ところで、慈願寺に隣接する地域に蓮如は西証寺と恵光寺を開創し、自らの子息を入寺させている。この二カ寺は本願寺の一家衆として教団内でも主要な地位を占めるとともに、河内中南部地域の門徒集団の中枢ともなった。

まず、西証寺、のち顕証寺と称した寺史・成立を明らかにしておこう。つまり、蓮如の新たな拠点づくりと子息の派遣入寺である。

久宝寺御坊と通称された顕証寺は蓮如が明応年間（一四九二〜一五〇一）に開創し、十一男実順を住持させたことに由来する。開創時期については、『大谷本願寺通紀』には「明応年中、蓮宗主於河内久宝寺村創寺、曰西証寺」とあり、寺蔵する「顕証寺由緒記」[53]は「第八世蓮如法印文明年中被令開基」とあって若干異なっている。一方、『反故裏書』に「実順河内国久宝寺ニ住持、其真弟実真モ早世アリテ継絶シ給」[54]とあり、実順が西証寺へ入寺したことを記している。実順は明応三年生まれで、蓮如が没した同八年には六歳であり、明応年間の開創と考えた方が妥当であり、実順が幼少か蓮如没後に入寺したと考えられる。実順は蓮如が開創した後、実質的に初代住職を務めたのであるが、永正十五年（一五一八）二十五歳で没し、その子息実真が後嗣となったが早世したというのが先の『反故裏書』の記述である。実真は享禄二年（一五二九）、十三歳で没している。

上述の如く、蓮如が門徒育成をし一宇を建立開創に着手し、その寺院に子息を入寺させるという典型的なパターンといえよう。その子息・孫が早世したため、その兄弟衆をして継承再興させる形態も西証寺の場合も同様であった。

つまり、実真早世の六年後の天文四年（一五三五）、蓮如の六男蓮淳が入寺したのである。蓮淳は実順の異母兄であり近江国近松顕証寺の住職であったが、河内門徒の要請によったという。したがって蓮淳は近松顕証寺と河内西証寺を兼務したのである。この時、西証寺を顕証寺と改称した[55]。天文八年、蓮淳は河内顕証寺を長男実淳に譲って近江顕証寺へ帰住した。実淳に嗣子はなく、顕証寺入寺三年後の天文十一年六月、五十一歳で没した[56]。その荼毘・中陰については後述する隣寺の恵光寺が執り行っている。実淳が没したため顕証寺傘下十二坊を中心とする河内門徒が蓮淳再入寺を要請したため、蓮淳は孫のあぐりを伴って再度、河内顕証寺へ同年八月に入った。それにつき『私心記』は「光応寺殿、久宝寺へ御出候、顕西向・兵衛督同前[57]」と記し、『天文日記』は「あぐり顕証寺実淳娘、為婦人之暇乞、昨日百疋被持来候間、勧愚盃候、仍今日千疋遣之[58]」と記している。当時の宗主証如の気遣いの程が窺える。蓮淳は証如の外祖父にあたり、幼少十歳で継職した証如の後見人であったのは周知であろう。証如時代の教団実力者の第一人者が蓮淳であり、証如も配慮したと考えられる。

河内門徒が蓮淳を再三要請した点、なぜ実力者蓮淳でなければならなかったかについて推考してみたい。

河内地域の坊主衆・門徒衆が蓮淳に接近・依存したり蓮淳自身が河内に注目せざるをえなかった点については、蓮淳と顕証寺・河内門徒との個人的関係と、戦乱状況における顕証寺・河内門徒の動向や地理的位置の二点から考えねばならない。後者については後述する。

個人的関係というのは蓮淳の異母弟実順が西証寺へ入寺し、その室に蓮淳の長女妙祐が嫁した私的な件である。蓮淳には実淳、実恵の男子二人と妙祐、妙勝、妙忍、慶寿院の女子四人の子息女がいた。それらの入寺先を図表にしたのが〈図表1・蓮淳の子息・子女系譜〉である[59]。

蓮淳と西証寺とが親密な関係となった端緒は、先述の如く長女妙祐が実順に嫁したことにある。しかし、妙祐は大永元年（一五二一）九月、二十一歳で没している。つまり、蓮淳にとって先述の如く娘婿実順、娘妙祐、孫実真が早世し、さらに同寺へ入った子息実淳も自らに先立ち没したのである。河内顕証寺に関係する蓮淳の縁者がいずれも没したため、同寺を放置できない感情が蓮淳にあったであろう。また蓮淳が顕証寺へ再入寺したのは天文十一年六月、実淳が没したためであるが、その半年前の同年一月七日に室妙蓮も没している。蓮淳にとって天文十一年は悲嘆の年であり、しかも時に七十八歳の高齢であった。同年の顕証寺再入寺に関する蓮淳の決意の程が推考できよう。

蓮淳
＝
妙蓮

- 女　妙祐（河内顕証寺実順室）――実真
- 女　妙勝（越中勝興寺）
- 女　妙忍（越前超勝寺）
- 女　慶寿院（円如室、証如母）
- 男　実淳（河内顕証寺）――あぐり
- 男　実恵（伊勢願証寺）――延深（河内恵光寺）

〈図表1〉蓮淳の子息・子女系譜

顕証寺北方にある隣寺恵光寺に蓮淳の孫延深が入寺していたことも、彼が河内に着眼したことと関係しているとも考えられる。恵光寺は明応五年（一四九六）蓮如開創と伝え、蓮淳が初代住職で実質的な創立者である。その後、後継について「恵光寺住持職事以惣門徒寄合之次申事」[60]とあるように門徒衆の談合によって、天文七年（一五三八）十一月、蓮淳の孫延深が同寺へ入寺した。時に延深十三歳であった。したがって、蓮淳が顕証寺へ再入寺した天文十一年は延深十七歳の若年で、入寺四年目となり、孫の後見人としての立場を考えた蓮淳の河内進出であったと考えられる。

顕証寺を中心とする久宝寺寺内町は天文十年十二月に成立している。その性格についてはすでに業績があげられているし、筆者も若干考察したので[61]詳論しない。久宝寺地域は旧大和川河畔に位置し、大坂から南大和へ通じる交通の要衝であり、寺内町特権を生かす手工業者・商人層が集住してきたことは当然である。同地域は中河内・南河内の経済流通の中心地となり、先進地帯となっていた。顕証寺のすぐ東側を旧大和川の久宝寺川（長瀬川）が、そして玉櫛川・菱江川・吉田川と大和川水系が分流していた。それらは中河内をほぼ南北に流れ、大坂本願寺の北で淀川水系に通じていた。その旧大和川水系の低湿地帯に、先述した地名を冠した「若江衆」や「玉櫛衆」など各村落の門徒衆が密集していたのである。顕証寺は寺内のみならず周辺村落の門徒集団の中心的存在として君臨し、しかも一家衆として末寺・道場を統制し、その情報体制には河川路・陸路において地理的に重要な位置にあったと考えてよいだろう。とくに天文期（一五三二〜五五）の河内の権力争奪の戦乱に一向一揆が関与する中で、顕証寺および同寺を補佐する慈願寺が同地域の中心的役割を果たした。たとえば『天文日記』天文五年十一月七日条に「近郷衆幷久宝寺あたりの衆ニ一戦方ニ可然仁候ハバ、（中略）慈願寺ニハ久宝寺あたりの事申候[62]」とあり、久宝寺あたりとは久宝寺寺内町に連なる門徒衆を指しており、それらの一向一揆を指揮・統括していたのが顕証寺・慈願寺であったのである。

慈願寺法円は文明十三年十二月に没するが、後嗣法光も蓮如の門弟である。法円・法光らが中心となって旧大和川や南河内の石川沿いに散在する門徒衆育成に尽力し、それが端緒となったといっても過言ではない。

それはまた同地域に実如免物が若干現存することからも窺える。中河内地域のそれらを紹介しておこう。永正八年（一五一一）「河内国六万寺惣道場[63]」宛の実如裏書の方便法身尊像、永正七年十二月「興正寺門徒河内国河内郡平岡郷四条村惣道場[64]」宛、実如裏書方便法身尊像、それに蓮如隠退後の明応四年四月「河内国渋川郡北大路法金門徒同在所[65]」宛、実如裏書の方便法身尊像である。おそらく蓮如期に各村落が門徒化し、名号を本尊とする惣道場が設立され、実如期から証如期にかけて絵像本尊が下付されてきたと考えられよう。北河内の南端に位置する泉勝寺[66]に現蔵する天文八年（一五三九）裏書の阿弥陀如来絵像も、それを物語る一つといえよう。また同寺近隣の専応寺[67]には同寺歴代の手塚三河守宛の蓮淳書状が蔵され、永正十七年、実如裏書の方便法身尊像も蔵する。また手塚唯聴氏によると、同寺近隣には永正期実如裏書の方便法身尊像が何点か伝存するといわれ[68]、永正三年の「大坂一乱」と関係している可能性があると考えられる。

大坂一乱事件とは周知のように、永正三年、細川政元が河内誉田城・畠山義英を攻撃する際、実如に摂津・河内門徒に支援要請したため同門徒に加勢を命じたのであるが、同門徒はそれを拒否した事件である。さらには摂津・

河内門徒は実如排斥を画策し、実賢の擁立を企てた事件である。実如はこの事件を機に河内門徒に対しどのように対処していったのだろうか。実如は統制・支配をより強力にしたのか、反発を恐れ寛容であったのか、今後の課題となろう。

一方、南河内における蓮如の下付物についてはすでに大澤研一氏が紹介・検討されている[69]。氏によると、文明十六年二月二十六日に方便法身尊像を「河内国石河郡森屋、願主釈慶性」に、文明十九年七月十一日に方便法身尊形を「河内国石川郡□（支）子庄、願主釈□□（了浄）」[70]にそれぞれ下付されているのが蓮如下付物件として現存するものと報告されている。いずれも蓮如が出口移居後、活発に布教した証左のものである。また、氏は永正期（一五〇四～二一）に実如が南河内地域に下付した方便法身尊像を四幅明らかにされている[71]。蓮如・実如が下付したこれらの所蔵寺院は、南河内から北流した石川が柏原辺で大和川に合流した地域であることも注意できよう。同地域は、慈願寺法円時代より若干遅れて本願寺勢力が浸透していったともいえよう。

近時、上述の外に秋田県大館市の浄応寺で河内国へ下付された蓮如期の方便法身尊形が発見された[72]。その裏書は次の如くである。

「　　陰士（蓮如花押）
文明十五年癸卯六月七日
方便法身尊形
久宝寺法光門徒
河□□（内国）古市誉田
願主　釈道願」

右掲裏書から文明十五年六月七日付で「道願」に下付され、彼は河内古市郷に在住する「久宝寺法光門徒」であったことが判明する。法光は先述した慈願寺法円の子息である。また「古市誉田」はいわゆる南河内で、「誉田衆」として『天文日記』にも散見する。浄応寺の寺伝では十六世紀後半頃、河内より移転したと伝え、この絵像も持参していったと考えてよいだろう。したがって、道願は当寺の開基であり誉田衆の中心人物であったと考えられる。道願の生没は不詳であるが、当然、蓮如に帰依し法光のもとで門徒として育成されたといえる。「法光門徒」とあることからも、慈願寺法円・法光が中河内から南河内における教線拡張・拠点として重要な役割を果たしていたことがより明確となる文献といえるし、先述の天文期に蓮淳が顕証寺へ入ってくる背景とも考える裏づけとなるものが、この新出の絵像裏書といえるだろう。

裏書で問題となろう署判個所の「陰士」について若干検討しておこう。通常は当然、文明期であり「大谷本願寺釈蓮如」「釈蓮如」として署名するはずである。しかし、蓮如が陰士と記し花押を付した事例がすでに三点報告されている。①文明十二年六月十八日付の『御文』、②文明十二年十月十五日、安城御影修復裏書、③文明九年四月五日裏書の本善寺蔵、奉修復方便法身尊号、の三点が陰士あるいは隠士と記されていると報告されている[73]。隠士とは一般的には世俗を離れた人、隠居という意味である。井川芳治氏も論及されているように[74]蓮如は文明九年や同十五年段階では隠居しておらず、むしろ山科本願寺再興に情熱を傾注している時期である。また同時期の絵像裏書には「大谷本願寺釈蓮如」「釈蓮如」と署名しているのが大半である。陰士・隠士の文言は従来紹介された三点とこの浄応寺蔵の四点のみと考えてよい。なぜ蓮如はこのような署名をしたのだろうか。またそれらは特別な絵像・『御文』ではなく通常、蓮如が下付したもので裏書書式も同様である。ただ浄応寺蔵絵像裏書の道願に下付した年時である文明十五年六月七日は、蓮如の長男順如が示寂して十日目にあたる。つまり、順如の初七日後であり、中陰中である。そのことが陰士と署名したことと関係しているのではないかと考える。しかし、先述した三点の下付年時から同様に考えることは困難であり、推測の域を出ない。佐々木芳雄氏は隠士は陰子に通じ、広橋中納言兼郷の猶子となり陰位を受くべき子という意味で用いたのではないかと指摘されている。蓮如が六十歳代になってしかも限られたもののみに陰士と記したことに結論づけるのは困難であろう。今後、蓮如が陰士・隠士と署名し署判した裏書など発見される可能性があり、四点の現状史料から共通した結論・性格を導くのは無理である。今後の課題となろう。

南河内では、真宗寺院としては最も古い由緒をもつ光徳寺が大県郡に存立しているが、同寺については第二節第二項ですでに記した通りである。

さらに付言しておくと、八上郡の金田（堺市）は、古代からの幹線道路である長尾街道に近く、そこには仏光寺派の寺内町が形成された。村内四カ寺はすべて仏光寺派で、伝える開基年も、応永十年・文安五年などと古い。そのうちの光照寺（真宗大谷派）は、覚如が逗留布教したと伝えられているが、明応六年、蓮如との関係で繁栄したという。

第四項　和泉門徒の形成――堺を中心に――

蓮如と和泉国との関係について見てみたい。和泉国でも蓮如は堺（当時北荘は摂津住吉郡、南荘は和泉大島郡）に教線拠点を築いたのであり、同地域を中心に考察を試みたい。

堺が遣明船の発着港として兵庫にかわって発展したのは十五世紀後半である。具体的には寛正期（一四六〇～六六）から文明期に日明貿易を経営する大商人が堺に出現し、都市として機能していったのである。それに呼応するかの如く、蓮如は堺に布教し教線の拠点を築いた。(75)蓮如以前に本願寺教線が堺と関係した寺伝を伝承する寺院もあるが、『慕帰絵詞』『存覚一期記』『存覚袖日記』などの諸書に和泉国や堺への足跡は認められない。

堺での蓮如門弟として樫木屋道場（真宗寺）の道顕、紺屋道場（慈光寺）の円浄がいた。彼らは蓮如の吉崎移居以前よりの門弟である。慈光寺に蔵されていたであろう「蓮如絵像」裏書に「文明二歳六月廿八日、摂州住吉郡堺南庄紺屋道場　願主釈円浄」とあり蓮如署名・花押がある。また、真宗寺蔵の「大谷本願寺親鸞聖人御縁起」裏書に「文明二歳十月廿八日、摂州住吉郡境北庄山口中町、願主釈道見、釈蓮如（花押）」とある。いずれも文明二年に蓮如が下付したものである。ただし、真宗寺蔵の四幅絵伝の裏書は第二・三・四幅に記されているが、筆者の実見の限り、筆致や花押が微妙に異なり、しかも後に修復した表装の裏打ちに直接記されている。したがって、裏書そのものは後筆と考えられ、蓮如筆とは認められない。四幅の絵伝本紙（絹本著色）そのものは蓮如期の優品である。真宗寺には同裏書の別軸装も所蔵されるが、蓮如筆とは考えにくい。一九三〇年刊の『堺市史』には、文明二年の絵伝裏書として所載されており、同書編纂時にはおそらく蓮如筆の裏書が存在していたのであろう。江戸中期の記録であるが『大谷本願寺通紀』巻二に「文明二年、第五世道顕再興、請蓮師慶讃之(76)」と、道顕が文明二年真宗寺を再興し、その落慶法要に蓮如を招請したことを記している。上述の絵伝下付年時と符合することからも、文明二年の蓮如裏書が存していたと考えてよい。先述の河内慈願寺に蓮如が文明二年に久宝寺を訪れて詠じた「蓮如和歌」が蔵されていることからも、その年に蓮如は河内から堺方面へ布教活動を行っていたと考えてよいのではないだろうか。あるいはそれ以前・継職直後からの師弟関係を改めて蓮如は確認し、道顕や円浄に絵像を下付し、その他の門徒団の結束をはかったとも考えられる。

蓮如が吉崎より出口坊舎へ移居した文明七年の翌年二月、真宗寺道祐の絵像を蓮如は道顕に下付している。(77)さらに同年には蓮如は真宗寺境内に一字を建立している。つまり、「八年、又於境内営一宇、号信証院」[78]とあるように、蓮如は信証院と号する坊舎を建立して堺での滞在先としたのである。蓮如が堺に注目していた証左といえる。その着眼は堺が貿易で繁栄する自由な空間都市であるとともに、そこに集住してくる漁民・商人・手工業者・運送・貿易などに従事する階層を布教対象とする意図があったからと考える。蓮如は彼らが時代・社会の担い手として新しく歴史の表舞台で活躍するであろうと、鋭く冷静に見て取っていたのであろう。さらには彼らの門徒化は、教団財政のスポンサーとしても不可欠であろうとも考えていたといえよう。これらの先見性に蓮如の特質を見ることができよう。

信証院は山科本願寺建立にともない山科へ移築された。文明十一年十二月の『御文』で「摂州和泉ノ境ニ立置シ古坊ヲトリノホセ、寝殿マネカタニ作リナシケル」[79]とある如く、山科本願寺寝殿として信証院を移したのである。しかし移築後、蓮如は信証院を同地に再興している。それは奈良県願行寺に蔵される「九字名号」裏書に「明応三年十一月八日書之、摂州住吉郡堺北庄山口信証院常住物」と記されているからである。明応三年（一四九四）にはすでに信証院が再興され、少なくとも九字名号を安置する様相の坊舎が整っていたと考えてよい。『第八祖御物語空善聞書』にも、明応三年や同五年に「堺殿ヨリ御上洛」などの記事が散見し、それを裏づけている。

信証院再興後の明応五年、蓮如は大坂坊舎の建立に着手するが、なぜあえて信証院を再興したのであろうか。彼は都市・堺を好み晩年を過ごすにふさわしい隠居所と考えていたのか、あるいは将来子息女を入坊させる計画があったのだろうか。いずれにしても蓮如は堺門徒団を重要視していたことは確かであり、彼自身にとって社会動向の情報収集に不可欠の位置づけをもっていたのが堺であったろうと考える。そもそも大坂坊舎建立の当初の動機について、顕誓は「抑摂州東成都生玉庄大坂ノ貴坊草創ノ事ハ、去明応第五ノ秋下旬、蓮如上人堺津へ御出ノ時御覧シソメラレ、一宇御建立[80]」と記すように、蓮如が堺へ出入りする際にその必要性から大坂の地を選定したと示唆している。結果的には大坂坊舎はさまざまに機能変化するが、当初の蓮如の視線は堺にあったのである。

真宗寺には明応六年付の御文が蔵され、また永正六年（一五〇九）奥書のある実如証判の『御文』（三十通収録）写本も蔵される。実如筆の奥書には「右此如文可有信心決定候、能々門徒中可有勧化事肝要候、永正六乙巳六月廿五日書之、実如（花押）」とあり、数ある実如証判御文で、あえて奥書を記したことは実如の堺門徒への教化意欲が窺える。なお、「大谷一流諸家分脈系図」によると、道顕の嫡男浄尊に蓮如の子女妙悟が嫁したと記し、それが以後の真宗寺の教団内で有力地位を占める要因となったと『堺市史』続編は論述している。しかし、妙悟なる人物が蓮如の子にいたとは全く他史料にはない。同系図は文化七年（一八一〇）完稿し、しかも真宗寺十七世実厳院超尊（真昭）の編著である。真昭は『私心記』や『安永勧進』などを書写した学僧であるが、同系図作成において妙悟を蓮如の子として真宗寺と意図的に関係づけた可能性も捨て切れない。

以上、堺を中心とする蓮如関係をみてきた。その他、『拾塵記』に門徒化する説話を記述している。それは、「和泉国トツトリト所ニ桑畠ノ志記大夫トイフ男」が「海生寺ノ了真」という蓮如門弟を通じて蓮如に帰依するという内容である[81]。志記大夫は日根郡鳥取庄に在住し、了真は日根郡海生寺（田尻町嘉祥寺）の在住で、文明十八年三月、蓮如が堺より海生寺へ向かい一泊したことと関係していると考えられる。その際蓮如は「和泉なるしたての池を見るやうに、こころすみたる、かい生寺の宮」と詠じている[82]。これらのことから蓮如は堺で滞在する期間に和泉方面へも教化し、さらに紀伊国への教化途中にも同様に門徒育成を行ったと考えられよう。日根郡深日の金乗寺（岬町）に蓮如筆の『正信偈』、実如筆の九字名号が蔵されていることも上述のことを裏づける[83]。また、十六世紀中頃より貝塚寺内町として著名な願泉寺も、その前身の草庵に蓮如が紀伊・和泉地域へ教化した際、滞留したと伝えている。

第四節　むすび――大坂坊舎――

摂河泉地域における真宗教線の形成や発展過程を、蓮如を中心にみてきた。初期門徒の形成については、寺伝・伝承を中心とする若干の紹介を試み、存覚の具体的な布教拠点の足跡を明らかにした。つまり、蓮如以前の真宗教線は、まず仏光寺系と称される親鸞門弟と、本願寺覚如・存覚父子が若干ではあるが散在的に門徒団を形成していたのである。その若干の基盤に蓮如が継職前後の早い時期より着眼し、その門徒団を量・質ともに育成充実させ、教団の組織へ組み入れていった。それらは畿内の経済的先進地帯を背景とし、教団の財政的基盤となったといえるだろう。また、門徒団の地域的指導層自身も蓮如・教団を支え、教線拡張に傾注した。それらを紹介・検討してきた。次に蓮如創立の大坂坊舎について、若干考証したい。

明応五年（一四九六）、蓮如は大坂坊舎建立に着手した。周知のように「摂州東成都生玉之庄内大坂トイフ在所ハ」で始まる『御文』で同坊舎のことは著名であり、大坂の地名の文献上の初見とされる。この大坂は淀川支流の大川に架かる天満橋付近より現大阪城方向へ登る「オサカ」「オオサカ」を指す。またこれについて『拾塵記』は「蓮―上人ノ御物語アリシハ、自余ノ坊ハ惣門徒ノ志ニテ作ラル、也、此大坂ノ坊ハ蓮―名号ヲ人ノ申サル人ノ御礼ノツモリシヲ以テ御建立ノ御坊也」(84)と記している。この記事は大坂坊舎建立の資金が名号染筆の冥加金によったこととしてよく知られている。蓮如の名号染筆下付が多数であったことが看取できるとともに、蓮如が門徒の懇志に頼らず、自らが建立に積極的であったことも窺える記事である。蓮如の坊舎建立意欲が読み取れよう。名号染筆を所望され、冥加金が多く収納された結果、坊舎を建立したのか、坊舎建立の意志が蓮如に当初よりあり、そのために名号を多数染筆したのか、どのように解すべきだろうか。むしろ後者の可能性が強いのではないかと考えられる。

なぜ蓮如は、八十二歳の高齢で新たな坊舎建立に着手したのだろうか。しかも堺の信証院を山科に移築し、それを再興した二年後でもある。それについて従来より諸説があった。たとえば、交通の至便なところに隠居所として設立した説、四国や西国へ教線を拡張するため、あるいは実母の故郷とされる西国への強い関心によるとする説、さらに当時三十二歳の内室蓮能尼とその五人の幼い子息女の居住するための配慮などである。いずれも考えられる説であるが、蓮如は高齢となり家族の将来の安住先を考えた上での坊舎建立であったと考えるのが妥当であろう。蓮如没後、蓮能尼・実賢らが大坂坊舎で起居していたことも、それを裏づけよう。坊舎建立当初は『反故裏書』が記すように、蓮如の堺への出入りと関係していたのであろう[85]。

大坂坊舎の規模であるが、『反故裏書』によると約十日間ほどの工事期間であることから、簡素な建物であったと考えられ、持仏堂があって敬信閣という蓮如筆の額が掲げられていたという。しかし、約三十年後の大永四年（一五二四）、三条西実隆の『高野参詣日記[86]』は「おさかといふところにいたりて（中略）つとめてこのところの本堂とみるべきよし申せしかば、ここかしこみ申せしかば、ここかしこみめぐらすに、心ことばもをよばざる荘厳美麗のさま」と坊舎を見た印象を語っている。つまり同時期には壮麗な寺院が営まれていた規模を示唆していよう。これは坊舎を維持し支援する体制が摂津・河内・和泉門徒に育成されていたからであり、その基盤があったからである。天文元年（一五三二）山科本願寺が焼亡し、翌年宗祖像が大坂坊舎へ移され、大坂本願寺となり、寺内町として繁栄することは周知であろう。大坂寺内町に関しては幅広い視角からすでにすぐれた諸業績があり[87]、それらを検討し論及する余裕はない。

ところで、山科本願寺焼亡後、寺基の移転先が北陸や東海などではなく、なぜ大坂であったかについては従来指摘されていない。それはとくにその理由を考察するほどのことでないからかもしれない。しかし、すでに多数の門徒団をかかえる一派の本山としての寺基の移転先選定は重要であったことは確かである。あえて考えるならば、山科本願寺焼亡時に宗主証如が大坂坊舎にいたこと、彼と祖像を奉じた実従とが連絡が密であったこと、大坂坊舎が本山の支坊のような性格として機能し、かつて宗主一族が住していたこと、先述の『高野参詣日記』の記事の如くすでに坊舎が寺院の伽藍をある程度整えていたこと、大坂は畿内でめまぐるしく変化する政治状況に対応するのに便利で、しかも交通の要衝であったこと、等々から大坂へ寺基移転が行われたと考えられる。大坂本願寺周辺の門徒団の基盤があった背景も看過できず、それがむしろ重要であると考える。その門徒基盤の育成は上述してきた如く、蓮如の布教によるところが大である。

一方、蓮如が開創し子息を継承・入寺させた寺院も摂津・河内に多い。順如の光善寺、蓮芸の教行寺、実順・蓮淳の西証寺（のち顕証寺）、蓮淳の恵光寺、実従の順興寺などであり、それは北陸教団に匹敵し、蓮如が教団基盤上、摂河泉に着目し重要視していた証左であろう。(88) また、晩年の蓮如の活動の拠点・居住地は山科本願寺近在の隠居所・南殿を中心に、堺の信証院、富田坊舎、大坂坊舎、近江堅田などであった。それらの地域を往返したのである。『第八祖御物語空善聞書』に「富田殿ヨリ上洛」の文言が頻出する。その年時上限は明応四年であり、下限は同六年である。同七年頃蓮如は富田坊舎を蓮芸に付属し、教行寺と公称されたと考えられる。(89) これらのことからも最晩年の蓮如は摂河泉地域と関係深いことが窺え、また彼は同地域に愛情を持ち、晩年を過ごすにふさわしい風土(90)でもあったのであろう。その門徒衆による風土が大坂本願寺時代、さらには幕藩体制下の大坂真宗教団の展開の基盤であったといえるだろう。

なお、蓮如は明応八年に没するが、その際、大坂坊舎から山科へ向かう途中、有力門弟である「サンバノ浄賢」のところに寄っている。のちの定専坊である。同坊支坊の天満定専坊には重要文化財の「本願寺聖人親鸞伝絵」が蔵され、詞書は存覚と推定されている。(91) また大永四年裏書の実如寿像をも蔵している。(92) その他、教行寺、東摂津の島上郡門徒、西摂津の毫摂寺門徒などを検討しなければならないが、上述の諸事情によって不可能となった。今後の機会を期して擱筆する。

註

（1）文部省宗教局編『宗教制度調査資料』七巻（原書房、一九七七年）によれば、広島県の二九万二八七三戸・二九万七三九八人、愛知県の二三万三六二八戸・二七万五三九八人、福岡県の一四万四三〇六戸・二五万七〇五九人、新潟県の一二万四八三〇戸・四五万七二五二人、富山県の一一万九九五五戸・三四万九二〇人、熊本県の一一万一二三三戸・一二万八八二〇人となる。さらに、大正期に編纂された井上正雄の『大阪府全志』には、各個別寺院についての解説がなされている。その記述の中には、寺伝によるものも多く、決して歴史的事実であるとは言えないが、全体的・時期的・数量的な把握を行う上で、参考となるものである。

（2）木村武夫『蓮如上人の教学と歴史』（東方出版、一九八四年）。

（3）日野照正『摂津国真宗開展史』（同朋舎出版、一九八六年）。

（4）大阪全体では、鷲尾教導『津村別院誌』（津村別院、一九二六年。一九八六年、同朋舎出版より増補復刊）、さらに『大阪府誌』五編（一九〇三年）、井上正雄『大阪府全志』（一九二二年）以来の自治体史における真宗に関する記述が参考となる。その他としては、『角川日本地名大辞典』（27・大阪府）の「大阪府参考図書目録」を参照のこと。

（5）東派の学僧で親鸞伝・聖典などの研究で当時の権威者である先啓は、『大谷遺跡録』巻四に「溝杭仏照寺記」があり、「高祖神足ノ弟子二十四輩第三鹿島順信房性光、師命ヲ承テ化導セラレケル芳跡也、摂州ヲ化スルニ遠近ノ緇素群ヲナスコト市ノ如シ、由之近邦西海ニ仏照寺ノ末下数百ケ寺アリ」と記し、また、西派の学僧である玄智は、『大谷本願寺通紀』巻七に、同様の記述をしている。一方、『茨木市史』の考察によれば、開創者は勝光房西順、佐々木源氏の佐々木盛綱の子の俊綱、承久の乱後、嘉禄元年（一二二五）、高野山に登って仏門に入り、仁治二年（一二四一）には親鸞に帰依し、弘長二年（一二六二）、溝杭目垣の仏照寺を開いたとの伝を紹介し、佐々木氏で高野聖・念仏者となった幾例から、溝杭の地に地盤を持った一族の一人として、俊綱（西順）の存在が考えられるとする。また、「政所賦銘引付」（『続史料大成』）の文明十四年分に、「仏照寺教光、大館殿契約」とあり、大館氏と収取に関する契約を結んでいたことが判明する。このことは、在地有力者としての歴史性を仏照寺が保持してきたと考えられ、先の考察を補強することとなろう。

なお、以上の二書の記述にはかなりの違いがあるが、本来、佐々木氏は東国を地盤とした武士であって東国に所領を有していた可能性があり、親鸞の教えに接する機会があったとも言え、親鸞の門弟としての「鹿島順信房性光」と「佐々木俊綱・勝光房西順」との接点はあるように思える。

(6)　先啓の『大谷遺跡録』の考察によれば、建長の頃（一二四九～五六）、多田左衛門尉光雲なる者ありて、河内国を領地していたが、この地の廃退を嘆き、彼の請によって親鸞の下した慶西房の弟子となり、光雲房信西と号し、遂に行基の古跡を興した。この慶西より六代の法西が寺務の時、国守の安福宗正は法西の徳を慕い、浄財を投じて堂宇を重建した。その後、文明八年（一四七六）の冬、寺基を美濃国の室原郷に移した。法西の嗣の光西が旧跡に一字を建て相続したが、元亀元年（一五七〇）、信長によって焼かれてしまったとする。

(7)　木村寿「安福寺と割竹形石棺」（大阪教育大学広報委員会『ＯＫＤニュース』二〇〇号、一九九四年）参照。

(8)　『真宗史料集成』一巻（同朋舎、一九七四年）九九四頁。

(9)　前掲註（3）日野照正『摂津国真宗開展史』、第二章「摂津国における初期真宗の展開」を参照。

(10)　『慕帰絵』によれば、覚如は弘安六年（一二八三）七月に興福寺一乗院信昭に入門、九年六月に信昭の死去により、覚昭に入門、十月に出家受戒し、行覚に法相を学ぶ。翌年十一月に大谷で如信から真宗教学を受け、乾元元年（一三〇二）に覚恵から留守職を譲られる。

(11) 前掲註（8）、八七二頁。

(12) 存覚は正平年間には、摂津豊島にいた。『存覚一期記』および『存覚袖日記』（前掲註8、一巻）によれば、観応元年（一三五〇）五月、磯島の教願を日野時光に遣わし父との和解の斡旋を督促し、七月に赦免状を伝達している。文和三年（一三五四）八月十三日、摂津手島（豊島）本尊に札銘を記している。

(13) 『茨木市史』。

(14) 『大谷本願寺通紀』巻七（前掲註8、八巻、一九七四年）四七五頁。

(15) 『存覚袖日記』（前掲註8、一巻、九一六頁）。

(16) 『古写古版真宗聖教現存目録』（本派本願寺宗学院、一九三七年）。

(17) 右に同じ、二〇六頁。

(18) 柏原市・光徳寺蔵。

(19) 嘉暦元年（一三二六）、仏光寺了源が「絵系図」を作成した記述が、光用寺（大阪市）蔵奥書に見え、仏光寺の影響を見ることができる。

(20) 『慕帰絵詞』『最須敬重絵詞』『口伝鈔』『改邪鈔』の題主で、「最須敬重絵」の著者である。

(21) 古川橋願得寺蔵奥書および小浜毫摂寺蔵奥書。たとえば古川橋願得寺蔵奥書によれば、暦応元年（一三三八）十二月十日善実に『安心決定鈔』、興国三年（一三四二）七月十二日『末燈鈔』、同六年一月晦日慶如に『唯信鈔文意』、同年四月十八日浄真に『口伝鈔』を写し、毫摂寺蔵奥書によれば、貞和元年（一三四五）十二月十一日覚真に『往生大要鈔』、同三年六月中旬空善に『大無量寿経延書』を写したことが判明する。

(22) 西本願寺蔵。大澤研一解説（大阪市立博物館編『大阪の町と本願寺』毎日新聞社、一九九六年）。

(23) 『天文日記』（前掲註8、三巻、一九七九年）二一七頁。

(24) 日本歴史地名大系28『大阪府の地名』(平凡社、一九八六年)。
(25) 金龍静「蓮如上人の風景」(『本願寺新報』平成八年十二月一日号、本願寺新報社)。真宗大谷派京都教務所の山口昭彦氏のご教示による。
(26) 『諸文集』107(前掲註8、二巻、一九七七年、二二九頁)。
(27) 枚方市・光善寺蔵。
(28) 「蓮如裏書集」(前掲註8、二巻、三九五頁)。『本願寺史』一巻(浄土真宗本願寺派、一九六一年)。
(29) 前掲註(8)、二巻、四八四頁。
(30) 名畑崇「大阪の蓮如上人」(『蓮如上人』難波別院、一九七八年。のち『蓮如大系』一巻、法藏館、一九九六年に収載)。
(31) 拙稿「蓮如の河内国進出――慈願寺法円を中心に――」(福間光超先生還暦記念会編『真宗史論叢』永田文昌堂、一九九三年。本書第Ⅱ部・真宗教団と地域社会・都市所収)。
(32) 堅田修「蓮如上人の真宗興隆」(『真宗の興隆』同朋舎出版・真宗寺、一九九四年)。
(33) 大阪市・万福寺蔵。本書一七九頁参照。
(34) 「諸文集」99(前掲註8、二巻、二二〇頁)。金龍静『蓮如』(吉川弘文館、一九九七年)は蓮如が仏光寺の絵系図批判を行っていないことを強調されている。
(35) 天文五年(一五三六)七月のことで、摂河泉が戦場となり、焼亡した。その後、管領となった晴元は、十月には本願寺に近づき、富田坊・堺坊の再興の下知状を下した。この時、寺号を称したが、ここで蓮如が『教行信証』を書写したによると伝える。「遺迹大略」(『真宗全書』五六巻)、「細川両家記」(『新校群書類従』)、『私心記』(前掲註8、三巻)を参照。
(36) 堺市・真宗寺蔵。
(37) 各寺院蔵裏書および「鷺森旧事記」参照。紀伊冷水の了賢に与えた連座像の裏書には、次のように記されている。

「　大谷本願寺親鸞聖人真影　釈蓮如（花押）
　文明八年丙申十月廿九日　摂州島上郡富田常住也
　　雖然此御影紀伊国阿間郡清水道場之本尊定之者也　願主釈了賢」
この道場はその後、墨江を経て鷺森に移る。また、文明十八年（一四八六）三月、出口から堺に至り、海路、和泉海生寺（嘉祥寺）の真光寺了真のもとに達し、紀伊の冷水に赴いた（「紀伊国紀行」帖外七三）。

(38)『諸文集』247（前掲註8、二巻、三一三頁）。

(39)「昔物語記」十八条（前掲註8、二巻、六一一頁）。

(40)「諸文集」117（前掲註8、二巻、一三九頁）。

(41)「法流故実条々秘録」一―五九条（前掲註8、九巻、一九七六年、四一三頁）。

(42)堺市・真宗寺蔵。

(43)宮崎圓遵「願得寺実悟の生涯と業績」（『宗学院論輯』三四輯、一九四一年。のち宮崎圓遵著作集五巻『真宗史の研究（下）』、思文閣出版および永田文昌堂、一九八九年に収載）、『河内九個荘村郷土誌』、『門真町史』（一九六二年）。

(44)『寝屋川市誌』（一九六六年）。

(45)拙稿「久宝寺寺内町と河内門徒」（北西弘先生還暦記念会編『中世社会と一向一揆』吉川弘文館、一九八五年。本書第Ⅱ部・真宗教団と地域社会・都市所収）。

(46)「諸文集」96（前掲註8、二巻、一二七頁）。

(47)松原市・願久寺蔵。吉田一彦・脊古真哉・大澤研一氏らのご教示によると、裏書は三紙からなる続紙であり、第二紙に順如、第三紙に蓮如の花押がある可能性も示唆されている。

(48)吉田一彦・脊古真哉「本願寺順如裏書の方便法身尊像」（『名古屋市立女子短大研究紀要』五六号、一九九六年。のち『蓮如大系』一巻、法藏館、一九九六年に収載）。

(49) 八尾市・慈願寺蔵。
(50) 右に同じ。本書一七九～一八〇頁参照。
(51) 大阪市・浄照坊蔵。前掲註(31)拙稿参照。
(52) 前掲註(31)拙稿。大澤研一「蓮如と大阪」(『中外日報』一九九七年九月十一日、十三日号)で大坂坊舎とそれ以前の法円との関係について論じている。
(53) 八尾市・顕証寺蔵。
(54) 前掲註(8)、二巻、七四五頁。
(55) 上場編『八尾別院史』(真宗大谷派八尾別院、一九八八年)。
(56) 『私心記』天文十一年六月二十八日条(前掲註8、三巻、六二八頁)。
(57) 右に同じ。天文十一年八月二十五日条(前掲註8、三巻、六四二頁)。
(58) 前掲註(23)、天文十一年八月二十五日条(前掲註8、三巻、三一六頁)。
(59) 『大谷嫡流実記』(前掲註8、七巻、一九七五年)。
(60) 前掲註(23)、天文七年十一月十五日条(前掲註8、三巻、一九五頁)。
(61) 金井年「歴史地理学からの寺内町論」(『講座蓮如』三巻、平凡社、一九九七年)、仁木宏『空間・公・共同体』(青木書店、一九九七年)で寺内町研究史がまとめられている。前掲註(45)拙稿。『寺内町研究』(貝塚寺内町歴史研究会編)が一九九五年に創刊されたことも参照されたい。
(62) 前掲註(8)、二巻、七〇頁。
(63) 東大阪市・息徳寺蔵。日本歴史地名大系28『大阪府の地名』(平凡社)参照。摂河泉の実如免物については大澤研一氏が調査報告されている(前掲註22)。
(64) 東大阪市・安養寺蔵。
(65) 大阪市・円徳寺蔵。

(66) 大東市・泉勝寺蔵。
(67) 大東市・専応寺蔵。蓮淳書状については、北西弘『一向一揆の研究』（春秋社、一九八一年）に詳しい。
(68) 手塚唯聴「蓮如上人のお名号と実如上人のお名号」（木村武夫編『蓮如上人の教学と歴史』東方出版、一九八四年）。
(69) 大澤研一「中世の大伴道場」（『寺内町研究』二号、一九九七年）。
(70) 前掲註（22）所収。
(71) 前掲註（69）、大澤論文。
(72) 山口昭彦（真宗大谷派京都教務所）、鹿崎正明（真宗大谷派大阪難波別院教化センター）両氏のご教示による。
(73) 井川芳治「飯貝本善寺蔵の無碍光本尊について」（『本願寺史料研究所報』六号、一九九三年）、佐々木芳雄『蓮如上人伝の研究』（中外出版社、一九二六年）。大澤研一（大阪市立博物館）、吉井克信（大阪狭山市史編纂室）両氏にもご教示いただいた。
(74) 前掲註（73）、井川論文。
(75) 拙稿「堺の歴史と真宗」（堺市教育委員会編『真宗寺文書調査報告書』一九九六年）。以下、真宗寺関係については『真宗の興隆』（同朋舎出版・真宗寺、一九九四年）に所収されている吉井克信・矢内一磨・倉橋昌之他編「典籍・法宝物目録」参照。
(76) 前掲註（8）、八巻、三六一頁。
(77)『蓮如と大阪』（朝日新聞社・難波別院、一九八六年）。
(78)『大谷本願寺通紀』巻二（前掲註8、八巻、三六一頁）。
(79)『諸文集』114（前掲註8、二巻、一二三六頁）。
(80)『反故裏書』（前掲註8、二巻、七四九頁）。
(81) 前掲註（8）、二巻、六〇五頁。

(82) 前掲註(73)、佐々木書。
(83) 『金乗寺史』(金乗寺、一九七三年)。
(84) 前掲註(8)、二巻、六〇七頁。
(85) 前掲註(8)、二巻、七四九頁。
(86) 『群書類従』十八巻。
(87) 大坂・寺内町研究史については、仁木宏『空間・公・共同体』(青木書店、一九九七年)に詳しく、大坂本願寺呼称については、吉井克信「戦国・中近世移行期における大坂本願寺の呼称」(『ヒストリア』一五三号、一九九六年)参照。『寺内町の研究』全三巻(法藏館、一九九八年)の各巻末の論文目録が参考になる。
(88) 拙稿「蓮如と大坂」(大阪市立博物館『大阪の町と本願寺』毎日新聞社、一九九六年)。
(89) 拙稿「近世真宗教団史論」(『講座蓮如』三巻、三〇〇頁。本書第Ⅰ部　近世真宗教団の構造と性格所収)。明応七年裏書で「願主釈蓮芸」の方便法身尊像。
(90) 拙稿「近世大坂の真宗寺院」(圭室文雄・大桑斉編『近世仏教の諸問題』雄山閣、一九七九年。本書第Ⅱ部　真宗教団と地域社会・都市所収)。
(91) 『大阪市内真宗寺院の遺宝』(大阪市立博物館、一九九三年)。
(92) 前掲註(89)拙稿で、教行寺史と末寺分布などを考察した。

第二章　蓮如の河内国進出
――慈願寺法円を中心に――

第一節　はじめに――慈願寺法円――

蓮如が本願寺教団の教線拡張を企図する中で、河内国地方に早くより着目していたと考えている。もちろん、それは隣接する摂津国・和泉国をも含めた地域でもある。

河内地方へ注目したことは、蓮如の子息十三人中、四人が河内国の蓮如開創寺院へ、一人が摂津へ入っていることからも、その一つの指標となろう。すなわち、順如が光善寺、実順が西証寺、蓮淳が西証寺(のち顕証寺と改称)、実従が順興寺とそれぞれ河内国寺院へ、そして蓮芸が摂津国教行寺へ入っている。また、若干、上述寺院と性格が異なるが、大坂坊舎へも実賢が入り起居していたのである。これらの寺院創立に関してはその基盤となる門徒団が蓮如によって育成されていたことはいうまでもない。また上述の各寺院は淀川や旧大和川沿いに面しており、門徒衆の職能、あるいは畿内先進地帯であることに蓮如は着眼した教化意図をもっていたとも推測できる。

いつ頃から蓮如は摂河泉地方に入り、門徒団形成に取り組んだのだろうか。『御文』(文明八年七月二十七日付)に「コノコロ摂州河内大和和泉四ケ国ノアタリニヲイテ、当流門徒中ニ」[1]帰する旨、翌年自ら記するように、文明七年(一四七五)八月、越前吉崎を退去し、河内出口に移居した以後と考えてよい。しかし、それは蓮如が摂河泉・大和に積極的に教化を行った時期であり、一応、本願寺教団の基礎が近江、北陸などですでにでき活動が活発化していた。それでは上述の『御文』にある文明七年以前は摂河泉地域と蓮如は無関係であったかといえばそうではない。蓮如が吉崎進出の文明三年(一四七一)五月以前にも堺や河内へ進出し、門徒団のリーダーを育成していた足跡が認められるのである。

本稿では蓮如の河内進出で重要な役割を果したと考えられ、有力門弟であった慈願寺法円に注目し、彼を中心に河内地域に本願寺教団が形成・活発化した点を考えてみたい(2)。つまり、蓮如が本願寺八世を継職した直後、あるいはそれ以前より法円と親密な師弟関係をもっていたと考えられ、現存する同地域の蓮如裏書などでは最も早い時期に法円が登場するのである。否、河内地域のみならず全国的に考えても近江の法住・道西らとともに法円は蓮如に裏書・聖教奥書を記された最も早い人物と考えてよい。

蓮如以前の摂河泉地域の真宗教団はおそらく仏光寺派の寺院・門徒が主流を占めていたと考えられる。というのは現在、東西本願寺派の寺院が本来仏光寺系で依用された光明本尊や絵系図が存するからである。しかもそれは十五世紀頃のものである(3)。また本願寺教団では蓮如以前では存覚の足跡が若干認められるが、事実上、蓮如によって本願寺門徒化され、その端緒的な門徒団のリーダーが法円であったと考えられる。そこで限られた史料であるが、蓮如と法円に関する点に視点をしぼりながら地域教団の形成、あるいは蓮如の初期教化の一端を考えてみたい。

第二節　吉崎以前の蓮如と法円

蓮如は四十三歳で本願寺八世を継職し、文明三年（一四七一）五月、越前吉崎へ進出するのであるが、吉崎進出以前に河内地域とどのような教化関係をもっていたのだろうか。すなわち、継職後、寛正の法難を経て、吉崎へ移居するまでの四十三歳から五十七歳までの間、蓮如は河内地方の門徒・有力門弟と、どのような接触をもったのか、である。

まず、それを摂津・河内・和泉に現存する蓮如の自署・花押がある絵像裏書、聖教奥書などによって明らかにしたい。文明三年以前のそれらを列挙すると次の如くである。(4) なお、〈例6〉のように蓮如下付物として認めるには疑問が残るものもある。

〈例1〉

奉修復无㝵光如来

大谷本願寺釈蓮如（花押）
長禄二年戊寅十月廿三日
河内国渋河郡久宝寺
慈願寺本尊也
願主釈法円

（八尾市・慈願寺蔵）

〈例２〉

和朝聖徳太子幷真宗御影等

大谷本願寺釈蓮如（花押）
寛正二歳辛巳八月一日
願主釈法円
（八尾市・慈願寺蔵）

〈例３〉

日本血脈相承真影

大谷本願寺釈蓮如
寛正四年辛未九月九日
願主釈法実
（大阪市・万福寺蔵）

〈例４〉『口伝鈔』（写）奥書

「右此口伝鈔三帖者当流肝要秘蔵書也、雖然河内国渋河郡
久宝寺法円、依所望予初一丁之分染筆訖、外見旁可有斟
酌者也而已

時也文正弐歳二月十六日
釈蓮如（花押）」
（大阪市・浄照坊蔵）

〈例５〉

くる春もおなし　木すえをなかむれは
いろもかはらぬ　やふかきの梅
年つもり五十有余をおくるまて
きくにかはらぬ　鐘や久宝寺
文明二歳二月十六日
蓮如（花押）

（八尾市・慈願寺蔵）

〈例６〉

法然上人月中御影
親鸞聖人之御筆
文明二年庚寅三月十一日書之
釈蓮如（花押）

（八尾市・慈願寺蔵）

〈例７〉

（蓮如寿像）
釈蓮如（花押）
文明二歳庚寅六月廿八日
摂州住吉郡堺南庄
紺屋道場
願主釈円浄

（徳島市・慈船寺蔵）

〈例８〉

大谷本願寺親鸞聖人御縁起
釈蓮如（花押）
文明二歳庚寅十月廿八日
摂州住吉郡境北庄
山口中町
願主釈道見
（堺市・真宗寺蔵）

以上が文明三年（一四七一）以前の和泉国をも含めた河内地域での絵像、聖教の蓮如裏書・奥書である。なお〈例7〉の願主円浄は堺市・慈光寺第二世であり、本来は同寺蔵と考えられるので提示した。

河内地域で蓮如が自署・花押した最も早いものが、右掲の〈例1〉慈願寺蔵「十字名号」修復の裏書である。すなわち、蓮如が本願寺第八世を継職した翌年の長禄二年（一四五八）十月の裏書であり、同地域で年時が明記された蓮如下付物件の最古のものと考えてよいだろう。

蓮如は継職後、教団内で種々異相の本尊を整理したり、裏書の書式・体裁などを統一的に整備していった。[5]その中で十字名号の尊号を門下に授与する場合、通常、「方便法身尊号」と裏書に記している。たとえば、大津市・本福寺蔵の長禄四年（一四六〇）二月二十四日裏書の十字名号が著名でよく知られている。その裏書書式は次頁の如くである。[6]

このように蓮如の自署・花押、下付年時、下付先、願主の体裁は以後も同様の書式配列であり、これが定型となっていった。題名の「方便法身尊号」は当初は異なっていたと考えられる。

方便法身尊号

大谷本願寺釈蓮如（花押）
長禄四年庚申二月廿四日
江州志賀郡堅田馬場之道場本尊也
願主釈法住

すなわち、長禄三年（一四五九）三月二十八日裏書の近江野洲南郡小村の善崇に宛てた十字名号には「無礙光如来」と題しており（守山市・延命寺所蔵）、先述の慈願寺所蔵十字名号と同様の題名となっている。また、「方便法身尊号」と題する最も早い時期の十字名号は、長禄二年閏三月裏書の近江栗太郡山田村の善可に宛てたものである（名古屋市・珉光院蔵）(7)。次に長禄三年十一月二十八日の裏書の近江野洲南郡中村の西願に宛てたものである（守山市・西照寺蔵）。

したがって、継職直後の蓮如は十字名号を下付する場合の裏書には表題名を「無礙光如来」と「方便法身尊号」の両方を併用していたといえよう。それが長禄四年以降は統一的に「方便法身尊号」と題して下付している。その背景には寛正六年（一四六五）、比叡山僧徒が大谷を破却したことと関係していたと考えられる。すなわち、破却に関する比叡山の決議文の中に「号無礙光建立一宗、勧愚昧之男女、示卑賤老若之間、在々処々村里閭巷、成群結党」とあるように、比叡山の本願寺批判の中に「無礙光宗」という意識をもっており、蓮如はその誤解を招く言葉を避けたのであろう、そのような比叡山の批判はすでに長禄年間より巷に風聞として伝えられていたのであり、蓮如も充分承知していたと思われる。

本来、蓮如は十字名号には「無㝵光如来」と題して下付したかったと考えられる。しかし、誤解を招かぬため、あえて方便法身尊号としそれを統一的に使用していったのであろう。したがって当初は両表題を併用し、将来を見越して一本化し、本願寺教団の裏書書式を統一的に整備確定していったのである。

また、慈願寺には「奉修復无㝵光如来」が蓮如より授与されて三年後に、同じく蓮如より下付授与された寛正二年裏書の「和朝聖徳太子幷真宗御影等」が所蔵されている。この太子像の構図は正面上部に真向の聖徳太子像が、向かって右側下に親鸞像が、左側下に存如像が描かれている。太子の像容は輪の形をした紐を耳につけ、左右に分けた頭髪を体軀の前に長く垂らしたいわゆる垂髪太子と呼ばれるものである。像容や台座は山形県米沢市の長命寺蔵「正面向垂髪太子像」と類似している。(8) ただし、柄香炉は慈願寺本が両手で持っている。通常、初期の太子像や高僧と連座した太子像は、太子像下左右に蘇我馬子・阿佐太子・小野妹子等六人の侍臣が描かれている。

したがって慈願寺蔵のそれは他に例を見ない構図といえよう。蓮如が裏書した太子絵像としては東本願寺蔵本が著名である。それは文明十六年（一四八四）の裏書であり、もと奈良県箸尾の教行寺に伝来したもので、地方で制作されたものに蓮如が裏書したものといわれる。(9) この構図は慈願寺蔵とは異なり、他の高僧と連座していない。

一般的には太子絵像は七高僧絵像と一対で下付され、本願寺が本格的に免許授与するのは実如以降である。(10) 蓮如が裏書したこれらのものとしては、新潟県上越市・浄興寺蔵の「三朝浄土大師真影、釈蓮如六十五歳（花押）、文明十一歳己亥五月十八日図画之訖」と、愛知県渥美郡・西円寺蔵の「三国相承祖師、釈蓮如　文明九年丁酉九月二日書之」などが知られる。(11) その数も数例で、いずれもいわゆる「浄土七高僧像」に裏書され、太子像にはない。また裏書表題も定型化していない。

上述のことから慈願寺蔵本の聖徳太子と親鸞・存如の連座像は珍しい構図であり、裏書表題の「和朝聖徳太子並真宗御影等」も他に例がない。さらには蓮如が寛正二年に太子絵像に裏書したことも他に例がなく最も古い事例といえよう。[12]それだけに願主の法円と蓮如の親密な関係が窺える。

ただ、慈願寺蔵本の表の料絹が蓮如当時のものか、充分検討する必要があると思われる。

いずれにしても蓮如と慈願寺法円とが親密な師弟関係であったことは、同寺蔵「十字名号」裏書願主からも窺えるし、蓮如が吉崎進出以前より、河内地域の有力門弟・リーダーが法円であったと考えてよいだろう。法円は慈願寺第六世であるが、その生没年などは不明確である。同寺では命日を「文明十三年十二月七日」としている。それは、同寺蔵の法円絵像の裏書が同年月日であるからという。

第三節　二点の法円絵像

蓮如が河内地域に進出するにつき、慈願寺法円の存在が大きかったことは上述の同寺蔵「十字名号」裏書願主、「和朝聖徳太子」の裏書願主からも明らかであろう。

また、前節で提示した大阪市・浄照坊蔵『口伝鈔』書写本の奥書からも、さらにその師弟関係、親密さが明確であろう。すなわち、奥書に「雖然河内国渋河郡久宝寺法円、依所望予初一丁之分染筆訖、（中略）時也文正弐歳二月十六日　釈蓮如（花押）」とあり、法円が蓮如に所望して『口伝鈔』の書写本を授与されたのである。文正二年（一四六七）は蓮如五十三歳で継職後十年である。その時期から考えても、蓮如と法円の関係は摂河泉地方では最も早い時期より成立していたといえる。法円の生年が不明のため、二人の年齢差を明らかにしえないが、おそらく法円は蓮如より数歳下であったのではないかと推測している。なお、先述の浄照坊は慈願寺の通寺であり、大坂（石山）本願寺時代に活躍する。それについては後述したい。

その他、法円が登場するのは、慈願寺蔵「親鸞絵伝」の裏書である。(13) それは次の如くである。

親鸞聖人御絵伝 　　　　　　　　　釈蓮如 　　　　文明七年乙未九月廿二日 　　　　河内国渋河郡橋島久宝寺 　　　　慈願寺之常住物也 　　　　　　　　願主釈法円

右掲のように文明七年（一四七五）九月二十二日付で、蓮如は「願主法円」に親鸞絵伝四幅を下付しているのである。蓮如は文明七年八月二十一日、吉崎を去り若狭・摂津を経て河内出口に入っているのは周知であろう。したがって、この絵伝は蓮如が吉崎を去って一カ月後に下付したことになる。法円がどの時期にその下付授与願を蓮如に提したかは明らかにできないが、蓮如が吉崎を去ること、河内出口に入ってくることを、法円は事前に知っていたのではないかと考えられる。それはほぼ同時期に出口の光善が「親鸞絵像」を同じ蓮如より下付されているからである。(14) すなわち、その下付年時は「文明七年九月五日」であり、蓮如が吉崎を去って十日余後である。慈願寺蔵絵伝とは十数日ほどの差である。出口の光善は蓮如が吉崎を去って自らの準備した出口坊舎へ落ち着くことは当然承知していたのであり、また蓮如や側近もそのことを光善にはたらきかけていたはずである。それだけに蓮如は光

善と親密な師弟関係をもち、信頼していたことが窺える。その光善に授与した「親鸞絵像」と同時期に法円に「親鸞絵伝」を下付したのであるから、光善同様、蓮如は法円を信頼し、今後の摂河泉地方での頼るべき有力門弟と考えていたにちがいないと考える。また、上述のことから光善と法円は同じ有力門弟・同行として緊密な連絡をとり、蓮如の吉崎での動向、河内国出口に入ってくることなどを承知し、互いに門徒集団のリーダーとしての認識をもっていたといえるだろう。

出口の地理的位置は淀川沿いであり、慈願寺は旧大和川（久宝寺川）沿いに存立している。旧大和川の上流は大和・百済門徒、吉野門徒の存するところであり、慈願寺の久宝寺地域は南河内の石川と大和川とが合流する舟運の泊で、畿内先進地帯の一つであった(15)。その視点から推考するならば、法円をリーダーと仰ぐ門徒集団は河川に関することを職業とし、経済的に優れたもので構成されていたと考えることも可能である。法円に従う多数のスポンサーがいたのであろう。

以上、法円が願主となり奥書、裏書に記載されている点を指摘検討した。親鸞絵伝裏書の下付年月日は蓮如の吉崎以後であるが、むしろその直後であることから、蓮如、法円の関係を考える上で注目されよう。また、河内国北部の光善、南部の法円が蓮如門弟のトップリーダーであったと考えてよい。

次にその法円の絵像を、蓮如は慈願寺法光に下している点について考えたい。

蓮如裏書の「法円絵像」が二点現存する(16)。裏書の下付年月日は二点とも「文明十三年十二月七日」である。しかも、願主がどちらもが法光である。法光は慈願寺七世である。また「大谷本願寺釈蓮如（花押）」と二点とも署名されている。すなわち、蓮如が同じ年月日に同一人物の絵像を同一願主に下付授与したことになる。

現存する一点はいうまでもなく法円が住持した慈願寺が所蔵し、もう一点は大阪市天王寺区・浄照坊（本願寺派）

に蔵される。両寺の関係については後述したい。

二つの法円絵像の存在は蓮如との関係を考える上で興味深い点が内含されているように考える。まず、両絵像の裏書の文言、字句が若干異なるため、二つの裏書を提示してみよう。

法円真影 大谷本願寺釈蓮如（花押） 文明拾参年辛丑十二月七日 河内国久宝寺 慈願寺常住　　願主釈法光

（慈願寺蔵）

久宝寺法円真影 大谷本願寺釈蓮如（花押） 文明十三年辛丑十二月七日 願主釈法光

（浄照坊蔵）

右掲の両裏書の文言字句を比較すると、浄照坊蔵は年時で文明「十三」とあり下付先住所は記されていない。また、表題は単に「法円真影」と「久宝寺法円真影」とに異なっている。なお、久宝寺とは「河内国渋河郡」内にある地名である。

果たして蓮如は同一人物の絵像、しかも門弟の絵像を同年月日に、さらに同じ願主に二つの絵像を授与下付したのだろうか。下付日付が同様でも願主が異なる場合であったり、願主が同じであって下付物件が異なる場合などの事例は当然多々あろうが、この法円絵像は珍しい例といえよう。[17]

このような場合、通常、どちらかが写しで偽作と考えるのが一般的である。またそれが常識的見解でもあろう。筆者はその真偽を確定する力量をもたないが、慈願寺蔵の蓮如花押の右側部分の筆致が若干弱く感じるのも事実である。

しかしながら、どちらかは誰かが裏書を筆写したものと結論するのは簡単であるが、筆者は必ずしもそう思わない。それは興味深い点が両絵像に内含され、多視的に検証する必要があると考えるからである。蓮如と法円との関係を考える上で示唆するものがあると推察できるのではないかと考える。また、どちらかが写しとしてもその背景・理由を改めて考察することも重要であろう。

従来、この二つの法円絵像を直接比較検討した研究成果はない。両絵像を別々に取り上げられ、両絵像および裏書・花押は蓮如下付、真筆本としてむしろ考えられている。すなわち、北西弘氏は蓮如花押の年齢的変化の研究でその実証依拠史料の一つとして慈願寺蔵「法円絵像」を提示され、[18]一方、早島有毅氏は『真宗重宝聚英』第九巻編集の中で浄照坊蔵「法円絵像」を蓮如下付絵像として収録解説されている。[19]したがって、北西、早島両氏とも両絵像裏書を写本としての疑念は提起されていないと考えてよいだろう。両氏論文ともその視角・性格から、法円の存在や門弟としての地域における位置づけなどは考えられていないし、法円の二つの絵像そのものについても意識されていない。

ところで絵像の本紙であるが、慈願寺蔵は法円が右前方を凝視し、向かって左端中央に「釈法円」と銘が記され、

「本願名号正定業」以下四句の『正信偈』の讃がある。一方、浄照坊蔵は法円が左前方を凝視し、右端中央に「釈法円」と記され、「必至無上浄信暁」以下四句の『文類偈』の讃がある。両絵像の視線像容および札銘は左右異なり、讃も出典が違う。しかし、「釈法円」の札銘は両絵像とも蓮如真筆と判断できるのではないかと筆者は考えている。両絵像は少なくとも蓮如期のものと考えてよいだろう。

両絵像を所蔵する慈願寺と浄照坊との関係について略述しておこう。慈願寺の開基は親鸞の弟子・二十四輩の第十三番目の信願房法心で、親鸞帰洛に随伴し、弘安三年（一二八〇）、河内国に開創したのが濫觴と伝える。以後、同寺世代は『由緒書』によると法祐・法入・法忍・法珍・法円・法光・法淳・法悟と次第する。

同時に『拾遺古徳伝』写本を蔵し、その奥書に「河内国渋川郡久宝寺道場　釈法心　応永十四年丁亥十一月　執筆毛須生年三十」とある。すなわち、法心が応永十四年（一四〇七）三十歳の時、覚如著の『拾遺古徳伝』を書写したのである。これによって法心は天授（永和）四年（一三七八）の誕生ということになる。この時期は本願寺第四世善如期であり、存覚が示寂して五年目に法心が誕生しているのである。先の初代法心とは別人物であろうが、二人の法心は「親子」、「祖父と孫」の関係で、襲名したとも考えられる。しかし、慈願寺歴代には初代以外に法心はいない。

また、上述の『拾遺古徳伝』奥書から、法心を中心に門徒が集まる施設は「久宝寺道場」と称していたことが窺える。河内国で最も早い成立の真宗道場であろう。元来、他の宗派から転派した形跡を裏づけるものはない。また、先述したように長禄二年（一四五八）、第六世法円が蓮如から授与された「十字名号」の裏書に「河内国渋河郡久宝寺慈願寺本尊也」と記しているので、応永十四年（一四〇七）以後、長禄二年（一四五八）に至る間に寺号を免許されたことになる。寺号収得という意味からも、河内地方において慈願寺は真宗教線の早い時期からの拠点であったといえる。また、同寺には「文明八年十月二十六日、蓮如（花押）」裏書の「親鸞絵像」、「明応七年四月二十六日、蓮如（花押）」裏書の法淳絵像など蓮如と関係づけるものが蔵され、法円以降も同寺各歴代は門徒集団のリーダーとして活躍し、『天文日記』にも頻出する。

浄照坊は法円の時、慈願寺の通寺として建立されたのが濫觴と伝えられる。[20]建立された位置や時期は明確でなく、摂津国大坂本願寺（大坂坊舎）付近と伝えられるだけである。また、法円および後嗣法光の代まで摂・河の両寺は兼住されていた。したがって、法光が願主となって両寺のため二つの法円絵像の下付を願い出たと考えるのが妥当であろう。その後、法光の長子法淳が慈願寺を、次子栄春が浄照坊をそれぞれ継承住持し、両寺は別寺院となった。両寺住職は本願寺第十世証如に近習し、直参坊主衆として教団内で主要な地位を占め活躍する。とくに慈願寺は久宝寺地域での一向一揆の指揮に関係し、蓮淳の信頼も厚かった。[21]

上述のように絵像そのものの特質や両寺の関係からして、多方面にわたって推測できよう。たとえば、①絵像の原本がどちらかの寺院に蔵されたため後に筆写作成された。しかし、筆者は両絵像とも蓮如真筆の裏書と考えているので、この考え方は否定的である。もしどちらかが後に作成されたのならば、本紙表の法円像容の向きを右前方、左前方と変える必要がなぜあったのかが疑問である。②大坂坊舎建立の明応五年（一四九六）以前にすでに法円が坊舎付近の地、たとえば淀川（大川）船着場・八軒屋付近に通寺として一寺（宇）を建立し、後嗣法光が兼務するため法円絵像二幅の下付を蓮如に願い出て許可された。つまり、二幅を掛ける必然性があったのである。この考え方に従うならば、蓮如が京都や出口から堺に下向する時、後の大坂坊舎建立付近で休息するところが必要であったため、法円あるいは法光がそれに関係していたか、彼らが一宇を建立して休息所・宿泊所として蓮如に提供していた可能性があると考えられる。もっとも、大坂坊舎建立後に通寺（浄照坊）が建立されていた場合は、裏書の年時・

文明十三年からしてこの考え方は否定される。しかし、法円の命日は寺伝の如く同絵像裏書の文明十三年十一月と考えるのが妥当であり、法円存命中に本人の絵像を下すことはおそらくありえないので、すでに浄照坊は大坂坊舎建立以前の開創と考えられる。③裏書のない法円絵像をどちらかの寺院が蔵し、後に蓮如存命中に改めて「文明十三年」と裏書してもらったなどと推考できる。

いずれにしても筆者の思いつきや推測の域が出ないが、両絵像が蓮如下付ならば貴重な事例といえるし、また蓮如と法円・法光との関係や位置づけも注目されるものとなろう。

結論的には筆者はこの両絵像とも蓮如が法光に下付授与したものと考えている。少なくとも二幅を掛ける必要性があり、その必要性を蓮如は承知し認めていたのである。その背景は、上述した②の考え方が可能であると筆者は思っている。であるならば蓮如の法円や法光に対する緊密な関係をより一層裏づけるものといえるだろう。とくに法円は蓮如の意を体して、河内地域での真宗教線拡大に尽力し重要な役割を果たしたと考えられる。それ故に蓮如は「法円絵像」を二幅授与下付し裏書を行ったのである。その二幅は異なる場所へ掛けられるのであるが、法円の像容の向きは左方と右方に違った角度から絵師に描かせたのであろう。蓮如の法円に対する「思い」が窺える。

第四節　法円と地域教団

法円が蓮如時代の早い時期に、河内地域あるいは摂津・和泉地方をも含めて有力門弟として活動していたことを裏書等によって上述してきた。法円の詳細な伝記や活動状況の史料は慈願寺にも現存せず不明である。(22) したがって、どのようないきさつで双方が親密化していったかも不明確であるが、法円はすでに慈願寺六世であり「久宝寺道場」

の僧侶として本寺の住職・宗主蓮如に接近し帰依していったのであろう。その時期は蓮如継職直後よりと文献で裏づけられる。先述の〈例4〉で提示した『口伝鈔』奥書は文正二年（一四六七＝応仁改元）であり、この年蓮如は吉野方面へ出向いていることから、その途次慈願寺へ立ち寄った可能性もあろう。〈例5〉で提示した蓮如の和歌は、文明二年（一四七〇）に慈願寺へ訪れて詠んだものである。したがって蓮如は、吉崎進出以前にすでに河内方面へ幾度か往返していたのである。

また、法円あるいは法光が明応五年（一四九六）の大坂坊舎建立以前に、それと同機能を果たしたと考えられる道場を慈願寺の通寺として建立し、蓮如に便宜をはかっていたと法円絵像二幅の存在から推論した。つまり、法円の命日を蓮如が裏書した法円絵像を二幅別々に掛ける必要があったのであり、またそれを蓮如は認めていたのである。したがって、その一幅は河内慈願寺へ、もう一幅は大坂坊舎建立の近辺にあった摂津の支坊・浄照坊であることから、堺・和泉方面へ下向した蓮如はこの支坊へもたびたび出入りしたと考えられる。それゆえ法円没後、支坊へも法円絵像を下付授与したと考えるのが妥当であろう。そこに同一願主に同年月日の蓮如裏書の法円絵像を下付し現存すると、筆者は考えている。

第五節　むすび

以上の点を小稿で明らかにしてきた。最後に摂河泉地方における蓮如以前の本願寺教線の足跡に留意してみよう。当然考えられるのは存覚の影響であろう。『存覚一期記』および『存覚袖日記』[23]に記されている同地域の地名・門徒は、「天王寺」・「住吉」・「摂津磯島」（現、枚方市）・「摂津豊島」・「河州大枝妙光」（現、守口市）・「摂津舳淵」（現、大阪市都島区）・「摂津溝杭・戸伏」（現、茨木市）などである。上述のように存覚は主として摂津国、とくに淀川沿岸地域に足跡を残していることが窺える。慈願寺の存する河内国中南部を存覚が訪ねた形跡を現時点で明確にできない。上述の二史料以外の末寺史料などで存覚と河内との関係を明らかにできるのではないかと推測しているが、今後の課題としたい。また『存覚一期記』にみえる法心という僧は覚如、存覚に近侍した人物であるが、先に考察したように『拾遺古徳伝』を書写した慈願寺法心とは別人物である。したがって、法円以前の慈願寺歴代が本願寺と関係深くなったのではなく、法円自身が蓮如に帰依し、積極的に地域の門徒集団を育成し牽引する役割を果たしたと考えてよいだろう。

その背景をもって蓮如は、同地に久宝寺御坊・西証寺（のち顕証寺と改称）を建立したのである。[24] 開創年時については明応年間（一四九二～一五〇〇）あるいは文明十一年（一四七九）といわれる。「反故裏書」に「実順ハ河内国久宝寺ニ住持」[25]とあるように、蓮如は同寺を開創後、自らの第二十四子実順を住持させたのである。実順は明応三年（一四九四）生まれで蓮如八十歳の時の子である。幼少時に入寺したのであろう。実順の妻は蓮淳の長女妙祐である。実順は永正十五年（一五一八）二十五歳で没し、その子実真が嗣いだが彼も享禄二年（一五二九）十三歳で早世したため、大津近松の顕証寺蓮淳が天文四年（一五三五）、七十一歳で河内顕証寺へ入寺している。蓮如没後も同寺は一家衆として教団内で主要な地位を占めるとともに、河内中南部地域の門徒集団の中枢でもあったことを窺わせ、また天文十年（一五四一）、久宝寺内町が成立している。[26] 顕証寺開創後、慈願寺は同寺の世話寺・補佐役として活動した。

これら河内における本願寺教線の重要な拠点として発展していく濫觴は慈願寺法円といっても過言ではない。また、慈願寺の北方面・北河内に石見入道光善が、西方面の堺に樫木屋道顕・紺屋円浄が蓮如の有力門弟として活動し、彼らは同門の念仏者であるとともに互いに競って門徒育成を行っていたと考えられる。また彼らは育成教化のみならず蓮如を支える財的スポンサーであり、同様の門徒団をも育てたのであろう。

註

（1）『真宗史料集成』第二巻、一二七頁。
（2）慈願寺は大阪府八尾市に所在し、真宗大谷派。
（3）たとえば、大阪市・万福寺蔵「日本血脈相承真影」、大阪市・願正寺蔵「光明本尊」など。難波別院・朝日新聞社編『蓮如と大阪』、大阪市立博物館編『大阪市内真宗寺院の遺宝』参照。
（4）前掲註（3）『蓮如と大阪』、北西弘『一向一揆の研究』（裏書集）、堅田修「蓮如裏書集」（前掲註1、第二巻所収）、等を参照。なお〈例8〉にあげた堺市・真宗寺蔵「親鸞絵伝」四幅の裏書は筆者が実見した限り、明らかに後に筆写されたものである。裏書は第二幅、第三幅、第四幅に記されているがそれぞれ筆致が異なり、後に修復された表装の裏打ちに直接記されていて裏書の体裁としても認められない。同裏書は別軸装されたものも現存するが、この本紙も続紙であり蓮如筆とは考えにくい。絵伝の本紙（絹本著色）そのものは蓮如期のものにまちがいないと考える。
（5）千葉乗隆「蓮如裏書の種々相」（『蓮如上人研究会会誌』第五号）。
北西弘前掲著書、堅田修前掲蓮如裏書集、『堺市史』のいずれにも蓮如筆の文明二年裏書として取り上げられている。おそらく『堺市史』編纂時には蓮如裏書が存したのであろうが、現存の絵伝裏書は後筆である。
（6）北西弘前掲著書（註4）、七三三頁。
（7）堅田修前掲著書（註4）、三八九頁。
（8）『真宗重宝聚英』第七巻。

(9) 右に同じ、百橋明穂「解説」。
(10) 奈良県吉野郡・本善寺蔵「上宮太子御影」(明応九年裏書)、奈良県吉野郡・願行寺蔵「同」(永正十年裏書)、兵庫県姫路市・本徳寺蔵「同」(文亀三年裏書)。
(11) 前掲註(8)、第八巻所収。
(12) 専修寺真慧『顕正流義鈔』は蓮如が太子像を排除したと記している。
(13) 慈願寺刊『福井山慈願寺』所収。
(14) 枚方市・光善寺蔵「親鸞聖人御影」。
(15) 石田善人「畿内の真宗教団の基盤について」(『国史論集』所収)、拙稿「久宝寺寺内町と河内門徒」(『中世社会と一向一揆』所収、本書第Ⅱ部　真宗教団と地域社会・都市所収)。
(16) 拙稿「二つの法円絵像」(『蓮如上人研究会会誌』第五号)で若干考察し問題提起を行った。本稿ではさらに検討を加えた。
(17) 「蓮如上人・如光上人連座像」を蓮如は同年月日に裏書して二幅下付しているが、下付先、願主は異なっている。一幅は愛知県岡崎市・上宮寺が蔵し裏書は「釈蓮如(花押)　応仁二歳戊子十一月一日　参河国波津郡志貴庄之内佐々木浄弘寺常住物也　願主釈尼如順」とある。もう一幅は三重県松阪市・本宗寺が蔵し裏書は「釈蓮如(花押)　応仁二歳十一月一日　願主釈寿徳、祐慶門徒吉野郷川頬庄飯貝、伊勢国飯野郡中万郷射和　明応八年己未八月十一日　願主釈寿正」とある。詳しくは織田顕信・小山正文・青木馨編『親鸞聖人と三河の真宗展』を参照されたい。
(18) 北西弘「蓮如発給文書の研究――花押の変化を中心として――」(『日本の宗教と文化』)。
(19) 前掲註(8)、第九巻、早島有毅「法円絵像」解説。
(20) 『浄照坊誌』。
(21) 『天文日記』天文五年十一月七日条に「近郷衆幷久宝寺あたりの衆ニ一戦方ニ可然仁候ハゞ、為番被来候様にと申候へと、光徳寺・定専坊二人にハ近郷之儀申候、慈願寺にハ久宝寺あたりの事申候」とあり、一向一揆の「久宝寺あたりの事」を慈願寺に申しつけている。また、『同日記』、天文十六年閏七月十五日条にある「河内忩劇」の際、蓮淳は慈願寺を身近に置いている。

（22）現大阪市中央区に「法円坂」という地名があるが、その起源は「法案寺」（南坊）が転訛して法円坂になったとされている。しかし、筆者は大坂坊舎以前の慈願寺支坊のことから本稿の法円と何か関係しているのではないかと推測している。

（23）『続真宗大系』第十五巻。谷下一夢『存覚一期記の研究並解説』参照。

（24）拙稿「久宝寺御坊・顕証寺と河内門徒」（『大阪春秋』第四四号）。

（25）『反故裏書』（前掲註1、第二巻所収）。

（26）『天文日記』天文十年十二月十五日条に「久宝寺、西証寺之制札認来候」と記され寺内町として認められている。拙稿前掲註（16）参照。

第三章　久宝寺寺内町と河内門徒

第一節　はじめに

「寺内」と称する一種の環濠城塞都市は、十五世紀中頃より真宗寺院を中心に形成された。寺内町といわれる町場形成は大坂（石山）本願寺寺内町を中核として摂河泉に多数みられる。これら寺内町群の研究は従来より活発に行われ、その実態や構造が明らかにされてきた。その研究視座は多様であるが、たとえば一向一揆研究の立場から寺内町の問題にアプローチし、織田政権の石山合戦における目的は一向衆寺内の解体にあったとし、それは寺内町の存在と統一政権の志向とが根本的に対立するからとする視点(1)、あるいは幕藩制国家成立の経済的基盤に寺内町の分業体系の存在を位置づける視点(2)、近世前期に発展する在郷町の多くが寺内町として成立していたことから、寺内町を中世末から近世初期の社会経済史の発展として位置づける視点などがある(3)。また近時、中世社会史の視座から、寺内の原理は世俗と縁の切れた「平和領域」「無縁」にあると提起され(4)、「寺内」概念などを含め寺内町は改めて注目されているといえよう。

一方、寺内町は真宗寺院を中心とし、門徒団に維持されている宗教都市でもある。その寺院の性格や位置づけ、あるいは寺院を中心に行われたであろう宗教活動や寺内町が教団内で占める役割などについても看過できない。この点に注目されたのは水本邦彦氏であり、真宗寺院の地位や性格、あるいは各寺内町の石山合戦に対する態度などを明らかにされた。(5) 同氏論文は寺内町の宗教的側面を考える上で示唆に富み重要であろう。

寺内住民の宗教生活を明らかにすることは史料的制約などもあり困難であるが、各寺内町の個別的な寺院の成立や運営、あるいは教団における性格を明らかにすることは、寺内町における宗教的側面を考察する一つの手がかりになると考える。そこで本稿では水本氏の論文を敷衍しつつ、河内の久宝寺寺内町(6)を考えたい。同寺内町は一家衆顕証寺を擁し、とくに寺内のみならず近隣の門徒衆をも支配下に置き、一向一揆の同地域の中心的存在であり指揮系統の重要な性格をもっていたと筆者は考えている。すなわち同寺内町には中・南河内地域の有力門徒集団が連なっていたことを『天文日記』（一五三六～五四）より明らかにし、その地理的位置に注目して寺内近辺の門徒衆をも包摂する寺内町としての性格を考えたい。それは中世末から近世にかけての河内門徒の動向を考える上でもまず明らかにしなければならないことと考える。また久宝寺寺内町は石山合戦時における対応や本願寺東西分派などの問題から分裂し、同寺内を出た住民が慶長十一年（一六〇六）、新たに八尾寺内町を形成する。したがって久宝寺寺内町は他の寺内町と異なる様相をもっているが、石山合戦終結期やそれにともなう東西分派にどのように対応したのか、さらには近隣各門徒衆の動向を考えたい。

第一節　顕証寺と久宝寺寺内町

まず久宝寺「寺内」町の成立とその中心であった顕証寺（西本願寺末）の寺史をみてみよう。

顕証寺は蓮如が明応年間（一四九二～一五〇〇）に西証寺として建立し、二十一子実順を住持させた[7]。開創年時については、文明年間（一四六九～八六）、あるいは同十一年（一四七九）とする伝えもある。蓮如が当地に一寺を建立した背景に、文明七年九月二十二日付蓮如花押を有する親鸞絵伝[8]を蔵する慈願寺が存立していたことが考えられる。慈願寺は光徳寺（柏原市）とともに当時、河内中南部の真宗弘通の拠点であったが、それについては後述する。

「実順ハ河内国久宝寺ニ住持、其真弟実真モ早世断絶シタマヘリ[9]」とあるように、実順は永正十五年（一五一八）二十五歳で没し、その子実真が嗣いだが享禄二年（一五二九）十三歳で早世した。そこで顕証寺を中心とする河内門徒が大津近松の蓮淳に住職を懇請したため、彼は天文四年（一五三五）七十一歳で入寺し大津顕証寺と兼帯し同寺号に改称した。しかし蓮淳は子息実淳とともに本願寺に居住し、対立関係にあった細川晴元・木沢長政との講和に尽力した。同八年、蓮淳は河内顕証寺を実淳に譲って大津へ帰ったが、実淳に嗣子がなく同十一年六月没したので傘下十二坊の要請で実淳の娘あぐりをともなって、同年八月二十五日、久宝寺に帰住した[10]。

顕証寺の北方に萱振御坊といわれる恵光寺（西本願寺末）がある。恵光寺は蓮如開創と伝え、蓮淳が初代住持で実質的な創立者である。蓮淳は孫にあたる伊勢願証寺実恵の三男延深を恵光寺へ入寺させている[11]。すなわち「恵光寺住持職事、以惣門徒寄合之次申事ニハ、雖致談合、可然人躰無之条、為此方可申付之由言上候」「為恵光寺住持、あちや髪を今日そり候て、即各来候衆渡之遺候[12]」とあるように、恵光寺賢心が天文七年六月没したので後嗣問題で門徒衆が談合要請したため、同年十一月、延深十三歳で入寺したのである[13]。延深の内室は金沢本竜寺第二世賢勝の女であり、賢勝と蓮淳とは密接な関係をもっていたことはすでに明らかにされている[14]。延深入寺に際し、門徒衆の要請とともに証如や蓮淳の意志が背景にあったことは確かであろう。

河内門徒が蓮淳を頼ったり蓮淳自らが河内に注目せざるをえなかった点については、蓮淳と顕証寺や河内門徒との個人的関係と、同地域の戦乱状況における顕証寺の位置や門徒衆の動向の二点より考えねばならない。後者については次節で論述するとし、まず個人的問題として蓮淳の娘妙祐が西証寺実順の室に嫁していたこと[15]、子息実淳も同寺に入ったことがある。しかも妙祐も大永元年（一五二一）九月、二十一歳で没している[16]。すなわち、蓮淳にとって娘婿実順、娘妙祐、孫実真が早世しさらに実淳も自ら先立って没したのである。顕証寺に関するいわば蓮淳の身内の縁者が没したため、蓮淳にとって顕証寺を放置できなかったのであろう。蓮淳が顕証寺へ再入寺した天文十一年には実淳が没しているが、その半年前の同年一月には蓮淳の妻妙蓮が亡くなっている[17]。時に蓮淳は七十八歳の高齢であり、再入寺には意を決するものがあったと思われる。また隣寺恵光寺へ孫延深が天文七年入寺し、同十一年には十七歳の若年だったことも当然、蓮淳の心を揺さぶったことであろう。孫を案じる祖父の心である。蓮淳の心境を察してか、孫証如・娘慶寿院の蓮淳に対する心遣いは大変であった[18]。証如は蓮淳下向以前の八月十一日に「久宝寺之坊為歴覧不図行候[19]」と記すように自ら下向し、蓮淳下向二日後の八月二十七日には「就入寺珍重之儀」につき「三種五荷」を遣わしている。蓮淳も九月五日に返礼のため証如を訪ね、また慶寿院も十月二十五日、久宝寺に下向している。これら儀礼的一面もあるが、年老いた祖父・父を案じる証如らの心配りでもあろう。一方、当時顕証寺は焼失か荒廃していた状況で再興途中であったと思われ、証如にとっても蓮淳入寺に際して気懸りであったのではないだろうか。すなわち、天文九年九月に「木沢へ中坊帰城之次ニ、久宝寺草坊事可再興候、可成其意得之由[20]」とあり顕証寺再興の儀を木沢より得ており、蓮淳帰住の頃はそれに着手していたと考えられるからである。事実、実徒が天文十四年九月十二日「朝早々久宝寺へ参候、御堂御立之奉加三十疋進候[21]」と記すように再興が成就され、同年十月二十一日、新御堂に本尊が移され、二十三日より「御仏事」が営まれた[22]。再興以前の顕証寺の寺観状況については不明確であるが、戦乱で荒廃したのか、あるいは「草坊」とあるように伽藍・寺観が整備されていない形態であったのかもしれない。とにかく再興の必要があったことは事実であった。

　ところで寺内町の成立であるが、天文十年十二月十五日に久宝寺「寺内」の制札が出されている。『天文日記』に「久宝寺、西証寺之制札認来候飯尾上野判形也」とあるのみでその経緯や内容については不明である。制札内容はおそらく畿内寺内町のそれと同様であったと思われる[23]。同時期に「寺内」特権を得たことは確かであり、その後、顕証寺東側を北流する旧大和川より容易に水を引き、方四町の環濠都市を漸次形成していったと考えられる。寺内の構造・町割は形成当時の史料に欠けるため、かなり時代が下る享保八年（一七二三）の久宝寺古図[24]によるとおよそ次の如くである。

　町は二重の堀と土塁で自衛的に囲まれ、出入口は東部に東口と今口、北部に北口、西部に古口と西口、南部に南口の六カ所があり、それぞれ木戸門と門番所があった。寺内街路は直交し、基本路は東西五道からなり、北より大手町・米屋町・馬追町・表町・中之町が五道に沿って存した。顕証寺は寺内町南部で北口より南口へ通る中心的な広小路と中之町の東南角に位置した。中央を東西に抜ける表町は摂津・住吉、天王寺より平野を経て通る八尾街道の主要路にあたり、商業発展の重要な役割を果たした[25]。寺内の町割は大和・今井町や富田林などとほぼ同様であり、これは門徒衆が地域性を生かしながら互いに情報や技術を持ち寄って町形成を行った結果であろう。寺内住民の職業・階層は明確にしえないが、久宝寺は旧大和川河畔にあり大坂から南大和へ通じる交通の要衝であったことを考えると、おそらく手工業者・商人層によって構成されていたと考えてよいだろう。寺内町成立にともなってその特権を生かすため近隣の農民も居住し、新興商工業者として所在したと考えられる[26]。石田善人氏も久宝寺地域は中河内一帯の先進地の中心地であったとされ、畿内の真宗教団の基盤が、質的に有力商工業者層にあったことを強調さ

れている。(27)

寺内の支配・運営であるが、これについてはすでに中部よし子氏や水本邦彦氏らが詳論されている。(28) 問題は寺内町における顕証寺の立場とその下代である安井氏との関係である。

まず顕証寺の立場であるが、いうまでもなく寺内住民の宗教的紐帯の中心であり、真宗寺院として宗教活動を指揮していた。史料的制約から具体的な諸行事等を明らかにしえないが、真宗には同行の「講」活動があり、寺内にもたとえば「二十八日講」などが存していたと推測できる。それは後述する久宝寺寺内町の北方に連なる横沼・蛇草・太平寺・腹見・大森の「河州五ケ所衆」が十二日講を結成していたことからも窺えよう。(29) また顕証寺は一家衆寺院として近隣の末寺・道場の宗教活動の中心的役割を果たしたのではないだろうか。次に寺内住民の寺院への貢納であるが、これについても当時の状況を充分知りえない。元禄三年（一六九〇）の「顕証寺境内出入次第書」(30) に「往古久宝寺村を顕証寺支配仕例を以、村中百姓壱屋敷より水汲領と名付、米壱升合ツ、唯今顕証寺江納」とあり、寺内居住民は顕証寺へ壱屋敷につき水汲料として一升六合を納め、また顕証寺が末寺へ行く際、村中より「馬弐貢ツ、」差し出したと記している。この内容は近世中期に記されたもので、必ずしも寺内町繁栄期とは認められないが一つの目安となろう。また同書に「顕証寺家来屋敷之儀、往古久宝寺村顕証寺寺内ニ而年貢納取候刻、家来不残無年貢ニ而居申候故、古座之者ハ唯今迄諸役不仕無年貢ニ而罷仕候」(31) というように、「古座之者」すなわち顕証寺の家来は無年貢であった。これらについて水本氏は詳論され、貢納は「志」であり、「古座之者」＝家来は寺内運営層であったと推測されている。(32)「古座之者」を特定するのは困難であるが、寺内形成期よりの居住者あるいはそれ以前の慈願寺存立時代よりの住民であったと思われ、しかも顕証寺の寺侍あるいは複数の有力門徒とするのが妥当で、水本氏のいわれるように彼らは寺内指導層と考えてよいだろう。

一方、中部よし子氏は顕証寺下代安井氏が寺内を支配していたと言及されている[33]。安井氏は畠山氏の系譜をひき同氏の被官で久宝寺城主であり、同地域一円を所領とする土豪であった。そのことから中部氏は畠山氏の勢力衰退と顕証寺の威勢を背景に、安井氏が下代として実質的支配を維持したと主張された。また中部氏は、天文十九年蓮淳没後、顕証寺の支配権威が衰え、その後も安井氏は本願寺と結び、天文二十一年十月十二日、証如が法隆寺見物の途次久宝寺を訪れた際に世話した、と安井氏の一元的権限を強調された。中部氏がいわれるように蓮淳没後、顕証寺の権力・指導力は低下したと思われるが、しかしそれ以前の寺内形成発展期より安井氏のみが支配運営していたと考えるより、当初は顕証寺がその位置にあり、同寺を中心に有力門徒衆による集団指導体制が存したと筆者は考える。天文二十一年十月十二日、証如は久宝寺を訪れるが、その返礼に本願寺を訪ねたのは安井氏やその使者ではなく、「顕証寺為礼被来、三種五荷出之、又彼寺内衆、八尾衆樽持参[34]」とあるように、顕証寺・寺内衆・八尾衆らであった。したがってこの段階でも顕証寺および同時に近習したであろう有力門徒衆が具体的な行動をとっており、彼らは寺内運営に関わる階層であったと思われる。その一人が安井氏であり、安井氏の台頭は蓮淳没後永禄期頃より信長が台頭するのと呼応し、彼に接近した以後と考えるのが妥当と考える。であるから後述する石山合戦後、かつて同様の立場・運営層であったであろう森本七郎兵衛らが安井氏の支配に反発し、寺内の分裂が生起したのではないだろうか。また水本氏も指摘されたように、元亀二年（一五七一）、三好義継の家臣金山信貞や畠山氏の家臣遊佐高清・三好康長が下した各禁制の宛所は、「久宝寺地下道場」「久宝寺地下」となっており[35]、そのことも上述の証左となろう。安井氏が宛所として登場するのは天正九年（一五八一）の信長朱印状である[36]。

第三節　『天文日記』にみる河内門徒と顕証寺

先述のように蓮淳にとって河内顕証寺に関しては心痛なことが多かった。そのような蓮淳をあえて懇請した河内門徒の意図は、彼が証如の外祖父・後見人であり、教団の実力者であったこと、河内地域で続発する戦乱で一向一揆が何らかの関与をし、自衛的「寺内」を形成維持する上においても蓮淳を欠かせなかったと考えられる。また本願寺・蓮淳にとっても、当地域における各武将の権力争いと河内門徒の動向、あるいはそこにおける顕証寺の位置・立場を勘案すれば無視できない存在であった。蓮淳があえて顕証寺に注目したのは先の個人的問題・経緯のみならず、同寺が河内門徒の中で重要性をもっていたからである。それについてまず寺内形成期の天文期河内の権力争奪を概観し、それに関わったであろう河内門徒の動向、とくに顕証寺に連なる門徒衆の分布について明らかにしたい。

享禄四年（一五三一）、堺に本拠を置いていた細川晴元は家臣三好元長らと管領細川高国を天王寺合戦で破り、自らの政権を築いた。河内での勢力は北半部が飯盛城に拠る晴元の家臣木沢長政、南半部が高屋城に拠る畠山稙長の家臣遊佐長教によって二分されていた。翌天文元年六月、長政の元の主臣畠山義宣や晴元と不仲になった三好元長、大和の筒井順興らは飯盛城の木沢を攻めた。そこで長政は晴元に援助を求めたが、晴元は支援できず証如に一向宗徒の出兵を依頼した。証如は摂河泉門徒に出兵を命じ、各地で一向一揆が蜂起するとともに義宣を敗走攻略し、三好元長をも堺顕本寺に自害させた。(37) この時、奈良など各地で一向一揆の勢力が増大したため、晴元政権は危機感をもち、同年八月には本願寺と関係を断つ政策転換を行った。一向一揆の行動が本願寺の思惑と異なって強勢していったのである。以後、本願寺は晴元政権・日蓮宗徒と対立し、天文四年（一五三五）十一月、和議が成立するまで戦乱が続く。晴元政権は本願寺との対立を通じてより強固に保持し、また本願寺の門徒統制力も強力に確立される結果となった[38]。天文八年（一五三九）、三好長慶が入京し木沢長政と対立するが、それとともに晴元と長政も不和となっていった。一方、河内の遊佐長教は長政方の畠山政国を追放し長慶と接近したため、長政は反撃し高屋城にも進攻した。ために晴元は同十年十二月、長政追討の兵を出すが、同時に「従室町殿以御内書、河内国門徒衆事、自然木沢相語之儀雖有之、可加停止之由、被仰出候[39]」という如く、将軍は河内門徒衆が木沢方に動かないよう証如に通達したのである。河内門徒の動向が一つのカギを握っていたことが窺える。翌十一年、信貴山城にいた長政は長教・畠山稙長のいる高屋城を攻めるが、結果は木沢方の敗北となった[40]。その後、晴元政権下で三好長慶が実力者となっていくが、本願寺は河内守護代遊佐長教と行動をともにし、国情不安な河内国での対処をした。

以上のような戦乱河内に門徒衆が各地に散在したのであり、また門徒衆の一村が戦乱の地となったのである。とくに顕証寺を中心に散在する河内中南部の門徒集団は、北河内の「河内十七カ所」衆とともに一揆の主要メンバーとして活発な動きを示したと考えられる。また顕証寺は陸路・河川路などを考えても地理的に重要な位置にあり、門徒統制や一揆の情報体制、あるいはその中継的意味からも看過できない中枢であった。以下それについて考えてみよう。

顕証寺のすぐ東側を旧大和川の久宝寺川（長瀬川）が流れ、玉櫛川・菱江川・吉田川と大和川水系が分流していた。それらは中河内をほぼ南北あるいは東南—西北に流れ、現在の大阪城の北で淀川水系に通じる低湿地帯に位置し、ここに門徒衆が密集していた。とくに久宝寺川は大坂・大坂（石山）本願寺へ通じる河川路であり、また並行して街道路も存した。この顕証寺の北、北西部に存在した門徒衆を『天文日記』より抽出列挙すると次の如くである。カッコ内は門徒衆・地名が日記に記されている天文年月日である。

「河内八里来葉草、大平寺、横沼、八尾玉櫛、バウジ、サント是也」（八・一二・二六）、「横沼、丈井（竹井）、八尾、葉草、大平寺、バウシ六ケ所」（七・一二・二七）、「自河内五ケ所ヨコヌマ、ハグサ、ハラミ大森、大平寺」（七・二・六）、「河内いなば光連寺下此内一両人乗順下也」（八・一・三〇）、「河内深江光専寺」（五・八・五）、「河内深江明西」（同）、「深江明西」（五・四・一五）、「河内長田教法」（一一・五・三）、「河内長田」（一一・五・四）、「恵光寺下河内西郡十人計衆之志」（一三・二・一九）、「大地衆」（一六・閏七・二）

以上の中でサント（佐堂）・八尾・西郡は八尾市、大平寺・葉草（蛇草）・横沼・竹井・玉櫛・バウジ（宝持）・いなば（稲葉）は東大阪市、ハラミ（腹見）・大地は大阪市生野区、深江は同市東成区、長田は同市城東区に現在それぞれ存在することから、その位置も窺えよう。長田衆のすぐ北に隣接している放出《はなてん》も『天文日記』に頻出するが、放出[41]は摂津中島衆と行動をともにしたようである。これら門徒衆は顕証寺より大坂へ通じる途次に存し、また「斎ヲ河州五ケ所衆為十二日講中調之度由申候」[42]とあるように、横沼・蛇草・腹見・大森・大平寺の門徒が講を形成したことも知られる。いいかえれば本願寺と顕証寺を結ぶ旧大和川筋の右岸・左岸に門徒集団が集中し、舟便・陸路とも至便であり、連絡網も密であったと推察できる。また顕証寺を中継とする形で同寺南方にも門徒団が存立していた。それらを同様に列挙してみよう。

「就当番之儀、盛光祐勝以粟粉餅如毎月樽到来」（一〇・九・二二）、「河州盛光寺門徒」（六・三・四）、「老原祐勝」（一二・一一・二八）、「自河州西の浦、古市、犬井三ケ所弐百疋持而来」（五・九・二八）、「為明日料河州古市、西浦、誉田三ケ所より白米壱石、弐疋、荷樽二か出之」（七・九・二七）、「西浦、古市衆六人」（六・九・二八）、「河州丹下より三百疋幷荷樽到来」（五・一〇・一四）、「自河州丹下、来十四日斎之儀」（七・一〇・一一）、「斎之相伴ニ丹下衆五人来」（九・一〇・一四）、「河内小山」（五・四・二三）、「斎相伴ニ小山衆了賢ま

て三人来」（八・四・一四）

右の盛光寺は顕証寺の東南に隣接する八尾市老原にあり老原門徒衆の中心である。また盛光寺祐勝は御堂衆であるが「加州四郡幷山内へ、就今度若松働候儀之諸事之儀、書状条目ニ認差下候、為使盛光寺、横田出雲、森長門三人下候（中略）盛光寺ニ八三百疋やり候事候」[43]とあるように証如に近習し、使者として加州に下っている。また「河州盛光寺門徒与三次郎壱石之所寄進候」[44]というように老原に有力門徒衆がいたことが窺える。顕証寺南方の門徒衆（地名）で古市・誉田・西浦は現在羽曳野市、犬井は大井の誤りで小山とともに藤井寺市、丹下は松原市にそれぞれ位置する。これらの門徒衆は顕証寺より老原・小山・大井・誉田・古市・西浦とほぼ南へ一直線上にあり、しかも旧大和川の石川沿いの左岸に位置する。さらに永禄期に形成される富田林寺内・大ヶ塚寺内が南に位置するのである。したがって南河内の門徒集団と大坂・本願寺の中間の中継地になったのが顕証寺であったといえる。その地理的重要性が看取できよう。なお先述の高屋城は古市衆と西浦衆の間にあった[45]。高屋城をめぐる戦況から考えて同地域の門徒は少なからず密接な関係をもっていたことが当然推察できよう。丹下衆は小山衆の西に存し、現在松原市域で、堺の真宗教団と上述の門徒団を結ぶ中間的位置にあった[46]。

次に久宝寺寺内により東西線上に存在した門徒衆をみてみよう。といっても東側はすぐ生駒山系にあたり、管見では『天文日記』に八尾市楽音寺の門徒衆のみが記されていた。すなわち「ガクヲン寺教正」（一二・二・二）、「カクヲンシ教正」（一三・一一・一二）とある楽音寺衆である。というのは「ガクヲン寺教正」が本願寺の斎の相伴に呼ばれるのであるが、『同日記』に慈願寺や「西浦正空」「小山了意」の河内門徒とともに順次記されており、「ガクヲン寺」は河内の地名と考えるのが妥当であり、であるならば八尾市に現存する地名「楽音寺」と考えてよいだろう。顕証寺より西へは八尾街道が摂津国へ通っている。すなわち前節で述べたように、同街道は摂津の住吉・天王寺・平野を経て寺内表町へ抜ける商品流通の主要路である。この街道沿いに存した門徒衆を『天文日記』より同様に抽出すると次の如くである。

「今日之普請ニ光永寺門徒平野衆弐百斗来候」（五・六・一五）、「風呂料五拾疋自平野幷田嶋到来之由、辰刻過対馬申之」（一三・閏一一・二）、「本書免之衆百疋ヅヽ、五人致礼、光永寺ハ平野へ行之由候夕ニ来百疋致礼也」（二一・一・二二）、「住吉長居の亭遊（マヽ）へ与四郎五張たび候」（五・一・五）、「住吉長井の宿、与五郎弓弦五張出候」（六・一・一七）、「住吉長井之宿弦十張出之」（八・一・九）

右の平野は中世都市として著名で、現在大阪市平野区に存する。平野衆は光永寺門徒で本願寺増改築の際尽力したことが窺え、また光永寺も後に本願寺寺基京都移転とともに京都へ移るが、寛永十六年（一六三九）、平野に分離独立し平野御坊として本山兼帯所となる有力寺院である[47]。田島は現在大阪市生野区にあり、先述の大地衆の西に隣接する。大地衆は河内国、田島衆は摂津で両衆は国境をはさんで存する。右掲のように田島衆は摂津平野衆と行動をともにしたようである。長居衆は住吉神社の東に存し、本願寺関係者が「住吉社」へ度々参詣しているが、その際の宿や下準備に関与したものと思われる。なお平野より西へ天王寺と続き、さらに『天文日記』に頻出する木津衆が存している。

以上、顕証寺に連なる門徒衆を『天文日記』より抜粋列挙し、同寺が中・南河内で重要な位置を占めていたことを明らかにした。峰岸純夫氏は具体的事例を示されていないが、「寺内町の中心の真宗寺院は単に寺内のみならず周辺村落の門徒組織を寺内・隣郷の門徒として総括している[48]」と提言されている。氏のいわれるように顕証寺はまさに上述の門徒集団を総括していたと考えてよい。それを裏づけることが『天文日記』に次のように記されている。

「近郷衆幷久宝寺あたりの衆ニ一戦方ニ可然仁候ハヾ、為番被来候様にと申候へと、光徳寺・定専坊二人にハ近郷之儀申候、慈願寺にハ久宝寺あたりの事申候[49]」

右のように「久宝寺あたりの事」を慈願寺に申し付けている。慈願寺は顕証寺を補佐した有力坊主衆で、蓮淳も天文十六年の「河内忩劇」の際、同寺を身近に置いている[50]。さらには天文十一年の一向一揆以降、本願寺は河内守護代遊佐長教と結び時局に対処するが、その間に立って奔走したのが慈願寺であり[51]、同寺宛の遊佐長教発給の「先日以書状申候御返書到来祝着候仍人(カ)用之儀御本寺江以中少路石見事入候弥此時可有馳走事可為本望候[52]」という文書をも同寺に現存する。したがって先の「久宝寺あたりの事」は顕証寺・慈願寺が指揮・統括していたことが明らかであり、「久宝寺あたり」とは上述した寺内町に連なる門徒衆である。

とくに先に示した旧大和川筋に散在し寺内町に連なる門徒衆は宗教的のみならず、寺内町に結集する門徒の商人・手工業者を中心に経済的にも団結していたと考えてよいだろう。たとえば顕証寺北部の旧大和川筋に存した若江郡北西部の門徒衆地域は莎草《さそう》が繁茂し菅笠が編まれ、その中心が深江になり畿内一帯に販売されるほど活動したといわれる[53]。深江には門徒衆が形成されており、彼らは当然販売過程で各門徒集団とも接触し、信仰生活をも通じて団結したと推察できる。また丹下衆は河内鋳物師集団として著名な丹南地域[54]、あるいはそれに隣接している。丹南鋳物師は河内金田寺内町や同長曾根寺内町と深い関係をもったと思われるが[55]、久宝寺寺内町との中間に丹下衆・大井衆の門徒団が存在したことから、各寺内住民は商工・信仰を通じて接触をもっていたと考えてよいだろう。これらは真宗教団の基盤を考える上で看過できない重要な問題が内含していると考える。

上述のように寺内町・顕証寺を中心に門徒衆が結合するとともに、また同寺は当地域における政治的対応や本願寺の指揮系統にも深く関わったと考えられる。たとえば天文期より永禄期にかけて、南河内では戦国各武将がめまぐるしく権力争奪戦を展開するが、その角逐の一つが高屋城であった。高屋城付近には古市衆・誉田衆・西浦衆が隣接して存立団結していた。その門徒衆に強い影響力をもち、本願寺の意志を中継していたのが顕証寺・慈願寺であった。すなわち、同寺等は中・南河内一帯の戦時体制下の指揮系統の中心であったと考えてよいであろう。とくに一向一揆や戦国武将の動向の情報網を考える場合、顕証寺および門徒衆が舟便の至便な旧大和川筋に位置したことは注目してよい。また旧大和川の上流は大和・百済衆が存在するが、彼らもこの川筋・顕証寺を経由してたびたび上山したと考えてよい。したがって久宝寺寺内に連なる門徒衆は、本願寺兵力を考える上においても看過できないのではあるまいか。

河内門徒が蓮淳を同寺へ要請したのはその重要性を熟知していたからであり、それには教団実力者蓮淳が必要であったのである。また本願寺・蓮淳にとっても中・南河内一帯に広がる門徒衆の中枢に顕証寺が存立し、地理的にもその可能性が充分あったからこそ常に注目し、自らが掌握しなければならなかったのである。

ところでこのように顕証寺に注目され教団実力者が入寺したのは、同寺が一家衆としての由緒や地理的重要性のみならず、同地域の門徒衆を監視・統制しなければならないもう一つの理由が本願寺指導層にあった。それは蓮淳の顕証寺入寺三十年ほど前の永正三年（一五〇六）に生起した「河内国錯乱」「大坂一乱」といわれる摂河門徒の宗主実如排斥の画策である。この事件の経緯などについては、石田善人氏や中部よし子氏が詳しく考察されているが(56)、端的にいうと以下のようである。細川政元は河内誉田城を居城とする畠山義英を攻撃するに際し、門徒の支援を実如に要請した。実如は当初拒否するが再三の懇請に承諾し、摂津・河内両国坊主衆・門徒衆に加勢を命じた。両国衆は「いまた左様の事はハ不仕付候へハ、兵具もなし、如何して俄に可仕候哉、元より開山上人以来左様事当宗になき御事候(57)」として宗主命を拒否し、さらには「実如様御事不謂開山上人以来無御座事を被仰付候とて、不可用候(58)」として連署をもって実如排斥を画策し、当時大坂にいた実賢の宗主擁立を企てたのである。このようないわば前代未聞の宗主交替を要求した摂・河門徒を監視するため、蓮淳自らが入っていったといえる。とくに蓮淳は南河内門徒衆の動向に注目していたのではないだろうか。石田善人氏は「河内・摂津両国門徒の中心域は淀川を挟む両岸地域である」[59]と指摘されており、事実、淀川を挟む現在の枚方市・吹田市・摂津市・門真市一帯は質量ともに本願寺門徒の拠点であったと思われる。しかし、この「河内国錯乱」の場合、むしろ先述の旧大和川筋の門徒衆が中心となって深く関与していたのではないかと筆者は推察している。というのは問題の誉田城が小山衆と古市衆の間に位置し、同城付近の情勢を近辺の門徒は眼前に熟知していたはずであり、そのことが宗主命をあえて拒否する背景になっていたと考えられるからである。

右の錯乱の結末は実如が加賀四郡より千人ほど召して政元との約束を果たし、主謀者たちは破門を受けた。石田善人氏は北陸・摂河両門徒を比較して、「北陸門徒の盲従性に対して、河内摂津門徒は自己自身の宗教的理性や利害によってしか動かなかった」[60]と論及されるように、河内門徒は積年の兵乱による体験や現実性を重視する態度をもち、さらには独自の教団ビジョンを志向したのかもしれない。それは教団権力にとって不都合なことであり、警戒と監視がより必要であったはずである。そのことを最も感知したのが蓮淳ではなかったろうか。また蓮淳は河内では枚方へも進出した。すなわち、天文十二年、枚方招提村「寺内」成立とともに蓮淳が招提道場に招かれたのである。永禄二年（一五五九）実従が入るが、蓮淳を要請したのは近江六角氏の余流の片岡正久らと伝えられ、この寺内成立の背景や本願寺と六角定頼との関係などについて北西弘氏が詳論されている[61]。教団内部の事情があったことも確かであるが、蓮淳が河内の動向に注視していたことも進出の背景にあったのではなかろうか。とくに招提は京都から大坂への交通要路で、生駒山系沿いの東高野街道を南下するとほぼ顕証寺に通じる[62]。本願寺・蓮淳にとって招提寺内は北河内、久宝寺寺内は中・南河内のそれぞれ拠点と考えていたのであり、その背景に先の「河内国錯乱」事件があったと考えてよい。

以上、久宝寺寺内町周辺の門徒衆を明らかにし、顕証寺がそれらを統制する機能をもっていたことを指摘し、同寺がそのことを地理的に有利にできる位置に存したことを明らかにした。またこれら門徒衆は同一歩調の行動をとり、各門徒衆は一群の集団であったと考えられ、蓮淳の河内要請も一貫性をもったものと考えられる。とくに旧大和川筋に散在した門徒民は、商品流通に関係する職をもったいわゆる非農業民であったと思われ、経済的にも宗教的にも連関性をもっていたと考えるべきである。たとえば『天文日記』に頻見する「御厨」は旧大和川筋（現、東大阪市御厨）に本拠をもつ土豪商人で、広範な商業活動をし、本願寺の通信網としても活躍したといわれる如くである。(63)

中部よし子氏は天文元年大津顕証寺焼失後、蓮淳を河内へ招いたのは「安井氏の意向が強く働いたと考えられる」(64)と論述されている。安井氏は先述した如く畠山氏の被官で久宝寺一円を所領とした土豪であり、その意向も無視できなかったであろうが、本稿で明らかにしたように、顕証寺の問題は同寺内のみのことではなく、同寺に連なる河内門徒の動向や本願寺の意向、あるいは蓮淳自身の個人的問題を無視して考えられないのではないだろうか。なぜ蓮淳でなければならないのかが問題である。先述したように安井氏の権力が台頭するのは次に述べる石山合戦開始後でないかと考えるが、その時期は今後検討すべきであろう。

第四節　久宝寺寺内町と石山合戦

次に久宝寺寺内町が石山合戦にどのように対応したかを考えてみよう。これについては、水本邦彦氏が畿内各寺内町の対応を検証された。[65]それによると石山方は今井・貝塚、中立もしくは信長方は富田林・大ヶ塚・下市・招提・久宝寺であったといわれ、畿内寺内町の多くが本願寺に結集しなかったと論及された。真宗寺院を中核とし、富と技術が集積された門徒集団の寺内町は当然本願寺の基盤をなしていたのであるが、意外にも本願寺に与《くみ》せず、大半が中立的態度をとったのである。水本氏もこれについて興味深い事実と指摘され、招提の事例をあげて門徒は巧妙な対応策、日和見的・動揺的態度をとったと論述された。おおよそ首肯できる注目すべき論点であろう。

しかし、石山合戦当初より寺内町は信長方あるいは中立的態度をとったとは考えられないし、また各寺内町の地理的位置や諸事情によって対応や性格もそれぞれ個別に内包していたのではないだろうか。というのは久宝寺寺内町の場合、石山合戦後寺内が分裂するのであるが、その背景に合戦時の対応をめぐって両論に分かれ、寺内の葛藤があったことを示していると思われるからである。以下それらの経緯をみてみよう。

石山合戦時の久宝寺寺内はその中頃より下代安井氏が台頭し、支配・運営の実権を握ってきたと考えられる。この間の事情を示す文献は皆無であるが、延宝八年（一六八〇）の「安井九兵衛留書」に安井氏は「宗旨本願寺門徒ニて御座候故、大坂門跡光佐より一揆同心ヲ致シ籠城いたし候様にと御申候へ共、主計儀畠山末流之ものにて御座候故、信長公へ随申家を立申度志御座候故、大坂へ籠城不致候」[66]とある。つまり、安井主計は門徒であったが、御家再興のため顕如の本願寺籠城命令を拒否したのである。そこで本願寺は天正五年（一五七七）久宝寺を攻め、安井主計を自害させた。主計の弟定正・定次など安井一族は大ヶ塚寺内町へ逃れた。[67]大ヶ塚は周知のように久宝寺顕証寺の通寺（支坊）を中心とする寺内町である。大ヶ塚も安井一族を保護したのであるから、当時もはや本願寺方に与していなかったと考えられよう。安井氏の信長方へ傾いていった時期は信長が天正二年河内若江城を、同三年高屋城を制圧した頃より顕著になってきたと考えられる。すなわち信長が破竹の勢いで河内に進出し、それを眼前にした安井氏は信長と結託するのが最も得策と考えたのである。おそらく前節で示した久宝寺近隣の門徒衆の多数は顕如の命に従ったと思われるが(68)、安井氏は寺内の安定と「御家再興」という自己保身を優先させたのである。本願寺が自らの基盤であり、しかも一家衆寺院を擁する寺内町を攻撃したのは他に例がないであろう。久宝寺寺内町、なかんずく安井氏の本願寺に対する態度が窺知できよう。したがって顕証寺・慈願寺をはじめ寺内住民門徒は、当惑とジレンマに陥ったと推察できる。それは石山合戦の展開とともに大なり小なり各寺内町に共通する課題であったのではあるまいか。招提寺内のように「内信志大坂ニ有(69)」ったが信長方に与したのが各寺内町の実情であったろうし、水本氏がいわれる如く(70)、寺内住民の対応は寺内町の経済的メリットと不可分の関係であったと考えてよいだろう。一家衆・顕証寺を有する久宝寺寺内住民も全面的に信長方であったとは信じがたく、最後まで本願寺方、信長方に二分される意見があったと考える方が妥当で、本願寺方に与し支援する動向は、いわば裏面で文献の史料的制約があるのではないかと思われる。すなわち顕証寺・慈願寺は裏面で寺内門徒の一部を本願寺支援に派遣し、表面的には信長方もしくは中立を保ち、安井氏の意志に沿った形態をとったのではないだろうか。

石山合戦終結時に教如は信長との徹底抗戦を主張し籠城するが、河内門徒の中で教如を支持するグループもかなりあったと思われる。丹下衆の一員であった栄久寺には次のような教如消息が蔵される(71)。すなわち「去月二日大坂令退出、至雑賀在津候、無念之雖始末候、端城等就破脚(ママ)、不及了簡次第、成下如此候、就其、今度可申一味同心之衆、毛頭気遣有間敷候、各被嗜自法義、猶以真俗共馳走憑入計候、穴賢々々　九月六日　教如（花押）　河内国坊主衆中・同門徒衆中」とあり、これが表面的には積極的動きを示さなかった教如支持の河内の各門徒に回覧されたのである。したがって前節で指摘した久宝寺寺内に連なる各門徒集団の中でも久宝寺寺内の安井氏を支持せず、教如支援が当然存在していたことであろう。それは現在門徒で形成する河内の各村落に東西本願寺の両末寺が存し、門徒衆も両派に分かれていることからも窺える。

天正九年（一五八一）以降の久宝寺寺内は安井氏の支配となったが[72]、慶長十一年（一六〇六）十一月、同村の森本七郎兵衛らの百姓は、安井氏の不当な支配を訴えた。すなわちそれは十カ条からなり、たとえば「河内国久ほうし村秀頼様御蔵納にて御座候高千四百石余当御代官寺沢志摩殿被成候、久ほうじ村之内おもて門跡下坊主へ人足役儀是非共可仕候由、下代治兵衛へ被申懸候、先年ハ本願寺御坊ニ候て、守護不入に御座候故、公儀の御役等一切不仕、寺へはかり役儀相つとめ申候、只今ハ公儀の御役儀仕候上ハ、寺わたくしへの役ハめいわくと申候へハ、去九月廿五日に下代より百姓の濃具《(ママ)》なへかま以下悉しち物に取被申候」とか「御寄帳ニ壱反ニ付壱石三斗代ニ付申候を、壱石八斗代ニ取被申候、百姓めいわく仕候事[73]」などというように代官と安井治兵衛の結託、安井氏の年貢収納の不当性などを訴えたのである。これに対し安井氏は江戸・駿府に出向き、反対訴訟を起こした。その結果、安井氏の勝訴となり[74]、森本氏ら百姓は久宝寺村の退去を余儀なくされ、久宝寺川（旧大和川）をへだてた河川敷に新しく村落を開発した。森本氏らに同調し行動を共にしたのが慈願寺である。すなわち慶長十一年、森本氏ら百姓十七人および慈願寺は久宝寺村を出て若江郡八尾の四町四方の地に移転開発した。すでに東本願寺を別立していた教如は、翌年その地に兼帯所・大信寺を建立し、同寺を中心とする八尾寺内町が形成された。慶長十四年には片桐且元が八尾寺内宛に「掟」を、同十九年には板倉勝重が禁制を出しており[75]、その頃までに八尾寺内町としての体裁が整備されたと考えられる。上述の経緯から窺えるように本願寺東西分派に際し、顕証寺は西本願寺末に、慈願寺は東本願寺末に属し、それとともに久宝寺寺内も分裂したのである。

したがって、先の森本氏ら百姓の訴えは文字面にあらわれた内容のみならず、その背景に石山合戦時の久宝寺寺内の対応をめぐる安井氏への反発が根底にあったと考えてよいだろう。森本氏らや慈願寺を中心とする門徒団はあくまでも信長と徹底抗戦を主張する教如に同調し、慶長七年、教如が東本願寺を建立したため安井氏や顕証寺の行動に対抗する意志を表明したのが先の訴えであろう。さらにいえば天正三年頃より信長が河内に進出しそれに呼応した安井氏の態度や台頭、顕証寺の妥協的姿勢に不信をもったのが森本氏や慈願寺であった。だからこそ教如は慈願寺を支持する門徒衆のため御坊・大信寺を建立して支援し、従来のように寺内町を形成させたのである。また森本氏らや安井氏は久宝寺寺内町の運営に当初より参画したグループの一員であったのではないだろうか。すなわち森本氏は安井氏らとともにほぼ同等の寺内指導層であったが、一方が台頭したことに対する不満があったのではないかと推察できるのである。

第五節　むすび

このように河内の中・南部の門徒団に重要な役割や指導性を発揮した久宝寺寺内町は分裂した。そこには本願寺東西分派が深く関係したのである。東西分派の遠因が石山合戦の対応にあったと同様、それは久宝寺寺内にも投影されたといえる。顕証寺・慈願寺の支配系統・影響下にあった近隣の門徒衆にも寺内の動向が反映したと考えられよう。ともすれば寺内町研究はその経済的動向に注目されがちであるが、寺内門徒衆の中に本願寺を中心とする宗教的連帯や門徒意識があったからこそ、分裂的な行動にまで出てその意志を貫こうとしたのではあるまいか。またそれは彼らを支援する従来からの近隣門徒集団が存在し、連携的基盤があったからではないだろうか。それは八尾寺内町を中心とする宗教的活動(76)を検討すればさらに明らかになるであろう。そのことを今後の課題として擱筆する。

註

（1）藤木久志「統一政権の成立」（『岩波講座日本歴史』近世1）。
（2）朝尾直弘「将軍権力の創出㈠」（『歴史評論』二四一）。
（3）脇田修「寺内町の構造と展開」（『史林』四一—一）。
（4）網野善彦『無縁・楽・公界』（平凡社）。
（5）水本邦彦「畿内寺内町の形成と展開について」（『論集近世史研究』）。のちに戦国大名論集『本願寺・一向一揆』（吉川弘文館）所収。
（6）久宝寺寺内町については、沢井浩三「寺内町の形成とその性格——久宝寺と八尾——」（藤岡謙二郎編『畿内歴史地理研究』大明堂）、棚橋利光『八尾・柏原の歴史』、『八尾市史』などの研究が詳しい。本稿においても沢井氏・棚橋氏の両論文を参考とするところ大であった。後藤文利『真宗と日本資本主義』は経済学の立場であるが久宝寺寺内町についても言及している。
（7）「大谷本願寺通紀」（『真宗史料集成』第八巻、同朋舎、所収）。
（8）大阪府八尾市・真宗大谷派慈願寺蔵・親鸞絵像裏書。
（9）『反故裏書』（前掲註7、第二巻所収）。
（10）『私心記』天文十一年八月二十五日条。
（11）『天文日記』天文七年十一月十五日条。
（12）右に同じ、天文七年十一月十六日条。
（13）右に同じ、天文七年八月十三日条。
（14）北西弘『一向一揆の研究』（春秋社）三九九～四〇〇頁。
（15）「本願寺系図」。
（16）「大谷嫡流実記」（前掲註7、第七巻所収）。

(17) 前掲註（11）、天文十一年一月七日条。
(18) 北西弘前掲註（14）著書。
(19) 前掲註（11）、天文十一年八月十一日条。
(20) 右に同じ、天文九年九月二十五日条。
(21) 前掲註（10）、天文十四年九月十二日条。
(22) 右に同じ、天文十四年十月二十五日条。
(23) 峰岸純夫「一向一揆」（『岩波講座日本歴史』中世4）一九七五年版、一四六頁。
(24) 「久宝寺古図」（京都大学蔵）、棚橋利光前掲註（6）著書所収図を参考にした。
(25) 寺内町割の規模については、岩永憲一郎『河内・久宝寺寺内』（日本古城友の会）が詳しい。
(26) 中部よし子『近世都市の成立と構造』（清文堂）、第一編第三章参照。
(27) 石田善人「畿内の真宗教団の基盤について」（『国史論集』）。
(28) 中部よし子前掲著書（註26）、水本邦彦前掲論文（註5）。
(29) 前掲註（11）、天文八年三月十八日条。
(30)(31) 『八尾市史』史料編（顕証寺文書）。
(32) 水本邦彦前掲論文（註5）。
(33) 中部よし子前掲著書（註26）。
(34) 『天文日記』。
(35) 『八尾市史』史料編（慈願寺文書）。
(36) 「顕証寺境内出入次第書」（『八尾市史』史料編）。
(37) 「厳助往年記」天文元年六月二十日条。
(38) たとえば摂津中島門徒の破門など。

(39) 前掲註(11)、天文十年十二月二十日条。
(40) 棚橋利光前掲書(註6)所収の木沢長政墓碑銘。
(41) 「放出《はなてん》」は現在大阪市鶴見区。なお各門徒衆の分布地図は拙稿「円徳寺の歴史とその周辺」(郷土誌『いくの』九号)参照。
(42) 前掲註(11)、天文八年三月十八日条。
(43) 右に同じ、天文六年八月二十六日条。
(44) 右に同じ、天文六年三月三日条。
(45) 今谷明「河内高屋城の近況と保存問題」(『日本歴史』四〇一)。
(46) 丹下衆の斎の場合、慈願寺を呼ぶのが慣例であったらしい(例『天文日記』天文五年十月十四日条)。
(47) 『大阪府の地名』(平凡社)所収、「光永寺」の項。
(48) 前掲(23)。
(49) 前掲註(11)、天文五年十一月七日条。近世の史料であるが慈願寺に「御裏御印書拝見帳」(宝暦九年)を蔵し、それによると「和州葛下郡」「河州石川郡山田御坊村」などに同寺の末寺・下道場があり大和川上流の大和国、石川筋に配下の門徒衆を有していたことが窺える。
(50) 前掲註(11)、天文十六年閏七月十五日条。
(51) 北西弘前掲著書(註14)。
(52) 八尾市・慈願寺蔵。
(53) 『大阪府史』第四巻、『布施市史』参照。
(54) 河音能平『中世封建社会の首都と農村』(東京大学出版会)第八章「鎌倉前期河内鋳物師の一風貌」。
(55) 『大阪府史』第四巻第五章第三節。
(56) 石田善人「畿内の一向一揆について」(『日本史研究』一一三)、中部よし子前掲註(26)、第一編第三章「寺内町の成立とその歴史的特質」。
(57)(58)「山科御坊事並其時代事」。
(59)(60)石田善人前掲註(56)論文。
(61)北西弘前掲著書(註14)、第四章第六節。
(62)前掲註(55)、第四巻、および棚橋利光前掲著書(註6)。
(63)『布施市史』第一巻第四章「布施の豪族御厨一族」。飯貝本善寺(奈良県吉野郡)の「葬中陰記」にも「御厨彦四郎」の名がみえ、摂津富田教行寺とも関係深かった。石田善人「飯貝本善寺の葬中隠記」(『史林』三九—三)参照。
(64)中部よし子前掲著書(註26)。
(65)水本邦彦前掲論文(註5)。
(66)「安井文書」(『八尾市史』史料編所収)。なお安井一族や同文書については、上田さち子「安井家文書」(『大阪市立博物館研究紀要』一、館蔵資料集)がある。
(67)「畠山幷安井系図」(『八尾市史』史料編所収「山本文書」)。
(68)たとえば天正四年河内玉串荘より五十人の百姓が本願寺方へ参じたという。『中河内郡誌』参照。
(69)「招提記録」(『枚方市史』第六巻所収)。
(70)水本邦彦前掲論文(註5)。
(71)真宗大谷派栄久寺蔵(大阪府松原市立部)、『松原市史』第四巻所収。なお栄久寺地域には檀家に「土師」姓が多く陶器生産に従事していたと伝える。門徒衆の職業基盤を考える上で一つの指標となろう。
(72)「信長朱印状写」(『八尾市史』史料編所収「顕証寺文書」)。
(73)「久宝寺村百姓目安」(同)。
(74)八尾市域に南禅寺末の真観寺・常光寺が存し、両寺の住持は金地院崇伝が兼務していた。安井氏は崇伝と親しい間柄であったといわれ、この訴訟にも何らかの関係が裏面にあったと考えられる。『本光国師日記』慶長十六年八月、同十七年四月条に崇伝と安井氏の関係が認められる。

（75）　真宗大谷派八尾別院大信寺蔵「片桐且元掟書」「板倉勝重禁制」（『八尾市史』史料編所収「大信寺文書」）。

（76）　たとえば河州八尾九日講中宛の東本願寺二世宣如消息が八尾別院に蔵される。また「八尾御坊毎月御寄講由来」として五日講は若江郡・河内郡・高安郡・平群郡、十九日講は丹南郡・丹北部・渋河郡・住吉郡・大鳥郡、二十五日講は志紀郡・大県郡・古市郡・石川郡・安宿郡を記し多数の郡を包摂する講が八尾御坊にあったことを窺わせる（八尾市立図書館蔵・沢井文書）。

〈付記〉

本稿発表後、河内国の十六世紀の真宗教団・一向一揆勢力の動向について、大澤研一「中世の大伴道場」（『寺内町研究』二号）と、小谷利明「戦国期の河内国守護と一向一揆勢力」（佛教大学総合研究所紀要別冊『宗教と政治』、後に、同『畿内戦国期守護と地域社会』再録）の好論文が発表されている。問題提起は本稿と異なるが、参照されたい。

第四章　近世大坂の真宗寺院
——都市寺院の形態と町人身分——

第一節　はじめに——問題の所在——

近世大坂は摂津国西成・東成両郡の一部から成り、大坂と限定する場合、大川（堂島川・土佐堀川）より以南、道頓堀川より以北の位置をいう。町行政において本町筋を境として北組、南組に分けられ、大川以北の天満と合わせ、いわゆる大坂三郷と呼ばれる行政区画がなされていた。その位置は現在の大阪市の中心地であり、近世においても同様で大坂商人が集住していた。近世初頭、問屋商人の中心地で有名な船場は長堀川以北で北組、小売業者が多かった島之内は長堀川以南で南組にそれぞれ位置していた。

大坂の中心をなす南北両組の町中には真宗寺院のみが建立していた。その他諸宗寺院は市外地に集中し、寺町を形成していた。いいかえれば、真宗寺院は寺町形成に参加していなかったのである。これは元和五年（一六一九）の区画整備によって政策的に行われたのであるが[1]、大坂商人が起居していた近隣には真宗寺院のみが存在し、真宗僧侶は商人と日常的に頻繁に接触していたと考えられる。さらには真宗寺院は身分的に町人として扱われ、諸宗寺院と異なった身分として規制されていた。

これらの大坂真宗寺院形態を考察することは、近世都市における真宗教団の動向を考える手がかりとなろう。元来、真宗教団の基盤が農村地帯であるため、教団構造論や寺院形態の研究は農村地帯を対象に成果をあげてきた(2)。しかし、都市における教団構造や実態、就中、大坂のそれについては看過されていたといっても過言ではあるまい。真宗史研究のみならず、近世大坂の都市・町人史研究においても、町中において寺院では真宗のみが存在し真宗僧侶が町人身分であったにもかかわらず、その動向や史的意味あるいは影響などについてはほとんど等閑視されていたのが現状であろう(3)。

そこで商人の台頭や町人生活における真宗寺院の役割、あるいは真宗教団と大坂との関係について考えたいのであるが、本稿においてはそれらを考察する基盤となる寺院の実態や制度を明らかにし、さらにそれに関する幕府の政策等を中心に考察したい。

第二節　大坂町方の真宗寺院――町人身分――

先述したように、真宗寺院が寺町構成寺院から除外され大坂町中（市中）に散在したことは、元和元年（一六一五）大坂夏の陣後赴任した大坂城主松平忠明の市街地整備政策の一環として行われた寺院、墓地の移転統合にその由来がある。すなわち、具体的には左記の如くである。

「一、元和五年、（中略）、大坂市中所々在之候阿波座村・三ツ寺村・上難波村・敷津村・渡辺村・津村之墓所ハ、以来下難波村墓所へ千日寺聖ともニ壱ケ所に蓉之（寄カ）、右五ケ所之墓ハ取払候様被仰付、千日の聖六坊と相成候事。
但シ上町之分ハ小橋村、天満之町家ハ葭原村・浜村・梅田村墓所ニ被仰付候。

一、大市中《(坂脱カ)》又ハ町はすれ等に在之候諸寺院之分、不残小橋村・東西高津村・天満村等へ一所ニ仕候様、依御下知被仰付、右末寺へ地面御免許被成候事。

一、東西本願寺門徒宗末寺ハ、元来肉喰妻帯之宗門、其上先年公儀へ敵たひ候趣意も在之候ニ付、町家同様之取計ニ被仰付、市中所々ニ而勝手次第道場を建、丁人《(ママ)》同様公役・町役等相勤候様被仰渡候。(4)」

右のように、阿波座村他四カ所の墓地は下難波村の一カ所に集中し、市中およびその近隣の寺院は小橋村、東西高津村、天満村へ集中し、いわゆる寺町を形成した。寺町の位置は大坂城の南と北西になる。ただ真宗寺院のみが「市中所々ニ而勝手次第道場を建」てることが許された。それは寺院としての扱いではなく町家、町人同様の身分として、公役、町役を負担しなければならないとし、その理由として真宗は肉食妻帯であることをあげ、さらに「先年公儀へ敵たひ候」ことをその理由としてあげている。すなわち、肉食妻帯の仏教は寺院として、僧侶として認めていないことが窺われる。また、公儀へ敵対したとあるのは、石山合戦を直接意識していると考えてよいであろう。真宗寺院は町人同様租税対象となり、他宗寺院は地面免除というように明らかに区別する理由として、寺基の位置などからも考えるならば、おそらく忠明は、一向一揆の行動を警戒する点に基づいた政策として打ち出したにちがいない。この点については京都の寺町形成の例もあり(5)、また幕府の都市政策とも関連するのでまとめて後述する。

近世都市計画に基づいて行われたこの寺院・墓地の編成は、元和五年、大坂が幕府の直轄地となっても基本的に変化せず、近世大坂寺院の基本ともなった。町中には真宗寺院のみが存在したのは事実であるが、だからといって船場・島之内を中心とする市中すべての住民が真宗寺院を菩提寺としたとは限らない。それは阪本平一郎・宮本又次両氏が紹介された『大坂菊屋町宗旨人別帳』を一覧しても自明である(6)。それでは市中に檀家をもつ寺院で真宗以外の寺院がどの程度あるか、それはどのような宗派かについて、元禄八年（一六九五）九月の奥書のある『大坂町

〈図表1〉

宗派	寺院数	宗派	寺院数
天台宗	1	禅宗曹洞派	20
浄土宗知恩院派	85	法華宗受不施派	37
浄土宗知恩寺派	21	真宗西本願寺門下	94
浄土宗金戒光明寺派	19	真宗西本願寺派 興正寺門下	11
浄土宗西山派	2	真宗東本願寺門下	54
真言宗古義生玉社僧	9	真宗東本願寺 仏照寺組	9
真言宗	7	真宗東本願寺 本泉寺組	7
四宗兼学律宗	1	高田専修寺末寺	1
禅宗臨済派 黄檗山萬福寺末	6	仏光寺末寺	16
禅宗妙心寺派	15	大念仏宗	4

中江差出寺請状諸宗寺々五人与判形帳』[7]によってみてみよう。この判形帳は寺請状を吟味するため各町に常置されたもので、各宗寺院の五人組帳であり、市中に檀家をもつ各宗宗判寺院録でもある。前書に「先年大坂天満諸宗寺々五人組之帳差上候、今度茂五人組を相改致連判上可申旨被仰渡則書上候」とあるように、この判形帳は元禄八年以前、すなわち寛文九年に寺院五人組が形成された時[8]に作製されたと考えてよい。寺院五人組については後述するとしてまず市中に檀家をもつ各寺院の宗派、およびその寺院数を図表にすると〈図表1〉のようになる。なお宗派は原文どおりである。

〈図表1〉に示した寺院数の他に、寺院五人組を編成しない独判寺院がある。すなわち真宗東本願寺末の難波御堂、同天満御堂、同本泉寺の三カ寺である。したがって、各寺の檀家数は別として、とにかく市中に檀家をもつ各宗寺院の合計は四百二十二カ寺となる。それは逆に、大坂町奉行が四百二十二カ寺に対し影響力をもっていたことにもなろう。いいかえれば、市中に一軒でも檀家をもつ寺院は、たとえ寺基が河内国などの他国や市街地周辺に位置していても（図表3参照）、大坂町奉行と何らかの関係をもっていたことになる。

さて、右の四百二十二カ寺中、真宗各派寺院合計は独判寺院を含め百九十五カ寺で、全体の四六パーセントを占めていた。市中に真宗寺院のみが建立されていたことからすれば当然である。なお、寛文五年の大坂三郷の宗旨人別は、『大阪市史』第一巻によると次のようになる。西本願寺派六万六三七五人、東本願寺派六万三三三人、仏光寺派二一七八人、高田派二三三人、浄土宗十万一四五七人、法華宗二万三七三二人、真言宗八〇六三人、禅宗五一二〇人、天台宗八九一人、大念仏宗三八八人である。合計二十六万八七六〇人で、うち真宗各派合計は十二万九一〇九人、真宗以外の各宗合計は十三万九六五一人であり、宗旨人別と先にみた真宗寺院数とはほぼ比例していることがわかる。

それではこれらの真宗寺院がいつ頃成立したかについて考えてみたい。しかし、各寺の具体的な由緒を詳細に検討することは困難であるので、寺院成立の指標として各寺の寺号収得年時を明確にしておく。真宗は道場形態より始まり寺院化するのが多く、寺号を収得することは真宗寺院が寺院としてその体裁や機能を果たす成立時期と考えられ、寺院成立の基準と考えてよい。なお寺号免許は本山が行うことはいうまでもない。

大坂真宗寺院の寺号免許年時は、西本願寺末については『津村別院誌』に紹介されているが、必ずしも寺号免許年ではなく創立や大坂への移転年時で記されており、さらに検討を要する。東本願寺末については明確に寺号免許年時を記した史料が現存する。すなわち、粟津元隅が寛文六年（一六六六）に撰した『大坂惣末寺衆由緒書』[9]と大阪府柏原市・光徳寺第十三代乗俊[10]が記した『寛文六丙午十一月十二日、浄土真宗東本願寺末寺摂州東成西成両郡大坂天満町中在之寺草創之年暦住持代人・由緒之記録公儀江指出□（控カ）』（外題）とである。光徳寺は周知のように『天文日記』に頻出し大坂（石山）本願寺時代より有力末寺であり、近世においても同様、東本願寺末の大坂最有力寺院であった。本坊は大阪府柏原市（河内国大県郡）に位置するが、掛所が大坂北久太郎町にあった関係で当史料が現存する。[11] 光徳寺所蔵史料の外題からして、大坂町奉行が寛文六年、寺院調査を行ったと考えられるが、それは幕府が全国的に行った形跡はないので、大坂町奉行が独自で行ったのか、あるいは調査というよりも宗旨人別帳作成上、余儀なく寺院由緒を書き上げさせたのか、その逆に寺院側が独自に由緒を書き上げ「公儀江指出」したのか、それらの史的意味は明確ではない。しかし、いずれにしてもそれらを公儀へ提出する必然性があったはずなので今後調査検討しなければなるまい。[12]

『大坂物末寺衆由緒書』を撰した粟津元隅（寛永十九年～元禄十二年）は、東本願寺有力家臣で、明暦三年から延宝九年まで下間頼祐とともに奏者役を勤めた人物である。[13] したがって彼が書き残した記事内容は本山が認めたものと考えてよい。すなわち、光徳寺所蔵史料と粟津元隅のそれとは寺号免許年時は一致し、おそらく粟津が光徳寺本を参考にしたと考えられるが、本山が認めた公的内容であることはまちがいない。そこに記された寺号免許年時は信頼すべきものである。今ここでは粟津元隅撰『大坂物末寺衆由緒書』によって東本願寺末大坂寺院の寺号免許年時を列挙すると〈図表2〉のようになる。また参考のため『大坂町中江出寺請状諸宗五人与判形帳』（元禄八年）によって、東西本願寺末の寺院五人組を図にすると〈図表3〉のようになる。〈図表3〉には後述する寺院五人組の組編成の参考とするため寺基の位置を記し、また、〈図表2〉と〈図表3〉との比較により、寛文六年、元禄八年の東本願寺末の寺院数検討の手がかりとなる。なお〈図表3〉で仏光寺派、高田派は略した。

〈図表2〉

註　(1)各寺の配列は『大坂惣末寺衆由緒書』の原文どおりである。
(2)天満本願寺留守居（仏照寺）・祐泉寺・蓮沢寺・南江寺・本敬寺は図に入れていない。

寺号	寺号免許年
円照寺	天正9年
正行寺	文禄元年
空楽寺	慶安2年
聞光寺	寛文4年
仏願寺	寛永14年
浄円寺	元和4年
浄雲寺	寛永4年
本重寺	寛永11年
了安寺	寛文元年
春徳寺	寛永12年
浄源寺	寛永7年
明円寺	寛永8年
善瑞寺	寛永13年

寺号	寺号免許年
法泉寺	寛永8年
永勝寺	慶長11年
浄善寺	慶長4年
金剛寺	寛永15年
称念寺	慶長15年
徳成寺	寛永12年
浄安寺	文禄4年
玉泉寺	寛永4年
明福寺	寛永13年
徳照寺	寛永16年
長安寺	寛永10年
因順寺	寛永17年
光明寺	正保2年

寺号	寺号免許年
浄賀	なし
正福寺	寛永3年
最勝寺	慶長3年
本覚寺	寛永8年
長久寺	寛永5年
徳竜寺	寛永5年
森祐光寺	明応5年
浄円寺	寛永8年
聞信寺	寛文4年
妙善寺	寛永13年
専行寺	寛文4年
正覚寺	慶長12年
寂照寺	寛文3年

寺号	寺号免許年
応因寺	寛永16年
光禅寺	寛永9年
妙観寺	万治2年
光円寺	寛永2年
福円寺	寛永20年
定久寺	寛永12年
誓得寺	元和4年
南栖寺	寛永16年
蓮久寺	明応5年
円周寺	慶安3年
蓮通寺	寛永13年
恩沢寺	承応元年
来遊寺	慶安2年

寺号	寺号免許年
仁託寺	寛永9年
定専坊	明応年間
光徳寺	平安期真言古跡寺
妙琳坊	慶長3年
称讃寺	寛永2年
即応寺	寛永20年
定円坊	正保3年
長泉寺	天正19年
通観寺	慶安3年

〈図表3〉

東本願寺門下

組	二人組		四人組				四人組				五人組		
寺号	光徳寺	定専坊	称念寺	正行寺	仁託寺	春徳寺	浄安寺	浄雲寺	浄源寺	徳成寺	徳照寺	因順寺	長安寺
寺基の位置	南久太郎町一町目	平野町三町目	北久太郎町五町目	南本町五町目	上難波町	源左衛門町	安土町三町目	百貫町	北久太郎町三町目	備後町二町目	屋称屋町	兵庫町	茶染屋町

組	五人組		四人組				五人組					五人組		
寺号	光明寺	空楽寺	浄円寺	永勝寺	円照寺	仏願寺	正福寺	最勝寺	本覚寺	徳竜寺	長久寺	光円寺	金剛寺	蓮久寺
寺基の位置	石津町	江之子島西町	四軒町	道修町五町目	江戸堀一町目	道修町三町目	近江町	内平野町	内淡路町一町目	相生東町	内本町上三町目	順慶町二丁目	尾張坂町円智借屋	玉造下清水寺

組	五人組		五人組					四人組				三人組		
寺号	円周寺	本重寺	善瑞寺	定久寺	明円寺	誓得寺	光源寺	祐光寺	明福寺	来遊寺	妙観寺	玉泉寺	正覚寺	蓮通寺
寺基の位置	上本町二丁目	坂田町 舛屋たま借屋	北久宝寺町四町目	南鍛冶屋町	安堂寺町三丁目	白銀町	長町二町目 塩屋庄左衛門借屋	南久太郎町二町目	北久宝寺町一町目	南久太郎町六町目	南九太郎町六町目 野田屋五郎兵衛借屋	北久宝寺町二町目	常盤町二町目	北谷町

組	五人組					四人組				四人組			
寺号	妙善寺	応因寺	光禅寺	了安寺	聞信寺	唯専寺	円徳寺	光泉寺	光照寺	妙琳坊	即応寺	称讃寺	専行寺
寺基の位置	上難波町	桑名町 妙慶借屋	橘　町	初瀬町	上難波町	摂州西成郡木津村	河州渋川郡大地村	摂州東生郡中川村	河州八上郡金田村	北久太郎町五町目	難波御堂寺内	南久太郎町五町目	上難波町

註　(1)とくに国・郡名がないものは、すべて「摂州東成郡大坂」、あるいは「摂州西成郡大坂」の町名である。
(2)寺号・寺基の位置は元禄八年段階で記し、その後の移転・寺号改については記さなかった。

組	寺院	所在
東本願寺門下仏照寺組		
二人組	長教寺	摂州西成郡 曽根崎村
二人組	善覚寺	摂州西成郡北野村
四人組	祐泉寺	天満一町目
四人組	慶徳寺	石　町
四人組	遍行寺	竜田町
四人組	受念寺	京橋片原西町
三人組	蓮沢寺	天満一町目
三人組	西慶寺	天満三町目
三人組	本教寺	鈴鹿町
東本願寺本泉寺組		
三人組	光専寺	天満拾一町目
三人組	浄教寺	天満八町目
三人組	浄信寺	天満南森町
四人組	光満寺	天満小嶋町
四人組	常円寺	天満南富田町 松屋まん借屋

組	寺院	所在
	本真寺	谷町二町目
	勝光寺	摂州西成郡 九条嶋村
西本願寺門下		
六人組	広教寺	薩摩堀
六人組	浄照坊	本町五丁目
六人組	浄光寺	白子裏町
六人組	超願寺	藤森町
六人組	円光寺	南本町一町目
六人組	蓮光寺	備後町四町目
五人組	尊光寺	楫木町
五人組	正覚寺	玉沢町
五人組	善行寺	尼崎町
五人組	常源寺	新天満町
五人組	光台寺	南濃人町二町目
	浄久寺	弥兵衛町

組	寺院	所在
四人組	専称寺	新靭町隠居
四人組	専称寺	淡路町二町目
四人組	長光寺	嶋町二町目
五人組	覚円寺	道空町
五人組	願宗寺	新淡路町
五人組	了安寺	坂本町
五人組	正福寺	古金町
五人組	西光寺	博労町
五人組	浄国寺	三郎右衛門町
五人組	光宗寺	御堂前町
五人組	真光寺	道修町三町目 銭屋甚左衛門借屋
五人組	順教寺	津村南之町
五人組	善福寺	津村中之町 西尾是閑借屋
五人組	蓮生寺	出口町
五人組	長福寺	上難波町
五人組	龍泉寺	亀井町 尼崎屋甚左衛門借屋

組	寺院	所在
	常元寺	古手町
	浄徳寺	葭屋町 柏屋妙了借屋
四人組	長円寺	金田町
四人組	光円寺	油掛町
四人組	明善寺	南鍋屋町 金屋市兵衛借屋
四人組	円徳寺	宮川町 薬師元悦借屋
四人組	万福寺	南木綿町
四人組	専念寺	薩摩堀納屋町
四人組	正楽寺	玉手町 嶋屋は借屋
四人組	正念寺	堂島船大工町 京屋さん借屋
五人組	光乗寺	石　町
五人組	寿光寺	北新町一町目
五人組	蓮台寺	谷町三町目
五人組	心行寺	南谷町
五人組	光妙寺	京橋片原西之町 竹屋藤重郎借屋
	光清寺	常盤町一町目

組	寺院	所在
五人組	安養寺	内本町二町目
	円龍寺	南革屋町
	明専寺	鑓屋町
	明円寺	南瓦屋町 瓦屋彦左衛門借屋
五人組	光西寺	横堀炭屋町 尼崎屋きち借屋
	円融寺	北勘三郎町 大和屋妙三借屋
	浄行寺	ト半町 丹波屋庄兵衛借屋
	蓮教寺	桜町 葉屋せん借屋
	円成寺	西高津町
五人組	大琳寺	備後町五町目
	順正寺	常安町 佃屋源右衛門借屋
	正覚寺	松江町 堺屋八兵衛借屋
	西教寺	九条村町 雑賀屋庄九郎借屋
	称名寺	本町五丁目 今津屋与右衛門借屋
五人組	定専坊	天満七町目
	万福寺	東樽屋町

組	寺院	所在
	妙安寺	信保町
	西善寺	天満南森町
	円明寺	南畳屋町 堺屋善淳借屋
三人組	宝泉寺	鰻谷二町目
	浄明寺	尼崎町二町目
	正善寺	帯屋町
七人組	金光寺	御堂前町
	光円寺	津村南町 和泉屋妙了借屋
	大仙寺	津村中町 小嶋屋志ゆん借屋
	円証寺	津村南町 泉屋妙了借屋
	西宝寺	浄覚町 厨子屋たま借屋
	善宗寺	御堂前町 奈良屋佐兵衛借屋
	西照寺	南本町五丁目 茶屋又十郎借屋
二人組	願泉寺	摂州西成郡 木津村
	光受寺	摂州西成郡 今宮村
	大恩寺	摂州西成郡 三屋村

組	寺院	所在
四人組	西光寺	摂州西成郡 北伝法町
	西善寺	摂州西成郡 上福島村
	光明寺	摂州西成郡 北長柄村
四人組	教恩寺	摂州西成郡 本庄村
	光徳寺	摂州西成郡 光立寺村
	正福寺	摂州西成郡 川口村
	金台寺	摂州西成郡 北野村
四人組	如来寺	摂州豊嶋郡 箕輪村
	興法寺	摂州豊嶋郡 石蓮寺村
	善徳寺	摂州豊嶋郡 長嶋村
	明福寺	（右）同前
五人組	妙円寺	摂州豊嶋郡 椋橋村
	光明寺	摂州西成郡 御幣村
	蓮正寺	摂州西成郡 三屋村
	光専寺	（右）同前
	明正寺	摂州西成郡 佃村

組	寺院	所在
二人組	西宗寺	摂州川辺郡 山本村
	称名寺	摂州川辺郡 森本村
西本願寺派興正寺門下		
三人組	浄蓮寺	天満七町目
	円宗寺	（右）同前
	安楽寺	摂州西成郡 浦江村
二人組	光明寺	天満七町目
	西福寺	天満六町目
五人組	西福寺	摂州豊嶋郡 小曽根村
	常光寺	（右）同前
	養照寺	（右）同前
	正行寺	摂州西成郡 佃村
	浄光寺	摂州嶋下郡 岸部村
	興正寺御堂	一判留守居 祐春坊添判有

〈図表2〉によってわかることは、寺号が慶長以前に免許された寺院が七カ寺あるが、大半は江戸初期で、とくに寛永期が最も多く、東本願寺末六十一カ寺中、三十一カ寺が寛永年間に寺号を収得していることである。[14]これは『紫雲殿由縁記』に「寛永ト成リ京並ニ田舎ニ至ル迄辻本看主寺号ヲ望申（中略）近年ノ始初聢ト寛永年ノ時世都鄙共ニ寺号望申」[15]とあることの一支証となろう。真宗の寺院化・自庵化の時期については千葉乗隆、森岡清美、大桑斉諸氏の研究成果があるが、[16]その研究対象はとくに都市ではなく村落寺院が中心であり、大坂の場合も一般的な物道場→寺院化のパターンと同様に扱いその時期を考えてよいのかは問題がある。つまり、寺院となる以前の形態や性格が、村落のそれと同様であったかは明確でない。とくに大坂は石山本願寺時代から存立していた寺院・道場と、大坂夏の陣後、寺院・道場が建立されたり、周辺他国より移転してきた場合など、大坂真宗寺院の構成は複雑である。また都市寺院には独特の特殊性があったことも考えられ、この問題は今後多視的に比較検討しなければならない。したがって今ここでは大坂真宗寺院の寺院化は寛永年間に集中していたことを指摘しておくにとどめる。

寺号取得には銀二百五十匁余の礼銀が必要であり、また本尊木仏には三百七十匁余の礼銀というように、寺号を収得し寺院としての体裁を整えるためには尨大な費用が必要であった。[17]経済的先進地帯を背景にした大坂の場合、すでに寛永期にそれだけの経済力を充分備えていたといえる。〈図表3〉の寺基の位置には「借屋」とあり、果たして寺号をもった寺院がその威儀を整えて存在していたのか、という疑問が生じる。豪華な伽藍を整えていなかったことは事実であろうが、これは必ずしも寺院の由緒・性格や経済能力とは関係しないようである。たとえば応因寺は〈図表3〉では「桑名町妙慶借屋」とあるが、寛文六年の『大坂惣末寺衆由緒書』によると「横堀炭屋町」に寺基があり、さらに由緒は「明応五年従江州金森村大坂池端へ引越、慶聞坊了海蓮如上人御弟子也二代慶観三代慶良四代珍良五代源忍此時大坂没落之時歟金森へ還住六代慶念七代当住、四拾七年前元和元年従金森大坂南渡辺町へ越寛永拾六年寺号御免万治元年此所へ移」[18]とあり、蓮如の弟子として有名な慶聞坊が開基である。右掲史料の江州金森には同じく蓮如の弟子道西がいた。道西開基の善立寺には応因寺に関する史料（写）が現存し、そこには「西成郡大坂北太郎町五町目、応因寺、元禄十三年秋か、せ取申候、応因寺代々由来ヲ彼自筆ニテ書セ取リ候其一紙」[19]として「明応五丙辰年於東成郡生玉大坂寺地不明、開基慶聞坊蓮如上人常随給仕之弟子也」[20]とあり、元禄十三年には寺基が「大坂北久太郎町五町目」にあったことが窺える。すなわち、応因寺は蓮如時代より大坂に存在した由緒ある道場・寺院であったが、寺基は寛文六年（一六六六）時には「横堀炭屋町」に、元禄八年時には何かの事情で「桑名町妙慶借屋」に置き、さらに元禄十三年（一七〇〇）時には「北久太郎町五町目」に移転していたと考えてよい。したがって寺院の外観が借屋であったことと、その寺院の由緒や寺号収得あるいは宗判権の所持とは関係がないといえる。しかし、元禄八年時に約三十カ寺が「借屋」に寺基を置いていたことは事実で、それは真宗寺院が俗的性格をもって町方に構えていた証左にもなる。[21]またそのことは真宗寺院が身分的に町人であることの外に外観も町人的であり、より一層町人生活と関係深くなる要素を内含していたといえよう。

とくに町制に関わっていたのは南北両御堂、天満興正寺御堂である。そこで次に大坂の町制を概略し、それらの点について考えてみよう。

第三節　町役人と真宗寺院

慶長十九年（一六一四）の大坂冬の陣、翌元和元年の夏の陣の両戦乱によって、大坂は悉く灰燼化した。この復興は松平下総守忠明によって着手された。[22]すなわち、両戦乱に功績のあった伊勢亀山城主の松平忠明が、元和元年、大坂城主として、また大坂の領主として幕府より任命された。忠明は奥平美作守信昌の四男で、母は亀姫といい家康の娘である。したがって忠明は家康の外孫にあたる。元和五年七月、幕府は忠明を、二万石加増して大和郡山へ移封させた。在任満四年間に忠明は、市街地の整備、運河の開削、あるいは寺院墓地の廃統合など、近世大坂の都市建設の基礎を確立した。

幕府は忠明を大和へ移封後、大坂を直轄地とし、大坂城代を置き、西国大名の監視、城中の警備などとともに、大坂を支配した。すなわち、幕府は伏見城番の内藤信正を初代城代に転任させ、焼失した大坂城の再建に着手した。城代は城中にあっては大坂諸役人の首班として政務を執り、部下に定番・加番・大番を置き補佐させるとともに、定番の下に与力・同心を置いて城中警備を行い、さらには大坂支配のみならず西国大名の動静をも監察した。このように幕府にとって大坂は西国の拠点として重要視しており、それ故に城代には五、六万石以上の譜代大名から任命した。直接町人と接触し、民政を司ったのは、城代の配下に属する町奉行であった。町奉行は元和五年九月に設置され、東西二奉行から成る。三郷の実際の行政は、町人から選ばれた三郷惣年寄によって行われた。すなわち、北組、南組、天満組にそれぞれ惣会所があり、惣年寄はここに集まり、自治的な統制を行った。さらに惣年寄を補助し、惣会所の公的事務を行う惣代が常置されていた。また、各町内には町会所、町年寄、町代があった。町年寄は選挙で決定し、家屋敷を所有する狭義の意味の町人が、選挙・被選挙権を有していた。その職務は、触書・申達の伝達、人別改、訴訟事件の和解などを主要なものとした。町年寄を補佐するのが月行司で、町毎に二名ずつ毎月交代で順番制であった。なお、江戸における町年寄は大坂の惣年寄で、大坂の町年寄は江戸の町名主に相当する。

各町で町寄合が行われ、その自治的立法に町式目・町儀式目が作製され、その他に水帳、宗旨人別帳が町内にあった。寺院と関係深いのはいうまでもなく宗旨人別帳である。これは切支丹禁制以来宗旨が厳重になり、町々に宗旨改帳ができ人別帳と一緒になったもので、「町内人別帳」といわれ、詳しくは「家持借家人別帳」ともいわれる。大坂三郷の人別帳はいずれも半紙二つ型の縦帳で、あるいは美濃半紙の縦帳から成るといわれ、[23]町人・借家人・下男・下女すべての男女氏名年齢を明記し、人名の上に菩提寺、ならびにその宗旨が書いてあった。この宗旨人別帳を簡単にして戸主名のみを書いたものを「巻《まき》」＝「宗旨巻」という。当初、巻子本であったことから、「巻」と呼ばれたのであろうが、のちに折本になった。縦三一・一センチ、横一三・二センチの大きさである。宗旨巻は大坂独特のものであったらしく、東本願寺にも次のような記録を別記して蔵している。

「　大坂町方宗旨巻納之事
一、毎年十月御当方御堂西派御堂
天満興正寺御堂江宗旨方与力道心(ママ)
惣年寄罷出其方角之町々ヲ呼出シ
御法度相改メ右之帳面ヲ相納申候事
一、御末寺御届候町内より差出候帳面左ニ図ヲあらわし懸御目申候町人同列之之(ママ)義ニ御座候
右之通折本ニ相認候図、右帳前
書如左
一、切子(ママ)丹宗門之事
一、博奕諸勝負之事

一、傾城町之外遊女之事
　附、若衆を抱置遊女同前売事
右之通従前々堅ク御法度之趣
被仰付承知仕候乃至毎月町中不残
穿鑿仕宗旨手形取置不審成者
無御座候乃至云々(24)

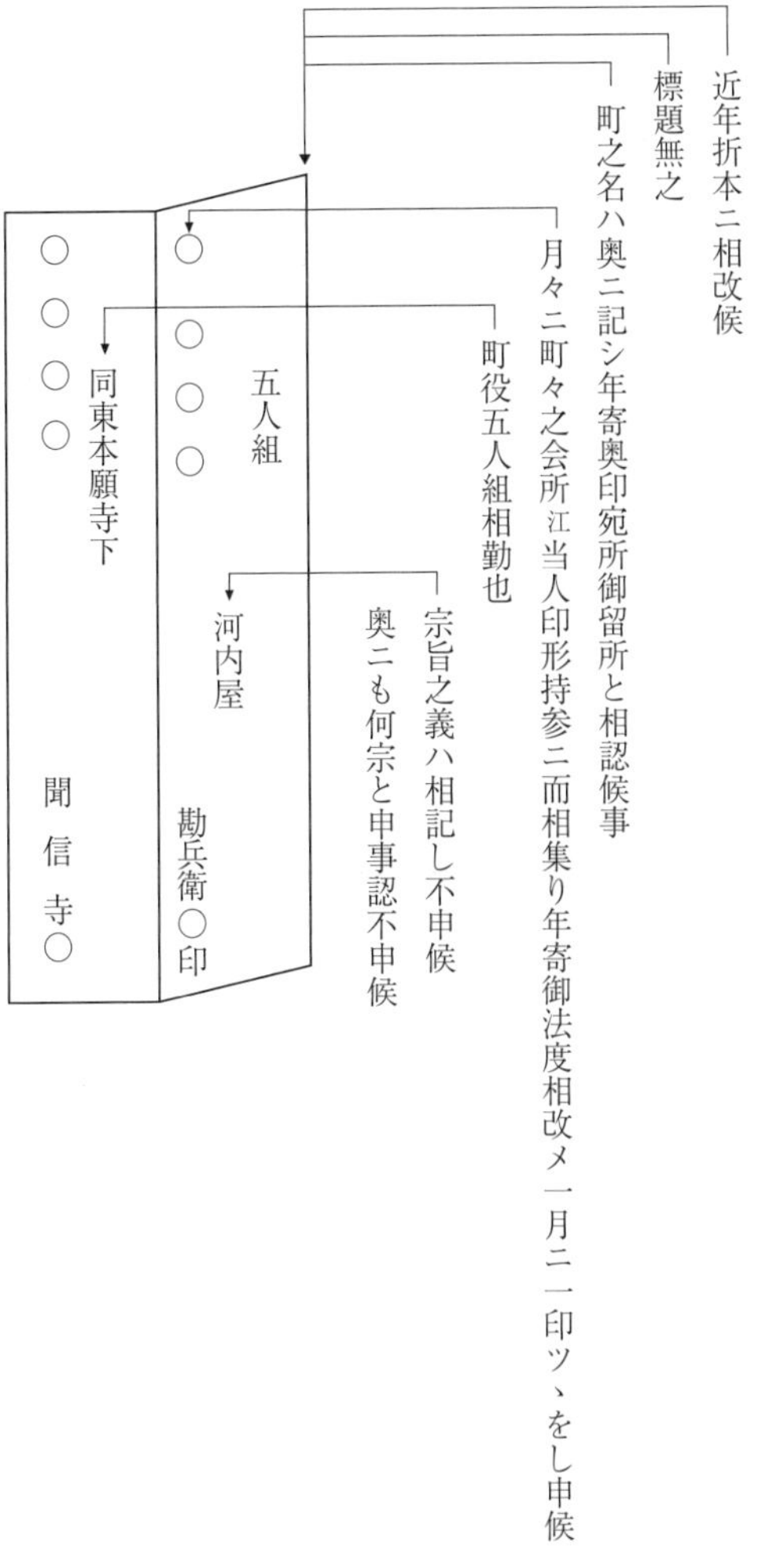
近年折本ニ相改候
標題無之
町之名ハ奥ニ記シ年寄奥印宛所御留所と相認候事
月々ニ町々之会所江当人印形持参ニ而相集り年寄御法度相改メ一月ニ一印ツヽをし申候
町役五人組相勤也
宗旨之義ハ相記し不申候
奥ニも何宗と申事認不申候
○
○
○
○
五人組
河内屋
勘兵衛○印
○
○
○
○
同東本願寺下
聞信寺○

「宗旨巻」については宮本又次氏がすでに論及されているが[25]、右の史料のように、毎月町人が町会所へ印形を持参して集まり、町年寄の立ち会いで「巻」の各月に押印した。押印は十一月から始められ、十一月は一番下に位置し、順次、十二月、翌年一月、二月と上へ押印し、「登り龍」ともいわれる。その「巻」を毎年十月、北組町々では津村御堂、南組町々では難波御堂、天満組町々では興正寺御堂へ持参し、三郷惣年寄立ち会いのもと、町奉行所寺社方から出張した与心・同心に納めた。納めた後、年中行事の一つとして「巻納め」という宴会が盛大に行われていたといわれる[26]。前書にある三カ条の御法度は「宗旨改帳」などにも同様にあり、近世の常識的法度である。「巻」の最後には「奥ニ家数何程――惣計ばかり――人数何程内男何人女何人相認メ宗内之名外、且宗旨之義相記シ不申候[27]」とあるように、町内の家屋敷所有の町人および家守の名と家数総計、人数総計並内訳を記し、宗旨は記さなかった。「近年折本ニ相改候」とあるように、当初巻子本であったが、のちに折本になったことがわかる。しかし、右掲史料の記述年時が明確でなく[28]、したがって「近時」も明確でない。宮本氏によると折本形式になったのは正徳年間といわれる。なぜ折本にしたかは不明であるが、特別の意味はなく折本の方が巻子本に比べ、押印が便利だからであろう。また、何事においても合理的、簡略的に行うことが習慣になっている大坂町人気質の表れでもある。

以上のように、南北両御堂・興正寺御堂は町役人および町奉行所役人が毎年集まり、戸籍調査の点検場所であった。それは両本願寺機関が幕府の町支配の一端を担い、町奉行所の出先機関的性格をもっていた。また一方、大坂町人が両御堂へ定期的に集合し、町奉行所役人と交流する場が両御堂であり、両御堂が町制に深く関与することによって繁栄し、教団の財的支援者になりうる有力商人と関係深くなるメリットもあったことは想像に難くない。両御堂の存在は、信仰に基づいて参詣する者はもちろん、大坂、とくに船場に出入りする他国商人を含め、町中知らないものはなかったであろう。とくに船場の二大建物は南北両御堂であり二つの大きな屋根は偉容を誇り、大坂町人は御堂の屋敷の見える所に家をもつのが理想であったといわれる。[29] このように両御堂は幕府の町支配に関与し、「巻納め」と呼ばれる、町々にとっての重要な年中行事を行ったように、町人生活にとって宗旨宗派を問わず重要な地位を占めていた。

第四節　寺院五人組

大坂町方には当然、五人組制度があった。その制度そのものは一般町方、村方と相違ないが、構成員に真宗寺院が入っていた。すなわち、先述の『大坂町中江差出寺請状諸宗寺々五人与判形帳』『大坂町方宗旨巻納之事』から窺えるように、大坂の真宗寺院は寺院と町人双方の五人組に参加していた特徴がある。そこで寺院五人組の問題と町人五人組に参加した真宗寺院について幕府の都市政策との関連で考えてみよう。

五人組制度については周知の如く、[30] 中世末の隣保団体や秀吉時代に端を発するが、江戸初期の家光時代から顕著となり、家綱時代の明暦二年（一六五六）に詳細な規定が制定された。その目的は浪人・切支丹の取締りである治安維持から、時代対応への教化目的が加わり相互監視、連帯などの隣保共助と広汎にわたっている。具体的には婚姻、相続、廃嫡、訴願、不動産売買などに五人組は立ち会った。寺院五人組制度も基本的にはこれら一般五人組制度を模したものである。

まず、寺院五人組制度についてであるが、教団の本末関係を縦の関係・上下関係として考えるのに対し、横の関係として寺連合・組合寺院・法類などと呼ばれる寺院形態をすでに豊田武、森岡清美、北西弘、坂本勝成の諸先学が考察された。豊田氏は「法類とは法縁に基づく数カ寺の集団、組寺とは地域的に接近する数カ寺の同宗寺院が連帯、警戒、検察扶助の相互目的を達成するために結合した組合」[31]であるとされ、一般町村民の五人組に範をとったと指摘された。森岡氏は、この制度は領主制の宗教行政が何らかの地域組織を必要とした中から生じたとし、宗門からは内政上、末寺からは寺院の協力確保の必要から生じたとされ[32]、明確に五人組とか六人組などの表現をもつ初見事例として、元禄四年（一六九一）三月の伊勢市・真宗高田派真昌寺の例をあげておられる。また、北西氏は能登の阿岸本誓寺の史料紹介をされ、その解説で永禄八年（一五六五）の「鳳至郡中四組定書」、寛永十八年（一六四一）本誓寺の「八ケ組掟」について考察されている[33]。本誓寺が配下寺院に命じて書き上げさせた延宝七年（一六七九）の「寺庵方本末与合等帳」を紹介され、組寺についての存在を明らかにされた。豊田、森岡、北西諸先学の研究成果を敷衍しつつ、組合寺院・法類について最も詳しくトータル的に論及されたのが坂本氏である[34]。坂本氏は、寺院の地域組合組織が顕在化して広く一般的に確立するのは寛文～元禄期であるとし、切支丹改めによる寺請制度に基づく組合結合であったと指摘し、さらに氏は、元禄以前の組合構成は同宗同派の枠を越えるものでなく、教団統制を補強する点に意義があると強調され、元禄期以後は場合によっては宗派性を越える組合構成がなされ、多様な寺院結合に切り替えられた、と指摘された。

大坂の寺院五人組制度も諸先学の研究成果をとくに逸脱するものではなく、基本的には同様の性格を有している。五人組制度設置の契機について坂本氏は「切支丹改めによる寺請制度に基づく組合結合」と指摘し、初見的事例として寛文十一年（一六七一）の大坂難波別院の輪番制にともなう組合寺院の統制をあげているが、実はそれ以前の寛文九年に寺院五人組について町奉行の触が出ている。すなわち、寛文九年十一月十五日の触が次のように出ている。

「吉利支丹宗門・博奕諸勝負・遊女・若衆之事、町中宗旨改之儀四ケ条之事、

覚

一、切支丹宗門、博奕諸勝負、傾城町之外遊女并若衆を拘置、遊女同前ニ売候儀、御法度之旨度々雖触知、弥無油断毎月年寄月行司町中可相改、勿論家持借家五人組互常々可遂吟味事、

一、大坂町中江宗旨手形出ゆ諸宗寺々五人組住持印形有之帳、町々江出置之間、其町中寺請状之印形を合取置可申候、寺五人組帳外之寺請状取申間敷事、家持・妻子・下人・下女并会所屋敷ニ罷有之者之寺請状ハ、其町之年寄手前ニ差置、借屋・店借リ・借地之者・同妻子・下人・下女之寺請状は家主取置、年寄之寺請状ハ月行司預置、不依何時、公儀より御尋之砌ハ、右之手形差上候様ニ可仕事、(35)」

右のように町奉行が触を出し、宗旨手形を発行する宗判寺院の五人組を制定した。したがって教団自体の問題として、本寺が宗務内政上自ら組合寺院を形成させたのではなく、最初は幕府の寺請制度・切支丹取締りの一環として寺院五人組制度を作り、それを本寺が末寺支配に利用したと考えてよいだろう。すなわち、町奉行が寺院の宗旨手形発行を吟味する上において五人組を制定し、従来の寺請状は菩提寺のみの判で認めていたのを組合寺院の連判を必要とさせ、さらに五人組印形帳を作成させ、その帳を町々に置いて印鑑照合を行ったのである。それらの根底には幕府の町支配、本寺の教団秩序維持という幕府権力、教団権力が共通する要素があり、幕府・本寺が寺院五人組という横の関係を結合させせつつ連帯責任をもたすことは、縦の関係の本末制度をより強固なものとする効果をもっていた。

この寛文九年（一六六九）の寺組合の触は、先学の研究成果を勘案しても、明確に五人組とかの表現をもつ中で事例的に最も早いものであろう。寛文期から元禄期に向かって、地方組織の整備や農村支配の再編強化が行われるのに並行して寺院組合が再編成されるが(36)、その最も早い事例であり、大坂町方が先駆的役割を果したと考えられ

るのではないだろうか。寛文九年の寺院五人組帳は管見の限り、現存していないようだが、先の元禄八年（一六九五）九月付の印形帳は前書に「先年大坂天満諸宗寺々五人組之帳差上候、今度茂五人組を相改致連判上可申旨被仰渡則書上候」(37)とあり、寛文九年のものを改めて書き上げたもので、寺院の数の増減や、改印の変化など若干の相違があろうが、基本的には相違あるまい。

次に組合寺院の機能面について考えたい。これについて坂本勝成氏は詳細に検討されている(38)。つまり氏は、一、触書の回覧、二、後住職権に関する発言権や不律不如法な僧侶出現に対する連帯責任など、寺院・住職の相互扶助と監視、三、組合寺院間の借金保障機能、を指摘された。大坂の場合も右の機能のいずれかに関する問題処理に組寺が関係していた。たとえば教団側の記録として『上檀之間日記』明和二年（一七六五）三月十一日の条に、

「　奉願上候口上之覚

一、私儀病身ニ付隠居仕度　依之後住之儀実子円珠江被為仰付可被下此旨一家幷門徒示談之上奉願上候　以御慈悲願之通被為仰付被下候ハヽ難有可奉存候　此段宜被仰上可被下候　以上

明和二年二月廿八日　　正行寺㊞

一家惣代　　門徒惣代

称念寺　　久宝寺ヤ　七兵衛㊞　　大和屋　半兵衛㊞

難波御堂輪番

皆演坊　殿

右之通承届ニ而相違無御座候
依之加判仕候下
組中幷年番　　組中
春徳寺 ㊞　　仁託寺 ㊞(39)」

右のように、正行寺住職が、自ら隠居し実子に住職を譲るため、難波御堂輪番宛に願書を提出したもので、その写しが本山の最高決裁の記録である『上檀之間日記』に記録されたものである。正行寺・称念寺・春徳寺・仁託寺の四カ寺は組寺を形成しており（図表3参照）、それらの組寺すべてが、一家惣代、組中年番、組中などの肩書で正行寺門徒惣代とともに加判している。すなわち、正行寺の住職交替に関し、五人組を形成しているすべての寺院が関係していることが窺える。菩提寺のみの判で認められていた寺請状が、五人組寺院の連判が必要となった意味の他に、教団内の問題として、末寺間の諸問題に寺院五人組の連判が必須事項であった。本寺は末寺統制上、隣寺相互の和合、協力など教団秩序を維持するために組合寺院の連判を必要とさせたのである。したがって、本寺は組合寺院の相互の不協和については厳しく規制した。たとえば次のような記録がある。

「大坂浄安寺慶瑞、徳成寺元瑞へ申渡覚
一、去ル亥九月其地追手町徳成寺娘相果候節　葬礼之儀ニ付組頭浄安寺より被出訴　其上双方応対之書面之趣輪番より及言上候右徳成寺儀輪番所へ案内之事幷蓮通寺焼香届之義両様共輪番指図ヲ不用任我意候致方不届之至候　依之急度御咎可有之事(40)」

とあるように、徳成寺の娘の葬礼に関し、組合寺院間に問題が生じたことが窺える。徳成寺と浄安寺は同組であるが蓮通寺は他組である（図表3参照）。問題は「徳成寺儀輪番所へ案内之事」と「蓮通寺焼香届之儀」について、葬礼に関係する寺院が輪番の指図を聞き入れなかった点にある。事件の詳細は不明確であるが、末寺の葬礼に際し手順などの不手際があったらしく、組頭の浄安寺が訴え出たのを発端に、同組寺院の浄安寺、徳成寺がともに咎を受けたようである。葬礼を厳修する際の手順、届け方という些細な問題であるが、そこには組合寺院の連帯、秩序を乱すことを重要視する近世本願寺教団の姿勢を示しているといえる。

次に真宗寺院住職が町人身分として町人五人組員であった問題について考えたい。

先に提示した「大坂町方宗旨巻納之事」の中で東本願寺下末寺が「町役五人組相勤也」とあるように、大坂真宗寺院は寺院五人組の組織形成とともに、町人五人組にも参加していたことが確認できる。つまり、末寺住職は町人として「宗旨巻」に押印し、町年寄の支配を受けていたのである。これは、先述した元和五年の市街地区画整理に際し、真宗寺院が寺町形成寺院としては認められず、「町家同様之取計」を仰付られ「丁人（ママ）同様公役・町役等相勤」[41]めるよう命じられたことに始まる。しかし、元和五年（一六一九）当初から実際に町人五人組が具体化したかは疑問である。というのは大坂市中に発せられた五人組に関する最古の法令は三十年後の慶安元年（一六四八）四月五日の「家屋売買之事」であるといわれるからである。[42]したがって元和五年～慶安期に至る間に町人五人組が具体化し、真宗寺院住職はこれに参加させられた。そして先述のように寛文九年には寺院五人組が形成され、真宗寺院のみが二つの五人組を勤めたのである。すなわち、大坂の真宗末寺は、寺院として幕府→教団（本願寺）の支配を受け、町人として町奉行→町年寄の支配を受けるという二重支配を強いられていたといえよう。この二重支配は寛文期より始まるが、左記の史料のように文化十二年（一八一五）九月、東本願寺末寺が連判して御坊を通じて本山へ「町儀」免除を提訴している。

「（口上覚）　此度私共町儀御免除之儀　御奉行所へ御達シ被成下候様奉願候　右者西派迚も同様之願ニ而全体一時ニ

御達し被成下候様願度奉存候所□彼是手後シニ相成候故既ニ西御坊よりハ先月廿一日ニ及公達被申候　猶又最早町宗旨収ニ差向候得ハ何卒此節ニ早々御達シ之儀偏ニ奉願候（下略）」

と法中惣代因順寺・正覚寺・正行寺、年番善瑞寺より出され、さらに具体的に、

「　乍恐奉願口上覚

従来市中住居仕候私共之儀中古町儀用甚多く公辺懸り相増候故　寺役法務随而御坊法用等ニ指支迷惑仕候条自町内五人組幷月行司相離れ物而町内より取扱不預候而寺中故隙公訴之儀も御座候ハヽ寺組合ニ而相捌公辺へ付添奥印万端無滞可相勤候　（中略）　町内出銀之者公役町役是迄通急度無不足可仕候　尤家譲り候節分壱銀之儀有之候得共右者相請不申候併右誠ニ相成候□も対町内聊我意ケ間敷儀無之穏順□（如カ）法可相慎候間　何卒先件願之通以御慈悲可然様御奉行所江被為仰立候ハヽ後代子孫ニ至迄莫太（ママ）之御厚難有奉存候此旨宣布被仰上可被下候

以上[43]」

と列座の来遊寺・仁託寺・聞信寺・光禅寺・称讃寺・妙勧寺・即応寺が連名で難波別院輪番に願い出ている。

右掲史料で明らかなように真宗寺院が五人組、月行司などの町儀課役の免除要求をしたのであり、免除理由は町儀多忙で寺役、法用に差し支えがあるとしている。家屋売買の一分銀は免除対象としているが、町役、公役は従来通り納めるとしていることから、寺院の経済的負担軽減要求が理由ではなく、むしろ文化年間に町儀が加増されてきた背景や経済的要素以外の諸規制からの解放が主たる理由であろう。これらの要求は西本願寺末寺も同年八月提出し、天満配下も同様であったので、東本願寺教団内の独自の問題から端を発したのではないと考えてよい。

この問題の結着は本山重役が「先達而申上候ニ付、御免申渡候、夫より奉行所与力八田五郎左衛門、桑原権九郎、成瀬九郎左衛門、右三軒へ掛合い」[44]、大坂末寺の要求は認められた。

これらの訴えが出たこと自体、文化十二年（一八一五）まで大坂真宗寺院は町人身分として課役されるすべてを勤めていたことを逆に裏づけているし、少なくとも慶安期より文化年間までの約二百年足らずの間、町人身分であったことを物語っている。

そこで幕府はなぜ真宗寺院を町人身分と規定し公役・町役を課し、寺町への集住を認めず、諸宗寺院と明確に区別して支配したのだろうか。

まず考えられることは、真宗の寺院形態が室町期より道場形態（毛坊主・辻本）をとり、俗人的要素が強かった点が指摘できよう。つまり、真宗は在家仏教を標榜し、戒律に従った出家主義をとらず、教義的にも肉食妻帯を認め、俗人的要素が強かった点から、真宗寺院が町家・町人同様に規定される由縁になったと考えられる。事実、一般寺院のような伽藍を構えず借屋に寺基を置き寺院としての機能を果たしていた真宗寺院があった。町触の中で「借在家構仏壇不可求利用之旨、於江戸諸家江被仰出候間、町中存此趣清僧ヲ置べからず、有来妻帯道場之外ハ、縦令仏壇無之とも、町家並ニ出家住宅致、聴衆ヲ集メ法ヲ説候義、此已前より停止之間、令違背ハ其町中可為曲事事。附、往来之出家当座之宿、日数廿日過べからず」[45]（寛文六年）というように、真宗寺院を「妻帯道場」と呼称し、明らかに「出家」「清僧」と意識的に対比していることが窺える。そこには幕府の真宗観の一端が知られるし、その視点が根底にある故、真宗僧侶を町人同様と考えたのである。

これに関連する寺町構成寺院の問題について、小野晃嗣氏は京都の寺町形成を論及される中で、真宗寺院は寺町構成寺院でないことを指摘され、それは秀吉の宗教政策に発端があるとされた。すなわち、小野氏は「秀吉の抱懐する宗教政策は、寺院をして本来の面目に帰り、戒律厳たる修学の道場たらしむるにあった。従って、肉食妻帯の俗人宗教たる本願寺派寺院を他院派寺院と相混淆せしむる事を避けたものと思うのである。この政策は江戸幕府の踏襲する処となり、江戸時代本願寺派寺院はいづれの都市に於いても寺町を構成する事なく、市街地に散在したのであった」[46]と結論され、真宗寺院はいずれの都市においても寺町構成寺院ではなく、その背景に秀吉の都市政策があると指摘された。大坂の場合も京都と同様の背景があったと考えられ、先述したように真宗の俗的要素が諸宗寺院と区別された原因であったと考えてよい。しかし、小野氏は真宗寺院の身分については論及されていない。したがって、いずれの都市においても大坂のように真宗寺院（僧侶）は町人身分であったかどうかは今後の研究をまたねばなるまい。

それでは大坂真宗寺院は正式寺院として認められていないのかという問題がある。もし幕府が寺院として認めていないのならば、なぜ諸宗寺院同様に、寺院五人組を形成させ、近世寺院の特権の一つである宗判権を真宗寺院に与えたのかという当然の疑問が生じる。半僧半俗で宗教活動を行う「辻本」「法名本」などの道場（主）についてはすでに諸先学が詳細な研究成果を発表され、その性格や機能を明らかにされた[47]。しかし、それらはいずれも原則的には寺号をもたず、大坂の場合と比較できない。

寺号は一応所持しているが、それは幕府・藩に認められず宗判権を所持しない寺院、そのような性格の寺院（寺号）を東本願寺末の場合、「国法不晴寺号」と呼称していたようである[48]。つまり、それは地域的私称寺号か、あるいは本山のみが認めた寺号で、教団内的性格をもつ。具体的には北陸などの大寺に付随した地中寺院にその例が多い。

大坂の場合、このような「国法不晴寺号」や「辻本」でないことは明確である[49]。すなわち先述した本山重役の粟津元隅が『大坂惣末寺衆由緒書』を撰した例や、光徳寺蔵の『東本願寺末寺摂州東成・西成両郡大坂天満町中在之草創之年暦、住持代人由緒之記録公儀江指出□（控カ）』[50]に、各寺の寺号について「本寺より御免」とあること、さらには寺請状を吟味する宗判寺院の印形帳に真宗寺院が明記されそれが各町に存在したことなどからも、大坂真宗寺院は宗判機能をもつ正式寺院であることは明白で、疑念の余地はない。

以上のように真宗寺院は正式寺院であるのに、なぜ諸宗寺院と区別されたかという問題は、先述した真宗には俗的性格が強かったということのみならず、幕府の都市政策とも関連して考えねばなるまい。

慶安期から元禄期にかけての大坂の町触にみられる特色は、経済関係の規定はもちろんのこと、町の治安維持、町人の生活風俗の規制関係が非常に多いことである(51)。これについて松本四郎氏は「この時期の町触で力点がおかれているのは、町中での説教や夜念仏などの布教活動を行なう僧侶、あるいは町人のなかで武芸を習い刀を持ち歩き、武士の権威に抵抗する徒者、男伊達などについての規制である。幕府の都市政策はまずこうした多様な諸階層を単一化された被支配身分に編成し、その支配を貫徹することであった。それが役者・遊女などの風俗や、町人召仕の衣類、葬礼仏事など生活面への規制と併行していることは、都市秩序の維持を生活・風俗面から全面的に行なおうとしたものだといえよう(52)」と指摘された。これは新しく都市へ流入してきた人口増加と、それにともなう住民諸階層を身分制的に統制掌握することを重視した政策に他ならない。事実、大坂三郷の人口は寛文初期で約二十五万人、元禄十年で約三十五万人と急増し(53)、寛文～元禄期の幕府は常に身分再編を余儀なくされ、都市秩序を維持することに力点を置かざるをえなかったと考えられる。

このような背景から幕府は寺院の中でも真宗の動向に常に注目していたのであろう。すなわち、大坂は大坂本願寺時代より寺内町を形成し、本願寺配下の寺院・門徒が多い土地柄であり、幕府は一向一揆の教訓などをも勘案し、真宗寺院には諸宗寺院のように「地面免許」をせず、町人同様町触を通して規制し被支配身分として掌握したのである。このように諸宗寺院と区別しながら、一方で諸宗同様宗判権を付与したのは、真宗教団の中で大坂寺院を例外的に宗判権を剥奪する理由がないこと、さらには先述した大坂の土地柄、大坂商人あるいは流入した近江商人に真宗信者が多く、真宗寺院に宗判権を付与しなければ、幕府の直轄地として重要な大坂支配が不可能となり、秩序混乱を招く危険性があったことなどが考えられる。だからこそ幕府は真宗寺院の動向を注視し、身分的規制を加えたのである。そのことは町触の中でも窺える。すなわち「東西本願寺・高田専修寺・仏光寺・大念仏寺、右五ケ所之末寺幷宮社町中ニ有来候、向後町家ヲ寺屋敷ニ売候もの、番所江相断可申候、無断売まじく《（き）》事」[54]とあり、町中にある社寺への土地売却に関する触であるが、寺院は事実上真宗である。土地売買は役負担の確定から幕府が最も注目し把握しようとするところである。真宗寺院も同様に把握対象であったことが窺え、幕府の都市政策と真宗寺院との関係を如実に示しているといえる。

第五節　大坂商人と「講」

以上みてきたように大坂真宗寺院は、寺院、町人双方の立場を強いられ、それによる種々の負担も大きかったにちがいない。しかし、町中には真宗寺院のみが建立し、大坂商人の中心地船場には南北両御堂が役所性格をもちつつ君臨し、また真宗僧侶は町人仲間として頻繁に町人と接触することなどによる、寺院・教団のメリットも大きかった。先の触でみたように町中の説教も原則的には真宗に限られ、教団の本来的使命である教化活動も積極的に行え、真宗は諸宗に比して一方では有利な立場にあった。

真宗の法談がなされ信仰深化の場であり、僧侶一体の同行組織である「講」が当然大坂にもあった。津村別院配下では十二日講、難波別院配下では五日講・十八日講・二十八日講の三講があり、本願寺宗主より各講へ消息が下付されている。たとえば東本願寺末寺の申物記録である『申物帳』にみられる最も早い消息下付は寛永五年七月十二日付、五日講・十八日講宛で、また寛永十年四月には二十八日講・五日講に下付されている。したがって五日・十八日・二十八日講は少なくともこの時期に結成され講として機能していたことは確かである。また『申物帳』慶安四年十一月三日の条に消息（御書）下付として「摂州東成郡大坂近江町　西福寺廿八日講中・五日講中」と下付先があり、おそらく難波別院配下各末寺に別院の五日・二十八日・十八日講の下部組織があったと考えてよいだろう。この大坂の講と中央本山とは頻繁に接触していたらしく、『粟津日記』[55]（寛文十一年）に「常願寺大坂へ御使被渡（候カ）て、五日講十八日講者不相替可有相続候　十月可被成御下向由也」とか、「大坂廿八日講　廿五日女房講御礼各御盃（下略）」とあり、宗主が大坂へ下向したり、講のメンバーが上京していることが窺知できよう。

全国の各講へ消息が下付されたように、大坂へも度々下付されたと考えられるが、その内容は不明である。しかし、それらの消息を中心に法談が行われたり、定期的に寄合がもたれたことはまちがいない。講の主力メンバーは大坂商人であることも確かである。すなわち、江戸中期の三講者名、難波別院肝煎の名簿が現存し[56]、その屋号から推してある意味で商人の共同体であった。五日・十八日・二十八日の三講以外に「馬借講」「椀方講」など[57]職業別、町名別と考えられる小さな講が漸次組織され、講は商人にとって同業仲間の組織でもあった。換言すれば、講は信仰に基づいた法談をし、寄合示談をする同行同朋の組織であるが、それは同時に商人の集会所の機能を果たし、商談、町運営の協議や情報交換の場ともなったのである[58]。大坂商人にとって真宗の講は、商業上重要な役割を果たし、講の諸活動も活発であったにちがいない。

経済力をもつ商人を基盤とする大坂真宗寺院は、必然的に、経済的にも優れていたと考えてよい。たとえば、飛檐寺格取得[59]には寛文頃で丁銀壱貫六百匁余が必要であるが、その寺格に大坂寺院のほとんどが昇格していた。すなわち明和二年（一七六五）九月二十八日付の「願書」に「浪花飛檐中」として三十七カ寺が連名している。(60) 六十一カ寺ある東本願寺末大坂寺院で、明和二年段階で飛檐寺院が三十七カ寺あり、飛檐寺格以上の院家・余間・内陣などの寺院も数カ寺あったと考えられ、江戸中期で飛檐寺格以上の寺院が七〇パーセントほど占めていたことになる。

このように経済力をもつ寺院や商人が集中する大坂教団は、東本願寺教団全体にとって大きな財源となったし、とくに本願寺が財政的に危急な場合、その調達を担っていた。たとえば『上檀之間日記』（宝暦四年五月四日）に次の記事がある。

「　奉願候口上覚

先年御奉文ヲ以諸国へ被仰渡ニ而、御門葉懇志ニ而御借銀之義者御皆済被遊難有奉存候、相残ル御賞掛り之分其通相成相（ママ）之候□、先達而被仰出候御意之趣ニ候得者乍恐御苦労之思召も御心不被遊様ニ歎ケ鋪奉存候間、此度右御払方滞之分相済候様奉願候、就夫銀子之義私共より調達仕候様、相成候へ者難有可奉存候　以上

戌五月朔日　　大坂御坊肝煎中

御家老中様

右肝煎為惣代大黒屋道誓・絹屋長右衛門、書付持参之処相窺候処願之通被仰出(61)」

右の史料のみでは借銀の理由が不明であるが、趣旨は大坂御坊肝煎が本願寺の「御払方滞之分」を支払う申し出である。つまり大坂の有力門徒が赤字決済の肩代わりをしたのである。このようなことは表面化しなくても幾度かあったと考えられ、東本願寺と大坂との関係を如実に示しているといえる。したがって東本願寺にとって大坂は財的メリットの大きい地盤であった。逆に、大坂寺院・門徒は教団内において発言権を増大していったと考えてよいのではないだろうか。

また右掲史料にある「大黒屋道誓」は東本願寺学寮へ平野屋五兵衛とともに経蔵一棟を寄進した人物で、[62]学寮充実に大坂門徒が寄与するところが大きい。東本願寺学寮は寛文五年、太宰府観世音学寮の名を引きつぎ京都に創建したのであるが、名実ともに独立したのは渉成園西北隅に学寮講堂を建立した延宝六年である。[63]この講堂建立に財的援助を行ったのが大坂の両替商平野屋五兵衛（高木宗賢）である。平野屋五兵衛は両替商として天王寺屋五兵衛と比肩し、双方とも大坂今橋一丁目に住し、「天五に平五、十兵衛横町」といわれたほど、最有力両替商であった。それ故、彼は大坂商人に対し影響力の大きい家職をもち、さらに真宗信者として有名であったにちがいない。というのは、彼は学寮拡充への寄進のみならず、東本願寺の学僧で初代講師の恵空に師事し、[64]恵空を呼んで度々講演会を開筵したからである。すなわち、宝永六年より正徳五年までの七年間、五兵衛が施主となって本泉寺に恵空を招いて六度の講義を行わしめた。

恵空は当時、東本願寺派随一の学僧で近世宗学を形成した一人である。彼は多くの著述を著し、俊秀な弟子を育成した学寮の中心的人物であるが、学寮での講義のみならず、寮外でも行った。大桑斉氏によると、[65]その数は十四回で、内訳は天満本泉寺九回、大信寺（大阪府八尾別院）二回、難波別院一回、長浜別院二回である。つまり学寮以外での講義は、ほとんどが大坂あるいはその周辺であった。したがって大坂門徒は東本願寺への財的援助のみならず、教学者を招き自らの信仰深化に努め、真宗を日常生活に生かそうとした一面は認められよう。恵空の大坂進出の動機は、一つには大坂の経済力やその発展性あるいは教団にとって大坂はメリットが大きいなどと考えた彼の先見性が考えられる。二つには先述のように彼のスポンサーに平野屋五兵衛がいたからである。恵空と五兵衛とを結びつけたのは先述の光徳寺である。すなわち恵空は一時、光徳寺で役僧をしていたといわれ、[66]また平野屋一統は光徳寺の檀家であったからである。恵空伝の最も信頼できる『恵空老師行状記』[67]には光徳寺役僧についてはふれていないが、二十一、二歳から二十七歳までは不明朗であり、おそらく彼はこの時期に役僧の傍ら、勉学したと考えられ、その間に五兵衛と接触する機会をもったと考えてよいだろう。恵空が大坂で行った講義は『選択集』や『阿弥陀経』などの教典解釈が多く、とくに大坂商人を対象とした内容の説教をしたかどうかは不明である。[68] 彼は世俗倫理に関係した説教を行わず純粋に教典講義に徹したのか、あるいは真宗教義と儒学とを折衷したような世俗倫理をあえて説く必要がなかったのか、今後検討しなければなるまい。

とにかく恵空は大坂へ出講し教学的基礎に基づいた教化活動を行ったことは確かであり、また、大坂門徒は恵空をはじめ教団の人材育成に寄与するところ大であった。ここにも大坂が教団内で占める比重は大きく、重要な役割を果たしていたことが窺え、その動向は注目に値する。

第六節　むすび

以上、近世大坂の真宗寺院の実態を町方との関係で考察し、さらには教団史における大坂の位置を若干みてきた。寺院の存立形態が地域の社会構造と密接な関係をもち、大坂独自の歴史的展開が明らかになった。今後、各都市の寺院形態と多視的に比較検討をし、都市寺院の史的性格をより明らかにしなければなるまい。また、諸宗寺院と異なった性格をもつ大坂真宗寺院が町人にどのように機能したのか、逆に大坂町人は真宗寺院をどのような存在として位置づけていたのかを考察する必要があろう。井原西鶴が「古人も「世帯仏法」と申されし事、今以て其通り也。毎年節分の夜は、門徒寺に、定まって平太郎殿の事讃談せらるゝなり。（中略）さて道場には太鼓おとづれて、仏前に御あかしあげて、参りの同行を見合けるに、初夜の鐘をつくまでに、やうく参詣三人ならではなかりし」[69]といって参詣者の「世帯仏法」の具体例をあげ、さらには真宗寺院・僧侶の対応を皮肉っているが、寺院と門徒の関係はそのような生活習慣の一つとして成り立っていたのか、あるいは西鶴が取り上げている内容はごく一部の例にすぎないのか、など真宗の信仰面と町人意識との関係をも検討する必要があろう。とくに心学が経済思想や商人意識形成に影響したように(70)、真宗寺院が町人とともに存在してきた実態からしてその内面的機能をも考察しなければなるまい。以上、若干の展望・課題を記し擱筆する。

註

(1)「大坂濫觴書一件」(『大阪市史』第五巻所収)。なお本稿で近世という場合、元和元年大坂夏の陣以降をいう。
(2) 最近の近世真宗史研究については、児玉識『近世真宗の展開過程』(序章)に詳細な紹介、検討がなされている。
(3) 若干の研究成果として『大阪府全志』がある。また宮本又次氏は大阪の宗教一般や真宗についても若干触れられた〈『宮本又次著作集』第二巻、「大坂の町制と木挽町・菊屋町」(宮本又次・阪本平一郎編『大坂菊屋町宗旨人別帳』第一巻所収)、『大阪』、『大阪春秋』第四巻、『大阪の研究』第五巻などの同氏諸著論文〉。別院史の研究成果として、前田徳水『津村別院誌』、上場謙澄『難波別院略史』、間野大雄・奥林享『天満別院誌』などがある。また大坂ではなく摂津国の近世真宗史研究では木村寿「近世摂津国真宗史の一齣」(柴田実先生古稀記念会編『日本文化史論叢』所収)がある。
(4) 近世都市、とくに三都の宗教史については、宮田登「江戸町人の信仰」(西山松之助編『江戸町人の研究』第二巻所収)、千葉乗隆「近世本願寺寺内町の構造」(『龍谷史壇』五五号)がある。両論文とも、都市における宗教事情を考察する上で数少ない最近の注目すべき論文であるが、本稿の主題と異なり比較検討できなかった。
(5) 前掲註(1)所収。
(5) 小野晃嗣「京都の近世都市化」(『社会経済史学』十巻七号)。

（6）後藤文利『真宗と資本主義』の中で、氏は大阪城天主閣所蔵地図をもとに船場・島之内は一〇〇パーセント真宗門徒と記しておられるが（三頁）、何かの誤解であろう。

（7）大阪府立図書館所蔵。大谷大学図書館所蔵。本稿では大谷大学本によった。

（8）寛文九年十一月十五日付「触」（『大阪市史』第三巻所収）に左記の如くある。

「吉利支丹宗門・博奕諸勝負・遊女・若衆之事、町中宗旨改之儀四ケ条之事、

（前略）一、大坂町中江宗旨手形出候諸宗寺々五人組住持印形有之帳、町々江出置之間、其町中寺請状之印判を合取置可申候、寺五人組帳外之寺請状取申間敷事（下略）」

（9）大谷大学図書館所蔵粟津家記録。奥書に「于時寛文六丙午念十二月十五日書之、奉粟津大学尉元隅撰」とある。

（10）乗俊が記録したことは、光徳寺の項が第十三代乗俊で終わっていること、寛文六年は乗俊が住職であることから判明する。

（11）大坂光徳寺（掛所）は昭和二十年三月焼失し、昭和二十八年復興するが、現在は本坊に統一された。上場謙澄『松谷光徳寺＝その由緒』参照。

（12）寛文六年十一月十五日付「触」＝「借在家構仏壇不可求利用之事、諸出家町家ニ差置間敷事」（『大阪市史』第三巻所収）。註（21）参照。この町触と同内容の幕府の「触」が寛文五年十月に出ている（『御触書寛保集成』）。この両「触」は寺院調査を直接目的とする内容ではないが、何らかの関係をもつのではないかと考えられる。

（13）『東本願寺家臣名簿』、大桑斉「近世真宗教団構造の諸類型――「申物帳」の分析から――」（笠原一男博士還暦記念会編『日本宗教史論集』下巻、五～六頁）→以下、大桑斉A論文と略す。

（14）〈図表2〉の寺号免許について、東本願寺末寺の申物を記録したといわれる『申物帳』（粟津家記録本）に事実記載されているかどうかの照合を試みた。まず寛永年間の三十一カ寺に限定して調査した。『申物帳』は寛永二・三年分が欠落しているが、照合結果は浄雲寺以外は全く記録されていなかった。これによって大坂寺院の寺号の性格に問題があるのか、あるいは『申物帳』の史料価値を再考すべきかの疑問が生じよう。大桑斉氏は『申物帳』の分

析を通して注目すべき教団構造論を発表された（前掲A論文）が、『申物帳』は全国末寺の申物を記録したもの、と当然のように考えられ、論文Aの前提となる『申物帳』の史料吟味をされていない。筆者は『大坂惣末寺衆由緒書』を撰した粟津元隅の立場を考慮するならば、粟津本『申物帳』は全国の末寺の申物を記録したものではないと考えている。すなわち、大坂末寺の寺号免許の性格を疑うより、『申物帳』の史料価値を再検討すべきである。これについては本稿了後、拙稿「粟津家所蔵本『申物帳』について――近世東本願寺家臣団研究の覚書――」（『近世仏教』四巻二号、本書第Ⅰ部　近世真宗教団の構造と性格所収）に詳論したので参照してほしい。

(15)『紫雲殿由縁記』（『真宗全書』第六八巻所収、三七〇頁）。

(16) 千葉乗隆「真宗道場の形態――看坊から自庵へ――」（『真宗研究』八輯所収）。森岡清美「ある辻本の記録」（宮崎博士還暦記念会編『真宗史の研究』所収）。大桑斉前掲A論文。

(17)『古今御礼日記』（大谷大学図書館所蔵粟津家記録）。大桑斉前掲A論文（前掲註8・9）参照。

(18)『大坂惣末寺衆由緒書』（大谷大学図書館所蔵粟津家記録）。

(19)『江州野洲南郡金森善龍寺家之物語』（滋賀県守山市・善立寺所蔵）。

(20) 右に同じ。

(21) 寛文六年十一月十五日付の「触」が左記の如くある（『大阪市史』第三巻所収）。

「借在家構仏壇不可求利用之事、諸出家町家ニ差置間敷事、

一、借在家構仏壇不可求利用之旨、於江戸諸家江被仰出候間、町中存此趣清僧ヲ置べからず、有来妻帯道場之外ハ、縦令仏壇無之とも、町家ニ出家住宅致、聴衆ヲ集メ法ヲ説候義、此已前より停止之間、令違背ハ其町中可為曲事事。

附、往来之出家当座之宿、日数廿日過べからず」

右のように「諸出家」といわれる真宗以外の寺院は借屋に仏壇を構え、説教をすることを禁じられていた。しかし妻帯道場＝真宗寺院は「諸出家」と区別され、借家に構えることは認められていたのである。なお「妻帯道場」

は主として真宗を指しているが、山伏も含まれることを、豊島修氏（大谷大学）にご教示を受けた。
(22)『大阪市史』第一巻。宮本又次『大阪』、同「大坂の町制と木挽町・菊屋町」（『大坂菊屋町宗旨人別帳』第一巻所収解説）。藤本篤『大阪府の歴史』。以下、町制についてはこれらに依るところが多い。
(23)同右（22）宮本又次氏論文。
(24)「大坂町方宗旨巻納之事」（東本願寺記録所文書）。
(25)宮本又次「大坂の町制と木挽町・菊屋町」（宮本又次・阪本平一郎編『大坂菊屋町宗旨人別帳』第一巻所収）。
(26)右に同じ。
(27)前掲註（24）。
(28)「大坂町方宗旨巻納之事」の中に「元禄八年」の記述があり、それ以後近い時期であろう。
(29)宮本又次「御堂筋界隈由来記」（『大阪春秋』第四号所収、四八頁）。
(30)穂積陳重『五人組制度論』。黒羽兵治郎『近世の大阪』第十三章近世大阪の隣保制度、参照。
(31)豊田武「近世的寺院形態の諸特徴」（『仏教』一―五、四六頁）。
(32)森岡清美『真宗教団と「家」制度』、二四一～二四五頁。同「真宗教団における寺連合の諸類型」（喜多野清一・岡田謙編『家――その構造分析――』所収）参照。
(33)北西弘『能登阿岸本誓寺文書』解説。
(34)坂本勝成「近世における寺院の「組合・法類」制度について」（笠原一男編『日本における政治と宗教』所収）。
(35)『大阪市史』第三巻所収。
(36)坂本勝成前掲註（34）論文。
(37)『大坂町中江差出寺請状諸宗寺々五人与判形帳』。
(38)前掲註（34）。
(39)『上檀之間日記』（東本願寺記録所文書）。

(40) 右に同じ。宝暦六年十月十三日の条。
(41) 前掲註（1）。
(42) 黒羽兵治郎『近世の大阪』二六四頁。
(43) 「大坂三郷町寺一件」（東本願寺記録所文書）。この史料は「町儀免除」に関する書付を集めたもので、『上檀之間日記』から抜書したものである。
(44) 右に同じ。
(45) 前掲註（12）。
(46) 前掲註（5）、一一頁。
(47) 森岡清美『真宗教団と「家」制度』・「ある辻本の記録」（宮崎博士還暦記念会編『真宗史の研究』所収）。千葉乗隆『中部山村社会の真宗』、児玉識『近世真宗の展開過程』など。
(48) 『国法不晴寺号』（東本願寺記録所文書）。本書には寛政二年九月の日付があり、各国別に「国法不晴寺号」およびその所在地が記されてある。また裏表紙には「集会所、改奥記室」とある。なお「国法不晴寺号」の内容については、付紙に「寺号ハ何茂国政江相晴不申候、只法名斗りの道場茂地頭ニ而者同叓御座候、依之宗門御改之印形者古より預り来り候寺々江相預り、又ハ御坊より宗門御改之印形仕候道場も有之候」と注記している。
(49) ちなみに摂津国での「国法不晴寺号」は左記の如く七カ寺ある。

「御代官羽倉権九郎殿支配所
摂州東生郡天王寺村、金蓮寺・恵観
同国同郡同村、宥（ママ）坊専宗寺・温恭
（不記）　浄願寺・随鳳
御代官石原清左衛門殿支配所
摂州東成郡今福村、宥（ママ）坊道場・善静

同国東生郡大友村、　妙信寺・恵休
同国同郡深江村新家、宥（ママ）坊光栄寺・元興
御代官竹垣三右衛門支配所
摂州東成郡森村、宥（ママ）坊正覚寺・一意　」

(50) 大阪府柏原市・光徳寺所蔵。
(51) 黒羽兵治郎編『大坂町奉行所御触書総目録』参照。
(52) 松本四郎「都市と国家支配」（『大系日本国家史』3近世所収、二五八頁）。
(53) 前掲註（35）、第一巻。関山直太郎『日本人口史』参照。
(54) 寛文六年十一月十五日付「町触」、前掲註（21）と同じ。
(55) 大谷大学図書館所蔵粟津家記録。
(56) 『安永三年十月改、大坂難波御堂御用場同行・肝煎同行・三講名前』（大谷大学図書館所蔵）。御用場同行中には平野屋仁兵衛・河内屋新三郎・嶋屋市兵衛・平野屋彦兵衛・金屋嘉兵衛・他十一名、肝煎同行中には大黒屋源兵衛・近江屋藤右衛門・衣屋七兵衛・長浜屋弥三郎・他八名、二十八日講中には河内屋周西・豊後屋浄休・小山屋九蔵・袴屋仁右衛門・銭屋長左衛門・三宅屋太兵衛・伏見屋清三郎・他十六名、五日講中には平野屋五兵衛・長浜屋源左衛門・高木半兵衛・平野屋弥太郎・平野屋彦市・他九名、十八日講中には嶋屋市兵衛・塩屋庄次郎・他三名が列記してある。
(57) 『御開山五百五拾回御忌御引上御法㝋、大坂・堺・八尾、達如様御下向御音信被遣帳、文化六年三月』……外題……（東本願寺記録所文書）。
(58) 後藤文利『真宗と資本主義』参照。
(59) 東本願寺本堂における着座位置を示す序列（寺格）の一つ。院家を最高とし、内陣・余間・御堂衆本座とつづき、飛檐は八番目で平僧の上の序列。大桑斉前掲A論文、一七～一八頁に詳しいので参照されたい。

(60) 前掲註(39)、明和二年十月十一日の条。「願書」の内容は天満遍行寺隠居弘誓庵が猥りに大坂門徒へ立ち入り勧化し、法中を誹謗するというもので、その停止願を浪花飛檐中が提出したものである。以下、参考のため飛檐中を列挙しておこう。称念寺・誓得寺・正福寺・応因寺・専行寺・徳照寺・善瑞寺・定久寺・円周寺・長安寺・浄安寺・徳成寺・蓮久寺・光円寺・蓮通寺・光明寺・浄雲寺・長久寺・了安寺・祐光寺・仏願寺・明福寺・明円寺・浄源寺・金剛寺・浄円寺・正覚寺・春徳寺・本重寺・正行寺・因順寺・本覚寺・妙善寺・徳竜寺・空楽寺・永勝寺・光源寺、以上三十七カ寺。

(61) 前掲註(39)。

(62) 日野環「学寮創建の財的支援者高木宗賢について」(『大谷学報』二九―一)。

(63) 「大谷派学事史」(『続真宗大系』第二十巻所収)。

(64) 講師職は正徳五年、恵空の就任に始まり、一派の学事一切を司る学頭であり、毎年夏安居に講義する。講師職を補佐するのが嗣講職で寛保三年、恵琳の就任に始まる。次に擬講職が位置し、宝暦七年、春、秋安居の新設にともなって設置された。なお現在の学階は明治四十年に改められたものである(『大谷派学事史』参照)。

(65) 大桑斉「厭離穢土から欣求浄土へ――恵空にみる真宗教学の近世的展開――」(日本宗教史研究会編『布教者と民衆との対話』所収、一四八頁)。

(66) 暁烏敏編『恵空語録』。

(67) 滋賀県守山市・善立寺所蔵。また同寺所蔵『江州野洲南郡金森善龍寺家之物語』にも恵空伝が記されているが、『恵空老師行状記』とほぼ同様であった。なお恵空伝については、細川行信『真宗史料集成』第八巻(解題)、橋川正「恵空」(『野洲郡史　下』所収)などに詳しい。

(68) 恵空がとくに大坂商人を対象とした説教をしたのかどうかにつき、彼の弟子寿国の出身寺院である兵庫県姫路市・福乗寺を調査した。福乗寺は寿国の後、講師の開撤院随恵、擬講の恵見と学僧がつづいた寺院で、膨大な典籍類を所蔵している。その中には恵空の講述録やその写本もあるが、目的とする史料は発見できなかった。

(69) 井原西鶴『世間胸算用巻五』(『岩波日本古典文学大系』西鶴集下所収、三〇〇~三〇一頁)。
(70) 竹中靖一『石門心学の経済思想・増補版』、宮本又次『近世商人意識の研究』。

第五章　近世大坂の寺院形態と寺町

第一節　はじめに

幕藩体制下の都市において寺院はどのような性格や存立形態をもっていたのだろうか。幕府の直轄都市あるいは各藩城下町において、幕藩領主は寺院を一カ所から数カ所に集中させる政策をとり、いわゆる寺町を形成させた。それは幕藩制支配の基本である身分制編成によって居住区が制定され、その結果、寺院居住区が規定されたのであった。

寺院形態については主として村落寺院を研究対象にしている場合が多く、経済流通の中心である都市において寺院はどのように機能し、また幕藩権力は都市寺院をどのように支配・統制したのか、さらには都市寺院と村落のそれとは存立形態がどのように異なったのか、などについては従来等閑視されていたのではないだろうか。その背景には都市仏教に関する史料蒐集・整理の遅れや史料の焼失が考えられる。しかし、最近、江戸を中心に稲荷信仰や不動信仰、あるいは開帳などの諸問題について研究成果が上げられてきた。(1)また小野晃嗣氏はかつて京都の都市化、とくに秀吉の都市計画を論じる中で寺町形成についても論及された。(2)筆者も近世大坂の真宗寺院の実態について若

干論じた。(3)

本稿においては、看過されがちであった近世都市の仏教史や寺院統制を考察することに起点があるが、そのための基礎作業である寺院の形態や規模をまず明確にすることを目的としている。その対象都市として大坂を取り上げたい。近世大坂寺院(4)は大坂町奉行の配下に置かれ、寛文九年（一六六九）には町人五人組と同性格の寺院五人組が制定され、寺請状や寺院間の諸問題に連帯責任を負わされた。とくに真宗寺院・僧侶は町人身分であり、寺院五人組のみならず町人五人組の一員として扱われ、さらには大伽藍を構えず町方の借屋にも居住していた。また寺院居住区として指定された寺町には真宗は除外され、寺町は浄土・禅・法華の各宗寺院によって構成されていた。先述したように真宗寺院についてはすでに論じたので、本稿ではそれらを摘記しつつ、寺町寺院を中心にその実態を明らかにし、それらに関する幕府の政策等についても若干の考察を試みたい。

第一節　市街地整備と寺院居住区

慶長十九年（一六一四）の大坂冬の陣、翌元和元年（一六一五）夏の陣の両戦乱によって、大坂は悉く灰燼化した。この復興は両戦乱に功績のあった松平下総守忠明によって着手された。すなわち、家康の外孫にあたる伊勢亀山城主松平忠明が、元和元年に大坂城主としてまた領主として幕府より任命され、彼が元和五年、大和郡山へ移封させられ大坂が幕府の直轄地となるまでの在任四年間に市街地の整備、運河の開削、寺院・墓地の廃統合など都市としての大坂の基本的課題に着手したのである。

つまり、寺院の居住地域は松平忠明の市街地整備政策、とくに士庶居住区分制の一環として墓地の移転廃合などとともに規定された。それについて『大坂濫觴書一件』は次のように記している。

「一、大坂市中所々在之候阿波座村・三ツ寺村・上難波村・敷津村・渡辺村・津村之墓所ハ、以来下難波村墓所へ千日寺聖ともニ壱ケ所ニ蓉（寄カ）之、右五ケ所之墓ハ取払候様被仰付、千日の聖六坊と相成候事。但シ上町之分ハ小橋村、天満之町家ハ葭原村・浜村・梅田村墓所ニ被仰付候。

一、大（坂脱カ）市中又ハ町はすれ等に在之候諸寺院之分、不残小橋村・東西高津村・天満村等へ一所ニ仕候様、依御下知被仰付、右末寺へ地面御免許被成候事。

一、東西本願寺門徒宗末寺ハ、元来肉喰妻帯之宗門、其上先年公儀へ敵たひ候趣意も在之候ニ付、町家同様之取計ニ被仰付、市中所々ニ而勝手次第道場を建、丁（ママ）人同様公役・町役等相勤候様被仰渡候。[5]」

右のように忠明は元和五年（一六一九）の町方整備の中で、墓地は従来の阿波座村などの五カ所を取り払い、千日聖とともに下難波村一カ所に集中させ、さらに墓地使用について上町の分は小橋村、天満の町家は梅田村のそれを使用するよう規制した。また彼は町中およびその近隣寺院を小橋村、東・西高津村、天満村の四カ所に移転集中させて寺町を形成させた。寺町は大坂城の南と北西に位置した。ただ真宗寺院のみが「市中所々ニ而勝手次第道場を建」てることとなり、寺町構成寺院に含まれていない。真宗寺院[6]は居住区が一般諸寺院と異なるとともに、身分も町家・町人同様でありそれに伴う公役・町役を負担しなければならなかった。その理由として真宗は「元来肉喰妻帯之宗門」と「先年公儀へ敵たひ候趣意も在之」ことをあげている。つまり肉食妻帯の仏教は寺院として僧侶として認めていないことが窺われ、また「公儀へ敵たひ候」とは石山合戦を意識していると考えられる。真宗寺院は町人同様租税対象となり諸宗寺院は地面免除というように明らかに区別したのは、忠明が一向一揆の行動を警戒したのではないかと考えられる。しかし、このような寺町形成、あるいはそこから真宗寺院を除外したのは忠明の政策が嚆矢ではなく、京都に早く見出すことができ、おそらくそれを忠明が参考にしたのではないかとも考えられる。

このように寺院を一定の地域へ政策的に集中させたのは豊臣秀吉が京都で行った都市計画にみることができる。(7)つまり、天正十九年（一五九一）、秀吉は洛中をめぐる御土居の建設をはじめ皇居の修築拡大、聚落第周辺の大名屋敷や寺町の建設など洛中市街整備の一大事業を敢行したのであり、しかもその寺町には大坂と同様に真宗寺院が構成寺院に入っていない。中世京都は政治都市であると同時に多数の大寺院を擁し、いわば寺院都市としての側面も有しており、さらにそれらの寺院群は洛中に無秩序に散在し町家と交錯していた。秀吉はこの寺院の大半を都市計画の一環として京極通東側に移転集中させ、寺町を構成させたのである。その規模は「諸寺は京極より一町東へおし出して、北は鴨口より南は六条まで片面に屋敷をわたさる(8)」というように、京極より一町東に北は鞍馬口から南は六条まで連続的に寺院集団が直線をなしていた。その寺町構成寺院の所属宗派は小野晃嗣氏の研究(9)によると浄土宗、日蓮宗、真言宗、時宗、天台宗、禅宗であり、とくに浄土、日蓮、時宗の三派が多かった。しかし、当時一大勢力を誇っていた本願寺の真宗寺院は一カ寺もそこには入っていない。この京都の都市計画について小野氏は今後における城下の町構成、都市構成の軌範ともなったと指摘され、さらに氏は「とくに寺町構成は近世都市計画に於ける寺院配置の軌範となったのである」といわれる如く、大坂の場合も松平忠明が京都の例を参考にしたと考えてよいだろう。

ところで、大坂の都市計画に基づいて行われたこの寺院・墓地の編成は、元和五年、大坂が幕府の直轄地となっても基本的には変化せず、近世大坂寺院の基本ともなった。町中には真宗寺院のみが存在したのであるが、町中の住民の宗旨はすべて真宗とは限らない。それは阪本平一郎・宮本又次両氏が紹介された『大坂菊屋町宗旨人別帳』を一覧しても明らかなように、寺町寺院も町中に檀家をもっていた。つまり、町方に一軒でも檀家を有する寺院は大坂町奉行所の支配を受けたのである。

　そこで幕府が直轄する大坂に関係する各宗寺院の規模をみてみよう。町方に一軒でも檀家をもつ寺院は『大坂町中江差出寺請状諸宗寺々五人与判形帳』[10]に明記され、大坂町奉行所の吟味支配を受けた。この判形帳は諸宗寺院の五人組を記したもので、各町に配置され寺請状を吟味する場合、その印鑑を判形帳のそれと比較照合するため幕府が作製させたものである。すなわち、町中に檀家をもつ各宗宗判寺院録でもある。寺院五人組は寛文九年（一六六九）に形成されたが、当時の判形帳は現存せず元禄八年（一六九五）九月に改められたものが現存し、前書に「先年大坂天満諸宗寺々五人組之帳差上候、今度茂五人組を相改致連判上可申旨被仰渡則書上候」とあり、これによって各宗寺院の動向をみてみよう。判形帳に記された当時の寺院総数は四百二十二カ寺で、天台宗一カ寺、浄土宗知恩院派八十五カ寺、同知恩寺派二十一カ寺、同金戒光明寺派十九カ寺、同西山派二カ寺、真言宗古義生玉社僧九カ寺、真言宗七カ寺、四宗兼学律宗一カ寺、禅宗臨済派黄檗山萬福寺末六カ寺、禅宗妙心寺派十五カ寺、同曹洞派二十カ寺、法華宗受不施派三十七カ寺、真宗西本願寺門下九十四カ寺、同興正寺門下十一カ寺、同東本願寺門下七十三カ寺（独判寺院含）、同高田専修寺末一カ寺、同仏光寺末十六カ寺、大念仏宗四カ寺である。[11]宗派別では真宗西本願寺系が百五カ寺で最も多く、次に浄土宗知恩院派の八十五カ寺である。真宗各派寺院合計は百九十五カ寺で全体の四六パーセントを占め、浄土宗各派寺院合計は百二十七カ寺で全体の三〇パーセントであり、大坂に関係する寺院はその大半が浄土系であったことが判明する。上述の各宗寺院の寺基は大坂三郷か寺町に位置していたとは限らず、河内国や摂津国東成郡・西成郡の郡部に存在していた寺院もあった（図表1参照）。しかし真宗の大半は大坂三郷に、他の諸宗は寺町に寺基があった。寺基の位置が大坂市街地周辺にあったとしても、判形帳に記載された四百二十二カ寺は大坂町奉行所の統制・影響力を受けていたことになる。なお、大坂三郷の宗旨人別であるが、[12]寛文五年（一六六五）時で、天台宗八九一人、浄土宗十万一四五七人、禅宗五一二〇人、法華宗二万三七三二人、真言宗八〇六三人、真宗西本願寺派六万六三七五人、同東本願寺派六万三三三三人、同仏光寺派二一七八人、同高田派二二三人、大念仏宗三八八人であり、真宗各派合計は十二万九一〇九人である。先にみた寺院数は元禄八年時で、この宗旨人別は寛文五年と二十数年の差はあるが、寺院数と宗旨人別は、ほぼ比例しているといえる。

第三節　寺町構成寺院とその性格

大坂と呼称される地域に隣接した周辺に寺町が形成され、そこには真宗を除く各宗寺院が位置したのであるが、それらの寺町寺院はどの程度の規模であり、また宗派別構成や後述する寺院五人組を考察するため、先述の元禄八年の『大坂町中江差出寺請状諸宗寺々五人与判形帳』に記された寺院およびその位置（住所）を各宗別に列記すると〈図表1〉のようになる。なお〈図表1〉の寺号、寺基の位置あるいは本末関係はすべて元禄八年段階で記し、その後の移転・寺号替については記していない。また宗派は原文どおりである。

〈図表1〉

天台宗		
独判	日光御門跡御末寺天王寺寺町	天鷲寺

浄土宗知恩院派		
五人組	西寺町	西往寺
	同所	光明寺
	同所	光伝寺

	同所	宗念寺
	同所	正覚寺
五人組	西寺町	善龍寺
	同所	源聖寺
	同所	金台寺
	同所	善福寺
	同所	称名寺
五人組	西寺町	超心寺
	摂州東生郡天王寺村相坂	一心寺
	西寺町	西照寺
	同所	良運院
	同所	法界寺
五人組	西寺町	大蓮寺
	同所	心光寺
	同所	宗慶寺
	同所	称念寺

	同所大蓮寺寺内	応典院
三人組	西寺町	浄国寺
	同所	大光寺
	同所	西念寺
五人組	小橋寺町	心眼寺
	上本町筋八町目寺町	大念寺
	八町目中寺町	超善寺
	同所	西光寺
	上本町筋八町目寺町	長楽寺
五人組	八町目中寺町	誓安寺
	同所	正覚院（天然院）
	谷町筋八町目寺町	重願寺
	上本町筋八町目寺町	専念寺
	八町目東寺町	宗心寺
四人組	上本町筋八町目寺町	実相寺
	八町目東寺町	法蔵院

組	所在	寺院
	同所	宝樹寺
	八町目中寺町	栄松院
四人組	上本町筋八町目寺町	白雲寺
	同所	西光院
	同所	誓願寺
	摂州西成郡下難波村	法善寺
五人組	八町目中寺町	無量寺
	同所	竹林寺
	上本町筋八町目寺町	源光寺
	八町目東寺町	洞泉寺
	同所	仏心寺
四人組	八町目中寺町	慶恩院
	八町目東寺町	楞厳院
	八町目中寺町	蓮生寺
	八町目東寺町	宗円寺
	八町目中寺町	誓福寺

組	所在	寺院
五人組	同所	大通寺
	同所	龍淵寺
	同所	極楽寺
	谷町筋八町目寺町	専修院
五人組	上本町筋八町目寺町	天性寺
	八町目中寺町	長安寺
	小橋寺町	最勝寺
	生玉筋中寺町	大雲寺
	八町目東寺町	全慶院
五人組	天満西寺町	西福寺
	天満東寺町	運潮寺
	同所	九品寺
	同所	専念寺
	同所	大信寺
五人組	天満東寺町	超泉寺
	同所	宝縁寺

組	所在	寺院名
	天満西寺町	冷雲院
	天満東寺町	長徳寺
	摂州西成郡九條嶋村	竹林寺
五人組	生玉寺町	大宝寺
	生玉中寺町	菩提寺
	同所	円通寺
	同所	安楽寺
	生玉寺町	宝国寺
六人組	生玉中寺町	法音寺
	同所	大乗寺
	同所	一乗寺
	同所	本誓寺
	同所	清恩寺
	同所	隆専寺
四人組	摂州東生郡天王寺村	天暁院
	同村一心寺寺内	西運院

組	所在	寺院名
	同村神子町	寿福院
	摂州西成郡今宮村	海泉寺

浄土宗知恩寺派

組	所在	寺院名
四人組	八町目東寺町	天龍院
	上本町筋八町目寺町	正念寺
	同所	光明寺
	八町目東寺町	大善寺
四人組	天満東寺町	大鏡寺
	同所	善導寺
	同所	知源寺
	天満西寺町	法界寺
五人組	小橋寺町	慶伝寺
	同所	大円寺
	同所	本覚寺
	同所	両岩寺

組	所在地	寺院名
	同所	西念寺
四人組	生玉中寺町	法泉寺
	生玉寺町	長円寺
	西寺町	大覚寺
	同所	幸念寺
四人組	小橋寺町	伝長寺
	同所	大応寺
	同所	宝国寺
	同所	成道寺
浄土宗金戒光明寺派		
三人組	天満西寺町	法住寺
	上本町筋八町目寺町	念仏寺
	谷町筋八町目寺町	願生寺
五人組	天満西寺町	長福寺
	同所	妙香院
	同所	大林寺
	同所	法輪寺
	同所	龍淵寺
五人組	上本町筋八町目寺町	大福寺
	生玉寺町	銀山寺
	同所	宝泉寺
	同所	九応寺
	同所	大善寺
三人組	生玉寺町	光善寺
	同所	増福寺
	同所	浄運寺
三人組	網島町	大長寺
	生玉寺町	大安寺
	同所	西方寺

宗派	組	本寺・所在	寺院
浄土宗西山派	二人組	西寺町	万福寺
		八町目東寺町	十万寺

宗派	組	本寺・所在	寺院
真言宗古議（ママ）生玉社僧	一人組	高野山宝性院末寺	曼荼羅院
		同前	観音院
		同前	持宝院
		同前	医王院
		同前	遍照院
		同前	地蔵院
		同前	桜本坊
		同前	新蔵院
		同前	覚園院

宗派	組	本寺・所在	寺院
真言宗	四人組	新議（ママ）仁和寺末寺天満東寺町	宝珠院
		古議（ママ）高野山南院末寺小橋寺町	興徳寺
		古議（ママ）仁和寺末寺三津寺町	大福院
		古議（ママ）仁和寺末寺生玉中寺町	持明院
	三人組	古議（ママ）高野山西禅院末寺摂州西成郡北野村	太融寺
		古議（ママ）高野山三宝院末寺西高津町	自性院
		古議（ママ）高野山発光院末寺同所	報恩院

組	本寺・所在	寺院
独判	四宗兼学律宗京東山泉涌寺末寺摂州住吉郡南田辺村	法楽寺

宗派	組	本寺・所在	寺院
禅宗臨済派城州宇治郡五ケ荘大和田村黄檗山萬福寺末寺	独判	摂州東生郡舎利寺村	舎利寺
	五人組	摂州東生郡国分村	国分寺
		摂州西成郡下難波村	瑞龍寺
		摂州西成郡浦江村	正楽院

宗派・組	所在・本末	寺院
	摂州西成郡国分寺村	正徳寺
	摂州嶋上郡富田村慶瑞寺末寺 同国西成郡九條村	九嶋寺
禅宗妙心寺派		
五人組	天王寺寺町	安住寺
	谷町筋八町目寺町	大仙寺
	生玉筋中寺町	法雲寺
	同　所	江国寺
	天王寺寺町	龍徳寺
五人組	摂州東生郡天王寺村	玄徳寺
	天王寺寺町	天瑞寺
	八町目中寺町	梅松院
	西高津町	少林寺
	同　所	龍珠寺
五人組	天満西寺町	寒山寺
	天満東寺町	瑞光寺

宗派・組	所在・本末	寺院
	摂州西成郡曽根崎村	久松寺
	京建仁寺末寺天満川崎	九昌院
	武州深川恵然寺末寺 摂州東生郡東高津村	妙中寺
禅宗曹洞派		
独判	武州市川永福寺末寺天王寺寺町	鳳林寺
四人組	下野国山田村大中寺末寺 天王寺寺町	法岩寺
	天王寺寺町鳳林寺末寺同所	洞岩寺
	同　前	吉祥寺
	天王寺寺町鳳林寺末寺	梅旧院
五人組	遠州野部村一雲斉末寺天王寺寺町	珊瑚寺
	加州金沢大乗寺末寺天王寺寺町	太平寺
	尾州白坂雲興寺末寺天王寺寺町	浄春寺
	生玉町齢延寺末寺天王寺寺町	春陽軒
	天満東寺町栗東寺末寺天王寺寺町	昌林寺
	天王寺寺町珊瑚寺末寺 生玉筋中寺町	大倫寺

組	所在	寺院
四人組	能州総持寺塔頭覚皇院末寺 生玉筋中寺町	顕孝菴
	摂州西成郡中島崇禅寺末寺 生玉筋中寺町	禅林寺
	三州苅屋光岳寺末寺生玉寺町	齢延寺
六人組	薩州鹿児島福昌寺末寺天満東寺町	栗東寺
	摂州尼崎全昌寺末寺天満西寺町	正泉寺
	越中府中金剛院末寺天満東寺町	龍海寺
	能州総持寺五院内普蔵院末寺 天満東寺町	天徳寺
	天満東寺町天徳寺末寺同所西寺町	円通院
	城州宇治郡興正寺末寺 摂州西成郡下難波村	月江院

法華宗受不施派

組	所在	寺院
五人組	京本国寺末寺谷町筋八町目寺町	長久寺
	京本満寺末寺谷町筋八町目寺町	妙経寺
	京妙顕寺末寺谷町筋八町目寺町	妙像寺
	京本国寺末寺谷町筋八町目寺町	本長寺
	同末寺天満西寺町	本伝寺
五人組	同末寺谷町筋八町目寺町	本照寺
	京妙覚寺末寺谷町筋八町目寺町	法妙寺
	京本国寺末寺谷町筋八町目寺町	妙光寺
	同前	本政寺
	甲州身延山久遠寺末寺 谷町筋八町目寺町	海宝寺
六人組	京妙顕寺末寺生玉筋中寺町	妙徳寺
	京妙覚寺末寺生玉筋中寺町	薬王寺
	京本国寺末寺生玉筋中寺町	本要寺
	京立本寺末寺生玉筋中寺町	妙寿寺
	甲州身延山久遠寺末寺天満東寺町	成正寺
	京妙覚寺末寺生玉筋中寺町	宝泉寺
六人組	甲州身延山久遠寺末寺 生玉筋中寺町	雲雷寺
	京頂妙寺末寺生玉筋中寺町	円妙寺
	京本法寺末寺生玉筋中寺町	正法寺
	京本国寺末寺生玉筋中寺町	蓮光寺
	堺妙国寺末寺生玉筋中寺町	常国寺

組	本寺・所在	寺名
	京妙顕寺末寺生玉筋中寺町	法性寺
六人組	京妙蓮寺末寺生玉筋中寺町	本覚寺
	同前	久成寺
	京本隆寺末寺生玉筋中寺町	福泉寺
	京妙満寺末寺生玉筋中寺町	蓮成寺
	京要法寺末寺天満東寺町	蓮興寺
	同末寺蓮興寺寺内	正福寺
六人組	京本能寺尼崎本興寺両末寺谷町筋八町目寺町	久本寺
	同前	妙法寺
	同末寺生玉筋中寺町	本行寺
	同前	本経寺

組	本寺・所在	寺名
	同前	妙堯寺
	京妙満寺末寺五條大仏上行寺末寺生玉筋中寺町	堂閣寺
三人組	房州古湊誕生寺末寺天満東寺町	妙福寺
	同末寺妙福寺寺内	正善院
	武州碑文谷法華寺末寺谷町筋八町目寺町	正覚寺
大念仏宗		
独判	摂州住吉郡平野村本山	大念仏寺
独判	摂州西成郡浜村本山	源光寺
二人組	摂州西成郡下難波村	法照寺
	万年町	西方寺

〈図表1〉より元禄期における諸宗寺院の位置、五人組寺院の組寺、あるいは各寺町の呼称が明らかである。〈図表1〉によってそれらを整理し、まず各寺院の性格、とくに各宗寺院構成を明確にしておこう。

先述の『大坂濫觴書一件』の元和五年の記事に「大坂市中又ハ町はすれ等に在之候諸寺院之分、不残小橋村・東西高津村・天満村等へ一所ニ仕候様、依御下知被仰付」とあるように小橋村、東高津村、西高津村、天満村に真宗以外の諸寺院が幕府によって集められたのであるが、〈図表1〉に記されている元禄八年時にはそれぞれの寺町名で記されている。すなわち、元禄十六年の「大坂図」[13]と〈図表1〉の寺基の位置とを照合していくと、小橋村は「小橋寺町」、東高津村に位置するのは「上本町筋八町目寺町」「八町目中寺町」「八町目東寺町」、西高津村には「西寺町」「生玉寺町」「生玉中寺町」「生玉筋中寺町」「谷町筋八町目寺町」、天満には「天満東寺町」「天満西寺町」の各寺町があり、元禄期には天王寺寺町と合わせ十二カ所の寺町が存在したことが判明する。

各寺町の宗派別寺院構成をみてみよう。小橋寺町には十二カ寺存在し、宗派別にみると浄土宗知恩院派二カ寺、浄土宗知恩寺派九カ寺、真言宗一カ寺の構成である。したがって小橋寺町はほぼ浄土宗知恩寺派寺院によって占められた寺町ということができる。「大坂図」によると知恩院派二カ寺と真言宗一カ寺は同寺町の最北端と最南端に位置し、中心的存在ではない。

上本町筋八町目寺町は十二カ寺存在し、浄土宗知恩院派八カ寺、同宗知恩寺派二カ寺、同宗金戒光明寺派二カ寺の浄土宗各派寺院がある。したがって上本町筋八町目寺町は、ほぼ知恩院派寺院で占められた寺町といえる。八丁目中寺町も十四カ寺あるが、うち一カ寺のみが禅宗妙心寺派で、残り十三カ寺が浄土宗知恩院派であり、同寺町は知恩院派寺院の寺町である。

また八丁目東寺町も知恩院派八カ寺、知恩寺派二カ寺、西山派一カ寺で浄土宗各派十一カ寺で構成するが、圧倒的に知恩院派が多い。

以上のことから「東高津村」の上本町筋八町目寺町、八町目中寺町、八町目東寺町の三寺町は宗派的には浄土宗知恩院派寺院が主要構成寺院であったことが判明する。

次に西高津村に属した各寺町であるが、まず西寺町は二十五カ寺中、浄土宗知恩院派二十二カ寺で圧倒的に多く、知恩寺派二カ寺、西山派一カ寺である。つまり西寺町は浄土宗寺院で占め、とくに知恩院派寺院の寺町ということができる。

生玉寺町は浄土宗知恩院派二カ寺、同宗知恩寺派一カ寺、同宗金戒光明寺派九カ寺で浄土宗寺院が十二カ寺あり、禅宗曹洞派一カ寺も入っている。したがって生玉寺町は浄土宗各派、禅宗があるが、浄土宗金戒光明寺派が最も多い。

生玉中寺町は九カ寺の浄土宗知恩院派寺院があり、同宗知恩寺派、真言宗の各寺院が一カ寺ある。したがって同寺町は知恩院派寺院で構成しているといえよう。

生玉筋中寺町は二十五カ寺中、法華宗受不施派十九カ寺、禅宗妙心寺派二カ寺、同宗曹洞派三カ寺、浄土宗知恩院派一カ寺の内訳であり、法華宗が圧倒的に多い寺町である。

谷町筋八町目寺町も法華宗受不施派の寺町で十六カ寺中、十二カ寺ある。その他は浄土宗知恩院派二カ寺、同宗金戒光明寺派、禅宗妙心寺派がそれぞれ一カ寺である。

天王寺寺町は十三カ寺中、禅宗曹洞派が十カ寺、同宗妙心寺派が三カ寺で、禅宗寺院の寺町である。

天満の東西寺町は上述のように各寺町にどの宗派が集中しているとはいえない。天満東西寺町の分岐点は大川に注ぐ堀川に架かる寺町橋であり、東西三十三カ寺が並んである。天満西寺町は十三カ寺存し、浄土宗知恩院派二カ寺、同宗知恩寺派一カ寺、同宗金戒光明寺派六カ寺、禅宗妙心寺派一カ寺、同宗曹洞派二カ寺、法華宗一カ寺の内訳である。天満東寺町は二十カ寺存し、浄土宗知恩院派七カ寺、同宗知恩寺派三カ寺、禅宗妙心寺派一カ寺、同宗曹洞派三カ寺、法華宗五カ寺、真言宗一カ寺の各宗寺院がある。以上のように天満の寺町は各宗寺院が混在していることがわかるが、強いていえば天満西寺町は浄土宗金戒光明寺派が多く、天満東寺町は浄土宗知恩院派、法華宗が比較的多い。

以上のことから各寺町を形成している寺院の宗派別寺院構成が明らかとなった。逆に各宗寺院はどの寺町に集中しているかを考えてみると、浄土宗知恩院派寺院は上本町筋八町目寺町・八町目中寺町・八町目東寺町・西寺町・生玉中寺町の各寺町に集中し、その主要構成寺院である。同宗知恩寺派寺院は小橋寺町に集中し、同宗金戒光明寺派寺院は生玉寺町と天満西寺町に集中している。禅宗曹洞派は天王寺寺町を形成する主要寺院である。法華宗受不施派は生玉筋中寺町、谷町筋八町目寺町の両寺町に集中している。その他浄土宗西山派、禅宗妙心寺派、天台宗、真言宗はそれぞれ寺院総数が少なく、寺町構成の主要寺院とはなりえなかった。また、真言宗古義生玉社僧の曼荼羅院はじめ高野山宝性院末寺の九カ寺は生玉神社の周囲に集中している。浄土宗知恩院派寺院が多くの寺町を形成しているのは同派寺院総数が他宗派に比較して最も多いからである。これらの各寺町における各宗寺院数を整理して図表にすると〈図表2〉のようになる。なお〈図表1〉にある寺院で寺基の位置が寺町と呼称しない住居表示の場合は〈図表2〉に入れていない。したがって〈図表1〉の各宗寺院総数と〈図表2〉のそれとは合致しない場合もある。

〈図表1〉〈図表2〉から考えられることは、天王寺寺町の場合、天台宗の天鷲寺を除いて、禅宗妙心寺派・曹洞派の寺院のみで占められ、いわば禅宗寺院の寺町であり、また八町目中寺町も一カ寺を除き浄土宗知恩寺派寺院の寺町といえるが、他の寺町には浄土宗各派、禅宗あるいは日蓮宗など諸宗寺院が混在していることである。各寺町の大概の性格は先述したが、一定の地域別に各宗を区別したとは限らないし、その形成過程が問題となろう。つまり元和五年の寺町形成時に幕府は寺基の位置については一定の範囲内で寺院側の自由裁量で決定したのか、あるいは元和五年以後漸次寺院が建立された結果、ある寺町には決まった宗派であったのが崩れて各宗寺院が混在したのか、さらには寺町内における寺基の位置選定は幕府が決定したのか、などである。またそれは寺院五人組[14]の組寺形

〈図表２〉　元禄期の各宗宗派別・寺町別寺院数

寺町名＼宗派名	浄土宗知恩院派	浄土宗知恩寺派	浄土宗金戒光明寺派	浄土宗西山派	禅宗妙心寺派	禅宗曹洞派	法華宗受不施派	真言宗	天台宗	合計
小橋寺町	2	9	0	0	0	0	0	1	0	12
上本町筋八町目寺町	8	2	2	0	0	0	0	0	0	12
八町目中寺町	13	0	0	0	1	0	0	0	0	14
八町目東寺町	8	2	0	1	0	0	0	0	0	11
西寺町	22	2	0	1	0	0	0	0	0	25
生玉寺町	2	1	9	0	0	1	0	0	0	13
生玉中寺町	9	1	0	0	0	0	0	1	0	11
生玉筋中寺町	1	0	0	0	2	3	19	0	0	25
谷町筋八町目寺町	2	0	1	0	1	0	12	0	0	16
天王寺寺町	0	0	0	0	3	10	0	0	1	14
天満西寺町	2	1	6	0	1	2	1	0	0	13
天満東寺町	7	3	0	0	1	3	5	1	0	20
合計	76	21	18	2	9	19	37	3	1	186

成の問題とも関係しよう。すなわち、〈図表1〉より明らかなように組寺を構成する寺院すべてが必ずしも同じ寺町に位置していたとは限らず、それぞれが異なった寺町に寺基を置き、分散している場合もあった。数量的には少ないが、浄土宗金戒光明寺派や法華宗の中では地理的に遠隔な谷町筋八町目寺町の寺院と天満寺町の寺院とが組寺を形成している場合もあり、また、たとえば浄土宗知恩院派の心眼寺、大念寺、超善寺、西光寺、長楽寺の五人組寺院は、それぞれ小橋寺町、上本町筋八町目寺町、八丁目中寺町に寺基があり、その構成は複雑多様である。さらには同じ寺町でも必ずしも隣接寺院が自動的に組寺を形成したとは限らず、たとえば浄土宗知恩院派寺院の多い西寺町の場合、北は大蓮寺より南は良運院まで

二十五カ寺が南北に直線的に並び、しかも全寺院が西面しているが、それらの寺院が北から順次、五カ寺あるいは四カ寺と自動的に組寺を形成していたわけではない。〈図表1〉では寺町名のみでその中での寺基の位置が明確ではなく、〈図表1〉の組寺と比較するため、『大阪市史』の所収の付図（元禄十六年「大坂図」）によって西寺町の北端寺院より列挙してみると、大蓮寺・応典院・称念寺・浄国寺・源聖寺・金台寺・万福寺・大覚寺・光明寺・心光寺・宗念寺・光伝寺・超心寺・西往寺・法界寺・大光寺・善福寺・宗慶寺・善竜寺・称名寺・西照寺・正覚寺・幸念寺・西念寺・良運院と順次南へ位置している。この二十五カ寺中、万福寺は西山派、大覚寺・幸念寺は知恩寺派で、それ以外はすべて知恩院派寺院である。〈図表1〉の浄土宗知恩院派の西寺町寺院の組寺と比較すると「西往寺・光明寺・光伝寺・宗念寺・正覚寺」の五人組の場合、二カ寺から数カ寺を越えて組寺を形成していることが明らかとなろう。この一例のみならず西寺町の中だけでもさらに指摘することができるし、他の寺町においても同様の組寺構成がみられる。

これらの寺町形成や組寺構成の問題は、本末関係が同様である場合、各寺院の子弟関係や移転時期などの由緒を検討して考えねばならない。まず浄土宗寺院から考えてみよう。浄土宗の各寺院の略由緒を記したものに元禄九年（一六九六）の『蓮門精舎旧詞』[15]がある。同書に知恩院末の「生玉中寺町役者・菩提寺・証誉」が本山役者宛に同寺町の十一カ寺について書上報告したのが記されている。それによって菩提寺と五人組を形成する安楽寺、円通寺、大宝寺、宝国寺の由緒を列挙してみよう。

「菩提寺　東陽山上求院、元禄九歳丙子七月四世証誉判知恩院末摂州東成都生玉中寺町開山号誠蓮開誉願故長老開山生国阿州但姓氏幷生所不分明剃髪師匠及檀林附法之師不知開基者慶長歳中当年迄九十四年余也、移住之義其以前者大坂五分市町寺在之其後生玉中寺町移菩提寺建立但寛永四年之頃伏見六地蔵大善寺致隠居之由伝聞開山遷化者寛永九壬申三月廿日矣。」

「安楽寺（中略）移住之次第者不知安楽寺開基者文禄中当年迄百年余開山遷化寛永廿一甲申歳五月廿一日。」

「円通寺（中略）開山燈蓮社傳誉手沢長老生国者河州花田之人剃髪之師者泉州堺西向寺一代照蓮社寂誉開山檀林附法者下総国生実大厳守、二代目安誉虎角和尚移住京都専弥寺次大坂浄円寺住職以後円通寺建立後遍照寺住職起立者慶長年中当年迄九十八歳也死去於遍照寺寛永十八辛年十月十二日行歳七拾九」

「大宝寺　無量山阿弥陀院年号月右同六世編誉判同末同所開山桓蓮社霊誉国阿専公長老開山生国者紀州姓氏者梶原之末孫之由開山剃髪之師檀者生実大厳寺第二代安誉上人虎角和尚但安誉上人之授（ママ）牌在之檀林者霊厳寺相続開基文禄年中（下略）」

「宝国寺　久沢山松樹院　年号月右同断（元禄一年七月）五世経誉判同末同所大宝同所開山平僧周徹開基慶長年中当年迄九拾四年之餘則在住四拾四年也開山生国姓氏不知死去正保二正月十四日」[16]

右掲のように、菩提寺は生玉中寺町へ移住する以前は「大坂五分市町」[17]に寺基を置いていたことが判明するが、それ以外の安楽寺、円通寺、大宝寺、宝国寺の各寺は生玉中寺町へ寺基を置く以前はどの地域・位置に存していたかは記していない。各寺の開基は五カ寺とも、「文禄年中」あるいは「慶長年中」としていることから、元和年中の寺町形成以前に寺院として開創されていたと考えられる。したがってこれらの各寺は寺町形成とともに寺基を移転させてきたと考えられるが、その時期や、生玉中寺町を選定した理由、あるいはその経緯については不明確である。さらにはこの五カ寺の五人組寺院としての構成過程についても上述の史料では判明しない。

生玉中寺町のみならず他の寺町の浄土宗寺院についても『蓮門精舎旧詞』によって寺町への移動時期や組寺の形成について検討したが、先述の記事内容とほぼ同様で、これらの問題を明確にすることができなかった。

『蓮門精舎旧詞』は元禄九年時に各寺の由緒を書き上げているので、それ以前の詳細な由緒書はないかと考え、筆者は若干の浄土宗寺町寺院を調査した。その中で生玉寺町の金戒光明寺派銀山寺（現、浄土宗知恩院末）所蔵の過去帳に「寛文丙午六暦十一月十二日、浄土宗金戒光明寺派末寺摂州大坂寺町ニ有之寺々開基住持代々記録」と題した由緒記録が載せてあった。この過去帳は宝暦十三年（一七六三）より文化九年（一八一二）までの檀家の葬式記録であり、由緒記録は空欄へ後に書き写したものである。その由緒書の一例を提示すると、

「　摂州東成郡大坂生玉寺町
　　宝樹山銀山寺勝誉
一、七十六年以前天正十九辛卯暦金戒光明寺廿四代縁誉休岸開基、寺号之儀太閤様銀山寺ト被成御付候、二代釼誉三代檀誉四代大誉五代本誉当代勝誉迄六代、院号無御座候
一、当寺諸檀那建立」

「　摂州西成郡天満西寺町
　　感応山長福寺称誉
一、五十九年以前慶長十三戊申暦開基念誉二代超誉三代庄誉四代誠誉当代称誉迄五代、院号無御座候
一、当寺諸檀那建立[18]」

という形式で合計十九カ寺が記録されている。そして最後に「右ハ九応寺ニ有之候旧記之儘写置也」としている。上述の各寺の中で一カ寺のみが住職の「破戒之咎」によって退転・寺号替について詳細に記してあるが、その他十八カ寺は右掲のように簡単な歴代記録である。したがって本稿で目的としている寺基の移転経緯あるいはその時期、組寺形成過程の問題を考える糸口については記録されていなかった。

ただ注意しなければならないのは、この銀山寺所蔵の過去帳にある浄土宗金戒光明寺派末寺記録を書き上げたのが寛文六年(一六六六)十一月十二日であることである。というのは、大阪府柏原市・真宗大谷派光徳寺に同時期・同趣旨の書上帳が存するからである。すなわち外題に『寛文六丙午十一月十二日、浄土真宗東本願寺末寺摂州東成西成両郡大坂天満町中在之寺草創之年暦住持代人・由緒之記録公儀江指出口(控カ)』とあり[19]、光徳寺第十三代乗俊が記したものである。光徳寺は周知のように本願寺第十代証如の『天文日記』に頻出し大坂(石山)本願寺時代より有力末寺であり、近世においても同様、東本願寺末の大坂最有力寺院であった。本坊は大阪府柏原市(河内国大県郡)に位置するが、掛所が大坂北久太郎町にあった関係で当史料が現存する。一方、東本願寺有力家臣で明暦三年から延宝九年まで下間頼祐とともに奏者役を勤めた粟津元隅が、同じ寛文六年に『大坂惣末寺衆由緒書』を撰している。当由緒書の奥書に「于時寛文六丙午念十二月十五日書之奉粟津大学尉撰」とあり、時の東本願寺宗主宣如に撰したことが窺える。以上の銀山寺所蔵史料、光徳寺所蔵史料はいずれも寛文六年十一月十二日付であり、粟津元隅の撰した由緒書も同年十二月十五日であることから、同年に「公儀江指出」した控であると考えられ、それは公儀へ提出する必然性があったことを物語っていよう。また由緒を書き上げる寺院対象は光徳寺所蔵史料の外題から推して、大坂町奉行管轄の寺院であったと考えてよい。したがって幕府・大坂町奉行が各寺院調査、とくに本寺を明確にさせる必要があったといえる。当時、それらを想定させる寛文六年十一月十五日付の「触」が左記の如くある。

「借在家構仏壇不可求利用之事、諸出家町家ニ差置間敷事、

一、借在家構仏壇不可求利用之旨、於江戸諸家江被仰出候間、町中存此趣清僧ヲ置べからず、有来妻帯道場之外ハ、縦令仏壇無之とも、町家ニ出家住宅致、聴衆ヲ集メ法ヲ説候義、此已前より停止之間、令違背ハ其町中可為曲事」[20]

右掲「触」の「於江戸諸家江被仰出候」とあるのは寛文五年十月に同内容の「触」[21]が出ていることを指している。この両「触」は寺院調査を直接目的とする内容ではないが、大坂の場合の寛文六年十一月十五日付は先述の銀山寺等の史料日付の三日後であり、何らかの関係をもつと考えてよいのではなかろうか。つまり、僧侶が町家・在家で布教活動を行うことを禁止する目的の触であるが、そのことは僧侶の宗派性、あるいは所属寺院を明確にする意味も内含しているといえるのである[22]。いいかえれば、もし先述の各宗派別の末寺由緒書上がこの町触と関係するのならば、幕府が本末体制を強化する目的で、本寺を中心に触頭・役者寺院を通して各末寺の本末関係を明確にさせたと考えてよいだろう。また逆に幕府は、本末制度によって町方の各寺院を支配していくことが当面の急務であったと考えられる。

次に法華宗・禅宗寺院について考えたい。〈図表1〉にあるように、これらの寺院は浄土宗各派寺院に比較して本寺が異なる末寺が組寺を形成していることである。妙心寺派寺院は妙中寺を除く十四カ寺が妙心寺を本寺とする寺院であるが、曹洞派寺院は本寺を加州の大乗寺や尾州の雲興寺とする寺院間で組寺を形成している。また、珊瑚寺は遠州の一雲斉の末寺であるが、珊瑚寺の末寺に大倫寺があり、珊瑚寺と大倫寺は同じ組寺を構成しているのではなく、珊瑚寺と太平寺、浄春寺、春陽軒、昌林寺の五カ寺で組寺を構成し、大倫寺は昌林寺と顕孝菴、禅林寺、齢延寺の四人組であり、珊瑚寺と大倫寺は本末関係にありながら、組寺に関しては異なった組に参加していた。この例は齢延寺と春陽軒との本末関係寺院にもみられる。つまり、他国に本寺がある寺院はもちろん、大坂に本寺が存する末寺間でも五人組寺院として相互和合し、しかも本末関係にある寺院でも異なった組寺院として機能していたということができる[23]。それは寺院間の地理的な問題から生じたのではない。

禅宗曹洞派の寺院五人組のこの問題は法華宗にもみられる。それは〈図表1〉を一覧すれば判明するように、京・

妙覚寺末寺と甲州の身延山久遠寺末寺とが同じ組寺に参加している如くである。大坂法華宗寺院は三十七カ寺存するが、本寺が異なり組寺を形成する場合、複雑となるのは当然でもある。というのは法華宗における寺院組織は形の上では甲州身延山久遠寺を総本山とし、武州池上本門寺、下総中山法華寺、京都六条本圀寺、同四条妙顕寺を四大本山とし、以下本山三十余カ寺を数え、とくに京都には妙覚寺、立本寺など二十一の本山がある。[24]したがって法華宗は本寺と仰ぐ本山格寺院が多数存在し、末寺間が組合寺院を構成する場合、本寺が異なったり複雑化するのは当然であり、それは禅宗曹洞派の場合も同性格をもっていよう。大坂三十七カ寺の法華宗寺院のうち三十カ寺が本山を京都にある寺院としている。その京都本山の内訳を提示すると、本国寺末八カ寺、本能寺末五カ寺、妙顕寺末三カ寺、妙覚寺末三カ寺、妙満寺末二カ寺、要法寺末二カ寺、妙蓮寺末二カ寺、本満寺末一カ寺、立本寺末一カ寺、頂妙寺末一カ寺、本法寺末一カ寺、妙国寺末一カ寺であり、法華宗の本末組織の多様性が大坂法華宗寺院にも投影しているといえるだろう。[25]

ところで、寺院五人組の機能や史的意味についてであるが、これは菩提寺のみの判で認められていた寺請状が五人組寺院の連判が必要となったこと、さらには真宗の場合などは教団内の問題として末寺間の諸問題に五人組寺院の連判が必須となり、[26]本寺は末寺統制上、隣寺相互和合、教団秩序維持を目的としたように、幕府は寺院統制上、寺院相互の不協和を厳しく規制するために組寺を形成させたと考えられる。それはまた、幕府・本寺が寺院五人組という横の関係を結合させつつ連帯責任をもたせ、縦の関係の本末制度をより強固なものとさせたのである。それは幕府が直轄都市である大坂の寺院支配を、本末制のみでは不充分と考えたともいえるのではないだろうか。

そのことは『大坂宗旨役所触扣』（外題）からも推考できる。[27]この触扣は寛保二年（一七四二）から宝暦十二年（一七六二）までの記録で、紙数九十八葉からなる冊子本である。内容の一例を紹介しておこう。

「　口上

火之元昼夜共堅可申付候、毎年申渡候通、風吹候節ハ弥以夜中寺内社内門前迄度々人を廻シ近辺申合、火之用心可被入念候、

子十一月朔日

右之趣於寺社家も可被廻之候

延享元年

子十一月　奉行

右御触書順々相廻致承知旨肩書印形いたし可被差出候

宗旨役所

月番瑞光寺[28]」

右のように町触と同内容の触を寺社へ申し渡しているのであるが、注意を要するのは「宗旨役所」とあること、しかも寺院が月番として勤めていることである。町奉行所には寺社方の与力・同心が専任としているのであるが、それとは別個に宗旨役所を設け、各寺院に月番を課していたのである。この触扣の内容は『大阪市史』に所収されていないものが大半であり、寺院に対する独自のものと思われる。大坂宗旨役所はいつ頃設置され、その機能や性格などについては全く研究成果がない。したがって稿を改めてこの問題について考えたいが、おそらく大坂独自の役所ではないかと思われ、幕府の大坂寺院支配は本末制度やそれを補完する組寺統制では不充分であり、町奉行が深く介入し、独自の寺社対策を講じていたといえるのではないだろうか。月番寺院は法華宗寺院が大半であり、若干の禅宗・浄土宗寺院がみられる。[29]また延享三年（一七四六）十二月の条に「公用行事・福泉寺、一宗月番・妙経

寺」という書式もみられ、月番寺院と公用行事との違いやそれらの設置目的あるいは触内容等は、幕府の都市寺院支配という観点からも検討するに値しよう。

第四節　むすび――寺町形成の意味――

以上のように近世大坂寺院の諸形態や規模構成が概ね明らかとなった。今後これらの寺院に対して幕府はどのような政策・規制支配を行ったのかを考えねばならない。幕藩体制下の寺院統制は、いうまでもなく寺社奉行がその任であるが、現実的な手続きや諸問題によっては各藩寺社方（奉行）が行ったと同様、大坂も町奉行寺社役が具体的には担当していた。それは『寺社方役儀勤書』[30]が詳しく伝えている。寺社奉行と大坂町奉行との寺院統制の役割分担、管掌については地域、内容など近世中期以降複雑化するとともに[31]、町支配をスムーズに行おうとする町奉行と諸寺院は密接な関係をもっていった。これらの大坂寺院に対する幕府の支配統制については、町触や先述の『大坂宗旨役所触扣』の具体的な検討・考察によって明らかにしなければならない。

しかし、本稿の紙幅もなく、それについては他稿に期すこととし、最後に寺町形成の意味について考え、結びとしたい。

幕府の直轄都市や各藩城下町における寺町形成政策は、都市防衛という軍事的意味をもつものとして考えられてきた[32]。つまり、大伽藍をもつ寺院群は戦時の塞となり、避難場所として機能していた戦国時代の寺町の性格から当然考えられることである。しかし、その意味のみならず、幕藩体制下の寺院は寺請制を維持する支配機構の一つであり、政策的に一カ所に集中させることにおいて幕藩領主の寺院統制が容易であり、さらには寺院相互間の監視、連帯責任を負わす上においても、寺町形成は体制にとって好都合であった。大坂の場合も各寺町ごとに役者寺院があり[33]、幕府、本山の末端行政機関として機能していた。

また、都市民の居住区は同時に身分制の表現であり、城下町における武士居住区、町人居住区規定と同視点・思想をもって寺院居住区を指定する政策がとられたといえるだろう。つまり寺院を一定地域に集合させることは、寺院身分を規定することであり、身分統制の一環として寺町を考えるべきである。それは大坂真宗寺院が町人身分として規定され、その結果、寺町から除外され町人居住区に散在したことが如実に物語っている。士・農・工・商のいずれの身分にも属さない真宗以外の寺院・僧侶は商工身分の居住区の外郭地、すなわち経済発展を妨げない場末[34]に寺町が形成され居住していた。これは大坂以外の都市においても同様であろう。換言すれば、寺町は町方と地方とを区別する境界的存在となり、支配者にとって経済活動範囲の確定や町支配の地域確定に利用したとも考えられる。また逆に寺町は結果的に町方と地方の庶民交流の場として機能する側面ももっていた。すなわち、寺院の門前には町方、地方の檀信徒の参詣によって市や出店が並び[35]さらには諸芸能などが行われ、場末であった寺町が時代の経過とともに庶民生活に欠くことのできない存在となり、その意味からも寺町を位置づけることができる。

註

（1）　宮田登「江戸町人の信仰」（西山松之助編『江戸町人の研究』第二巻所収、比留間尚「江戸の開帳」（同上書所収）、坂本勝成「江戸の不動信仰――目黒不動の場合――」（圭室文雄・大桑斉編『近世仏教の諸問題』所収）。また史料集として、宇高良哲編『江戸浄土宗寺院寺誌史料集成』が刊行された。

（2）　小野晃嗣「京都の近世都市化」（『社会経済史学』十―七）。

（3）　拙稿「近世大坂の真宗寺院――都市寺院の形態と町人身分――」（圭室文雄・大桑斉編『近世仏教の諸問題』、本

書第Ⅱ部・真宗教団と地域社会・都市所収）。なお大坂の宗教行事等については、宮本又次「信仰と祭礼から見た上方と江戸」（『大阪の研究』第五巻所収）がある。

（4）本稿で近世という場合、元和元年（一六一五）大坂夏の陣以降をいう。また、近世大坂は摂津国西成・東成両郡の一部から成るが、大坂と限定して呼称する場合、大川（堂島川・土佐堀川）より以南、道頓堀川より以北で、東西横堀川の間の位置をいう。

（5）「大坂濫觴書一件」（『大阪市史』第五巻所収）。

（6）真宗寺院の成立時期や性格については拙稿前掲論文（註3）を参照してほしい。

（7）小野晃嗣前掲論文（註2）参照。

（8）「室町殿日記追加」（『山城名勝志』所引）。

（9）小野晃嗣前掲論文（註2）。

（10）『大坂町中江差出寺請状諸宗寺々五人与判形帳』（大谷大学図書館所蔵）、前書に元禄八年九月とある。また箱書は「文政八乙酉年八月器改　大坂町々諸宗寺受（ママ）状印鑑帳　北組西笹町」となっている。

（11）この寺院数は元禄八年時であり、それ以後付紙として寺院名が記され加算されたものは入っていない。『大阪市史』第一巻、拙稿前掲論文（註3）参照。

（12）『大阪市史』第一巻。

（13）右に同じ、第八巻所収「付図」。

（14）寺院五人組についてはすでに検討したので（拙稿前掲論文）、組合寺院の機能について坂本勝成氏の研究によって提示しておくと、一、触書の回覧、二、後住職権に関する発言権や不律不如法な僧侶出現に対する連帯責任など寺院・住職の相互扶助と監視、三、組合寺院間の借金保障機能などである（坂本勝成「近世における寺院の「組合・法類」制度について」笠原一男編『日本における政治と宗教』所収）。

（15）『続浄土宗全書』第十九・二十巻所収。

(16)『蓮門精舎旧詞』第十冊。
(17) 五分市町の位置であるが、『西区史』には古町名として「五分一町・船町」、旧町名として「船町」とある。宝暦六年の『万代大坂町鑑』には五分一町の名はみえない。つまり、土佐堀通の裏にあたり「土佐堀船町」と呼ばれるところが、五分一町＝五分市町であり、北組に属していた。大阪町名研究会編『大阪の町名』二四〇頁参照。
(18) 大阪市天王寺区・浄土宗知恩院派銀山寺所蔵『過去帳』。
(19) 大阪府柏原市・真宗大谷派光徳寺所蔵。
(20) 前掲註(12)、『大阪市史』第三巻所収。
(21)『御触書寛保集成』。
(22) 圭室文雄「近世仏教と政治体制」(『歴史公論』昭和五十五年三月号所収)もこの点を指摘しておられる。
(23) 禅宗曹洞派鳳林寺の末寺に洞岩寺・吉祥寺・梅旧院の三カ寺があるが、これら末寺は同じ組寺を形成している〈図表1〉。また鳳林寺は独判寺院であり、当寺の独判で決裁できた。独判寺院はその他、天台宗天鷲寺、泉涌寺末の法楽寺、黄檗山萬福寺末の舎利寺、大念仏宗の本山大念仏寺・源光寺がある。独判寺院について、その資格など不明確であるが、真宗寺院のそれについて町触の中でみることができ、一例を紹介しておこう(『大阪市史』第四巻)。

「(万延元年八月二十四日)
一、同日、南久太郎町五丁目東本願寺末称讃寺独判之事

南久太郎町五丁目
東本願寺末称讃寺

右者此度院家ニ昇進いたし候ニ付、以来宗旨手形独判ニ候事、」

右のように院家寺院が独判となったようである。院家とは一般に公家の子弟が出家して門跡に付属する寺に住む者や門跡寺の末寺の寺格をいうが、真宗東本願寺末の場合は後者の意味で、末寺の最高寺格である。したがって真宗以外の諸宗も同様の性格をもつ寺院が独判となったのであろう。

(24) 宮崎英修編『近世法華仏教の展開』、とくに第六章・坂本勝成「京都妙覚寺本末考」を参照。

(25) 町奉行の鉄砲改について、大坂法華宗寺院が返答する場合、法華宗三十七カ寺が一致連判している例もある。本末関係が異なる末寺間の交渉は緊密であったことも窺えよう。その例は次の如くである。

「　差上申一札之事

一、鉄砲御改ニ付寺中境内吟味仕

所、先年書上候通、鉄砲所持之者

無御座候、自今以後用心鉄砲寄進

鉄砲預り鉄砲等有之者御断可申上候

惣而御断不申上鉄砲所持仕間敷候若

不念之儀御座候ハハ越度可被仰付候

為後日連判證文仍而如件

延享元甲子年

十月　法華宗　三十七ケ寺」

(26) 拙稿前掲論文（註3）。

(27) 『大坂宗旨役所触扣』（東京大学図書館所蔵）。この筆者は年月日ごとに書体が変化し、各月番僧侶であると考えられる。また触扣とあるが、内容には町奉行と寺院側との往復書翰の扣もある。前掲註（25）参照。

(28) 右に同じ。

(29) 延享年間の月番寺院を参考のため記しておく。

（年月日）　（月番寺院名）　（寺基の位置）

延享元年・禅宗曹洞派龍海寺・天満東寺町

〃元年十一月・禅宗妙心寺派瑞光寺・天満東寺町

〃元年霜月・法華宗久成寺・生玉筋中寺町
〃元年・浄土宗金戒光明寺派大林寺・天満西寺町
〃二年二月・法華宗妙徳寺・生玉筋中寺町
〃二年十月・法華宗妙法寺・谷町筋八町目寺町
〃二年十一月・法華宗海宝寺・谷町筋八町目寺町
〃二年十二月・禅宗曹洞派吉祥寺・天王寺寺町
〃三年一月・法華宗妙光寺・谷町筋八町目寺町
〃三年十二月・(公用行事) 法華宗福泉寺・生玉筋中寺町
(一宗月番) 法華宗妙経寺・谷町筋八町目寺町
〃四年五月・浄土宗知恩寺派本覚寺・小橋寺町
〃四年八月・法華宗蓮光寺・生玉筋中寺町
〃五年三月・浄土宗知恩寺派大鏡寺・天満東寺町
〃五年四月・法華宗正善院・天満東寺町妙福寺内
〃五年五月・法華宗妙福寺・天満東寺町

(30) 前掲註(12)、第五巻所収。
(31) 寺社奉行と大坂町奉行の職掌の変化に関する点を指摘できる触を『享保以来御取計替候ケ條書』によって一例を提示しておくと次の如くである。
「一、寺社出入取斗之儀
一、大坂町人より同所寺院へ懸り候出入
一、大坂寺院より同所町人へ懸り候出入
一、和泉・河内・摂津・播磨・寺社之出入

右之類出入、唯今迄其表町奉行添翰を以寺社奉行へ訴出、双方江戸表ニ而吟味之上裁許有之候、
已来者支配国内ニ候ハハ於其表取捌、金銀出入は裁許いたし、外出入並寺社咎等之儀者吟味之趣寺社奉行へ懸合存寄を承裁許いたし、且寺院之出入、一宗法儀に拘候儀は本寺触頭へ相願候様申候、取上不申、本寺触頭之裁許等全《(令カ)》難渋候歟、又は他宗之寺院俗人等加り候ハハ、取上吟味いたし、是又寺社奉行へ懸合候上可致裁許旨、其表町奉行へ可被申渡候
右之通老衆より申来候間、可被得其意候
五月　」
右之通、明和七寅年五月御下知有之候

(32) 前掲註(12)、第一巻、中部よし子『城下町』、松本豊寿『城下町の歴史地理学的研究』など。

(33) 浄土宗知恩院末の場合、たとえば西寺町の次のような記事が『知恩院史料集、日鑑・書翰篇一』にある。
「(元禄八亥年)
改暦之芳礼御同事申納候、然者其地西寺町役者之儀、旧冬浄国寺被仰付候、依之為御礼上京（下略）（五〇一頁）。」
右のように、元禄八年、西寺町の役者寺院として浄国寺が任じられている。その他、生玉寺町の菩提寺など『蓮門精舎旧詞』に役者寺院が散見する。

(34) 黒木喬「『明暦の大火』前後における寺社および町屋の移動」(『地方史研究』一六一号)。

(35) 『大坂繁昌詩』巻之上。平沼淑郎著・入交脩編『近世寺院門前町の研究』。

第六章　近世堺の寺院支配

第一節　はじめに

幕藩制下の堺を中心とする寺院支配について考えたい。幕府の寺院統制一般については法度や触などを基軸に従来より研究成果が上げられ、また地域社会の個別的研究も近年盛んになってきた(1)。本稿ではその地域を都市域に着目し、堺の寺院形態や幕府の寺院統制およびその方法、強化時期など基本的問題を明らかにすることを目的とする。

都市域に注目する理由は従来の近世寺院史、教団史の研究事例が農村・村落地域であり、都市のそれは看過されがちで村落とは異なった都市独自の寺院形態や統制策などの問題が内在していたと考えられるからである(2)。すなわち、近世都市計画が実施される中で寺院はどのように位置づけられ、また人口の流入が激しく都市発展とともに生じる社会問題や多種の職業による住民構成など、複雑化する中で寺院はいかなる役割を果たすのか、逆に幕府はそのような社会背景で寺院をいかに支配・利用しようと試みたのかなど、都市という地域性をめぐる問題が当然あったと考える。また近世堺の寺院支配を考察するのは、筆者がかつて大坂や京都・大津などの幕府直轄都市のそれを若干考えたので(3)、同じ畿内の直轄都市堺を取り上げることによって他のそれらと比較検討する手がかりとするためでもある。たとえば三都や各城下町において幕藩領主は寺院を一カ所から数カ所に集中させる寺町形成策を行ったが、京都や大坂は真宗寺院が寺町から除外された。しかし、堺は真宗を含め諸宗混在して寺町を形成している。むしろ真宗以外の寺院が寺町から外れている場合もあった。このように堺の寺院形態の特色やそれを生起させた歴史的経緯や背景があろう。

中世都市としての堺は、社会経済史や茶道にみる文化史・政治史などから多視的に研究され成果が上げられてきたことは周知であろう。(4) しかし、幕藩制以降については堺が衰退するためか、中世期・織豊期に比較して研究成果に乏しく、とくに宗教史・仏教史のそれは皆無に近い。近世寺院史に関しては『堺市史』や朝尾直弘氏・山澄元氏の業績が数少ない成果といえよう。(5)

そこで本稿では近世堺の都市形成を概観しつつ、それにともなう寺町形成、朱印寺院、町役負担寺院をめぐる諸問題、さらには寺院統制、とくに組寺制と寺請制との問題や町触との関連など、支配組織・制度的側面の考察を試みたい。

第一節　都市堺と諸宗寺院

元和元年（一六一五）の大坂夏の陣で、大坂方大野道犬らによって堺は悉く焼亡した。堺復興をめざす徳川家康はその着手を長谷川藤広に命じた。藤広は町割日取りについて金地院崇伝に伺い、その結果、同年六月十八日をもって開始する旨の指示返書にしたがって町復興が挙行された。(6) 具体的に直接行ったのは地割奉行風間六右衛門であった。町家に関する町割は問題がなかったが、寺地は風間が熱心な日蓮信者であるため問題が生起した。すなわち風間は日蓮宗寺院を優遇し広大な寺地を与えたため他の寺院の反感を招き、幕府に訴えられることとなり自害を余儀なくされた。

右の町割区画整備の一環として寺町といわれる寺院街が形成された[7]。その位置は堺を環濠する土居川が南北に流れる西側、つまり市街地堺の東端になり、環濠の内側南北一直線上にあたる。堺の西は海に面するため東端を寺院街として障壁を形成したと思われる。寺院復興の具体的経緯は各寺によって異なるが、寺院としての体裁が完備し機能した時期は、ほぼ寛永期といわれる。元和元年、堺が焼亡したが、それ以前までは各寺院が市中に散在していたのであり、元和の復興で寺院集中の政策が施行された。幕府のその政策意図・内容は明確にしえないが、京都にみる秀吉の寺町形成策、大坂にみる徳川幕府の墓地・寺院の移転廃合策などの都市計画に準じ[8]、基本的には同性格のものといえるだろう。寺町の具体的な寺院構成・性格については後述する。

寺町に集中を余儀なくされた近世堺の寺院総数であるが、延宝九年（一六八一）九月の寺社改めによると総数百七十九カ寺でその宗派は真言宗十四、天台宗三、四宗兼学一、禅宗十、真宗四十二、法華宗三十七、浄土宗六十七、時宗三、融通念仏宗二の各寺院数であった[9]。また元禄十七年（一七〇四）以降の『堺手鑑』が伝えるところでは総数百六十七カ寺としている。したがって百七十カ寺前後の寺院が、先の南北二十町余の寺町に集立していたことになる。なお、この寺院数には各寺に存した塔頭・寺家は含まれておらず、たとえば少林寺には耕雲庵など六カ寺（庵）、妙国寺には信行院など十カ寺があり、それをも含めると三百カ寺余の寺院がひしめいていたといえよう[10]。

町割が行われた寺町形成時の具体的な寺地選定の経緯は史料的制約があり明確にすることができない。そこで元禄二年の『堺大絵図』によって寺町の性格をみてみよう。同絵図によると寺院街区すべてに寺町名が存し、各寺院がどこかの寺町に属していたのではなく、寺町名が町名となっていたのは九カ所である。すなわち、九間寺町・神明寺町・市之町筋寺町・南向井領寺町・甲斐町筋寺町・谷口寺町・宿院筋寺町・塩穴横手寺町・南宗寺門前町寺町が記されている。これら寺町名は寺院街区の東西に通る町名として記され、また寺町名ではないが寺院街区南北路に経王寺前町・北御坊前町・南御坊前町・顕本寺前町などの大寺院の門前町的な地名が存した。このほかに俗称として綿寺町や柳寺町など、寺院名の付された町名があった。各寺町の寺院構成であるが、たとえば九間寺町は浄土宗の善長寺・超願寺・法伝寺・専修寺、浄土真宗の本願寺派堺別院（北御坊）・高林寺・超元寺で、南向井領寺町は天台宗の十輪院、浄土真宗の覚応寺・万福寺・浄福寺、日蓮宗の経王寺等によって構成されていた。したがって寺町ごとの各地域に同宗寺院が集中していなかったといえる。寺院街の中で宗派的に寺院を集めたのではなく、諸宗混在の多様な構成であった。これは先述した地割奉行風間六右衛門が、寺地選定や寺域に関して日蓮宗に優位にさせたことと関係するかもしれない。

　問題は真宗寺院が寺町構成寺院に含まれていることである。大坂の場合、真宗寺院は「市中所々ニ而勝手次第道場を建、丁（ママ）人同様公役・町役等相勤候」とあるように寺町から除外され町方に散在し「町人同様」と規定され町役を課せられた(11)。京都の場合も真宗寺院は寺町に存在せず、「洛陽御末寺中宗旨改幷跡式譲状之儀、町家並ニ其町内へ差出候儀ニ御座候(12)」という如く「町家」同様で大坂とほぼ同性格の形態で、幕府の寺院支配、とくに寺基の位置について特別扱いされた。しかし、堺の場合、大坂や京都と異なり真宗寺院も寺町に入っている。これは近世堺の寺院形態の特色といえるが、同じ幕府の直轄都市であり、しかも畿内に存するのに、なぜこのように堺は大坂や京都と異なった存立形態となったのだろうか。大坂ではのちの記録であるが、真宗寺院を寺町から除外し町方に散在させる理由として「元来肉喰妻帯之宗門、其上先年公儀へ敵たひ候趣意も在之候ニ付(13)」と述べている。すなわち真宗の教義上の肉食妻帯をあげて清僧の諸宗寺院と区別し、さらには公儀へ敵対したとして一向一揆・石山合戦を意識すると考えられる理由をあげ、寺町から除外することを明確にしている。この理由は大坂のみならず堺にも適用されてしかるべきで、しかも復興の町形成もほぼ同時期である。堺の寺院街形成は町割政策の一環としてなされたのであるが、その際、他の都市整備計画をも当然参考にされたと思われる。しかし、堺寺町形成上、真宗寺院が諸宗寺院と区別されなかった理由を明確にする支証を見出すことができない。

ただ考えられることは堺と大坂とを比較した場合、寺院総数に差異があることである。元禄八年（一六九五）の『大坂町中江差出寺請状諸宗寺々五人与判形帳』[14]によると大坂寺院総数は四百二十二カ寺あり、うち真宗各派寺院は百九十五カ寺で全体の四六パーセントを占めていたが、これに比べ堺は約半分の総数二百カ寺弱ほどで真宗は全体の二五パーセントであった。このように堺真宗寺院の占める割合が大坂などと比較して少なく、したがって寺院間における勢力関係も堺真宗教団は弱小で、あえて区別されず他と同様、寺町に入れても問題にならないとの幕府側の見方があったのかもしれない。

またとくに堺は中世末以来禅宗や日蓮宗寺院が有力商人・茶人などを檀那にしていたので、あえて真宗寺院のエネルギーや反体制的な指導性などを警戒する必要が支配権力になかったとも推察できる。もっとも堺真宗教団は蓮如以来進出形成され真宗寺・信証院を中心として隆盛し、とくに大坂（石山）本願寺時代は「堺三坊主」といわれる真宗寺・慈光寺・善教寺が堺の有力商人を門徒とする背景をもって指導力を発揮し、教団内でも重要な位置を占め『天文日記』にも頻見する。しかし、天文法華の乱以後、京都の日蓮宗本山が堺の同宗有力寺院に本山の寺基を移し、日蓮宗寺院が有力商人や政治家と親密な関係となり、また禅宗寺院も政治的手腕をもつ茶人を檀那として隆盛したため、堺における真宗教団は他の諸宗教団勢力に押されがちであった。とくに石山合戦後はその傾向が顕著となり、幕藩権力とルートをもち政治的優位に立つ商人は禅宗・日蓮宗などの信者であった。沢庵と豪商谷正安と

〈図表1〉堺朱印寺院

寺院名	宗派名	石高
念仏寺	真言宗	八〇石
向泉寺	真言宗	九〇石
常楽寺	天台宗	二二〇石
光明院	四宗兼学	一八石
南宗寺	禅宗	一一〇石
禅通寺	禅宗	六〇石
海会寺	禅宗	三〇石
大安寺	禅宗	二九石五斗
北御坊	浄土真宗	三〇〇石
妙国寺	法華宗	一二〇石
顕本寺	法華宗	二七石
櫛笥寺	法華宗	一石一斗
経王寺	法華宗	二六石
旭蓮社	浄土宗	四〇石
北十万	浄土宗	五〇石
極楽寺	浄土宗	二〇石
引接寺	時宗	一〇石三斗
金光寺	時宗	一九石

の関係はその最たる事例であろう(15)。

真宗教団は本願寺の寺基が石山から鷺森、貝塚へ移り、さらに天正十三年(一五八五)、秀吉より天満寺地を与えられ、天満本願寺となった時点で一向一揆のエネルギーが消失したと筆者は考えている。それでも大坂の場合あえて警戒されたのは、大坂本願寺の伝統や真宗信者が多数存していたからで、堺にはその必要がなかったからであろう。それ故、幕藩権力にとってもはや堺真宗寺院を特別に区別する意味がなく、諸宗同様で差し支えなかったのである。

ところで、元和の復興の際、豊臣秀吉から朱印状を得ていた寺院は徳川からも同状を下付されることに懸命となった。それは朱印寺院にとって死活問題でもあった。すなわち復興と今後の維持存立に関わるからである。朱印寺院は当初十六カ寺であったが、途中より十八カ寺となった。それら朱印寺院およびその宗派、石高を記すと〈図表1〉の如くである。これら南宗寺・禅通寺・大安寺・向泉寺などは朱印状を得るため江戸に下向したり、『本光国師日記』に「堺□庵少(ママ)御下、あふらや道幾正月七日之状来、久宝寺宗因正月八日之状来、臨阿弥事申来。同今井宗□正月十一日之状来、向泉寺之申来。此便宜禅林寺正月十一日之状来。さかい十万□之儀申来。扇子廿本来」(16)などとあるように崇伝にはたらきかけるため、彼と親密だった今井宗薫や油屋道幾ら堺有力商人を介していることが窺える。結局、元和三年（一六一七）八月、朱印状が下付され徳川幕府にも承認された。朱印地は妙国寺が摂津住吉郡桑津村、北御坊が山城宇治山科村のほかはすべて和泉国大鳥郡踞尾村であった。これら朱印寺院は「御朱印所拾六箇寺定書[17]」を設けたりし同寺院間の独自の活動や立場を強調した。なお、北御坊は当初からの朱印寺院でなかったが徳川幕府に初めて認められ、真宗寺院が朱印地を所有する事例として注目されよう。

第三節　堺寺院と町役負担

堺寺院の中に町役を負担する寺院があった。それは『堺寺院組合幷塔頭寺庵社数寺社数[18]』と外題する史料より判明する。同史料は基本的には堺の寺院組合帳であり、その中に先述した「朱印寺院」、そして「古跡」「新地古跡」などとともに「町役」負担を注記してある。史料の記録年代については不明であるが、記載文中から寛政元年（一七八九）以降のものと考えてよい。同史料の記載事例を抜粋して提示すると次の如くである。

「古跡
一、浄土真宗　本寺京東本願寺　南御坊
同
一、同宗　同断　真宗寺
同
一、同宗　同断　浄得寺
同
一、同宗　同断　専妙寺
同
一、同宗　同断　常通寺　町役

右五ケ寺

一、古跡 浄土宗　本寺京知恩院 超善寺
一、同並 同宗　同断 喜運寺 町役
一、同 同宗　同断 大心寺
一、同 同宗　同断 龍門寺
一、古跡庵号寺院 同宗　同断 良俊寺

右五ケ寺

一、古跡並 真言宗　本寺京仁和寺 十輪院
一、同 同宗　同断 長楽寺
一、同 同宗　本寺嵯峨大覚寺 発光院 町役
一、同 同宗　同断 霊法寺 町役
一、新地古跡並 同宗　本寺高野山慈眼院 千蔵院 町役
一、古跡 同宗　本寺念仏寺 三宝寺

右六ケ寺」

右掲のようにこの史料は組寺構成寺院の記載を主とするが、宗旨や本末関係をも明記し各寺院の左下に「町役」と注記している。町役と記されている寺院はそれを負担した寺院と考えてよいだろう。したがって同史料より町役負担寺院をすべて抽出し記載順に表にすると〈図表2〉のようになる。なお同表には宗派、本末関係、寺跡をも記しておく。

〈図表2〉町役負担寺院

宗派	寺号	本寺	寺跡
浄土真宗	常通寺	京・東本願寺	古跡
浄土宗	喜運寺	京・知恩院	古跡並
真言宗	発光院	嵯峨大覚寺	〃
〃	霊法寺	〃	〃
〃	千蔵院	高野山慈眼院	新地古跡並
浄土宗	了心寺	旭蓮社比丘尼所	〃
法華宗	宗善寺	堺・妙国寺	〃
〃	宗宅庵	堺・櫛笥寺	〃
浄土真宗	聞蔵寺	京・西本願寺	古跡並
〃	浄行寺	〃	〃
〃	光接寺	〃	〃
〃	南通寺	京・東本願寺	〃
〃	浄専寺	〃	〃
〃	専称寺	〃	古跡
〃	善宗寺	〃	新地古跡並
〃	長久寺	〃	〃
天台律宗	浄福寺	堺・智禅寺	〃
融通念仏宗	来迎寺	平野・大念仏寺	古跡
真言宗	東光寺	京・仁和寺	〃
〃	長谷寺	和州長谷本願院	〃
〃	観月院	京・本山宝輪寺	新地古跡並
浄土宗	浄信寺	京・黒谷	〃
〃	本願院	〃	〃
〃	梅翁寺	両本寺京東山禅林寺粟生光明寺	古跡廃号寺
浄土真宗	光乗寺	京・西本願寺	古跡並

〈図表2〉より明らかなように二十五カ寺が町役を負担し(19)、その宗派も各宗にまたがっている。二十五カ寺のうち宗派別では浄土真宗が十カ寺、真言宗六カ寺、浄土宗五カ寺、法華宗二カ寺、天台律宗一カ寺、融通念仏宗一カ寺である。町役とは町入費や各町での人足費用などをさし、地子銀は堺の場合寛永十一年（一六三四）、家光によって免除されている。

寺院が町役を負担し

た事例は大坂町方の真宗寺院であった。先述したように大坂の場合真宗寺院は「丁人（ママ）同様公役・町役等相勤」[20]めるように規定され、町人五人組などに参加を余儀なくされ寺町より除外された。この大坂真宗寺院が区別された理由を、真宗寺院形態が室町期より道場形態（毛坊主・辻本）をとり俗人的要素が強かったからと筆者は考えた。それは寛文六年（一六六六）の「触」[21]の中でも真宗寺院を「妻帯道場」と呼称し、諸宗を「清僧」「出家」として意識的に対比区別していることからも明らかであると指摘し、またそこに幕府の真宗観の一端が表明されているとも考えた。京都の場合も基本的には大坂とほぼ同様の性格をもっていたことは前節の寺町形成で提起したとおりで、真宗寺院は「町家並」であったので当然町役をも負担したと考えてよいだろう。

しかし堺の場合、真宗寺院のみならず真言宗、浄土宗などの寺院・僧侶も町役を負担していたのである。真宗寺院の中でも三十数カ寺が町役を負担しておらず、大坂のように真宗寺院が一様に町役を負担したのではないのである。したがって少なくとも一定の宗派によって町役を負担するか否かを定めたのではないことが窺える。また〈図表2〉より明らかなように、「古跡」や「新地」などの寺跡によってその基準が定められたわけでもない。そこで町役を負担した各寺院の寺基の位置を検証してみた。たとえば浄行寺は神明町東二丁字御坊町、光乗寺は少林寺町西二丁字五貫屋筋蒲鉾町、東光寺は宿院町西二丁字五貫屋筋町、発光院は新在家町東三丁字寺町、霊法寺は中之町東二丁字馬場などとなっており、それを先の元禄二年（一六八九）の『堺大絵図』と照合していくと、光乗寺・東光寺は堺の中央を南北に走る大道筋の西側に位置していた。すなわちそれは寺町と反対側の市街地である。また上述の他の町役負担各寺院も、寺町ではなく町家が並立する中に存在していたことが判明した。たとえ住所が寺町とあってもいわゆる寺町と称する地域の西側に隣接する筋より西側で、寺町より一筋隔てていたことが明確であった。

したがって町役を課せられた二十五カ寺は寺町から外れた町家の中に位置していたといえる。それらがいつ頃から町家の中に建立され町役を課せられたかは定かでないが、町役を負担するか否かの決定要因は寺基の位置によっていたといえる。逆にいえば幕府が指定した寺町域に位置する寺院は、宗派を問わず町役を課せられなかったといえよう。町方に寺基を置くことは町人同様に町入用や町儀に関与せざるをえない状況であったと考えられる。それは京都町方の東本願寺末寺が「宗旨帳面公儀へ相納候事幷譲状之事、往古より夫々町内へ差出町並一統之納方ニ付年来御末寺中相歎候（中略）諸宗ニ無之事ニ候」[22]と訴え出たように町方の寺院が支配統制上、「町並一統」「町家並」に位置づけられていたことと共通していよう。それらは幕藩制支配の基本である身分制編成とも関係していよう。すなわち都市民の居住区は身分の表現であり身分によって規定された。それを都市寺院支配の中でも同様に適用されたと考えてよい。その幕府の身分制思想・視座は堺の寺院存立形態が如実に示しているといえる。また幕府が都市政策上留意したのは都市秩序維持であり、住民諸階層を掌握・統制することであった。それが根底にあるからこそ、堺の町方に位置した寺院は宗派に関係なく町人並みとして扱われたのである。基本的には京都・大坂・堺の寺院支配は共通していたが、京都・大坂の寺町は真宗寺院が除外され、堺の寺町は諸宗混在しており寺院構成の宗派別寺院の性格が異なっていたのである。なぜ同じ直轄都市の寺院居住区の寺院構成宗派が各都市で異なったかは、それぞれの都市形成の歴史的経緯を検討しなければならないが、寺院居住区の規模、寺院総数の差異が関係しているものと思われる。また各寺院の開創時期、移転なども関係していたのであろう。

一方、寺院に町役を賦課することとなった時期については明確にしえないが、それは元禄元年の寺社改めと関係していたと考えられる。この点については朝尾直弘氏が『堺大絵図』製作の背景として論じられる中で寺社改めについて指摘された[23]。すなわち氏は元禄四年七月の触から寺院の寺号・本末関係・宗旨・寺地・改増築・新立などすべて公儀＝奉行所の許可なしに行われ得なくなったとし、寺請制の実施上、寺地を固定させ寺院の認定を明確にさす目的があったとされた。つまり、宗判権所持寺院の確定＝寺請強化ということである。また朝尾氏は寺院の認定から排除された寺院・僧＝「地持坊主」「庵地借地坊主」は宗門改めおよび信者の罪業消滅のために行う宗教活動すら禁じられ、それらの坊主居宅は町屋敷と認定されることになった、と指摘されている。とすれば先述の二十五カ寺の町役負担寺院は宗判権を所持しない町屋敷と認定された寺院と解釈できないこともない。しかし、朝尾氏がここに指摘される「庵地借地坊主」は先の町役負担寺院であるとは考えられず、むしろ本末関係が不明確な町中を徘徊するような僧をさすと考えられる。というのは町役負担寺院は先の寺院組合帳に明記され本末関係も明確であり、また同帳前書に「印判替候節御断可申上候事」[24]とあることから組寺形成寺院の寺請証文印形が問題となってお り、たとえ町役を負担していても宗判権を所持していると考えてよいだろう。それは大坂真宗寺院も同様であった。以上のことから町役負担寺院は「町家並」であったが宗判権を所持し、「庵地借地坊主」とは異なっていたといえる。もちろん「庵地借地坊主」は寺院と認定されなかったのであるから、寺院の特権をもたず町人同様であったといえる。町方の寺院に町役を課すようになった時期を明確にしえないが、奉行稲垣淡路守守重が貞享二年（一六八五）、覚応寺などの組中宛に出した質問書の中に「町役勤申数之事」[25]とあり、すでに貞享二年には町役賦課が行われていたことが窺える。おそらく町方に寺院が建立されだした時期に町役を課す施策が行われたのであろうが、貞享から元禄期にかけてそれを遵守強化しなければならない背景があったと思われる。

第四節　都市寺院の支配と機能

上述してきたように、近世堺の寺院存立形態の実態を明らかにしてきた。当節ではそれらの寺院に対し幕府側はいかに支配・統制していったかを考えたい。それは逆に統制結果が上述した形態となったともいえる。堺の寺院統制は元禄期以降に強化され、それ以前のことは史料的制約から明らかにしえない点が多い。寺院統制を強力に推進実行したのは奉行佐久間丹後守信就であったが、前任の奉行稲垣淡路守守重も寺院調査を行っている[26]。稲垣は貞享二年各組寺中へ「納所唠之寺数之事、輪番持之寺数之事、出世寺数之事、塔頭数之事」などを尋ねた。それに対し善教寺・覚応寺・万福寺などの六カ寺組中は「西本願寺末寺出世内陣着座住持唠塔頭無之候」とし「右六ケ寺共寺地故町役不仕候[27]」と答えている。このように稲垣守重は寺院の性格、とくに組中の中味を明確に把握しようとし、さらに同年「御番所口上之覚[28]」として組寺が果たすべき具体的な責務を列挙している。組寺については後述するが、稲垣が天和元年（一六八一）奉行に就任し元禄元年（一六八八）退職するまでに、町支配の強化策の中で寺院掌握を試みたのである。それを継承し統制強化したのが佐久間信就である。佐久間は元禄元年八月、堺奉行に任命され、実際に入堺したのは同年十一月であった。彼の奉行就任の目的の一つは「寺院改め」の遂行であったといわれるほど[29]、寺院支配に関する触を出しその実行に尽力した。佐久間は入堺直前に堺の触頭寺院「天神・常楽寺」（念仏寺）を通じて各寺院組合中へ次の触を出している。

「当所御奉行御入部以後寺庵之衆御出之節、縦様子在之候方ニ而も進物無用ニ候、寺庵住持継目之時壱束一本之進物在之候、是等も自今以後堅無用ニ候（下略）[30]」

つまり寺院が奉行に進物することを禁じ、住職継目の際も一束一本の進物慣例すら無用とする触内容である。これについて朝尾直弘氏が「一束一本とは、もと杉原紙一束に緞子一本と扇一本をそえた献上物であったが、この頃には形式化して緞子を省略した場合が多く、いわばほんの名刺代わりともいえるものであった。それをすら禁じているところに、入部に当っての新奉行の姿勢をうかがうことができる[31]」といわれるように、佐久間は新奉行として毅然たる態度で対処する決意表明を行ったといえよう。それは従来の寺院調査が曖昧で不充分であったことを窺わせる。少なくとも寺院行政を強化しなければならない実態が存していたことは確かであろう。佐久間の寺院政策を継承し補完していったのが、元禄十五年（一七〇二）十一月任命された奉行天野伝四郎であった。そこで稲垣・佐久間・天野の三奉行のもとで行われた寺院統制の諸問題、とくにその中心となった「寺院五人組」といわれる組寺制の考察を試みたい。

堺寺院の組寺形成についてであるが、それは前節で示した『堺寺院組合幷塔頭寺庵社数寺社数』によって明らかになる。それによると百六十七カ寺が明記され、それらが五人組・三人組など同宗派の組を形成していた。組数は三十七組に分けられ、組に組頭寺院が置かれその中心となった。また組頭はすべて古跡寺院であった。組寺の問題について「寺社役覚書ノ内」は次のように記している。

「堺寺院組合之儀堺先御奉行佐久間丹後守殿御支配之時分御改置候処、其後大坂御支配ニ成組替候由ニ候得共、帳面も無之丹後守殿時分之帳面者或宗号寺院号替或御代官附之寺院入組其外差支候儀共有之、旁以難用ニ付天野伝四郎殿御支配之節元禄十六癸未年十一月十九日より右之通寺院組合改被仰渡候事」(32)

右掲のように佐久間奉行のとき「組寺改め」があり、その後元禄九年二月より堺奉行が廃止となって大坂町奉行が支配した際、組編成を替えたと記している。さらに佐久間時代の組寺内容は宗派などが複雑であったらしく、元禄十五年、堺奉行が再置されて就任した天野伝四郎が、同十六年十一月「組寺改め」を行ったとその経緯を伝えている。すなわち天野奉行が従来曖昧であった組寺の性格を明確化したことを明らかにしている。『堺市史』は組寺形成時期をこの元禄十六年と考えているようであるが、これは形成時期ではなく三十七組に分けて、組合帳の作成や前書をとおして寺院統制を再強化した時期を意味する。したがって当初の組数は三十七組であったかどうかは明らかでない。幕府が堺で組寺を形成させた時期は不明であるが、「覚応寺文書」によると貞享年間にごく当然のように「五ケ寺組」のこととして記されていることから、それ以前の近い時期であろうと考えられる。元和の復興の寺町形成とともに直ちに寺院五人組を形成させたとは考えにくい。というのは寺町が形成されても寺町周辺や市街地内に中小寺院が散在し、寺院の位置も復興初期では流動的であったと考えられるからである[33]。それ故、幕府側の寺院把握が不充分で組寺を形成させるほどには至らなかったともいえる。

大坂町方での寺院五人組制度は寛文九年（一六六九）に制定されており、堺もそれを模範にしたと考えてよいだろう。大坂の寺組合は最も早い事例で先駆的役割を果したと考えている[34]。いうまでもなく組寺形成寺院は寺請証文を発行する権利を有する寺院で構成し、大坂の町触に「大坂町中江宗旨手形出候諸宗寺々五人組住持印形有之帳、町々江出置之間、其町中寺請状之印形を合取置可申候、寺五人組帳外之寺請状取申間敷事[35]」とあるように、寺院五人組制は幕府の寺請制・切支丹取締りの一環としてなされたものである。したがって堺の寺院五人組制度も寺請制の成立・強化時期と呼応するものといえよう。

ところで、幕府はなぜ都市域寺院を五人組制をもって統制の基軸としたのであろうか。これは組寺制が果たす機能面を考えねばならないが、まず先述の寺請制との問題がある。幕府は領民掌握に寺請制を一つの基本としている以上、それを発行する寺院を明確に把握し、さらに寺院に責任をもたす必要があった。そのために五人組判形帳を作成させて各町々にそれを置き、宗旨手形の印鑑照合を行わせたのである。幕府は寺院が寺請証文に使用する印鑑に神経をつかい、「堺寺院之寺家頭印鑑帳前書」のまず最初に「印判替之節御断可申上候事」と明記している。それは「堺寺庵組合帳前書」にも同様に記され、組寺が連帯責任をもつことを求めている。また同前書に印判吟味とともに住職交替についても次のように組寺に求めている。

「一、寺僧有之寺院者従方丈遂吟味諸事可申付候、入退之時分御断可申上候、尤宗旨請合判形出候砌印判等入念可申付候事、
一、住持退去又者死去之節五ケ寺組より御断可申上候（下略）
一、後住入院候ハヾ五ケ寺同道ニ而御断可申上候勿論永々無住ニ而差置申間敷候事
一、宗旨御改之節住持当分之煩其外差合等者本復幷忌明次第組合同道ニ而罷出判形可仕候、長病之訳付紙ニ書記判形取可差出候尤本復次第五ケ寺組同道ニ而罷出判形可仕候事」(36)

右掲のように幕府は寺院の責任者・住職を明確におさえ、その交替や病気に際し五人組が連帯責任をもつことを求め、とくに住職交替とともに替わる印形を入念に吟味することを要求していることから、寺請制を維持強化する上で組寺制は重要な機能を果たしていたといえるだろう。

都市の人口流出入は農村のそれと比べて激しく、とくに寛文～元禄期においては堺に限らず三都をはじめ各城下町・在郷町などの都市人口の増加が著しく、流入民の中には無宿となる者も増えていったといわれる(37)。幕府は都市へ流入してきた人口増加と、それに伴う住民諸階層を身分制的に統制掌握することを余儀なくされ、さらにそれらは町屋敷などに課せられる役負担とも関係する問題でもあった。それ故、都市寺院は宗旨改めや寺請によりいっそう機能し、幕府はそれらの寺院を明確に統制支配する必要があった。それに最も有効であった一つが組寺制度であるといえよう。先述の組合帳前書からもそれらの幕府の政策意図が看取されよう。すなわち幕府は流動的な都市人口動態の掌握のため、寺院の相互監視連帯責任がともなう組寺制を利用強化したといえる。

一方、組寺制は僧侶の不律不如法な生活を規制する上でも有効であった。すなわち都市寺院の僧侶は村落寺院に比して全体的に経済的に優れ、それに伴う奢侈・堕落があり、幕府が町触で町人の生活風俗を規制する如く僧侶の

生活に関する相互監視が必要であったのである。『全堺詳志』の作者高志養浩は、堺衰微の要因を僧侶のあり方と関連づけて次のように述べている。すなわち高志養浩は堺百六十数カ寺で一カ寺平均十人をかかえているとし、巨刹寺院は十五人平均と考え、さらに類族を合わせると寺院生活者総計三千人とし、彼らは「界津八千軒ノ民家ヲ日々ニ蠶食スルコトナレハ、自然ト衰微ノ端トナルコト計リ知ヘシ(38)」と述べ、僧侶による募財が堺衰退の原因と考えている。高志は儒学者で排仏論者であるが、このような批判を受けねばならないほど、僧侶は募財しそれによって奢修堕落生活をしていたのである。この批判は堺の町人間でも少なからず生起していたであろうし、幕府側にとっても放置できない状況であったのであろう。それ故に幕府は寺院五人組制、それにともなう相互監視などの遵守を推進する政策をとったのである。とくに堺は僧侶・尼僧・山伏などが地域・全人口の割合からして多く、幕府が都市秩序維持を重要視する立場からも組寺制による規制は強力化しなければならなかったと考える。

また組寺制は触の回覧にも利用された。それらが具体的に記された元禄十六年（一七〇三）の『南北三七箇寺組頭ゟ触来覚(39)』をまず紹介しよう。

「
覚

一、百参拾八匁四分
右ハ霜月極月弐ケ月之諸事入用也
一、四拾弐匁六分
右ハ天神より申来候外ニ書付御月払申候
弐口合百八拾壱匁也
右之銀南北惣寺庵百六拾七ケ寺へ割壱ケ寺ニ壱匁壱分ツヽ出申候間各御組合より一所ニ被成候而来十五日ニ西然

寺へ持を御越可在候是ニ而受取可申候以上

未極月十二日　西然寺 南宗寺

右之通申来候故此方組合も集一所ニ五匁五分西然寺へ十五日ニ持遣し候請取有之

唯今寺社御役人衆より被仰渡候者寺庵宗旨判形御取被成候間明十七日六ツ半組中御同道ニて天神惣会所江御出

可有之其外判形御取被成候義も候間右無御油断御参会御尤ニ候以上

十二月十六日　西然寺 南宗寺

右之通申来候故其儘比方組下へも触遣申候」

右掲の天神とは、堺総寺院の触頭で、念仏寺と称し俗に大寺といわれる。同覚書は諸寺院に割り当てられた諸費用の件や寺院の宗旨手形に関する触頭寺院からの触控であるが、「此方組合も集一所ニ」とか「組下へも触遣」とあるように町触の回達・連係は組合単位で行われていることが明らかである。したがって、幕府は寺院統制の細部にわたってまで組寺制を利用したのであり、逆にいえば都市域には寺院が集中的に密集する結果となり、組寺制を完備しそれを利用しなければ寺院支配が不可能であったともいえるだろう。都市寺院支配において組寺制は不可欠であった。ともすれば幕藩制下の寺院支配は本末制が注目、重視されがちであるが、それのみならず町支配という視点からは改めて組寺制を重要視しなければならない。

ところで、組寺制は村落地域にもあり都市域寺院間の問題のみではない。たとえば大阪府八尾御坊（真宗大谷派大信寺）配下にも各組が形成され、それぞれ組頭寺院が存した。しかし、それは別院崇敬寺院が遠距離にあり各地域をまとめる意味をもつもので、先述してきた「寺院五人組」ではない。つまり一組の組寺数は四、五カ寺ではなく、一組が多数の寺院で構成されていたのである。具体的には八尾御坊配下の寺院・道場百余カ寺を十二組に分けていた[40]。各組は地域性をもち、組頭がその代表的寺院として配下地域寺院をまとめたり御坊運営の中心となり、さらには本山・御坊の通達などを行った。いわば教団内的諸問題に対処する上で利用されたのである。したがって、この組寺制は堺・大坂などの町奉行との関係上形成された組寺制とは性格を異にする。

なお、堺の町触回達は奉行所より触頭寺院・念仏寺へ下達され、同寺より三十七組の各組頭へと行われていたが、元禄十六年よりそれが変更された。すなわち「向後者惣寺院順番ニ申渡候間三拾七組之組頭之寺院より弐ケ寺宛月替り相極置御用之節者右月番弐ケ寺召出可申渡候[41]」とある如く、各組頭寺院のうち二カ寺ずつが月番で町奉行所寺社方へつめ、それら月番が従来の触頭の代用を勤めたのである。触頭制の解体ともいうべく組頭が平等に毎月その任を分担したのである。この月番制への移行と類似する事例に大津がある。大津の場合、明和九年（一七七二）六月に全寺院が月番を勤めた。天台真盛宗善通寺（大津市）に蔵される京都町奉行所より達せられた町触控『公用諸事記』に「今般被仰渡候京都両奉行所万諸御用筋之儀、津内惣法中相談之上毎月順番ニ相定候[42]」とあり、大津惣寺院が従来の各宗触頭に替わって月番を勤めたことが窺える。さらに同記は月番の順番やそれに関する諸規定など具体的に明記している。大津の場合、六十数カ寺の全寺院が同等に月番を勤めたが[43]、堺の場合は三十七カ寺の組頭が月番を勤めており、月番の中味が異なる。また大坂も寛保年間頃より「宗旨役所」を設け、各寺院が月番を勤めたことが窺えるが[44]詳細は明らかでない。しかし、大坂も町触に関して月番制へ移行したことは確かである。

したがって、都市域では十八世紀中頃を前後に触頭という特定寺院が廃止され、各寺院の月番制がとられたといえよう。堺、大津、大坂の月番制の細部は異なる点もあろうが、基本的には同性格のものと考える。事実、「寺社役年中行事之事」正月晦日項の中で「御朱印寺院之壱ケ寺並惣寺院之内弐ケ寺来月分月番相勤候段寺号札持参届出候ハヽ承置[45]」とあり、いつ頃からかは不明であるが、朱印寺院と全寺院が月番を勤めていたことが窺える。なぜ月番制へ移行されたかが問題である。これは幕府にとって特定寺院ではなく、各寺院が町奉行所と直接関与させる機会をつくる方が得策と考えたからではないだろうか。つまり寺院に関する町触を各寺院へ徹底でき、さらに触内容によっては各寺の檀家・住民へと浸透するからである。また幕府の寺院支配あるいは領民支配上、各寺との中間に特定寺院が介在するよりも直支配に通じる政策の方が有効であったのだろう。一方、都市寺院は経済的にも地位・立場においても同等の傾向・意識があったともいえるだろう。その背景があるからこそ幕府は月番制へ移行したと考えられる。以上は組寺制による町触回達に関し触頭制から月番制へ移行された点であり、とくに月番制は都市寺院の特色であり、その意味するところを今後検討しなければならない課題として提起しておく。

第五節　むすび

以上、堺を事例にその寺院形態、とくに近世町形成における寺院の復興、寺町形成をめぐる諸問題、寺院が町役を負担する意味などを考え、さらには幕府の都市寺院支配上、組寺制をその中心にした点などを明らかにした。またそれらと大坂などの他の都市との比較をも試みた。幕府の寺院支配は本末制を中心に行われ、それが近世教団の形成原理といえるが(46)、他方、ヨコの支配あるいは法類などといわれる組寺制はとくに都市寺院の場合、本末制以上に幕府にとって有効な統制手段であった。それは幕藩権力にとって流動する都市住民諸階層の掌握・寺請制と密接に関係するからでもある。

本稿では、近世都市寺院統制の制度的側面の一端を考えたが、今後は都市民の信仰上で果たす寺院の役割、あるいは住民の寺院観を考えねばならないと思う(47)。というのは都市民の場合、自らの菩提寺の宗派と異なる商売繁昌などの現世利益の信仰を行ったり、寺檀関係と無関係な薬師信仰、不動信仰、あるいは開帳などが活発であったと推察できるからである。そのことを課題として擱筆したい。

註

（1）最近の研究動向については拙稿「近世宗教史研究の動向――仏教史を中心として――」（『日本仏教』五八号）。

（2）これらを想起させる近世都市論に論及したものに、原田伴彦『都市形態史研究』、北島正元『近世の民衆と都市』、松本四郎『近世都市論』、『講座日本の封建都市』（第二巻）などがある。

（3）拙稿「近世都市寺院――大坂・京都・大津――」（『近世仏教』五巻四号、本書第Ⅱ部真宗教団と地域社会・都市所収）。

（4）たとえば豊田武『増訂中世商業史の研究』、原田伴彦『中世における都市の研究』、村井康彦『千利休』、泉澄一『堺』、朝尾直弘「織豊期の畿内代官」（『小葉田淳教授退官記念国史論集』）、脇田修「近世都市の建設と豪商」（『岩波講座『日本歴史』近世1、昭和五十年版）など。

（5）『元禄二年・堺大絵図』解説編、朝尾直弘「大絵図の背景」、山澄元「堺大絵図に関する地誌的考察」。朝尾論文「第三章寺院改め」はとくに参考とするところ大であった。また谷直樹「近世都市堺の町並み」（『歴史公論』七九号）も近世堺を概説的に紹介している。

（6）『本光国師日記』慶長二十年六月六日条。

（7）寺町の規模は山澄元「堺大絵図に関する地誌的考察」第三章土居川の周辺が詳しい。たとえば寺町東西幅は北端で七間四尺一寸、南端で六十一間半などや北郷の方が大寺院が多いことを記している。

（8）小野晃嗣「京都の近世都市化」（『社会経済史学』十巻七号）、原田伴彦「近世都市と寺町」（『都市形態史研究』所収）、拙稿「近世大坂の寺院形態と寺町」（『仏教の歴史と文化』、本書第Ⅱ部　真宗教団と地域社会・都市所収）。

（9）『堺市史』第三巻本編第三。
（10）「堺手鑑」（『堺市史』資料編第二）によると合計百六十七カ寺とし、内訳で「朱印寺」十八、「拝領地」一、「古跡寺」八十七、「古跡庵号寺院」十、「古跡並」三十七、「新地ニテ古跡並」二十一、「無本寺」二、「一本寺」二、「本寺啰」三、「輪番持」四、「尼寺」三、「寺家在之寺々」三十六カ寺とそれぞれ記し、寺家数合百四十七軒としている。
（11）拙稿「近世大坂の真宗寺院――都市寺院の形態と町人身分――」（『近世仏教の諸問題』、本書第Ⅱ部・真宗教団と地域社会・都市所収）。
（12）「洛陽法中宗旨直納願一件幷所〻直納分書抜共」（東本願寺蔵）。
（13）「大坂濫觴書一件」（『大阪市史』第五巻）。
（14）大阪城天主閣ならびに大谷大学所蔵。
（15）「海会寺一件」といわれる事件である。谷正安が沢庵に帰依し一寺建立を申し出ていた際、沢庵は元和の復興で苦慮していた海会寺を南宗寺境内へ移し一塔頭とし、海会寺跡へ谷正安の希望どおり建立したのが祥雲寺である。海会寺は元弘二年（一三三二）開創され、乾峰士曇を開山とし開基は洞院公賢である。また『蔗軒日録』を著した季弘大叔も海会寺住持を勤めており、中世では著名で隆盛し、さきの事件後、とくに沢庵没後、海会寺は東福寺末であることを主張して幕府に訴え、南宗寺と本末争論を行った。沢庵の政治力と谷正安の富とが密着した典型的な事件といえる。
（16）前掲註（6）、元和二年正月二十六日条。
（17）「堺市史料」五九（堺市立図書館蔵）。
（18）右に同じ。
（19）『堺市史』では四十四カ寺が町役負担寺院とし、具体的寺院名をあげず、依拠する史料を「御用覚書」と記している。しかし、この覚書は同市史資料編や堺市立図書館蔵「堺市史料」にもない。

(20)　前掲註（13）。

(21)　寛文六年十一月十五日付「触」（『大阪市史』第三巻所収）、「借在家構仏壇不可求利用之事、諸出家町家ニ差置間敷事」に、「一、借在家構仏壇不可求利用之旨、於江戸諸出家江被仰出候間、町中存此趣清僧ヲ置べからず、有来妻帯道場之外ハ、縦令仏壇無之とも、町家ニ出家住宅致、聴衆ヲ集メ法ヲ説候義（云々）」（傍点筆者）とある。

(22)　前掲註（12）。

(23)　朝尾直弘前掲註（5）論文「第三章寺院改め――大絵図製作の背景（二）――」。

(24)　前掲註（9）、資料編第二「寺社役覚書」。

(25)　覚応寺文書（『堺市史』続編）。

(26)　『堺市史』によると佐久間信就の奉行就任は元禄元年八月で、退職は元禄九年二月。稲垣守重は天和元年五月就任、元禄元年七月退職。

(27)　覚応寺文書。

(28)　右に同じ。

(29)　朝尾直弘前掲註（23）。

(30)　右に同じ。

(31)　右に同じ。

(32)　前掲註（17）。

(33)　山澄元前掲註（5）論文「第二章凡例に示される諸事象、〈寺社改と寺院新地〉」。

(34)　前掲註（11）。

(35)　寛文九年十一月十五日付「町触」（『大阪市史』第三巻）。

(36)　前掲註（17）。

(37)　深井甚一「近世都市の発達」（『講座日本近世史』元禄・享保期の政治と社会）、藪田貫「元禄・享保期畿内の地域経済」（同上書）。
(38) 『全堺詳志』。
(39) 前掲註（17）。
(40) 大阪府八尾市・真宗大谷派観智坊所蔵文書。なお観智坊は八尾御坊の輪番、列座を勤めた寺院である。
(41) 『堺市史』資料編「寺社役覚書」の中の「堺寺院月番之事」。なお寺社役は二人定置され、彼らの権限や具体的な寺院年中行事に関わる役割などについては「寺社役覚書」「寺社役年中行事之事」（『堺市史』第五巻資料編第二）が詳しく伝えている。
(42) 大津市・天台真盛宗善通寺所蔵文書『公用諸事記』。
(43) 『新修大津市史』（近世後期）。拙稿「善通寺蔵『公用諸事記』について」（『季報大津市史』第一五号）。
(44) 『大坂宗旨役所触扣』（東京大学図書館蔵）。
(45) 前掲註（9）、第五巻資料編第二。
(46) 拙稿「本末制の成立と展開——浄土真宗——」（『歴史公論』一一一号）。
(47) 西垣晴次「都市の宗教生活」（『講座日本の封建都市』第二巻所収）は都市民の宗教生活・行事を詳細に論及・紹介し興味深い。
なお堺住民の宗教生活は「界津神社仏事年中祭会部」（『堺市史』第三巻本編第三）が詳しく伝え、「大寺修正会」「涅槃会」「阿弥陀経千部会」「薬師護摩供」「法華千部会」「役行者万燈会」「燈籠会」「愛宕祭」など多彩な諸行事を行った。

第七章　近世都市寺院

——大坂・京都・大津——

第一節　はじめに

近世において地域性を問題とするとき、その地域の概念がまず問題となろう。近年、いわゆる地域史といわれる研究が活発であるが、各研究者はその地域を関東、北陸、畿内と考えたり、藩などの支配・統制領域を念頭に置いている場合など、その概念・範囲は一様でない。それはある意味で当然といえるが、要は地域住民の主体的な歴史形成の問題が重要と思われる。当面、われわれが課題とした近世仏教が地域・民衆生活においてどのように機能したかという問題をも含め、これら「地域」の視点は今後充分論議されねばならないだろう。

筆者はその地域を都市に求め、そこにおける寺院形態を中心に考えたい。もっとも都市についても「町」との関連などその概念に問題があろうが、一応、幕府の直轄都市を筆者は意識している。幕藩制下における寺院形態や統制については、主として村落のそれを研究対象としている場合が多く、経済流通の中心であり住民構成の複雑な都市において寺院はどのように機能し、また幕藩権力は都市寺院をどのように支配・統制したのか、さらには都市寺院と村落のそれとは存立形態がどのように異なったのか、などについては従来等閑視されていた(1)。都市仏教史研究の遅れの背景には史料の焼失などで蒐集が充分でなかったことが考えられる。

以上の視点から、かつて筆者は大坂を取り上げ大坂町方に散在する真宗寺院形態や真宗教団と大坂との関係などを考察した。(2) またそれを継承する意味で真宗以外の諸宗寺院で構成した寺町について報告した。それについては「近世大坂の寺院形態と寺町」(3) と題してすでに発表した。そこで本稿では大坂で明らかにした点を簡単に整理し、さらに京都、大津にみる寺院統制や実態の事例を紹介し、都市域にみる寺院形態の諸特色などの比較検討を試みたい。

第二節　大坂の寺町と町方

幕府の直轄都市あるいは各藩城下町において、幕藩領主は寺院を一カ所から数カ所に集中させる政策をとり、いわゆる寺町を形成させた。それは幕藩制支配の基本である身分制編成によって居住区が制定され、その結果、寺院居住区が規定されたのであった。畿内の直轄都市である大津・京都・大坂・堺の寺町をみた場合、京都・大坂は真宗は寺町から除外され、大津・堺は諸宗混在して寺町を形成しており、都市形成の歴史的経緯によって寺町寺院の宗派的性格は多様である。

近世大坂の寺町は元和五年（一六一九）に形成された。それは大坂冬の陣、夏の陣の両戦乱によって灰燼化した大坂を復興するため、松平忠明が市街地整備政策の一環として墓地、寺院の移転廃合などとともに行ったのである。すなわち諸宗寺院は「小橋村・東西高津村・天満村」等へ集中し、「地面御免許」された。(4) ただ真宗は「元来肉喰妻帯之宗門、其上先年公儀へ敵たひ候趣意も在之」によって「市中所々ニ而勝手次第道場を建、丁人同様公役・町役」を課せられた。つまり大坂の寺町は真宗寺院を除いた諸寺院で構成され、真宗寺院は町方に散在しその上「町人身分」と規定されたのである。大坂の都市計画に基づいて行われたこの寺院編成は近世大坂寺院の基本となった。町中に真宗寺院のみが存在したのであるが、町中住民の宗旨はすべて真宗とは限らない。それは阪本平一郎・宮本又次両氏が紹介された『大坂菊屋町宗旨人別帳』を一覧しても明らかなように、寺町寺院も町中に檀家をもっていた。

町方に一軒でも檀家を有する寺院は『大坂町中江差出寺請状諸宗寺々五人与判形帳』(5)に明記され、大坂町奉行の吟味支配を受けた。この判形帳は諸宗寺院の五人組を記したもので、各町に配置され寺請状を吟味する場合、その印鑑を判形帳のそれと比較照合するため幕府が作製させたものである。すなわち、それは町中に檀家をもつ各宗宗判寺院録でもあり、たとえ寺基が河内国など大坂市街地周辺にあったとしても、判形帳に記載され、大坂町奉行の統制・影響力を受けていた。寺院五人組は寛文九年に形成されたが(6)、当時の判形帳は現存せず、元禄八年九月に改められたものが現存する。元禄八年（一六九五）時の判形帳に記された寺院総数は四百二十二カ寺である。組寺形成の目的や機能についてはすでに坂本勝成氏等の詳細な諸研究があり(7)、改めて論じないが、寛文九年（一六六九）の大坂寺院五人組は先学の研究成果を勘案しても、明確に五人組とかの表現をもつ中で最も早い事例であり、大坂町方の寺組合が先駆的役割を果したと考えられ、注目すべきであろう。

真宗寺院・僧侶は「町家同様」と規定されたのであるから当然、町人五人組に参加した。したがって、真宗寺院のみが寺院、町人の両五人組を勤め、本寺と町奉行・町年寄との二重支配を強いられていたのである。この二重支配は寛文期より始まるが、文化十二年（一八一五）九月までで終結する。つまり大坂真宗各末寺が連名で町人五人組、月行事などの町儀課役の免除を要求し、それが認められたからである。そのような免除要求の訴えが出ること自体、真宗寺院が町人としての課役を約二百年間勤めていたことを裏づけていよう。

幕府が真宗寺院を町人身分と規定した理由は、真宗は在家仏教を標榜し戒律に従った出家主義をとらず肉喰妻帯を認め、寺院形態が室町期より道場形態で俗人的要素が強かったことなどが考えられる。それは町触の中でも真宗寺院を「妻帯道場」と呼称し、他の諸宗を「出家」「清僧」と呼んで、明らかに意識的に対比させていることからも窺える。そこに幕府の真宗観の一端が知られるし、その視点が根底にある故、真宗僧侶を町人同様と考えたのであろう。事実、一般寺院のような伽藍を構えず借家に寺基を置いた真宗寺院があった。もちろん、借家に寺基を置いても大坂末寺は宗判機能を所持する正式寺院であることはいうまでもない。

元和五年（一六一九）の大坂市街地整備計画で小橋村、東・西高津村、天満村に真宗以外の諸寺院が幕府によって集められたのであるが、先述の元禄八年の判形帳では寺町名で記されている。それらを元禄十六年（一七〇三）の「大坂図」によって照合していくと、小橋村は「小橋寺町」、東高津村に位置するのは「上本町筋八町目寺町」「八町目中寺町」「八町目東寺町」、西高津村には「西寺町」「生玉寺町」「生玉中寺町」「生玉筋中寺町」「谷町筋八町目寺町」、天満には「天満東寺町」「天満西寺町」の各寺町があり、元禄期には天王寺寺町と合わせ十二カ所の寺町が存在していた。各寺町の宗派別寺院構成はほぼ一定している場合と、同じ寺町に各宗寺院が混在している場合とがある。たとえば小橋寺町には十二カ寺が存在し、うち浄土宗知恩院派二、同知恩寺派九、真言宗一カ寺があり、浄土宗寺院で構成した寺町といえる。しかし、天満東寺町の場合、浄土宗知恩院派七、同知恩寺派三、禅宗曹洞派三、同妙心寺派一、法華宗受不施派五、真言宗一カ寺が存在し、合計二十カ寺で、その構成宗派は多様である。諸宗寺院が混在した寺町があることから、政策的に一定の地域別に区別して形成されたとは限らないし、寺町形成過程が問題となろう。つまり元和五年の寺町形成当初に幕府は寺基の具体的な位置について一定の範囲内で寺院側の自由裁量としたのか、あるいは元和五年以後漸次寺院が建立された結果、ある寺町には決まった宗派であったのが崩れて各宗寺院が混在したのか、さらには寺町内における寺基の位置選定は幕府が決定したのか、などである。またそれは寺町寺院五人組の組寺形成の問題とも関係しよう。すなわち、組寺を構成する寺院すべてが同じ寺町に位置していたとは限らず、それぞれが異なった寺町に寺基を置き、分散している場合もあった。また同じ寺町でも隣接寺院が自動的に組寺を形成してはいなかった(8)。さらには大坂に本寺が存し、本末関係にある寺院間でも異なった組寺寺院として機能していた事例もあり､単なる寺院関係や地理的な問題から組寺を考えることはできないと思われる。

以上のような寺町形成や組寺構成の問題は、本末関係が同様である場合、各寺院の子弟関係や移転時期などの由緒を詳細に検討しなければならないと考え、浄土宗各寺院の略由緒を記した『蓮門精舎旧詞』(9)（元禄九年）や『寛文六暦十一月十二日、浄土宗金戒光明寺派末寺摂州大坂寺町ニ有之寺々開基住持代々記録』(10)などを検討した。しかし､目的とする寺基の移転経緯あるいはその時期、組寺形成過程の問題を考える糸口については記録されていなかった。

幕藩制下の寺院統制支配は、いうまでもなく寺社奉行がその任であるが、現実的な手続きや諸問題によっては各藩寺社方（奉行）が行ったと同様、大坂も町奉行寺社役が具体的には担当していた。それは『寺社方役儀勤書』(11)が詳しく伝えている。寺社奉行と大坂町奉行との寺院統制の役割分担、管掌については地域、内容など近世中期以降複雑化するとともに、町支配をスムーズに行おうとする町奉行と諸寺院は密接な関係をもっていった。これらの大坂寺院に対する幕府の支配統制については、町触や後述の『大坂宗旨役所触扣』の具体的な検討・考察によって明らかにしなければならないと考えている。他稿に期したい。

幕府の直轄都市や各藩城下町における寺町形成政策は、都市防衛という軍事的意味をもつものとして考えられてきた(12)。つまり、大伽藍をもつ寺院群は戦時の塞となり、避難場所として機能していた戦国時代の寺町の性格から当然考えられることである。しかし、その意味のみならず、幕藩体制下の寺院は寺請制を維持する支配機構の一つであり、政策的に一カ所に集中させることにおいて幕藩領主の寺院統制が容易であり、さらには寺院相互間の監視、連帯責任を負わす上においても、寺町形成は体制にとって好都合であった。また、都市民の居住区は同時に身分制の表現であり、城下町における武士居住区、町人居住区規定と同視点・思想をもって寺院居住区を指定する政策がとられたといえるだろう。つまり寺院を一定地域に集合させることは、寺院身分を規定することであり、身分統制の一環として寺町を考えるべきである。それは大坂真宗寺院が町人身分として規定され、その結果、寺町から除外され町人居住区に散在したことが如実に物語っている。

第三節　近世京都の真宗寺院

大坂の寺院存立形態、すなわち、真宗寺院が寺町構成寺院から除外され町方に散在したのであるが、その形態はすでに京都に早くみられたことを小野晃嗣氏が指摘された。[13]小野氏は京都の寺町形成を論及される中で、真宗寺院を寺町に参加させない政策は秀吉に発端があるとされた。すなわち、氏は「秀吉の抱懐する宗教政策は、寺院をして本来の面目に帰り、戒律厳たる修学の道場たらしむるにあった。従って、肉食妻帯の俗人宗教たる本願寺派寺院を他宗派寺院と相混淆せしむる事を避けたものと思うのである。この政策は江戸幕府の踏襲する処となり、江戸時代本願寺派寺院はいづれの都市に於いても寺町を構成する事なく、市街地に散在したのであった[14]」と結論された。つまり、秀吉が天正十八年（一五九〇）、京都市街地整備計画の中で寺町を形成させ、そこには真宗寺院を除外する政策が施行され、それが以後の都市構成、城下の町構成の規範となった、と小野氏は指摘されたのである。おそらく大坂も京都の都市計画を参考にしたと考えてよいだろう。しかし、小野氏はその中で京都真宗寺院・僧侶が大坂と同様に町人身分と規定されたかどうかについては言及されていない。都市民の居住区は同時に身分制の表現であることから、京都においても真宗寺院は諸宗寺院と異なっていたと推定できてはいたが、明確に裏づけることができなかった。それを次に掲げる史料によって明らかにしたい。

すなわち、京都町方に散在した真宗寺院・僧侶は町人身分であったと考えてよいことが『洛陽法中宗旨直納願一件幷所々直納之分書抜共』（東本願寺蔵）から判明する。この書抜帳は東本願寺家臣と京都町奉行とが洛中寺院僧侶の宗旨人別帳納方について交渉した過程や結果を書き留めたもので、主として『上檀間日記』から書写したと考えられる。これらの交渉記録や内容は真宗が他の諸宗と異なっていたことを如実に示している。まずそれらを紹介しよう(15)。

「洛陽法中例年宗旨帳面公儀へ相納候事幷譲状之事、往古より夫々之町内へ差出町並一統之納方ニ付年来御末寺中相勤候、面々一寺之住職をも相勤候身分、心外ニ候、諸宗ニ無之事ニ候間公儀へ直納ニ仕候歟、又者御本山へ相納公儀へ御差出被下候様仕度旨、享保十九年六月ニも御本山へ相願、其節御本山より公儀江被仰立候処、向後譲状之儀ハ御末寺中より御本山へ差出御本山役人中奥印致し公儀へ差出候様ニ公儀より被仰渡候、宗旨帳納方之儀者聞届無之、是迄之通町内へ差出候様公儀より被仰渡候、

　享保十九年六月之日記如左

一、洛陽御末寺中宗旨改幷跡式譲状之儀、町家並ニ其町内へ差出候儀ニ御座候間、御本寺へ差上御本寺より御公儀へ被指出相済候様奉願旨、当春以願出申上候付（ニ脱カ）町奉行所へ被仰遣候書付如左、

　口上之覚

京町中ニ有之候当本山末寺宗旨改幷跡式譲状之儀ニ付家司共より差出候別紙書付之通御聞届被成被仰渡有之候様ニ御頼被申度候為其以使被申入候　以上

六月十三日　本願寺門跡使者

横田主水

覚

京都此方末寺共譲状之儀於本山遂吟味役人共致奥印御役所へ御□（預カ）申上候様仕度候、右之通宜被仰付可被下候

以上

享保十九年六月　稲波求馬 印

上田織部 印

横田主水 印

御奉行所　下間大蔵卿 印」

右之両通御頼之書付去ル十三日両奉行所へ主水持参候処、本多筑後守殿ニ而被仰聞候者右書付之内譲状之儀ハ可任御頼候、宗旨判形之儀者当付難及御沙汰旨御申聞ニ而宗旨判形御頼之書付者被指返候、右之通譲状之義御頼之段御領掌ニ付今日為御挨拶両町奉行衆へ御使主水相勤之、

右掲のように享保十九年（一七三四）、東本願寺末洛陽法中が自らの宗旨人別の提出を町役人ではなく直接町奉行か本山へ行うことを願い出たこと、および「跡式譲状」についても同様に町中へ報告し許可されていたことを改める旨、本山へ訴え出、それを本山役人が町奉行と交渉している内容の一部である。具体的には右掲の如く「譲状」

は本山へ提出することが認められたが、宗旨人別帳の納方は却下され従来通り町役人に納めていたようである。

注目すべきことは、洛陽法中の宗旨帳面を公儀へ提出する方法が「町並一統之納方」とか、住職の交替・後住について「跡式譲状之儀、町家並ニ其町内へ差出候」とあることで、しかもそれは東本願寺末法中にとって「諸宗ニ無之事」であると明確に述べていることである。すなわち、京都町方の真宗寺院・僧侶はその身分において諸宗と異なり、「町家並」であり町人身分であったことが窺えるからである。また右掲史料はそれらを如実に裏づけていよう。したがって町人が負担する課役も真宗僧侶は負っていたと考えてよいだろう。

右掲史料に享保十九年とあるが、実は外題に「明和四亥年より被仰立、同八卯年三月、二條表御聞済」とあり、明和年間に問題化し解決したのである。つまり明和以前の享保期に洛陽法中が「宗旨直納」、「譲状」の件について町奉行と本山に交渉し、当時後者の一件が認められ、前者は未解決であったので、それを改めて書き出したのが先述の史料である。したがって「宗旨直納」の問題は明和八年（一七七一）に、「町家並」が改められるのであるが、少なくともその時期までは真宗は「町人並」であったことは確かであろう。それがいつ頃からどのような理由でなされたかは現在明確にできない。しかし、それは宗旨人別帳が作成された当初の時期と考えるのが妥当であろう。

以上のように、京都真宗寺院は大坂と同様「町人並」であった。大坂もそうであるが、洛中居住民は同じ身分の真宗僧侶に寺請証文を発行してもらい、一方では日常的に同様の接触をしていたと考えられ、一般町民と真宗僧侶との相剋やその変遷を明らかにする必要があろう。これらは都市地域民衆と寺院——とくに真宗——を考察する上で興味深く重要な問題であるが、残念ながら明確にしうる史料がない。

ところで、京都真宗寺院形態をみる上で注意しなければならないのは寺内町である。西本願寺寺内町についてはは千葉乗隆氏の業績があるが、東本願寺寺内町研究はほとんど皆無に等しい。東寺内は徳川家康より寄進され、さらに家光より加増された新寺内をも含め[16]、堺町、竹屋町、仏具屋町、下柳町、材木町など五十九町より成る[17]。この五十九町は東本願寺が支配し、具体的には家臣の「町支配」役がその任であったようである[18]。

まず、天保九年（一八三八）九月の東寺内宗旨人別を紹介しよう。

「御寺内町宗門帳面、今朝五ツ時町々より当御役所へ相納候付、夫々相改請取候事、則勘定左之通。

宗門勘定帳

一、東寺内町数五十九町

一、家数合八百九拾軒

一、惣人数合五千五百七拾五人

男二千九百拾四人

女二千六百六拾一人

内訳

本願寺門徒	男二四八九人	女二三九一人
浄土宗	男　三二四人	女　二七七人
日蓮宗	男　四四人	女　四七人
真言宗	男　七人	女　六人
仏光寺門徒	男　一〇人	女　八人
天台宗	男　一人	
禅　宗	男　一五人	女　一一人

時宗　　男　二四人　女　二一人

以上

天保九年九月　　東寺内[19]」

右掲の如く、東寺内五五七五人中、本願寺門徒以外の人口が七九五人あり、約一二パーセントを占めている。したがって東寺内住民は必ずしも本願寺門徒ではないが、彼らも行政的には東本願寺の統制下にあったのである[20]。また宗門帳面を「当御役所へ相納」とあるように、寺内宗旨人別は東本願寺が行っていたが、寺内に存在する寺院も同様であったのかどうかは、右掲史料では不明確である。しかし、先述した洛中寺院は宗旨帳面を本山あるいは町奉行へ直納したい旨訴えていたのであるが、それらの寺院に寺内寺院は含まれていないので、「洛中法中」と「寺内法中」とは別個の行政単位として扱われていたのではないかと思われる。であるならば東寺内末寺・僧侶の身分は洛中寺院のように「町人並」でなかったことになる。それは東寺内に存する二十八カ寺の末寺[21]は東本願寺境内地という視点があったからであろう。そう考えるならば、寺内末寺と洛中末寺とは別個であるのが当然である。

以上、京都については真宗寺院形態の一端を紹介してきた。真宗以外の寺町寺院などについては、小野晃嗣氏や中井真孝氏のすぐれた研究成果[22]があるので本稿では全くふれなかった。

第四節　近世大津の諸宗寺院

上述してきたのは、都市寺院形態を考察するため大坂、京都の事例を紹介・検討し、とくに寺町構成寺院から除外された真宗寺院の動向を中心とした諸特色である。次に幕府が同じ畿内の直轄都市・大津で行った寺院支配について考えたい。

大津には寺町は存在するが、そこには真宗寺院を含めた諸寺院で構成されていた。つまり、大津の寺院存在形態は大坂・京都と基本的に異なり、真宗寺院・僧侶も身分的に諸寺院と同様であったと考えられる。したがって、ここでは先の大坂、京都で着眼した問題とは若干異なったことを取り上げたい。すなわち、幕府が大津町方へ下達した町触を諸寺院へも回達したのであるが、その方法に変化が生じた点についての史料を紹介し、幕府の都市寺院支配の一端について検討したい。それは大津町方における触頭寺院制の解体と考えてよい内容が『公用諸事記』に記されていることである。(23)

『公用諸事記』と題する六冊の冊子が大津市京町の天台真盛宗善通寺に所蔵されている。内容は京都町奉行所より達せられた町触の控で、大津諸寺院へ回達したものであり、明和九年（一七七二）六月より明治二年（一八六九）三月まで記録してある。この記録帳は町触を克明に書き留め、幕藩制下の町支配研究の貴重な史料であるとともに、近世仏教史研究においても看過できない貴重な問題を内含している。それは先にふれた幕藩制下の寺院支配組織の一つである触頭寺院制に関することを記していることである。

周知のように、触頭寺院制度とは、一国あるいは一地域を限定し同宗派寺院の統制支配組織をいい、幕府の寺社奉行設置に伴い下達される命令を受領し、配下に触れる機関を触頭寺院という。これは各藩においてもほぼ同様である。真宗教団の触頭制について、『故実公儀書上』(24)は「録所・触頭ト申ハ、諸国末寺トモ数多ノ事ユへ、其国々へ録所・触頭ヲ立置キ、諸事取締り等申付候義ニテ、録所ノ儀ハ其国々ノ寺々支配仕、公儀御触・其外寺法等ノ儀支配限リ触流シ、（中略）触頭ノ儀モ録所同様、触等ノ儀ハ取計」云々と記しているように、他の諸宗派も同様の触頭寺院が存在し機能していた。これが近世を通じ一般的であり、幕府・藩が任命し国法を触れる触頭と、本山が任命し教団内の本末制による寺法触頭とがあった。それらが別個に存在する地域と一カ寺が国法、寺法の触頭を兼ねている地域もあった[25]。勿論、本稿で取り上げようとする町触は国法であり、国法触頭制を問題としていることはいうまでもない。

大津の場合、京都町奉行所から下達される町触を触れる特定の触頭寺院を廃止し、大津の各宗諸寺院が一カ寺ずつ毎月順番に従来の触頭寺院としての役割を勤めることとしたのである。その月番制へ移行したのが明和九年六月であり、『公用諸事記』の一冊目に寺院相互間の規定や、町奉行所と寺院代表との交渉結果が記されている。

まず「承知印形之端書」として、

「今般被仰渡候京都両奉行所万諸御用筋之儀、津内惣法中相談之上毎月順番ニ相定候、以来御大切ニ相勤メ可申候、依各承知之印形如左[26]」

とあるように、大津諸寺院が京都町奉行所との諸交渉全般については各寺が毎月順番に勤めることを明確に記し、具体的に順番を制定している。すなわち、一番より安養寺（肥前町）、常円寺（中堀町）、玄福寺（玉屋町）、乗念寺（下百石町）、光西寺（石川町）、敬念寺（笹屋町）、慶善寺（上百石町）、緑井寺（下大谷町）、清原寺（堺川町）、福賢寺（鍛冶屋町）、善通寺（下百石町）、善正寺（鍛冶屋町）と次第し、五十八番目の徳円寺（上北国町）で終わり、無番号として法泉寺、阿弥陀堂、他二カ寺が順番に加えられている。そして各寺院が押印し月番を勤めることを認めている。したがって、無番号寺院四カ寺を含め、大津諸寺院・六十二カ寺（実際は六十一カ寺であったようである）が月番を勤めたと考えられよう。これらのことは明和九年（安永改元）六月十八日、霊山において大津惣法中が相談決定し、八カ寺が代表として上京し京都町奉行所（東役所）へ「覚」を提出したことから始まっている。

その「覚」書によると、

「大津町諸寺院御触御達方之儀ニ付、本長寺其外追々被召寄□（何カ）成共一ヶ寺御触御達被遊候所相極可申上旨被仰渡
奉畏候、則諸宗一統申談候処別紙書付之通一ケ寺ツ、順番ニ相勤メ申候間、右順番之者へ御触御達被遊被下候
様奉願候、尤大津桜川東本願寺御堂江者御役所より御達被遊候ニ付私共より相達候ニ及不申旨被仰渡候ニ付、
右御堂之外不洩様早々相達様可仕候、此段御聞届ケ被成下候様奉願候以上、」

とあるように、「御触御達方之儀」については一カ寺が行っていたが今後「一ケ寺ツ、順番ニ相勤」めることとする旨明記し、特定寺院から月番制へ移行したことが窺える。この「覚」は京都町奉行宛で、発給人は先述の諸宗寺院代表の八カ寺連名である。その八カ寺とは、西念寺（真宗錦織寺末）、円光寺（真宗仏光寺末）、唯泉寺（真宗東本願寺末）、本長寺（法華宗本国寺末）、本福寺（真宗西本願寺末）、華階寺（浄土宗知恩院末）、青龍寺（禅宗総持寺末）、善通寺（天台宗西教寺末）の各寺院である。これらの八カ寺は大津諸寺院の代表であるとともに、各宗派を代表していると考えられ、従来の触頭寺院もしくはそれに類する寺院として機能していたと考えられよう。また「安永元年辰十二月五日月番慶善寺ニ而諸宗より壱両寺ツ、会合有之相談之上左之通」として十二項目からなる「定」を決めている。たとえば、

「一、以書附相定候次第之通一ヶ月順番急度可相勤事、
一、次月番へ相渡候日限可為晦日事、
一、従京都御奉行所御触書等到来之節早速書記不洩様可相触事、
一、御触書等順達有之候節為指遣□人足料鳥目弐百文相渡シ可申事、
一、一ヶ年順番十二ヶ寺、極月当番へ寄合来年中順番寺号相認メ京都両奉行書江可指上、尚又次年順番中へ可致通達候幷年中勘定割合等委細帳面ニ記シ置、一宗組合之内壱ヶ寺へ□（相カ）頼集候ハ、月番へ□持可遣事、」

など、その他月番が京都奉行所へ行く場合の駕籠料や止宿の費用等、詳細かつ具体的に定めている。

以上によって、大津寺院の支配組織に変化があった史実が『公用諸事記』から明らかとなった。しかし、なぜ従来の触頭という特定寺院を廃し、各寺院平等に月番制を採ったのかについては不明確で、『公用諸事記』の記載内容から窺うことはできない。また、月番制へ移行する際に、各寺院から申し出たような形式で「覚」が書かれているが、おそらく幕府側から一定の目的や政策をもって行われたと考えられる。その具体的な寺院政策や背景については現在明確にできない。明和九年（安永元年）といえば、大津の町支配において享保七年以来、京都町奉行所の管轄から、代官が置かれ京都所司代の直轄下になった年である[27]。つまり明和九年（一七七二）四月、石原清左衛門が代官として着任し大津町支配の施政を改めて打ち出したことが、寺院月番制度へ移行したことと関係しているのではないかと考えられる。これらは今後、幕府の寺社政策や町支配の中で位置づけ、さらには他の直轄都市などと比較検討しなければならないだろう。

大津のように町触回達の月番寺院制をとる事例として大坂がある。それは『大坂宗旨役所触扣』[28]から判明し、『公用諸事記』とほぼ同性格のものである。この大坂の触扣は寛保二年（一七四二）から宝暦十二年（一七六二）までの記録で、紙数九十八葉からなる冊子本である。内容の一例を紹介しておこう。

「　口上

火之元昼夜共堅可申付候、毎年申渡通、風吹候節ハ弥以夜中寺内社内門前迄度々人を廻シ近辺申合、火之用心可被入念候、

子十一月朔日

右之趣於寺社家も可被廻之候

延享元年
子十一月　奉行
右御触書順々相廻致承知旨肩書印形いたし可被差出候
宗旨役所　月番瑞光寺[29]」

右のように町触と同内容の触を寺社へ申し渡しているのであるが、この冊子の外題や右掲史料から大坂には「宗旨役所」と称するものが存在し、しかも各寺院が月番として毎月順番に勤め町触を回達していたことが判明する。大坂町奉行所には寺社方の与力・同心が専任として存在するが、それとは別個に宗旨役所が設置され、各寺院が月番を勤めていたと考えられる。この記録帳の書き始めは寛保二年であるが、それは途中からの部分的なもので、『公用諸事記』のように月番制を定めた時期やその経緯は全く記されていない。大坂「宗旨役所」はいつ頃設置されたのか、また、その機能や性格については研究成果がない。稿を改めてこの問題について考えたいが、おそらく大坂独自の役所ではないかと思われ、幕府の大坂寺院支配は本末制度やそれを補完する組寺統制では不充分であり、町奉行が深く介入し、独自の寺社対策を講じていたといえるのではないだろうか。また、延享三年（一七四六）十二月の条に「公用行事・福泉寺、一宗月番・妙経寺[30]」という書式もみられ、月番寺院と公用行事との相違やそれらの設置目的など、幕府の都市寺院支配という視点からも検討しなければならないだろう。

第五節　むすび

大津と大坂の月番寺院の相違は、月番構成寺院の宗派が大坂は真宗以外の寺院で、大津は真宗も含め各宗諸寺院で勤めていたことである。これは大津と大坂の寺院存在形態が異なっていたからと考えられる。すなわち先述したように、大坂は寺町を形成しその構成寺院には真宗が除外され、真宗寺院・僧侶は町方に住居し身分も「町人」同様として規定された。それ故に月番寺院には真宗寺院を参加させない施策が採られたのである。この点に関しては大津諸寺院の中で真宗は区別されていないし、平等に月番寺院を規定している。

幕府・藩の寺院行政で諸寺院とのいわば接点が触頭寺院であったが、それらの特定寺院は地域によって廃されていたことが明らかとなった。すなわち、たとえば、東本願寺末寺院が最も多い加賀藩の触頭寺院は、能登鳳至郡は本誓寺、羽咋郡は本念寺、珠洲郡は妙厳寺と近世を通じ一定した寺院が任命されており、このように地域別に特定しているのが通例であり、そのように認識されてきた。しかし、『公用諸事記』や『大坂宗旨役所触扣』はそれらを再考すべき内容をもっている。大坂、大津は幕府の直轄都市だから、そのような月番制を採用したのか、あるいは都市寺院の経済力が優れ、特定寺院が負担したであろう課役を平等に課すことができたため月番制となったのかなど、諸地域の歴史的要因と寺院の存立基盤を改めて問わねばならないだろう。

註

（1）都市域を対象とする民俗学・仏教史研究は最近活発となってきた。主なものをあげると、宮田登『江戸歳時記――都市民俗誌の試み――』、比留間尚『江戸の開帳』、坂本勝成「江戸の不動信仰――目黒不動の場合――」（圭室文雄・大桑斉編『近世仏教の諸問題』所収）、宇高良哲編『江戸浄土宗寺院寺誌史料集成』・同「浄土宗江戸御府内寺院の研究」（『仏教文化研究』第二五号）、中井真孝「知恩院の京都門中について」（『法然学会論叢』第二号）などがある。また、杣田善雄「元禄の東大寺大仏殿再興と綱吉政権」（『南都仏教』第四三、四四号）は勧進活動と都市についても興味深い点を明らかにされている。

(2) 拙稿「近世大坂の真宗寺院――都市寺院の形態と町人身分――」(『近世仏教の諸問題』、本書第Ⅱ部・真宗教団と地域社会・都市所収)。

(3) 拙稿「近世大坂の寺院形態と寺町」(仏教史学会編『仏教の歴史と文化』、本書第Ⅱ部・真宗教団と地域社会・都市所収)。

(4) 『大坂濫觴書一件』(『大阪市史』第五巻所収)。
「一、大市《(坂脱カ)》中中又ハ町はすれ等に在之候諸寺院之分、不残小橋村・東西高津村・天満村等へ一所ニ仕候様依御下知被仰付、右末寺へ地面御免許被成候事。
一、東西本願寺門徒宗末寺ハ、元来肉喰妻帯之宗門、其上先年公儀へ敵たひ候趣意も在之候ニ付、町家同様之取計ニ被仰付、市中所々ニ而勝手次第道場を建、丁人《(ママ)》同様公役・町役等相勤候様被仰渡候。」

(5) 『大坂町中江差出寺請状諸宗寺々五人与判形帳』(大谷大学蔵)。

(6) 寛文九年十一月十五日付「触」(『大阪市史』第三巻所収)に左記の如くある。
「(前略)一、大坂町中江宗旨手形出候諸宗寺々五人組住持印形有之帳、町々江出置之間、其町中寺請状之印判を合取置可申候、寺五人組帳外之寺請状取申間敷事、(下略)」

(7) 坂本勝成「近世における寺院の「組合・法類」制度について」(笠原一男編『日本における政治と宗教』所収)、北西弘『能登阿岸本誓寺文書』解説、森岡清美「真宗教団における寺連合の諸類型」(喜多野清一・岡田謙編『家――その構造分析――』所収)、大桑斉「幕藩制国家の仏教統制」(『近世仏教の諸問題』所収)など。

(8) 『大坂町中江差出寺請状諸宗寺々五人与判形帳』と「大坂図」(『大阪市史』第八巻所収)との比較照合による。

(9) 『蓮門精舎旧詞』(『続浄土宗全書』第十九・二十巻所収)。

(10) 大阪市天王寺区・銀山寺所蔵。

(11) 『大阪市史』第五巻所収。

（12）中部よし子『城下町』、松本豊寿『城下町の歴史地理学的研究』、『大阪市史』第一巻など。
（13）小野晃嗣「京都の近世都市化」（『社会経済史学』十―七）。
（14）右に同じ。
（15）『明和四亥年より被仰立、同八卯年三月、二條表御聞済、洛陽法中宗旨直納願一件幷所々直納之分書抜共』（外題）。
（16）「境内方四町、新加東西九十四間、南北百九十七間」（宇野新蔵覚書、武家厳制録十三）。
（17）秋山国三『近世京都町組発達史』。
（18）『東本願寺家臣名簿』。
（19）『諸事之日記』（『東本願寺史料』第二巻所収）。
（20）東本願寺寺内でありながら、他宗派の僧侶を招いて説教をさせていた寺内住民がいたりし、実際の支配の実態は多様であったことが次の触から窺えるので紹介しておこう。
「一、御寺内ニ住居いたし候御宗旨之者共之内、近来心得違之者も有之、他派之僧を自宅江招寄、近辺之者相集法話致聴聞候者共有之趣相聞江如何之事ニ候、尤、御本廟御膝元ニ住居いたし聴聞ニ無不足、殊ニ手次寺も有之事ニ候得ハ、以来右躰心得違之儀無之様可致候、此段御寺内町々江可申通事、酉七月、（「触書留」『東本願寺史料』第二巻所収）。」

なお、東寺内の「講」については、岡田正謙「洛陽廿人講について」（『宗史編修所報』第一号所収）の成果がある。東寺内町の「講」は二十人講の他、寺内女房講、橋詰講、寺内五日講があり、洛中には二条講、三条講、五条講、柳馬場講、新町講、五条室町二十八日小寄講、洛陽西陣十四日小寄講などがあった（「寛文十一年・御堂常住之座敷割」および「洛陽諸講中へ被下候御書之扣」（両史料とも、大谷大学蔵粟津家記録）。
（21）「文化二乙丑十月執奏家ヨリ御尋ニ付被指出候寺号帳云々」とある『山城国末寺帳』（大谷大学蔵粟津家記録）によって東寺内町の二十八カ寺を列挙すると次の如くである。なお、寺基の住所はすべて「山城国愛宕郡京都」とあるがそれは略し町名のみを記した。

「桜木町・即現寺、同町・善永寺、粉川町・東坊、橋町・閑唱寺・廿人講町・真量庵、東玉水町・妙誓寺、塩屋町・浄真寺、同町・無量寺、打越町・仏現寺、筒金町・教円坊、天神町・西宗寺、同町・即成寺、若松町・勝福寺、同町・法順坊、同町・憶念寺、紺屋町・正因寺、大津町・養蓮寺、冨屋町・仏願寺、高槻町・唯乗坊、同町・円重寺、北町・光善寺、下柳町・法光寺、同町・常徳寺、佛具屋町・浄林坊、天神町・光久寺、万屋町・善久寺、同町・徳応寺、橋詰町・金福寺

右之分境内ニ御座候」

(22)　中井真孝前掲註（1）論文。小野晃嗣前掲註（13）論文。

(23)　『公用諸事記』、大津市京町二丁目・天台真盛宗善通寺所蔵。

(24)　『真宗史料集成』第九巻所収。

(25)　大桑斉「幕藩制国家の仏教統制――新寺禁止令をめぐって――」（『近世仏教の諸問題』所収）。宇高良哲「浄土宗の触頭制度について」（『印度学仏教学研究』第二九巻一号）。

(26)　前掲註（23）。

(27)　『大津市史』上巻。

(28)　『大坂宗旨役所触扣』（東京大学所蔵）。

(29)　右に同じ。

(30)　右に同じ。

〈補記〉

『公用諸事記』（善通寺蔵）については直林不退著『大津浄土真宗寺院史』（二〇〇四年）が拙著を参照されて解読・分析されている。

あとがき

近世期を対象とする仏教史・真宗史に着眼したのは、現今の教団状況に眼を向けた時、同時期の制度的な側面と不可分な関係が残存しているのではないか、と考えたからである。三十年ほど前の学部卒業論文のテーマはこの問題意識と直接関係しない平田篤胤の排仏論であった。近世仏教に興味をもっている中での関心からだったように記憶する。修士論文は東本願寺の学僧の教化と被教化者の近江商人をテーマとした。これが真宗史に関わった最初の論文で、後にそれをベースに雑誌『地方史研究』に発表し、今回本書に収載した。

大学院時代は、日本宗教史研究会のサマーセミナーが関東・関西の交互で催され、それに参加させていただき活発な議論・発表を聞いている中で、研究史や立論の仕方など多大な刺激を受けた。また同時期、市町村史の編纂が各地で活発となり、北西弘、大桑斉両先生にそれぞれそのお手伝いとして北陸の真宗寺院調査に連れて行っていただいた。真宗寺院の調査の手ほどきを受け、所蔵される原史料を眼前にする機会を得たことが、真宗史により一層興味をもつこととなった。真宗寺院に生を受けながら、真宗寺院の成立やその維持基盤などを知らなかったことも、逆にその要因であったように思う。

一方、一九七〇年代後半にいわゆる「第二次近世仏教研究会」が形成された。それは『近世仏教――史料と研究――』が一九六〇年六月創刊され、六五年第三巻二・三合併号まで九巻発行された。その第一次の同研究会を復活・継承しようとする企図であった。故福間光超、大桑斉両先生を中心とする若手十六人の同人で、一九七九年四月、復刊第一号が公刊された。小生もその同人のメンバーに加えていただき、例会やサマーセミナーでさまざまな批判の交換や研究への取り組みが議論され、自らの肥しとなった。この研究会活動の中で多くの研究者と知己を得たことも忘れがたい学恩である。

近世仏教研究会が復活した時期と相前後して、児玉識著『近世真宗の展開過程』・千葉乗隆著『真宗教団の組織と制度』・大桑斉著『寺檀の思想』などが相次いで公刊された。これらは柏原祐泉著『日本近世近代仏教史の研究』・圭室文雄著『江戸幕府の宗教統制』に続く近世仏教史・真宗史の業績であることは周知であろう。近世真宗史研究の幅広い視座が提示され、各地に散在していた未発掘の史料を駆使された業績で、小生はじめその学恩を蒙った研究者は数えきれないであろう。近世仏教史を考える場合、本末制・寺檀制・宗門改めなどの問題が看過できないことはいうまでもない。真宗史においても同様であり、「真宗寺院の成立」を試考する意味においても、その基本的史料が『申物帳』である。同史料の分析は近世真宗教団研究の指標となるもので、大桑先生が最も早く着眼された。小生も改めてその内容を検討してみた。というのは、各真宗寺院を調査させていただく中で、絵像などの裏書が『申物帳』に記載されていない事例が多々あったからである。『申物帳』の分析や東本願寺家臣団の動向を勉強する機会を得、論文として発表させていただいた（『近世仏教』第四巻二号、本書収載）おかげで、近世真宗教団の構造的性格の基礎を把握できたように思う。

圭室文雄・大桑斉編『近世仏教の諸問題』が昭和五十四年（一九七九）発刊されたが、その論文集に小生も発表する機会が与えられ、「近世大坂の真宗寺院――都市寺院の形態と町人身分――」（本書収載）と題して寄稿した。拙論は都市域・大坂に存立した真宗寺院の実態や性格を明らかにしたものである。従来の真宗史研究の地域対象は村落であり、都市域については等閑視されているのではないかと考えたからである。当時、都市については都市民俗論・開帳・江戸浄土宗寺院など、主に都市・江戸を中心とするフィールドで、もしくは京都の浄土宗寺院文書の公刊であった。近世都市に存立してきた真宗史・寺院の特性については皆無に等しい研究状況であったと考えたからである。それは先の第二次世界大戦で都市域寺院の所蔵文書等が焼失したことも関係していよう。

近世大坂のみならず、その延長上として堺や京都・大津などの都市域真宗寺院や寺町の実態を明らかにしつつ、比較検討を試みた。もっとも都市寺院といっても、近年活発な都市史研究の空間論、構造論、町人論を充分勘案したものではない。同地域の寺院存立形態を明らかにすることを目的とした基礎作業と考えている。

平成十年（一九九八）は本願寺八代蓮如の五百回御遠忌にあたり、それに向けて蓮如研究が活発となり、さまざまな記念出版・展覧会の企画がなされた。その中で東本願寺の教学研究所より一般・門徒向けの出版企画の話が小生にあり、『蓮如上人の生涯と教え』（平成六年）が発刊されることとなった。同書第Ⅱ部「蓮如上人の生涯」を小生が分担執筆する機会に恵まれた。また、平成八年十月に大阪市立博物館で催された「大坂の町と本願寺」展をお手伝いすることとなった状況などから、蓮如関係の調査・執筆を行った。もっとも、摂・河・泉地域を中心とする限られた蓮如研究である。その成果を発表した拙論を本書に収載した。

上述のような勝縁で二十数年前より執筆してきた拙論を一書にしたのであるが、体系的にまとまったものとはなっていない。しかし、大坂を中心とする戦国期から近世の真宗教団の特色・性格を明らかにし、都市域の同寺院について問題提起できたと考えている。

寺院住職として寺務に追われる中での研究生活であり、遅々とした歩みであったが、著書として公刊できることにありがたく思っている。三十年ほど前、大谷大学で故藤島達朗先生に歴史的視座を教えられ、以来、故赤松俊秀・柏原祐泉・北西弘・名畑崇・大桑斉の諸先生に公私ともにご教示を賜わった。感謝の念で一杯である。また、明治大学の圭室文雄先生には若輩者の小生にたびたび執筆の機会を与えて下さりお育ていただいた。仏教史学会をはじめ、各研究会、共同の執筆などで知友を得た先輩・後輩から多々学ばせていただいた。これらのあたたかいご懇情に感謝の意を表したい。

拙ない研究成果を一書にまとめるように強く勧め助言して下さったのは、法藏館社長西村七兵衛氏、同編集長上別府茂氏である。それは忘れもしない平成十年四月十三日の夜、小生と三人で食事をしている時であった。その時のお話は光栄でありがたく強く胸をうたれた。また、編集・校正では同社編集部杉本理氏に大変お世話になった。記して御礼申し上げる次第である。

最後に、怠惰な研究姿勢を常に励ましてくれ、平成八年八月五日に浄土に還った父・上場謙澄に本書を捧げ、やさしく見守ってくれた家族に感謝し、刊行のよろこびをわかちあいたい。

平成十年（一九九八）十二月

上場顕雄

増補改訂版　あとがき

十五年前に公刊させていただいた本書が、おかげさまで数年して品切れとなった。法藏館前編集長上別府茂氏より再版の話をいただいたが、放置している状態が続いていた。

本年は本願寺第十二代で東本願寺創立・別立した教如の四百回忌にあたる。教如については従来から関心をもっており、九年前に「本願寺東西分派史論」を執筆していたので、同論文を収載し増補改訂版として公刊していただくことを昨年考えた。同論文で本願寺東西分派の黒幕的存在・策謀者が石田三成であると論及したことを改めて問う機会とも思った。

その旨、法藏館社長西村明高氏、同編集長戸城三千代氏に相談し、ご快諾を得た。改訂に際し、各論文の収載順序の修正と、各章、各節を立てて明確にして統一的に改めた。また、索引も付けて読者の方に便利になるよう、戸城氏の助言を得て作成していただいた。

教如四百回忌の記念すべき年に、増補改訂して再版上梓できることをありがたく思う。最後になったが、社長西村明高氏、編集長戸城三千代氏に改めて記して感謝の意を表したい。

平成二十五年（二〇一三）一月

上場顕雄

初出一覧

Ⅰ　近世真宗教団の構造と性格

一　本願寺東西分派史論
『真宗教団の構造と地域社会』清文堂、平成十七年（二〇〇五）

二　近世真宗教団史論
『講座蓮如』第三巻、平凡社、平成九年（一九九七）

三　『申物帳』と近世東本願寺家臣団
（原題）粟津家所蔵本『申物帳』について――近世東本願寺家臣団研究の覚書――『近世仏教』第四巻第二号、昭和五十四年（一九七九）

四　江戸後期における『教行信証』研究
（原題）江戸後期における『教行信証』について――とくに「化身土巻」を中心として――『真宗研究』第一八輯、昭和四十九年（一九七四）

五　近世末東本願寺学僧の教化とその受容――香樹院徳竜と近江商人松居遊見――
『地方史研究』一六二号、昭和五十四年（一九七九）

六　排耶論にみる幕末・明治前期の真宗教団――護国論の展開と国粋主義――
（原題）排耶論にみる明治前半期の真宗　『仏教史学研究』第二〇巻二号、昭和五十三年（一九七八）

Ⅱ　真宗教団と地域社会・都市

一　摂河泉における真宗教団の展開――蓮如の時期を中心に――
『講座蓮如』第六巻、平凡社、平成十年（一九九八）

二　蓮如の河内国進出――慈願寺法円を中心に――
福間光超先生還暦記念『真宗史論叢』永田文昌堂、平成六年（一九九四）

三　久宝寺寺内町と河内門徒
北西弘先生還暦記念『中世社会と一向一揆』吉川弘文館、昭和六十年（一九八五）

四　近世大坂の真宗寺院――都市寺院の形態と町人身分――
『近世仏教の諸問題』雄山閣出版、昭和五十四年（一九七九）

五　近世大坂の寺院形態と寺町
『仏教の歴史と文化』同朋舎出版、昭和五十五年（一九八〇）

六　近世堺の寺院支配
『論集　日本仏教史』江戸時代、雄山閣出版、昭和六十一年（一九八六）

七　近世都市寺院――大坂・京都・大津――
『近世仏教』第五巻第四号、昭和五十七年（一九八二）

上場　顕雄（うえば　あきお）

1946年　大阪市生まれ。
1970年　大谷大学文学部卒業。
1975年　大谷大学大学院博士課程満期退学。
大谷大学、近畿大学講師を経て、現在、真宗大谷派教学研究所嘱託研究員・真宗大谷派圓徳寺住職、文学博士。
共編著　『教団のあゆみ――真宗大谷派教団史』（1986年）、『八尾別院史』（1988年）、『親鸞大系』歴史篇第9巻（1989年）、『蓮如上人の生涯と教え』（1994年）、『真宗寺文書調査報告書――堺市古文書調査報告書』第1集（1996年）、『蓮如大系』第1巻（1996年）、『図録大阪の町と本願寺』（1996年）、『真宗人名辞典』（1999年）、『慈願寺史』（2001年）、『大徳山慧光寺史』（2002年）、『近代大谷派年表第2版』（2004年）、『教如上人と東本願寺創立』（2004年）、『親鸞聖人行実』（2008年）、『大系真宗史料・蓮如法語』（2012年）、『教如上人』（2012年）、『教如上人と大坂』（2013年）など。
現住所　〒544-0013　大阪市生野区巽中4-8-26

増補改訂　近世《きんせい》真宗《しんしゅう》教団《きょうだん》と都市《とし》寺院《じいん》

二〇一三年九月三〇日　初版第一刷発行

著　者　上場顕雄
発行者　西村明高
発行所　株式会社法藏館
京都市下京区正面通烏丸東入
郵便番号　六〇〇―八一五三
電話　〇七五―三四三―〇〇三〇（編集）
〇七五―三四三―五六五六（営業）

印刷・製本　亜細亜印刷

ISBN978-4-8318-5686-9 C3021

索　引

・本索引は、本書の主要項目を、Ⅰ寺院名、Ⅱ研究者名に分類し、50音順に配列したものである。
・Ⅰ寺院名索引では、本願寺や東本願寺など、本山または宗派名を指す項目は、省略した。
・Ⅱ研究者名索引では、近代以降に著作がある研究者に限定し、江戸時代の宗学者名等は、省略した。

Ⅰ　寺院名索引

あ行――

か行――

I　寺院名索引

さ行——

た行――

な行――

は行――

ま行――

Ⅱ　研究者名索引

あ行——

か行——

さ行——

や行——

わ行——